Uwe Schmitt TOKYO TANGO

DIE ANDERE BIBLIOTHEK
Herausgegeben
von Hans Magnus Enzensberger

UWE   SCHMITT

Tokyo Tango

EIN JAPANISCHES
ABENTEUER

MIT 23 FOTOGRAFIEN
VON NOBUYOSHI ARAKI

Eichborn Verlag
Frankfurt am Main 1999

ISBN 3-8218-4171-0
© Eichborn GmbH & Co. Verlag KG
Frankfurt am Main, 1999

FÜR JUNKO, HANNAH UND LENA

The best way to comment on large things is to comment on small things. *RAYMOND CHANDLER, 1952.*

Es ist nicht gut, das Wunderliche, über das gerade alle Welt schwatzt, weiterzuverbreiten. Ich bewundere die Menschen, die nicht einmal das wissen, was inzwischen längst wieder veraltet ist... Gerade dann, wenn man etwas wirklich versteht, sollte man wortkarg sein, und man sollte schweigen, solange man nicht gefragt wird. *YOSHIDA KENKÔ, Laienmönch, um 1283 bis 1350.*

HELLO GAIJIN,
GOOD-BYE GAIJIN

Am Tage meiner Ankunft fragten sie mich, wann ich zurück-
ginge in mein Land. Ich lachte und begann, unter ihnen zu
leben wie ein Kind. Sie hießen mich willkommen, versicherten
unter Verbeugungen, wie sehr es ihnen schmeichele, meine
Gastgeber, meine Erzieher, meine Studienobjekte zu sein. Aber
wann, Shumitto-san, sagten sie, werden sie heimkehren in Ihr
Land? Sie priesen auf das artigste mein Japanisch, sie staunten über meine Gabe, einen Reisballen mit Stäbchen wohlbehalten zum Munde zu führen, wie es ihre Dreijährigen vermögen. Wie gut Sie uns verstehen, wunderten sie sich: Und
wann werden Sie nach Hause gehen? Sie entzückten sich über
die ganz japanischen Umgangsformen meiner Töchter, strichen
gerührt und vorsichtig über ihr Haar mit der falschen Farbe.
Verlegen begehrten sie zu wissen: Werden sie denn, Shumitto-
san, Ihre Familie mitnehmen in Ihre Heimat? Natürlich nicht,
murmelten sie, als ich sie fragte, ob ich denn meine Familie
zurücklassen sollte? Sie rühmten meine Berichte über ihr Land.
Unser Staat ist noch unreif, sagten sie traurig, man müsse ihn
zu wachsen lehren, und ihre stolzen Blicke erbaten meinen
Widerspruch. Aber, fuhren sie fort, ob es denn für mich nicht
bald an der Zeit wäre, in ein reiferes Land zurückzukehren?
Geduld, bat ich sie ein ums andere Mal, der Tag werde kommen. Dann endlich tat ich ihnen den Gefallen, und wir rüsteten zur Heimkehr. Da wurden ihnen die Herzen weit: Wann,
Shumitto-san, werden Sie wiederkommen? Sie ließen mich ungern ziehen, sagten sie bekümmert. Unsere Blicke waren ver-
schleiert, als wir uns viele Male voreinander verbeugten und
ich gelobte, die Rückkehr zu erwägen. Im Überschwang des
Abschieds hätten sie mich beinahe umarmt. Aber, wollte ich
trösten, ich nehme ja das Beste mit, was mir Japan geben
konnte. Ach ja, sagten sie. Es klang enttäuscht.

ERSTES KAPITEL

D ie *Frankfurter Allgemeine Zeitung (FAZ)* achtet seit ihrer Gründung darauf, die Texte der ersten Seite weder durch Fotos zu bedrängen noch durch Anzeigen zu schwächen. Statt dessen füllen zwei namentlich gezeichnete Meinungsbilder eine Drittelseite. Diese Haltung wirkt im Sog der Bildmächtigkeit so rückständig, daß sie wieder zur Avantgarde aufschließt. Am Donnerstag, dem 27. Februar 1997, erschien in der Zeitung am gewohnten Ort ein Leitartikel, der für eine Nation warb. Der Text trug den Frakturtitel:

Schwermut über Japan

W äre der Gedanke nicht grotesk, ganzen Nationen eine Seele samt deren Krankheiten anzudichten: Japan müßte sich manisch-depressive Züge attestieren lassen und gälte zur Zeit als stark suizidgefährdet. Selbst dem unaufmerksamsten Besucher kann die Schwermut nicht verborgen bleiben, die sich in den vergangenen Monaten aller Institutionen und Personen von Bedeutung bemächtigt hat. Ein landeskundiger amerikanischer Senator bezeugte unlängst nach einem Besuch in Tôkyô erschrocken, dort in vielen Jahren nie weniger Selbstbewußtsein und mehr Zukunftsangst wahrgenommen zu haben.

In japanischen Zeitungen erscheinen grüblerische Kommentare, und Karikaturen verabreichen die rote Sonnenscheibe der Nationalfahne wie einen Verband über die nässende Wunde im Nationalstolz. Kurssturz, Yen-Schwäche, endlose Korruptionsskandale und zwei Weltrekorde, in der Staatsverschuldung wie in der Überalterung, werden als Vorboten des Totalbankrotts beschworen. Und selbst die Regierungserklärung von Ministerpräsident Hashimoto, der ein gewaltiges, »für alle schmerzhaftes« Strukturreformwerk verordnen will, schrieb kürzlich die zweitgrößte Industrienation der Erde kaum verhüllt ab als wirtschaftliches Auslaufmodell, als gesellschaftspolitischen Frührentner, falls nicht Dramatisches getan werde. Die selbstempfundene Düsternis des Landes scheint so vollständig, daß sie kaum mehr aufzuhellen ist von rationalen Einwänden mancher Ausländer, die auf einige gesunde Wirtschaftsdaten verweisen – niedrige Arbeitslosigkeit, geringe Kriminalität – und an Japans Erfolgsgeschichte als Stehaufnation erinnern: nach der feudalen Abschottungsära Ende des 19. Jahrhunderts, nach dem Erdbeben von 1923, nach der verheerenden Kriegsniederlage 1945. Davon unbeirrt, fragen sich viele Japaner, ob sie noch zu retten seien.

Daß diese Frage nicht von jedem vernünftigen Menschen für lachhaft erklärt wird, hat mit dem japanischen Selbstverständnis ebenso zu tun wie mit der Wahrnehmung Japans in der Welt. Es ist seit Jahrhunderten immer wieder beobachtet worden, daß beides auf eigentümliche Weise schwankt. Japans Erwähltheitsphantasien, arrogant und aggressiv, stießen unter Ausländern auf Ablehnung und Furcht; Japans Minderwertigkeitsanfälle, einsam und demutsvoll, verführten zu maßloser Unterschätzung. In solchen radikalen Gegensatzpaaren dachten die alten Kolonialmächte über den Emporkömmling, später die Kriegsgegner, dann die Weltmarktkonkurrenten und der Sicherheitspartner, inzwischen vertreten in der Öffentlichkeit von den sogenannten Medien. Zwei Genres, »Japan ändert sich« und »Japan ändert sich niemals« (oder: »zu langsam«, »in die falsche Richtung« und so fort), monopolisieren auf verräterische Weise die Berichterstattung. An guten Ratschlägen, wie das Land seinen Wandel zu bewerkstelligen habe, herrscht kein Mangel. So wenig wie an geringschätziger Kritik, wenn sich Japan wieder einmal als halsstarrig, eigenwillig, eben als ostasiatische Inselnation erweist. Und tatsächlich scheint hier das Dilemma zu liegen: Japan reizt, ganz anders als einstweilen China, zur Überreaktion, weil es so reich wurde wie der Westen, ohne wie der Westen zu sein oder auch nur danach zu streben.

Es gibt allen Grund, Japan zu dieser beispiellosen Kraftanstrengung, die ihm ganz Asien nachmachen will, zu beglückwünschen. In den manischen Zeiten der »Luftblasenwirtschaft« Ende der achtziger Jahre, als japanische Unternehmer amerikanische Hochhäuser und Golfplätze einkauften wie zollfreie Waren, gratulierte sich Japan selbst etwas penetrant zu der Leistung. Damals störte es wenige Japaner, daß sie an der Spitze einsamer waren denn je. Die einzige Freundschaft, die zu dem Sicherheitspartner Vereinigte Staaten, litt unter Handelskonflikten mit dem emanzipierten Schützling. Unter den Nachbarn, fast alle ehemalige Opfer des Kaiserreichs, war viel Neid, wenig Zuneigung. Die Aussöhnung mit den Nachbarländern glaubte Tôkyô nicht nötig zu haben. Als dann der Niedergang der formidablen Außenseiternation einsetzte, als Grundstückspreise und Kurse absackten, wandelte sich die Gewißheit der Einmaligkeit in die Ahnung von Verlassenheit. Heute, da Verständnis den Japanern viel bedeuten würde, erlebt das Land einen bitteren Anschens- und Bedeutungsverlust. Ein Japan, das mit sich zerfallen ist, ist kein Thema. Man überläßt es sich selbst. Das aber ist ein Fehler. Nicht allein deshalb, weil die Vergangenheit beweist, daß ein in seinem Stolz gekränktes Tôkyô genau verzeichnet, wer ihm in Zeiten der Schwäche Respekt erweist, wer sich zu revanchieren pflegt. Schwerer muß die historische Erfahrung wiegen, daß ein isoliertes Japan einem Einkreisungswahn verfallen und gefährlich werden kann. Aus Washington, Peking und anderen asiatischen Hauptstädten sind denn auch in jüngster Zeit eher besorgte als hämische Stimmen zu vernehmen. Die Region, jüngst von Ministerpräsident Hashimoto auf einer Südostasienreise umworben wie nie zuvor, braucht ein zuversichtliches Japan. Und niemand, der die Geschichte dieser großen Nation näher kennt, kann daran zweifeln, daß sie ihre Zuversicht zurückgewinnen wird.

Es mag noch eine ganze Weile dauern, bis eine Staatsstruktur radikal umgebaut ist, die, seit den Tagen der Kriegskommandowirtschaft in ihrem Wesen kaum verändert, Japans phänomenalen Aufstieg vom Almosenempfänger zum größten Kreditgeber begründete. Das wird nicht ohne Verwundungen abgehen. Doch zum ersten Mal erzwingt nicht der Druck des Auslands, sondern eigene Einsicht eine Öffnung der Inselnation. Wenn diese Einsicht nicht noch am Widerstand der alten Eliten scheitert, wird Japan abermals beweisen, daß nur wer immer wieder den Halt verliert, seiner Zeit voraus sein kann.

Dieser Leitartikel war der letzte von über 650 Artikeln, die ich von August 1990 an als Ostasienkorrespondent der *FAZ* mit Sitz in Tôkyô verfaßt habe. Mein letztes Wort sollte aufrichtig, mußte also widersprüchlich sein, es sollte vor Hochmut warnen, vor allem sollte es für Interesse werben. Es sollte damit alles, was ich aus Tôkyô in einer Tageszeitung sagen konnte, gesagt sein.

Dieses Buch enthält nun viel von dem, was zu mir und Japan, nicht aber in die Zeitung gehörte. Sei es, weil es zu privat schien, sei es, weil es zu wichtig war, um nur in verkürzter Form und für einen Tag ans Licht zu kommen. Sei es endlich, zum Letzten, aber nicht zum Wenigsten: weil ich es erst nach dem 27. Februar 1997 zu verstehen meinte.

Damals begann sich der Blick des Westens zu verdunkeln, die Sicht auf Japan wurde schlechter. Zur Zeit der Niederschrift dieses Buches herrscht, was die Aufmerksamkeit betrifft, Sonnenfinsternis über dem japanischen Archipel. Und daß Ministerpräsident Hashimoto längst nicht mehr im Amt ist, darf als der geringste Grund dafür gelten, daß das Land nicht mehr alleine und für sich selbst sprechend auftritt, sondern, mit dem Anhängsel »Krise« versehen, als Phänomen am Pranger steht: Seht den Spekulanten, den Staatsbankrotteur nach seinem Fall, seht den Spielverderber und lernt aus seiner Hybris, warnt es, frohlockt es im Westen. Aber kaum einer sieht hin. Es lösen sich Leben und Leistung von 125 Millionen Menschen auf in der obskuren Akkuratesse von Wirtschaftsverfallsdaten und Schandflecken auf dem internationalen Börsenparkett. Man kennt diesen Reflex. Von seiner Öffnung Mitte des 19. Jahrhunderts an war das Mikado-Reich nur ein Schattenriß im Imaginären des Westens. In ästhetisierten Nebeln, die über das Phänomen wie das Phantom Japan sanken, verlor sich der Zugriff Europas und Amerikas. Die Legende vom Unfaßbaren und Unergründlichen der Teile wurde erschaffen aus Desinteresse am Ganzen. Ein Wachsfigurenkabinett von Fabelwesen, das nicht leben durfte. Und so wie damals nur das Stilleben vom verlorengehenden Paradies des »edlen Wilden« die Sehnsucht zivilisationsmüder Intellektueller und Künstler in Europa beflügelte – während Besuche bei den japanischen Fabelwesen enttäuschend verliefen –, so verengt sich heute die Sicht auf die Taxierung des waidwunden *economic animal*. Sterben soll es nicht. Aber, hört man nun fragen, hatte es nicht schon immer seltsam ausgesehen, anders als wir? Hatte es je dazugehört?

Die Erfolgsgeschichte ist zu Ende, ja, sie soll nie stattgefunden haben. Auch die Bewunderung, mit der das Modell Japan verfolgt und gar zum Vorbild erhoben wurde, soll nicht wahr gewesen sein. Der unscharfe Begriff »Asienkrise«, in dessen Untertönen sich Schadenfreude mischt mit Herablassung – der alte Fehler – und allenfalls Furcht vor globaler Ansteckung der Finanzmärkte, ist so geläufig wie kaum ein Jahrzehnt zuvor die Prophezeiung des heraufziehenden »Jahrhunderts Asiens«. Japan erlebte, durchaus selbstverschuldet, innerhalb weniger Jahre den Sturz vom Meisterschüler, dessen paternalistischer Kapitalismus seine alten Lehrer begeisterte und bestürzte mit *lean management* und *just-in-time-delivery*, der die Mär vom glücklich sich aufopfernden Facharbeiter aussäte, zum Sitzenbleiber. Beide Bilder, das des tollkühnen Eroberers wie das des tollwütigen Versagers, sind Schimären, die mehr über den Wahn des Betrachters preisgeben als über Japan. Sie wurden nicht etwa dadurch authentischer, daß viele Japaner selbst auf die Spiegelungen hereinfielen. Dieselben westlichen Wirtschaftsauguren, die jedenfalls vor der japanischen Weltverschwörung warnten oder wußten, daß nur siegen lerne, wer von Japan lernt, raten nun ohne Scham und bei gestiegenen Honoraren, Japan zu vergessen. Seit dem Jahr 1905, als das Kaiserreich sich mit seinem Sieg über Rußland erstmals Weltachtung und die Aufnahme in den Klub der imperialistischen Mächte erkämpfte, hat man es in jeder seiner Schwächeperioden totgesagt. Und hat sich alsbald über den wundersam Genesenden gebeugt, um sich mit ihm oder gegen ihn zu verbünden. Die Demokratien der Weißen sind auch in diesen Zeiten, da Handelskriege und *information wars* das militärische Monopol brechen, gerne unter sich.

Wenig, so scheint es, wurde gelernt. Und festzustellen, daß mein Leitartikel zwei Jahre nach seinem Druck sich nicht erledigt hat – sieht man davon ab, daß der Widerstand der alten Eliten gegen eine schonungslose Revision noch zäher ist, als ich es damals für möglich hielt –, beschwert mich mehr, als daß es mich erleichterte. Doch jetzt, bei Sonnenfinsternis, ist es angebracht, der traditionellen Ambivalenz des Staunens und der Abstoßung, der Überhöhung wie der Herabwürdigung dieser Nation nachzuspüren. Gerade jetzt, da Japan sich unbeobachtet glauben darf, lohnt sich der Blick hinter die Maske des gefallenen Genies.

Dabei ist es nur begnadeten Beobachtern gegeben, ohne Anschauung in einer imaginären Physiognomie ein wahres Gesicht zu ertasten. Oscar Wilde war ein solcher Seher. Es war in den neunziger Jahren des vergangenen Jahrhunderts – der »Japonismus« blühte in Europas bildenden Künsten, in Architektur und Kunsthandwerk –, als Wilde der Schwärmereien aus dem sagenhaften Mikado-Reich überdrüssig wurde und er von Ferne entschied: »Das ganze Japan ist eine reine Erfindung ... die Leute, die in Japan leben, sind dem gängigen Menschenschlag des englischen Volkes nicht unähnlich.« Das Bonmot war so leichtfertig wie zutreffend. Oscar Wilde konnte ahnen, daß er irrte. Er konnte unmöglich wissen, wie recht er hatte. Japan, wie wir es sehen, ist unsere Erfindung.

◢

Niemand schaut ohne Vorurteil auf ein Land. Niemand kehrt nach Jahren aus Japan zurück, ohne Vorurteile aufgegeben und Urteile gebildet zu haben, die manchen der ersten Vorurteile irritierend nahekommen. Ich war wie jeder geimpft mit exotischem Wirkstoff, der gewonnen wird aus Mythen und Projektionen. Er weist die infektiöse Wirklichkeit eine Weile ab. So geht das seit Jahrhunderten. Ungebrochen ist die Tradition, Japan zu schildern wie ein Panoptikum. Und es ist nicht ohne Ironie, daß die Entdeckung der japanischen Malerei, der Druckgrafik und des Kunsthandwerks durch das Abendland im 19. Jahrhundert sich in einem Akt des hemmungslosen, euphorischen Kopierens vollzog. Nicht Japan also, dessen kulturelle und industrielle Leistung bis heute des bloßen Plagiierens verdächtigt wird, sog unkritisch die Künste des Westens auf. Es waren vielmehr europäische Künstler wie Manet, Degas, van Gogh, Monet und Kokoschka, die in der japanischen Ästhetik einen Fluchtweg aus den Zwängen des Historismus und Naturalismus suchten. Bevor die Japanmode aber integraler Bestandteil des Jugendstil wurde, das Bauhaus beeinflußte und seinen führenden Kopf Walter Gropius inspirierte, in der vormodernen Bauweise des japanischen Wohnhauses das ideale Vorbild für eine moderne, westliche Architektur zu preisen, machten sich die ersten westlichen Flaneure nach der Öffnung Japans Mitte des 19. Jahrhunderts ein Bild vom alten feudalistischen Japan. Ein Bild, das eine grandiose Fälschung ist.

Fotografen wie der Venezianer Felice Beato (1834–1907), der 1863 in Yokohama ein Atelier eröffnete, arbeiteten fast ausschließlich im Studio, wo sie pittoreske Typen und Szenen nachstellten und sie für authentische Schnappschüsse ausgaben. Die Industrialisierung Japans wurde ausgeblendet und durch gemalte Hintergrundszenerien ersetzt. Porträts und Genreszenen mit allerlei Handwerkern, Hausfrauen, Sumô-Ringern, Priestern, Rikscha-Fahrern, Geishas, an den Touristen gebracht in aufwendigen Lackalben, bevölkerten bald die Phantasie der Europäer. Sie selbst schufen sich das imaginäre Naturreich der Harmonie, in dem sanftmütige Menschen tagaus, tagein in der Kirschblüte und unter dem göttlichen Berg Fuji wandeln. Auf Fächern, Wandschirmen, Porzellan wurde die Zeit eingefroren, das Fremde enzyklopädisch erfaßt und nach Europa verschickt; wobei sich die Japaner durchaus nicht schlecht getroffen fanden und ihre Exotika selbst zu sammeln begannen. So entstand die gehobene Jahrmarktsattraktion Japan. Hohnlachend oder in Verneigung vor einem gesellschaftlichen Gesamtkunstwerk wurde damals berichtet vom Nie-Gesehenen, von schrecklichen und schönen und bemitleidenswerten Kreaturen in Häusern wie Hutschachteln: Männer ohne Unterleib, Frauen wie Porzellanpuppen und zierliche Kinder wie aufgespießte Schmetterlinge. Eine erlesene Lebendausstellung. Nicht zufällig ist sie es, die Japanbewunderer bis heute suchen – und tatsächlich finden, nicht etwa in Museen und Tempeln allein, sondern in geschützten Nischen. Denn Sumô-Ringer, Geisha, Mädchen in ihren Feiertagskimonos, Teezeremonie und Bettelpriester haben ja ihre Auftritte und Orte auf der zeitgenössischen Bühne. Die Selbstverständlichkeit des Ungleichzeitigen, das Personal und die Rituale des 19. Jahrhunderts vor den Glastürmen der Versicherungen in Tôkyô-Shinjuku, versöhnen mit Supercomputern, Raumfahrtprogramm und Devisenreserven. Sie ist es, die Japan hinreißend macht. Und zugleich esoterisch, schwierig, zu einer Geheimwissenschaft. Nicht der neue Reichtum der zweitgrößten Industrienation noch ihre neureiche Krise beflügeln die Vorstellungskraft des Westens annähernd wie die Fotografien Felice Beatos. Was als exotische Fälschung begann, scheint von der Sehnsucht der

Japaner nach Kontinuität und Unverwechselbarkeit ins Recht gesetzt. Die halbe Wahrheit bleibt es dennoch.

Vom Westen aus betrachtet, lohnt sich zunächst der Verdacht, daß ich hier wenig zu reden fände, wäre Japan heute arm, nach der Niederlage im Pazifischen Krieg zum Entwicklungsland herabgesunken oder früher wenigstens anständig kolonialisiert (und irgendwann in Gnaden entlassen) worden. Allen Jahrmarktschreiern in Politik, Wirtschaft und Publizistik wären die Sensationen, die Ende der achtziger Jahre kursierten, längst ausgegangen. Den milde romantischen, die Japan wie ein vom Aussterben bedrohtes Ziergewächs unter Kuratel stellen wollen, ebenso wie den neidblassen, oft rassistischen, die Japan wie von einer Seuche befallen in Quarantäne legen wollen. Es war bis zu seiner Identitätskrise Anfang der neunziger Jahre der ganze Stolz und Jammer dieses lernbegierigen, einsamen, durch Fleiß, Protektion, Arglosigkeit und Machthunger zu Ruhm gekommenen Landes, die Phantasie der Alten Welt noch heute in einer ähnlich frivolen Weise zu beflügeln, wie es nach den Zeiten der Cortés und Kolumbus sonst eher aus der Mode kam. Ein Rätselreich, immer wieder entdeckt, immer wieder vergessen, unberührbar, unbegrenzt haltbar im ewigen Eis der Exotik. Hätte Japan nicht die Welt mit seinen Waren überschwemmt, hätte es nicht Macht zusammengerafft wie zu keinem Zeitpunkt seiner militärischen Eroberungszüge, man könnte es getrost in Ruhe lassen. Und Japan, dieser mit Gewalt vor nicht einmal 150 Jahren aus dem Traum gerissenen und in die Welt gezwungenen Einsiedelei, wäre manchmal nichts lieber als das. Aus diesem zweifachen Double-bind erklärt sich, warum über wohl kaum eine andere Region so folgenlos schon so viel Erhellendes geschrieben wurde, gleichzeitig und nach wie vor ungestraft derartige Mengen baren Unsinns verfaßt werden.

»Alle Welt scheint sich darum zu reißen, ihnen Ratschläge zu geben«, notierte der Reisejournalist Rudyard Kipling, einer der frühen, ungewöhnlich aufmerksamen Beobachter 1889, als Kaiser Meiji Kundschafter in alle Welt sandte, um das für Japan und seine Kolonialmachtspläne Passende zu studieren. Der ironisch hochmütige, britisch-indische Reporter Kipling erkannte auf japanischen Tatamimatten nicht nur, daß »ein Weißer immer erniedrigt ist, wenn er barfuß geht«, sondern auch, »daß eine Verfassung das Allerschlechteste für ein Volk ist, das mit überdurchschnittlichen Seelen gesegnet ist«. Kipling war ein Sahib, in viktorianischem Überlegenheitsgebaren ein Gefangener seiner Zeit. Aber er sah mehr als die meisten Besucher. Die erste Voraussetzung für künstlerisches Temperament, meinte der Künstler, sei Unsicherheit in weltlichen Dingen. »Wahrlich, Japan ist eine große Nation«, entzückte er sich 1890 während seiner ersten dreiwöchigen Exkursion in das Land, »ihre Maurer spielen mit Stein, ihre Zimmerleute mit Holz, ihre Schmiede mit Eisen und ihre Künstler mit Leben, Tod und allem, was das Auge aufnehmen kann. Glücklicherweise wurde ihr jene allerletzte Charakterfestigkeit verweigert, die es ihr erlauben würde, mit der ganzen weiten Welt zu spielen.«

»Dieses Volk will eher intuitiv erahnt als erkannt werden«, stimmte einige Jahre später der Engländer Lafcadio Hearn (1850–1904) zu, ein stürmisch drängender Verehrer alles Japanischen, der das Reale im Idealen sinnlich überhöhte. Der Schriftsteller, der nach Japan reiste, in eine überlegene Kultur zu entkommen glaubte und in seiner Hingabe so weit ging, eine Japanerin zu heiraten, sich adoptieren zu lassen und den japanischen Namen Koizumi Yakumo anzunehmen, starb halb erblindet, einsam, ungerühmt am 26. September 1904. Kein anderer hat den Blick des Westens auf Japan so beeinflußt, betört, mit leidenschaftlicher Schönheit getrübt wie Hearn. Sein Gegenentwurf zum europäischen Merkantilismus schuf ein Monument des japanischen Naturwesens. Er sprach vom »erstaunlichen Märchenland«, dem Elend und Kampf wesensfremd sei und von seinen Bewohnern, deren angeborener feiner Geschmack, überlegene Moralität, hochgesinnter Opfermut sie den Griechen der Antike gleichstelle. Wie über einen Sonnenaufgang konnte sich Hearn entzünden für grazile Frauen, die kniend Tee servieren in der Haltung wie seit sechshundert Jahren (»reizend, pittoresk, traditionell«) und ausrufen: »Es ist trefflich gesagt worden, daß die wunderbarsten ästhetischen Produkte Japans nicht seine Elfenbeinschnitzereien sind, nicht seine Bronzen, nicht seine Porzellane, nicht seine Schwerter, nicht irgendeine seiner Wunderwaren aus Metall oder Lack – sondern seine Frauen.«

Das war galant und, so meine ich in romantischer Solidarität, sogar wahr gesprochen. Aber das wahre Japan brach ihm das Herz mit Geringschätzung. Es dauerte ein Vierteljahrhundert, bevor der Minnesänger Japans eine bescheidene Ruhestätte erhielt.

Bei Kipling wie bei Hearn mischten sich scharfsinnige Einsichten mit den Vorurteilen ihrer Zeit, groben Unsinn verbreiteten sie nie. Von General Douglas MacArthur, Sieger über das Kaiserreich und während des Besatzungsregimes 1945 bis 1952 Japans allmächtiger Gegenkaiser, stammt das berüchtigte Verdikt, die Japaner hätten das Gemüt von Zwölfjährigen. Doch sprach aus dem Wort des Generals nicht Hohn, sondern Erleichterung über die reibungslose Wandlung eines als selbstmörderisch tapfer gefürchteten Feindes zum anstelligen Lehrling in westlichen Errungenschaften: Demokratie, Kaugummikauen, Rechtsstaatlichkeit, Striptease, Disneyland, Christmas und Jazz. Naiv war MacArthurs Urteil trotzdem.

Über Japan ernsthaft Worte zu verlieren schien Anfang der sechziger Jahre in Europa und Amerika etwa so geboten wie die Entsendung einer Kompanie Sumô-Ringer nach Kuba, um gegen Castros Sowjet-Raketen anzutreten. Unter den Spottnamen jener Zeit hat es zu legendärer Berühmtheit der »Vertreter für Transistorradios« gebracht, den General de Gaulle in einem auf Staatsbesuch weilenden Ministerpräsidenten Japans zu erkennen geruhte. Über dem fernen Fabrikreich der Kameras, Autos, Uhren, hieß es begütigend, gehe die Sonne wohl auf, über dem westlichen Hegemonialreich des Westens aber gehe sie niemals unter. Niemand nahm Firmengründer wie Hattori Kintarô von Seikô ernst, der seinem jungen Unternehmen zwei Gebote mit auf den Weg gab. Ihre vermeintliche Widersprüchlichkeit entspricht bester japanischer Tradition: »Weder Rast noch Hast« und »Den anderen immer einen Schritt voraus« vereinbart das Unvereinbare in derselben Art, wie »Time is money« den Zen-Spruch »Wenn du Eile hast, mache einen Umweg« ergänzt. Spät begriff die Handelswelt, daß Japan mehr als einen Schritt vorausgeeilt war, und groß war das Geschrei über angebliches Foul-Spiel. Inzwischen zählt das »Kinderreich« zum (verarmenden) Geldadel der Erde, und es wird erwartet, daß es sich entsprechend verhält. In der neuen Unübersichtlichkeit der multipolaren Weltordnung, die kein Land mehr verunsichert als Japan, soll das Land plötzlich vom Eise der Exotik befreit und endgültig dem Westen als Exklave zugeschlagen werden. Seiner wirtschaftlichen Talente wegen wird es aus dem Orient herausgelöst, um seiner religiösen

Toleranz willen soll es gegen den islamischen Fundamentalismus antreten, im Nord-Süd-Konflikt hat es sich gefälligst im Norden einzufinden, schon um die Schreckensvision eines Zweckbündnisses von China, Korea, gar noch Indien mit Japan zu zerstreuen. Der politische Kompaß spielt verrückt, wenn sich Japan bewegt. Die Inselnation selbst, an Einsamkeit mehr gewöhnt als an Diplomatie und gute Nachbarschaft, sucht Freunde und Richtung und findet immer nur wieder sich selbst.

So war es immer. Es begann, als sich Landmassen vor undenklicher Zeit vom asiatischen Kontinent lösten. Siebentausend Inseln, fast zu zwei Dritteln von steilen Bergen – darunter 170 Vulkanen – bedeckt, 3000 Kilometer lang von Nord nach Süd, schwimmend auf drei Erdplatten, deren Spannungen sich immer wieder in Erdbeben entladen. 125 Millionen Menschen drängen sich heute auf nicht einmal fünfzehn Prozent der Landesfläche. Höflichkeit, Rücksichtnahme, der enorme Konformitätsdruck sind eher Überlebensgebote als Ausdruck hoher Gesinnung. Die Steinzeit überdauerte hier länger, eine besitzlose, egalitäre Menschheitskindheit, die noch keine Hegemonie der Männer kannte. Die großen kulturellen Sprünge – die chinesische Schrift, Buddhismus, Verwaltungssystem, zentralisierter Beamtenstaat und so fort – gelangen durch Einwanderung und die Einfuhr aus der höheren Zivilisation Chinas über die »Kulturbrücke« Korea vom sechsten Jahrhundert an. Das Reich der Mitte spendete in wohlwollender Gleichgültigkeit, nicht einmal Tributpflicht wurde dem ungeeinten Emporkömmling auferlegt. Die Integration des Fremden vollzog sich in Japan allerdings stets nach den Regeln des Eigenen. Keine andere Kulturnation hat sich »das Andere« so virtuos einverleibt. Gleichwohl und gerade deswegen bleibt ein tiefer Minderwertigkeitskomplex. Hier liegt ein Grund für die Haßliebe der Japaner für die Chinesen wie für die Verachtung zwischen Koreanern und Japanern. Der Haß der Kolonialzeit im 20. Jahrhundert nährte sich aus alten Quellen. Es ergibt durchaus Sinn, daß ein in sakrale Dorfgemeinschaften zersplittertes, erst nach blutigen Kriegen im Jahre 1603 geeintes, von Hunger- und Naturkatastrophen gepeinigtes Volk die Aneignung fremden Wissens mit der Legende einer göttlichen Herkunft kompensiert. »Monsun-geprägt, zyklon-ähnlich, taifunartig«, nannte Watsuji Tetsurô 1940 sich und seine Landsleute.

Man lernte zu lernen, ohne etwas zu löschen; Widersprüche bleiben ungeklärt und koexistieren, ohne Verwirrung zu stiften. Folgt man dem animistischen, das Diesseits allein anerkennenden Vielgötterkult des Schintoismus, haben alle Kaiser als Nachkommen der Sonnengöttin Amaterasu zu gelten. Daß die Linie vielfach unterbrochen wurde, daß etliche Kaiser »Bastarde« waren oder von den entferntesten Konkubinen stammen, wird in der Erinnerung verdrängt. Und auch wenn nachzuweisen ist, daß die Shintô-Mythologie von politischen Interessen nie zu trennen war und gerade dort ihre eigentlichen Stärken entfaltete: Nach seiner wahnhaften staatlichen Ideologisierung in der ersten Hälfte dieses Jahrhunderts bietet der sinnliche Kult heute doch mehr Genuß als Gefahr, eher Freiheit als Fessel. Er segnet mit hübschen Riten Bankneubauten wie Neugeborene; er ist der Verbündete der Caprice und des Geschäfts; in manchem entlegenen Dorf, wo kein Pärchen auf der Straße einen Kuß wagen dürfte, lädt der Shintô-Priester zum verschwitzten Tanz um einen mannshohen, blutroten Holzphallus.

Es war ein deutscher Jude, Kurt Singer, der nach einem Japanaufenthalt (1931–1939) in seinem bis heute an Gedankenschärfe kaum übertroffenen Buch *Spiegel, Schwert und Edelstein* die aus der Not geborenen Erwähltheitsphantasien der Japaner mit denen des jüdischen Volkes verglich. Singer wandte sich so energisch wie elegant gegen jede leichtfertige Zuordnung von Eigenschaften »des Japaners«, denn »es gehört zu seinem innersten Wesen, in allen Farben des charakterlichen Regenbogens zu schillern.« Ich verdanke Singer viel. Die Einsicht etwa, daß diesem Volk »kein göttlicher Wille die Verfügungsgewalt über seine Mitgeschöpfe erteilt hat«. Als die portugiesischen Jesuiten im 16. Jahrhundert Japan den Glauben und die Kanonen aufdrängten, waren seine Herrscher der Tokugawa, deren Geschlecht einer ganzen Epoche (1603 bis 1868) den Namen gab, so frei, die Kanonen dankbar anzunehmen, die Missionare selbst hingegen alsbald als Vorhut der Armeen zu enttarnen und, ihren Glauben verhöhnend, nach einem Vernichtungsfeldzug »christlich« zu kreuzigen. Die Pax Tokugawa brachte fast dreihundert Jahre Frieden, Abschließung, eine Blüte von Handel und bürgerlicher Kultur in einem totalitären Spitzel- und Polizeistaat. Aber Singer, jeder Beschönigung solcher Regime unverdächtig, las auch in der abendländischen Geschichte und in ganz Europa auf, was er in Japans Eigenschaften gespiegelt fand. Bei den Athenern die kühle Wißbegierde und die Leichtigkeit der Berührung; bei den Spartanern das Spartanische; bei den Römern den zähen Willen zur irdischen Macht; bei den Spaniern *grandeza* und *arrogancia*; bei den Deutschen Hartnäckigkeit; am meisten aber bei den Bewohnern der britischen Inseln: das konservative Handeln nach einem Common sense, Teamwork und Selbstdisziplin, die Liebe zum Schweigen und den Rückzug in die Abgeschiedenheit. Wer aufmerksam ist, kann das alles in Japan auch immer so vorfinden, wie es Singer sah. Vorausgesetzt, er läßt sich nicht täuschen von den japanischen Verspiegelungen zwischen der wahrhaftigen, halben Welt des *honne* und der anstaltshalben, ritualisierten Welt des *tatemae*. Hier das Gefühl, dort das Gesicht. Was erste und was zweite Natur gewesen ist, läßt sich nach einer erfolgreichen Erziehung von Fremden nicht entscheiden.

Nicht zufällig entstand das westliche Rezeptionsmodell vom »Theaterstaat«. Es besagt in nuce, daß sich für die meisten Japaner weit mehr als die Hälfte des Tages auf der Bühne des *tatemae* abspielt. Japan spiele sich nur, es gebe sich selbst als grandioses Gesellschaftsdrama. Feierlich, maskiert, standardisiert, eine Theatervorstellung ohne Publikum. Alle stehen auf der Freilichtbühne. Auftritt Chor der 125 Millionen, eingeschlossen ein paar Hunderttausend Regisseure und wenige Helden, die sich aus dem Chor lösen, um dem Hymnus zu antworten. Laien gibt es nicht, jeder beherrscht seine Rolle. Selbst wer vermeintlich nicht mitspielt, weil er krank, kriminell, Künstler oder Ausländer ist, entkommt den Dramaturgen nicht. Erst seit die Welt zuschauen darf (was nie vorgesehen war), wirkt das Spiel auch auf Mitspieler bisweilen kleinlich, provinzlerisch, possierlich wie das fadenscheinige Hampeln von Marionetten. Japans Fäden führen und fesseln, aber sie halten auch aufrecht. Man mag die Kostüme, Kulissen, Requisiten modisch wechseln, man mag sogar im Text Striche und Aktualisierungen anbringen. Es ändert nichts daran, es darf nichts daran ändern, daß Japan das Stück »Japan« gibt. Improvisation, Spontaneität und andere subversive Zumutungen werden in der Beschwörung des Immergleichen als Opfer dargebracht, um die Götter und ihre Naturgewalt zu versöhnen. Die Form des Spiels ist ihr ganzer Inhalt. Soweit die Theorie vom Theaterstaat. Es ist ein heiteres, frivoles Modell, das den Nachteil hat, nur in den jüngsten Friedenszeiten halbwegs bestehen zu können. Es verleugnet luxuriös eine Geschichte, die von Verrat, Bauernaufständen, Unterdrückung, Selbstopferung nach dem Ritterkodex des Bushidô, dem Nanking-Massaker und den Kamikaze eher geprägt ist als von Zen-Künsten, Gedichtwettbewerben, Sumô, fotografierenden Touristengruppen mit Geldgürtel und schrägen Hüten. Japan ist, auch wenn der Anschein es aufzudrängen scheint, weder Karikatur noch Operettenstaat. Es nimmt sich verdammt ernst.

Nur in den detailliert beschriebenen Pausen zwischen öffentlichen Auftritten in der Gesellschaft, die in Gruppen zu absolvieren sind und von ihnen umstellt und abgeschirmt werden, darf ungehemmte Emotionalität hervorbrechen. Anders wäre der Ernst nicht zu ertragen. Kitsch und das Anarchische haben Auslauf in den Trinkgelagen, in Kinos und Rockkonzerten, in den Love-Hotels und Karaoke-Bars, bei Baseballspielen, Auslandsreisen und im Krieg – dann kann man Japaner brüllen, weinen, um sich schlagen, außer sich sehen. Alle dürfen dann Kind sein, sentimental, grausam, selbstmitleidig, rücksichtslos, grell, verantwortungslos.

Wie steht es mit uns Ausländern? Noch vor hundert Jahren nannte man uns *ikokujin*, Fremd-Menschen, dann und bis heute *gaikokujin*, etwas geringschätzig *gaijin*, Aus-Länder. Eine Annäherung vom Kuriosen zum Pragmatischen? Japans Sprache der Abstoßung kennt viele Schattierungen des Wir und Ihr in Ton und Geste. Noch Gaijin, die unter Gebildeten gemiedene Kurzform, hat das Zeug, bewundernd oder vernichtend zu klingen. Wir, die Bruderschaft der Ausländer in Japan, nennen uns in ironischer Selbstdiskriminierung selber so. Japanern verbieten wir es. Eine Tarnung gibt es nicht, wir, auch die nach Jahrzehnten Assimilierten, bleiben gezeichnet. Kein Gaijin wird je als Gleichwertiger in die japanische Gruppe, die das bessere Selbst ist, aufgenommen.

Die Rückversicherungsgesellschaft Japan garantiert sich selbst Beiträge und Leistungen. Da kann nicht jeder kommen. Das elaborierte Drama *Japan* wird nur durchgespielt, der ausgefeilte Code des *tatemae* nur vorausgesetzt, wenn Japaner in ihren Gruppen unter sich sind. In Japans Firmen, Schulen, Familien, Gruppen aller Art wird ein Sichfernhalten sogleich geahndet. *You'll never walk alone*, verheißt das Motto des Liverpool F. C. über dem Stadiontor in der Anfield Road. Dort nur ein Versprechen, Trost, Schutz, vielleicht der Einschüchterungsversuch des Gegners mit der Solidarität seiner Vereinsmitglieder. Im japanischen Gruppismus ist es vereintes Schicksal und enthält im Unterton die Warnung, sich nicht unerlaubt zu entfernen. Es ist das Bekenntnis des Mainstream, Fluchtversuche im Namen der Harmonie und Stabilität zu verhindern. *You'll never walk alone – You! Never walk alone!* Wer sich ausschließt, so verlangt es die Sanktion, wird ausgeschlossen.

Perfektionismus, so wird überliefert, war es vor allem, was der Perfektionist Charlie Chaplin an Japan bewunderte. Aber da muß mehr gewesen sein. Chaplins Kammerdiener Kono reiste 1932, während politisch unruhiger Zeiten, mit dem Star des soeben herausgebrachten Films *City Lights* nach Japan und vereitelte umsichtig einen Mordanschlag auf den vermeintlichen Amerikaner. Chaplin, der die überaus komische Vorstellung eines aus Versehen erschossenen weltberühmten Briten zu schätzen wußte, besuchte Japan noch mehrfach. Er verehrte Hearn. Und in *Limelight* (1952) gibt er eine wundervolle Liebeserklärung an Japan, als er seiner Partnerin Claire Bloom die Pantomime eines Baumes vorspielt, klein, edel verkrüppelt. Der kleine Tramp wird ein Bonsai.

Daß der gerade gegenüber Ehrengästen gnadenlose Perfektionismus der Japaner nicht von allen Briten gleichermaßen geschätzt wird, bewies Mitte der sechziger Jahre eine Rock 'n' Roll-Band aus Liverpool mit dem etwas kindlichen Namen The Beatles. Es hatte Proteste einflußreicher nationaler Kreise gegeben gegen die ersten Rockkonzerte in der Tôkyôter Halle Budôkan, die gewöhnlich staatstragenden Zeremonien bei Anwesenheit des Kaisers vorbehalten war. Doch es war nicht allein die Sorge vor patriotischen Anschlägen wegen der »Schändung des japanischen Geistes«, die schon die Fahrt der Beatles vom Flughafen Haneda zu ihrem Hotel zu einer chinesischen KP-Chefs würdigen Hochsicherheitsübung machte. Alle fünf Meter standen entlang der Strecke Polizisten, die Fans wie potentielle Attentäter zurückdrängten. Japan hatte sich das Chaos des Rock 'n' Roll ins Land geholt und unterdrückte es nun mit Gastfreundschaft, die strikten Hausarrest und einen Ablaufplan einschloß, der auf 15 Sekunden genau Gänge und Fahrten der Musiker regelte. Halb amüsiert, halb unbehaglich erinnerten sich Mitte der neunziger Jahre George Harrison,

Paul McCartney und Ringo Starr in Interviews der japanischen Sicherheitsverwahrung, die ihrer Zeit, was den Schutz von Zelebritäten angeht, weit voraus war. Ein einziger Ausbruchsversuch von John Lennon glückte im Morgengrauen, nach wenigen Minuten auf einem Markt wurde er von der Polizei gestellt und zurückgebracht. »Überorganisiert, steril, surreal«, lautete übereinstimmend das Urteil der Beatles noch nach Jahrzehnten über ihre Gastgeber und das gesittete, andächtige Publikum im Budôkan. Spontaneität ist das erste Opfer in Japans Frieden.

Wochenlang verschlang ich im Herbst 1989 alle westlichen Klassiker über Japan, derer ich habhaft werden konnte. Die gelehrten Kassiber der Pioniere Kaempfer und Siebold, Gastgefangene auf der Insel Dejima vor Nagasaki zur Zeit der Tokugawa-Abschließung, die erlesenen Berichte der westlichen Lehrer Hearn und Chamberlain, der letzten, die es wagen konnten, Werke über das *ganze* Japan, von seiner Botanik bis zu seinem Zeitbegriff zu verfassen, aus der Aufbruchsära nach der Meiji-Restauration 1868, dann die Vorkriegsmoderne mit Sieburg und Singer, die Analysen des postfeudalen Nachkriegsjapan von Seidensticker, Richie, endlich die Postmoderne mit Barthes, Buruma, van Wolferen. Doch die Lesefrüchte hinterließen nur größeren Hunger, drängendere Neugier, fundiertere Ratlosigkeit. Nach diesem Studium, einem dreiwöchigen Sprachkurs und mehreren Reisen nach Japan, die jene enthusiastischen Artikel hervorgebracht hatten, wie sie nur Transitreisende verfassen können und dürfen, fühlte ich mich gewappnet, das Rätsel im Selbstversuch zu ergründen.

Als ich am Morgen des 10. August 1990 in Tôkyô-Narita Fuß auf japanischen Boden setzte, um zu bleiben, brauchte es nicht einmal die wenigen Minuten bis zur Paßkontrolle — wo ein grünleuchtendes Schild »Alien« meinen Status und mein Gefühl konzise auf den Begriff brachte —, um alles zu vergessen, was ich zu wissen geglaubt hatte. Ich verlor mich aus den Augen. »Nicht zu wissen, heißt ein Buddha zu sein«, lautet ein japanisches Gegenstück zum sokratischen »Ich weiß, daß ich nichts weiß«. Diese allerletzte Unwissenheit des *kairos* und des Nirwana war es nicht. Es blieb mir nichts übrig, als auf eine andere tröstliche Landesweisheit zu vertrauen: »makeru ga kachi« — Zu verlieren heißt zu gewinnen.

ZWEITES KAPITEL

Es regnete Leimfäden an jenem Morgen. Taifun Nummer elf, der sich düster von Süden her auf Tôkyô zuschob, schickte seine Regenfronten voraus. Über Rußland auf der Nordostroute hatten wir innerhalb von vier Stunden die Sonne glühend versinken und aufgehen sehen, die Erhabenheit des Schauspiels hatte mir, dem ohne Zweifel sentimentalsten, von seiner historischen Mission durchdrungenen Passagier, die Kehle zugeschnürt. Nun waren die europäischen Götter entmachtet, die japanischen aber verdüsterten die aufgehende Sonne.

Vor der schwach besetzten Paßkontrolle staute sich die Ladung von fünf Großraumjets, es wurde in allen Zungen geflucht. Die Beamten ließen sich viel Zeit, uns die japanische Farbenlehre für einreisende *Aliens* vor Augen zu führen: je heller die Haut, desto rascher die Abfertigung, je näher das Land liegt, desto größer der Verdacht, man wolle sich Japans Wohlstand erschleichen. Sie mochten ihre Erfahrungen haben. Für die angemessene Demut der Weißen sorgte die kaum erträgliche Schwüle. Neunzig Prozent Luftfeuchtigkeit bei 35 Grad Celsius unter diesiger Sonne oder verhangenen Himmeln, das sind die Ingredienzen des Sommerklimas an der japanischen Pazifikküste. Die betonierte »Hitze-Insel« der Stadttriade Tôkyô – Kawasaki – Yokohama, die in einem Fünfzig-Kilometer-Radius dreißig Millionen Menschen zusammendrängt und aus unzähligen Klimaanlagen die Atmosphäre mit noch mehr Hitze auflädt, sie hieß mich willkommen in einem klebrigen Exotarium. Und der Exot, kein Zweifel, war ich.

Es sind mir wenige Menschen begegnet, kaum Japaner und kein einziger Ausländer, die sich wohl fühlen in Tôkyôs dampfenden Sommern, die nicht einmal nachts Erquickung bieten. Wer nicht in die Kühle der japanischen Alpen fliehen kann, in die Brise der Küstenstreifen oder in die fettgrüne Sommerfrische der Nordinsel Hokkaidô, verdammt in blasphemischen Stoßgebeten mehr noch als das Klima den ruinösen Widerstand der Menschen mit ihren Klimaanlagen. Als Japan Mitte der sechziger Jahre daranging, die dritte Welt in sich zu besiegen, war die Konsumparole von den »Drei Cs« ausgegeben worden. Jeder Japaner sollte sich die Moderne endlich leisten können und nebenbei der einheimischen Industrie aufhelfen: *Car, Cooler, Color-TV*. Alle machten begeistert mit. Nicht alle studierten die Betriebsanleitung der *Cooler*, Klimaanlagen, deren weiße Rotorenkästen heute auf jedem Balkon so selbstverständlich sind wie die Wäschestange und die Parabolantenne und heiße Abwinde denen in die Fenster blasen, die notgedrungen oder aus Einsicht den Fächer dem Fortschritt vorziehen. Kein Hersteller, der bei Sinnen ist, rät, die Raumtemperatur bis auf zwanzig Grad zu kühlen, um Sommergrippen auszubrüten. Doch geschieht ebendies, in Tôkyôs U-Bahnen, Bankfilialen, Autos, Konzerthallen. Als halte sich der Geist der neureichen Naturbändigung nur im Kälteschock frisch.

Es leugne niemand den Zusammenhang zwischen Klima und Geist. Alle meine nervösen glückstrunkenen Erinnerungen an die ersten Wochen tragen Gänsehaut oder glänzen vor Schweiß. Die Hitze verstärkte den Alice-hinter-den-Spiegeln-Effekt, Halluzinationen von einer verkehrten Welt, in der Dinge beim Näherkommen schrumpfen und mit der Entfernung wachsen wie in Lewis Carrolls Buch. Ich hatte bei meinem letzten Vorbereitungsbesuch im Mai 1990 ein Häuschen in Zenpukuji, einem stillen, nahe einem Park gelegenen Wohngebiet im Westen Tôkyôs, gemietet. Es war nicht leicht gewesen, einen japanischen Bürgen zu finden, der für mich bei Unterzeichnung des Vertrags einstehen würde. Man muß jeden Japaner bewundern, der sich darauf einläßt, im Ernstfall, sei es Steuerhinterziehung oder Schlimmeres, zur Geisel seines Staats zu werden. Die Maßnahme, eine Art Sippenhaftung durch Adoption, erinnert mindestens formal unangenehm an die einstige Einladungspolitik sozialistischer Länder. Ohne Bürgen, der mit seinem Leumund, seinem Familiensiegel und seinem Vermögen für die unberechenbaren Fremden haftet, gibt es jedenfalls keine Wohnung, keinen Ausländerausweis, kein Auto. Man kann sich über die Geste des Mißtrauens mokieren, aber man kann kaum bestreiten, daß sie ihren Zweck erfüllt. Dasselbe gilt für eine weitere berüchtigte Willkommensgeste, die jeden Ausländer zu einem Abdruck des Zeigefingers auf der »Alien registration card« nötigt. Dabei ist den Beamten in den Einwohnermeldeämtern die Prozedur, die alle Fremden vorbeugend fahndungstauglich erfaßt, meist selber peinlich. Unter Verbeugungen, vielen Entschuldigungen für die Ungelegenheit und gemurmelten Verweisen auf die lästige Vorschrift reichte man mir Stöße von Papiertaschentüchern, die Schmach abzuwischen. Dann übergab man mir eines Tages den handgroßen Ausweis in einem Plastiketui, auf dem ein blaues Amtssiegel diskret just den Fingerabdruck überklebte. Ich höre noch den vorsichtig prononcierten Aufruf meines Namens, »Doitsu no Shumitto ue-san«, in der Meldestelle. Fast nahm ich Haltung an. Deutschlands neuester *Alien*, einer von kaum dreitausend im Land, war aktenkundig. Japan würde ihn, sollte er sich Verfehlungen leisten, zu fassen bekommen.

Erst den Finger, dann die ganze Hand? Es gelang mir nicht recht, anders als anderen Ausländern in Japan, die ihre Menschenrechte wichtiger nehmen, mich über die Prozedur zu empören. Was für die diskriminierte koreanische Minderheit, seit Generationen in Japan lebend, ohne heimisch zu werden, einen Akt der Selbsterniedrigung bedeutet, für dessen Abschaffung es zu kämpfen gilt, ist für westliche Gaijin ein harmloser Spaß. Stand nicht für unsereinen vor kaum 150 Jahren noch die Todesstrafe darauf, Japans Gestade überhaupt zu betreten? Riskierten nicht unglückliche Schiffbrüchige ebenso wie Japaner, die unerlaubt die Inseln verließen und heimzukehren wagten, ihr Leben? Heute behandelt man Kaukasier, solange sie arbeiten, Steuern zahlen und die Gesetze zu befolgen versuchen, mit einer großherzigen, oft amüsierten Langmut, die man Kindern, einsichtigen Betrunkenen, friedlichen Schwachsinnigen, Unmündigen aller Art entgegenbringt. Vom Todeskandidaten zum Hofnarren. Es bestreite niemand den historischen Fortschritt.

Das Häuschen, aus Beton gegossen, ohne Putz, Tapeten, Dämmung, mit etwa siebzig Quadratmetern Wohnfläche für günstige 320 000 Yen (nach damaligem Kurs knapp dreitausend Mark) im Monat zu finden, war nicht schwer gewesen. Maklerbüros schicken Angebote per Fax. Jeder, der die Taschen voller Bargeld und einen Bürgen vorweisen kann, wird zügig bedient. Fünf Monatsmieten vorab sind üblich, zwei für den Makler, zwei als Vorauszahlung und eine als herzliches Gastgeschenk an den Vermieter, der einem Dahergelaufenem, Japaner oder Ausländer, ein Dach über dem Kopf gewährt. Die Danksagung ist alle zwei Jahre, bei Vertragsverlängerung, fällig, und wer leistete sie nicht frohen Herzens? Die Sitte, dem Hausbesitzer alle Privilegien einzuräumen, dem Mieter aber eine Vasallenstellung anzudienen, stammt aus den ersten Nachkriegsjahren, als die Landflucht die Besitzer des knappen Wohnraums in Japans Städten zu neuen Feudalherren beförderte. Sie wird bis heute, da Mieter für die überteuerten Apartments in Tôkyô längst gesucht und umworben sind, in aller Regel beibehalten. Mit dem Maklerbüro nicht in Streit zu geraten, das den Vermieter während der Vertragsdauer vertritt – ein in vielen Lebenslagen, von der Heirat über Arbeitskonflikte bis zum Koalitionskrach, bewährter Brauch der Konfliktvermeidung durch Vermittler –, ist vielen eine Monatsmiete wert. Als ich einmal in späteren Jahren in einem anderen Haus aufbegehrte, weil 300 000 Yen inzwischen 5500 Mark wert waren und Wohnraum leer stand, stieß ich erst auf Unverständnis, dann auf peinliches Schweigen. Daß sich die Umstände ändern, daß Vertragsgrundlagen entfallen, ist noch lange kein Grund, den Mieterfrieden zu gefährden. Das meinte wohl auch mein Makler und setzte darauf, daß ein Mann mit Familie und Büro im Hause nicht ohne Not umzieht. Er behielt natürlich recht.

Von solchen Feinheiten ahnte ich noch nichts, als ich mich im August 1990 durch Tôkyô treiben ließ und, peinlicherweise fast immer als einziger, schweißnaß glänzte wie unter Tortenguß. In den Bussen und U-Bahnen vermied ich es, mich zu setzen, weil sich binnen Sekunden an meiner Hose dunkle Flecken bildeten. Einmal gab mir Erschöpfung die Kühnheit ein, mich niederzulassen und, nach vorne gebeugt, zu meinem Entsetzen sehen zu müssen, wie von meiner Nase tropfendes Wasser eine kleine Pfütze beschrieb. Ich vergesse nicht die Seitenblicke der Salarymen in ihren makellos gebügelten, trockenen weißen Hemden, die erst kurz vor dem Aussteigen ihre Krawatten banden. Die in Japan lange verehrten Helden der hingebungsvollen Büroarbeit schauten interessiert und etwas angeekelt auf den Exhibitionismus des Ausländers. Während sich im Windzug der Klimaanlagen auf meiner Kleidung weiße Ränder abzeichneten, machten sie sich nichts daraus, wenn man sie beim verträumten Bohren in Nase oder Ohren beobachtete. Oder wie sie beim angeregten Lesen unwillkürlich ihr Geschlecht von der Hosentasche aus ausgiebig befingerten und zurechtlegten. Manche von ihnen traf man spät am Abend ziemlich derangiert wieder, wenn sie am Arm von Freunden eine Überdosis Alkohol erbrachen oder schwankend neben ihren Autos Wasser an Verkehrsschilder abschlugen. Ich habe weder Scham bei ihnen wahrgenommen noch Abscheu von Passanten. Wer von Sinnen ist in Japan, den erkennt man nicht mehr. Sie sehen alle gleich aus. So wie mir die Japaner in den ersten Wochen zum Verwechseln ähnlich vorkamen. Der interkulturelle Erkennungsdienst verlangt, schrecklich zu sagen, nichts als Übung. Als mein Blick erzogen und mein Gehirn mit einem neuen physiognomischen Programm versorgt war, konnte ich es nicht mehr fassen, wie verzerrt meine Wahrnehmung gewesen war. Es war beruhigend zu hören, daß es Japanern umgekehrt bei flüchtigen Bekanntschaften mit Kaukasiern nicht anders ergeht.

Und es war tröstlich, wenn ich schwitzend durch Tôkyôs Sommer stolperte, nur ein unbekannter Ausländer zu sein. Frauen schlugen eher, wie es sich ziemt, die Augen nieder angesichts des verklebten Gaijin. Fließender Schweiß gehört in Japan – das auch im Sommer geliebte heiße Bad ausgenommen – zu niederer Arbeit oder drängt, noch unschicklicher, sexuelle Assoziationen auf. Das war mir unangenehm, aber nicht zu ändern. Es versöhnte mich indes, daß dieselben wohlerzogenen Damen nichts dabei fanden, in der U-Bahn mit weit geöffnetem Mund einzuschlafen und immer wieder gegen meine Schulter zu sinken. Diese Unverschämtheit, wörtlich genommen, fällt nur Ausländern auf, die nicht von Kindheit an auf den Tarnkappenreflex geprägt sind, wonach man nur sieht, was einen angeht, und man nur sichtbar ist, wenn einen die Menschen etwas angehen. Eine taugliche Überlebensstrategie in einem übervölkerten Land, in dessen Städten einst die Holzhäuser kaum eine Rikschabreite auseinander standen. Wie es allerdings Japanern gelingt, jederzeit und überall in Schlaf zu fallen und, wie die Pendler in Tôkyô, sich anzutrainieren, den aufgerufenen Stationsnamen als Weckruf in ihrem Unterbewußtsein zu speichern, so daß sie nie über ihr Ziel hinausfahren – es ist mir ein Rätsel geblieben. Die weiten Wege und die Enge in der Stadt erzwingen das Talent, zu ruhen, zu essen, zu spielen, zu lernen, selbst Zufluchtsorte für die Liebe zu suchen, wo man gerade ist: ambulant, nicht stationär zu leben, immer in Bewegung, nie auf Dauer angekommen. Ich habe die Tôkyôter oft um diese Überlebenstechnik beneidet. Das kräfteschonende Navigieren nach intuitivem Kompaß nicht zu beherrschen – kaum ein Ausländer, selbst nach langer Übung, erlernt es –, kann überreizt, ermattet, es kann einen an manchen Tagen verrückt machen.

Ob Japaner wirklich weniger Schweißdrüsen haben als Kaukasier, ob sie längere (für den Verzehr ausländischen Rindfleischs ungeeignete) Gedärme, anders zusammengesetztes Ohrenschmalz, schwächeren Achselgeruch, funktionsvertauschte Gehirnhälften aufweisen und was rassenmythologische Quacksalber wie Adachi Buntarô in ihren Rassenlehren Ende der dreißiger Jahre alles herausgefunden haben wollen – ich weiß es nicht. Und verlangte nie danach, es zu erfahren. Eine ganze literarisch-anthropologische Schule versucht seit Jahrzehnten nichts anderes als den Beweis für die unvergleichliche Einmaligkeit des Japaners an Geist und Körper anzutreten. Die Gattung, *nihonjinron* genannt, naturgemäß mit nationalistischer Gesinnung verschwägert und dem Yamato-Militarismus einst zu Diensten, verbreitet immer wieder gefährlichen rassistischen Unsinn, der Japanologen in aller Welt zu heftigen Erwiderungen aufstachelt. Der Übergang von harmloser Zen-Tümelei, die den Japanern eine Erkenntnistiefe andichtet, wie sie sich gerade Inselnationen häufig zutrauen, zu Unterwerfungsphantasien sind gewiß fließend. Und es ist auch richtig, daß Spuren einer vagen Erwähltheitsgewißheit sich selbst im Weltbild liberaler Japaner finden können, und sei es nur in der Überzeugung, von Fremden nie ganz verstanden werden zu können. Ich gestehe, daß es mich in den ersten Wochen durchaus irritierte, im öffentlichen Raum als Fremdkörper zu gelten, von dem man sich fernhielt, soweit es die Höflichkeit zuließ. Ich konnte spüren, wie unangenehm es viele berührte, wenn sie einmal im Gedränge den Mindestabstand nicht einhalten konnten. Vielleicht konnten mich manche buchstäblich nicht riechen. Ich nahm es ihnen sowenig übel wie den Koreanern die Knoblauchdünste in der U-Bahn von Seoul. Vielleicht reagierten manche Pendler in Tôkyô nur empfindlich, sagte ich mir, wie schon ihre Vorfahren, Fischer und Reisbauern, die

sich empörten gegen den Buttergeruch der rothaarigen, lang-
nasigen, bärtigen Fleischfresser, und noch ihre Eltern und
Großeltern, denen die fleischigen amerikanischen Besatzungs-
soldaten in der Nase stachen. Zwar müßte sich die Überemp-
findlichkeit in der Hamburger-Generation Japans etwas gelegt
haben. Aber Ausländer bleiben eben, selbst wenn sie das gleiche
essen, Ausländer. Verletzte mich einmal die Abstoßung in der
Menge, hielt ich meine Selbstachtung an grotesken Visionen
schadlos. Ich stellte mir vor, wie ich ein Warnschild mit mir
herumtrüge, auf dem stünde: »Liebe Japaner, liebe Zoobesu-
cher, handeln Sie bitte verantwortungsvoll: Nicht berühren
und nicht füttern; Gaijin sind empfindlich, sie können an-
greifen, spucken, beißen, wenn sie gereizt werden. Halten Sie
Abstand und schützen Sie so unseren wertvollen Bestand dieser
bedrohten Art.«

Im übrigen beschloß ich, fürs erste mit Bermudashorts,
Sandalen und einem Handtuch über den Nacken – wie es auch
Zimmerleute, Fischhändler und Möbelpacker in Japan zu meiner Genugtuung taten –, den Erwartungen des Volkes an uns
bunte Hunde zu entsprechen. »Hen na gaijin«, eine seltene
Ausprägung des Kaukasiers, der nicht schwitzt, alle Regeln
kennt und auch noch vorzüglich Japanisch spricht und liest,
sind, das lernte ich rasch, oft weniger beliebt als wir regulä-
ren Analphabeten. Die Chancen, dieser Spezies zu begegnen,
sind gering. Im Jahre 1997 lernten außerhalb der Inseln etwa
1,7 Millionen Menschen Japanisch; immerhin eine sprunghafte
Steigerung von 80 000 im Jahr 1974. Trotzdem und deswegen
sind viele Japaner hin- und hergerissen zwischen Bewunderung
und Mißtrauen. Es scheint, als hinge diesen beredten und
geschmeidigen Ausländern ein Spionageverdacht an; man mag
sie vielleicht schon deshalb nicht recht leiden, weil sie die
Legende, Japanisch verweigere sich naturgemäß fremden Zungen und verbleiche unter Schreibhänden wie magische Tinte,
eben als Legende entlarven. Zu zerstören ist sie nicht. Ausländer wie ich, die überwältigende Mehrheit in der verschwin-
denden Minderheit von einer zu 125 Millionen im Lande,
halten sie am Leben, indem sie über Konversationsjapanisch
niederer Güte nie hinauskommen. Sei es, weil sie zu faul,
zu unbegabt, zu beschäftigt, zu perfektionistisch oder einfach
überzeugt davon sind, daß sie sich nicht nennenswert über
eine Ebene gemäßigter Lächerlichkeit erheben könnten. Selbst

nach Jahren des Studiums auf Nachsicht hoffen zu müssen ist nicht jedermanns Sache. Im übrigen helfen die erstaunlichen Erfahrungen, daß selbst fließendes Japanisch nicht immer willkommen ist. Wie oft ist es mir widerfahren, daß auf eine korrekte japanische Frage die gequälte Antwort kam: »Sorry, no speak English!« Das falsche Gesicht zur richtigen Sprache führt in Japan leicht zu solchen Kulturkurzschlüssen. Ich habe darüber oft gelacht, erleichtert, mein Gefühl des Versagens für Momente ins Unrecht gesetzt zu sehen. Wenn ich nicht die Chance sehe, in absehbarer Zeit Interviews in der Landessprache mit Premierministern, Nobelpreisträgern, Aufsichtsratsvorsitzenden führen zu können, sagte ich mir, kann ich ebensogut im Taxi oder im Kindergarten meiner Tochter wortkarg bleiben. Und geheimnisvoll und unbegreiflich wie die Japaner selbst.

Ich war behindert, sagen wir gemäßigt taubstumm. Mit Englisch kommt man weit im offiziellen Japan, aber nicht auf den Straßen. Daß dennoch nie ein Gaijin verlorengeht, hat andere Gründe. Am ersten Abend meines ersten Besuchs in Japan im Frühjahr 1988 erprobte ich unfreiwillig das Phänomen einer Art Kollektivhaftung der Japaner für jeden dahergelaufenen Ausländer. Ein Abendspaziergang aus meinem Ginza Daiichi Hotel um einige Ecken zur Ginza, der teuren, mit Kaufhäusern, Galerien und Restaurants bestandenen Prachtstraße Tôkyôs, endete nach etwa einer halben Stunde in völliger Orientierungslosigkeit. Ich sprach den nächsten Passanten an. Der Mann mittleren Alters, der einem U-Bahn-Eingang zustrebte, konnte mir nicht mehr ausweichen oder war einfach zu höflich, um mich stehenzulassen. Er sprach kein Englisch, er wußte auch nicht, wo das Hotel sein könnte, aber signalisierte mir, ihm zu folgen. Was dann folgte, war eine slapstickartige Irreführung, die abermals dreißig Minuten dauerte. Der freundliche Herr war offenbar zu stolz, seine Unkenntnis zu gestehen oder andere Passanten zu fragen. Wir liefen und liefen, eine Schicksalsgemeinschaft von zwei hilflosen Personen. Mein Unbehagen wuchs mit jedem Versuch, die Hilfe des offenkundig Unkundigen aufzukündigen. Er winkte ab, schüttelte heftig den Kopf, beschleunigte nur sein Tempo. Als wir unversehens vor dem Hoteleingang standen, mußten wir uns beide einen Moment lang fühlen wie Geiseln nach ihrer Befreiung. Mein Fremdenführer ließ sich nicht zu einem Drink in der Bar überreden. Er verbeugte sich und begab sich eilig auf die Suche nach seinem U-Bahn-Halt. Ob er, der nicht wußte, wo er war, die Richtung erfragen mußte, werde ich nie erfahren, so wie ich die wunderbare Vorstellung, daß es eine Stafette irreführender Hilfsbereitschaft gegeben haben könnte, nicht los werde. Ich lernte in späteren Jahren, mir genau zu überlegen, ob ich einen Passanten in eine solche Pflicht zur Hilfeleistung nehmen wollte. Gegen Freundlichkeit gibt es keine Gegenwehr, Vormundschaft ist unkündbar durch das Mündel.

In Englisch zu arbeiten wird einem dagegen in Japan leichtgemacht. Es gibt vier englischsprachige Tageszeitungen, das hervorragend redigierte Wochenblatt *Nikkei Weekly*, Dutzende von Magazinen, zweimal wöchentlich Pressekonferenzen des Außenministeriums in Englisch, Regierungserklärungen in Englisch, sogar frei Haus via Fax, bevor die Reden im Parlament begonnen haben. Der Service des Außenamtes für die Korrespondenten ist immer hilfreich, manchmal rührend, kaum einmal ein durchsichtiges Ablenkungsmanöver. Man lernt, mit Übersetzern zu arbeiten, allerdings kosten die Dienste der besten, die zwischen den Zeichenzeilen und mit den Augen eines Ausländers lesen können, ein Vermögen. Im übrigen wäre es unaufrichtig zu bestreiten, daß die Nachsicht der Heimatredaktionen wächst im Quadrat der Entfernung. Japan ist zweite Wahl.

Es gab viele Hilfsmittel, um gute Arbeit in Tôkyô zu leisten. Das wichtigste aber waren meine Sinne. Meine Beobachtungsgabe wurde bis zur Hochleistung trainiert, meine Intuition bis an die Schmerzgrenze geschärft. Ich lernte, japanische Körpersprache zu entschlüsseln, Gesten und Mienenspiel, Tonfall und vom Gewohnten abweichende Formeln, Verbeugungsgrade zu interpretieren und zwischen der Ausdruckswelt von Frauen und Männern zu unterscheiden. Ich betrieb sinnliche Bohrungen durch alle Gesellschaftsschichten und legte mir Proben an. In meinem Archiv für Szenen, Geschmacksempfindungen, Gerüche und Geräusche lagern, nach Jahreszeiten und Anlässen geordnet, alle Daten, um sich in Japan zurechtzufinden. Wie überempfindlich das Sensorium geworden war, erfuhr ich im Frühjahr 1997 bei meiner Heimkehr nach Deutschland. Jedes Wort in jedem Moment zu verstehen, sei es im Stimmengewirr einer Kneipe oder im Fernsehen, schmerzte und verwirrte mich. Weil ich nichts überhören konnte, verstand ich eine Weile lang gar nichts mehr. Meine Klagen müssen phantastisch überzogen geklungen haben, als sei ich nach langer Reise in Schwerelosigkeit und Dunkelheit durch schalltotes All heimgekehrt. Oder aus der Psychiatrie.

Oder eben aus Japan. Inzwischen muß ich den akustischen Verstärker meiner Erinnerung immer lauter stellen, um noch Japan zu empfangen. Meine Lieblinge, deren Anklang mich in Rührung stürzen kann, sind freilich noch deutlich zu hören. Da ist zuerst der wunderbare Höllenlärm der *semi*, ein steinsprengendes Sägewerk der Zikaden im heißen Morgengrauen und besonders in der brütenden Mittagshitze des Sommers, ein Geräusch, das jedes Buschwerk zum Tempelgarten weiht; die über Lautsprechersysteme in den Stadtteilen verbreiteten Glockenmelodien und sanften Durchsagen lächelnder Frauenstimmen – ja, in Japan können Stimmen lächeln –, mit denen am Spätnachmittag spielenden Kindern heimgeläutet werden soll; die vom Band gespienen Werbegesänge aus den Minibussen der Wäschestangen-Händler, die nach Ende der Regenzeit oder an den blitzblauen, klaren Tagen nach einem Taifun durch die Gassen fahren; die dröhnende Marschmusik aus den grauen Riesenbussen der Rechtsradikalen, anachronistische Karnevalszüge durch Tôkyô, operettenhaftes Hilfsgeschrei gegen Demokratie und den Untergang des großen Nippon; das morseartige Piepen der heimischen Elektronik, die auf Knopfdruck Wasser in die schulterhohe Sitzbadewanne laufen ließ, die Menge maß und die programmierte Temperatur stets mit dem Zufluß heißen Wassers konstant hielt, eine überlegene Kultur des Wohlbefindens; die Rufe *yasui, yasui* (»billig, billig«) der Händler auf den Märkten, deren lautes Klatschen und Reiben der Hände bei wiegendem Oberkörper an Boxtraining erinnert und die fröhlichste Vorfreude aufs Geldverdienen beschreibt; und die nie ermüdenden Durchsagen an jedem Bahnsteig, die warnen vor dem Zug, vor dem Vergessen von Schirmen, vor allen Fährnissen des Lebens; ich liebte das gedämpfte Hämmern der Zimmerleute an den Holzkonstruktionen der Häuser und bewunderte ihr artistisches Stehvermögen auf schmalen Dachbalken in jenen eigentümlichen, klauenartig geteilten Strumpfstiefeln, die schon ihre Vorfahren trugen. Endlich erklingt in mir das einzige Alarmgeräusch, welches die bis an die Grenze zur Verkehrsbehinderung gelassenen und verträumten japanischen Autofahrer respektieren: das rhythmisch dengelnde Schließsignal an allen Bahnübergängen. Es fehlt in keinem Fernsehdrama und markiert die Heimat so untrüglich wie die Nationalhymne *Kimigayo.*

Ich lernte, aus dem Lächeln der Angehörigen von Unglücks- und Verbrechensopfern, die von den Medien erbarmungslos vorgeführt werden, als müßten sie dem mitleidigen Sensations- publikum Dank abstatten für die Viertelstunde Berühmtheit, Trauer und Schmerz zu sezieren. Ich lernte, die rituell gehor- sam vergossenen Tränen von Baseballspielern (je jünger, desto wertvoller und untröstlicher) nach der Niederlage zu filtrieren. Ich lernte, den Zorn zu ermessen in rauh werdenden Stimmen von Männern, die, etwa nach dem Erdbeben in Kôbe im Januar 1995, ohnmächtig an ihrer obrigkeitsstaatlichen Hoffnung ver- zweifelten und mit letzter Selbstbeherrschung heiser bellten. Ich konnte den schweren Akzent des japanischen Englisch entschlüsseln, das nicht nur L und R verschmilzt wie in den ältesten Witzen über die Gelbe Gefahr, sondern sich auch die Lingua franca mit eigener Grammatik, Syntax und Modevoka- bular nach japanischem Ebenbild einverleibt hat. Kurz: Ich lernte, Japan zuzuhören, nicht dem Japanischen, eine Kultur zu lesen, ohne die Schrift zu entziffern, eine Gesellschaft, in der Form vor Inhalt geht, mit allen Sinnesorganen zu begreifen und zu erfassen. Und mitzuschreiben. So behindert, habe ich Freunde und meine Frau für mich gewonnen. Was mir entging, ahne ich. Was sich mir so, vielleicht nur so, erschloß, weiß ich ziemlich genau.

Die ersten drei Wochen nach meiner Ankunft führte ich ein Tagebuch. Kaum zufällig bricht es ab nach dem Verfassen mei- nes ersten Artikels. Daß diese Artikel nicht selten Kassiber meiner ganz persönlichen Befindlichkeit enthielten, Begeiste- rung ebenso wie Zorn und Hilflosigkeit, hat mir manches Lob und einige herzliche Feinde fürs Leben eingebracht. Das Tage- buch jedenfalls setzt Mitte August 1990 ein, als ein deutscher Gaijin die Attraktion in Zenpukuji wird, und es zeichnet das eigene Staunen wie die Fassungslosigkeit meiner Nachbarn auf.

So notierte ich nach meinem ersten Besuch in dem leeren Haus – das Umzugsgut hing nach einer sechswöchigen See- reise wegen irgendwelcher Unregelmäßigkeiten im Hafen von

Yokohama fest –, daß mein Namensschild in lateinischer Schrift und in Katakana-Silbenschrift angebracht wurde. Welch ein erschütterndes Ereignis. Meine Adresse bestand, wie alle, aus einem dreigeteilten Zahlenkode, 4-14-3, dem Namen des Viertels Zenpukuji, des Stadtteils Suginami-ku (einem von 23 Stadtbezirken) und der Leitzahl 167 hinter Tôkyô. Es zählt zu den Wundern der Stadt, daß eine Metropole mit acht Millionen Einwohnern ohne Mühe mit kaum drei Dutzend Straßennamen für die größten Avenuen auskommt. Für die lokal tätigen Postboten, Polizisten und für begabte Kartographen ist das System, das den jeder Stadtplanung widerstehenden Wildwuchs Tôkyôs verwaltet, verläßlich wie ein Radar. Wir anderen behelfen uns mit liebevoll verfertigten Faxskizzen, die Wegmarken von der Bank über Ampeln bis zum Tôfu-Straßenstand bezeichnen, kreuzende Gäßchen und Bäume zählen und mit einem fetten schwarzen Kreuz den Fundort des Schatzes markieren. Taxifahrer verlassen ungern ihre Gegend und mieden zu meiner Zeit gerade spät abends, wann immer sie konnten, winkende Ausländer am Straßenrand zugunsten japanischer Kunden. Ihre Erfahrung lehrt sie, daß Ausländer entweder nicht lohnen, weil sie sich von einem Luxushotel der Innenstadt zum anderen chauffieren lassen, statt eine fette Fahrt in die Vororte abzuwerfen; oder, fast impertinent, sie nennen auf Englisch eine Adresse irgendwo im Niemandsland und erwarten allen Ernstes, daß Taxifahrer diese Adresse finden. Und dann regen sie sich noch auf, wenn er sich beim Polizeirevier der Gegend erkundigt oder mit Ortskundigen telefoniert, während die Taxiuhr läuft. Niemand kann Tôkyô kennen, jeder weiß das. Da es kein Zentrum gibt, kann es auch keine Hinweisschilder auf ein Zentrum geben. Man orientiert sich an den großen Ringstraßen und S-Bahnhöfen, von wo aus Millionen persönliche Korridore, Heimwege, Arbeitswege, Schulwege, Trinkwege sich unsichtbar verzweigen. Nur wer *seiner* Wege geht, kommt rechtzeitig an. Ich erinnere mich an Anrufe von Gästen, die mein Haus eine Stunde lang gesucht hatten und schließlich entnervt nach Hause zurückgekehrt waren. Sie waren zu stolz gewesen, nach dem Weg zu fragen. Es waren Japaner, Ausländer leisten sich diesen Stolz nicht. Sie laufen mit ihren Skizzen herum und machen, wenn es notwendig ist, ihre Suche zu einer Rettungsaktion des ganzen Viertels. Ohne Skizze aber gilt auch für die behüteten

Gaijin der Satz, daß eine nie besuchte Adresse nur ausfindig zu machen ist, wenn man schon einmal da war.

Wem das paradox klingt, dem ist, auch wenn er recht hat, in Tôkyô nicht zu helfen. Ausländer, die nicht in den sündhaft teuren und sterilen Ausländerghettos der Botschaftsviertel, sondern unter Japanern leben, werden reich entschädigt. Der phantastische Spürsinn der Tôkyôter Post hat mir düstere Tage aufgehellt, als Briefe unverzüglich zugestellt wurden, deren Adresse vage zu nennen eine Schmeichelei wäre. Wenn »U. Schmid, Zen, Pikutschi, Tôkyô 167« ankommt, hätte wohl auch »Schmitt, Japan« Aussicht gehabt, mich zu erreichen. Man ist eben bekannt. Und Dienstleistung ist eine Kunst, die hohes Ansehen genießt. Aber auch Japaner, ungeübt mit fremden Firmennamen, wußten sich zu helfen. Der Briefumschlag des Tôkyôter Filmfestivals hielt jahrelang einen Ehrenplatz auf meinem Schreibtisch. Unter der mit edler Tuscheschrift hingeworfenen Adresse in chinesischen Schriftzeichen war er adressiert an: »Frank Furter – Schmitt Uwe-sama«. Wobei es die Fairneß gebietet hinzuzufügen, daß es in Japan guten Geschäftssitten entspricht, ein Gegenüber, dessen Rang und Namen man noch nicht kennt, mit dem Firmennamen anzusprechen. Honda-san, Mitsubishi-san, Sony-san sind als Behelf in Ordnung in einer Sprache, die keinen Fluchtweg ins anonyme »Sie« offenhält und ohne Rangbezeichnung eigentlich verstummen muß. Also war ich oft Frank-san, sogar mit der ehrerbietigen Endung Frank-sama ein hochwohlgeborener Angehöriger der *FAZ*-Familie. Ich ließ, nach einigem Zögern von japanischen Kollegen überzeugt, *Bureau Chief* auf meine Visitenkarte drucken. Ein Etikettenschwindel, nicht, um mein Ein-Mann-Büro hochstaplerisch aufzublähen, sondern um den Japanern Orientierung zu geben und ihnen Respekt in der gültigen Sprache der Nomenklatur einzuflößen. Der sonst von mir bedauerte Brauch, Geschäftspartner nicht nach Hause einzuladen, erwies sich als hilfreich bei der Illusion, die *FAZ* leiste sich ein bis zwei Büroetagen mit Korrespondenten, Hilfskräften und natürlich einen *Bureau Chief*. Ich gewöhnte mir an, auf den bei Pressekonferenzen ausliegenden Anwesenheitslisten auch meinen Titel einzusetzen. Im übrigen hatte ich weder an meinem untergebenen *Far East Correspondent* noch an meinem *Bureau Chief* viel auszusetzen. Es gab keine Probleme mit Urlaubsvertretungen oder Kompetenzen. Einer war immer da und tat seine Arbeit. Man kann sagen, wir kamen alle recht gut mit mir aus.

Noch im leeren Haus erlebte ich das *Obon*-Wochenende. Das Allerseelenfest ist neben Neujahr das heiligste Fest des Jahres und das schrecklichste für jeden, der die Stadt verlassen muß. Das sind fast alle. *Obon* drängt verläßlich achtzig bis neunzig Millionen Japaner auf eine Völkerwanderung in ihre Heimatgemeinden, die Ahnen zu ehren, die lebendigen wie die toten. Wer sich der Pilgerfahrt entzieht, genießt lehrreiche Szenen von 150-Kilometer-Staus, überlasteten Flughäfen und zu 300 Prozent belegten Zügen live im Fernsehen und preist sich glücklich bei Bier und Aal-Sushi. Zu den Höhepunkten der Vorstellung zählt der sogenannte *U-turn*, die Umkehr der Karawane kurz vor Ferienende. In jedem westlichen Land, in jeder Kultur, die weniger Gleichmut und Selbstzucht lehrt als Japan, wären die chaotischen Zustände Anlaß für Straßenschlachten, Raststellenplünderungen, Flugzeugentführungen. Fassungslos las ich in meinem leeren Haus zum ersten Mal die sonderbar zwischen Stolz (auf den jüngsten Staurekord) und Kritik am Herdenverhalten schwankenden Berichte in den englischsprachigen Zeitungen. Unterdessen hatte mich meine Vermieterin, Miwa-san, als Ziehsohn angenommen. Sie half in den ersten Tagen und Wochen, wo sie konnte, mit Skizzen, Telefonaten, Geschäftsempfehlungen, Übersetzungen von Bankformularen. Sie sprach geläufiges Englisch und hatte eine reizende Art, meine japanische Standardentschuldigung »Mein Japanisch ist leider ziemlich schlecht, ich bedaure« so begeistert zurückzuweisen, daß ich ihr fast geglaubt hätte.

Meine Achtung vor dieser jugendlich wirkenden Frau, die erwachsene, im Ausland studierende Kinder hatte, ging auf in Verehrung, als mir auffiel, daß sie sich weigerte, das Frauen angemessene *sumimasen* als Dankesformel zu verwenden. »Warum soll ich mich entschuldigen, wenn ich mich bedanken will«, erklärte mir Miwa-san kühl. »Die Frauensprache, die verlangt, daß wir uns ständig für die Aufdringlichkeit unserer Geburt entschuldigen, ist ein Feudalrelikt, eine Art Maulkorb aus Zuckerwatte, ein Mundschutz gegen Männer.« Sie habe, fuhr Miwa-san fort, diesen Mundschutz der Unterwürfigkeit längst abgelegt, und ihr Mann sei klug genug, das zu akzeptieren. So sprach sie, lachte, lud mich für den folgenden Tag zum Tennis in ihren Klub ein, und fragte dann, was sie noch für mich tun könne. Miwa-san war meine erste Wohltäterin. Ich habe oft versucht, mir den umgekehrten Fall in Deutschland vorzustellen. Wahrhaftig, Japan ist ein feinfühliges und freundliches Land. Ein Mutterland, besonders für Ausländer.

Ich bin später vielen Japanerinnen begegnet wie Miwa-san, die unersättlich neugierig durch die Welt reiste, Sprachen lernte, musizierte, und was immer sie tat, mit Würde und Grazie tat. Diese Frauen hatten es nicht nötig, jene ewig mit Kindlichkeit lockenden, mit Schmuck überhäuften, tiefbraun gebrannten, mit künstlichen Minnie-Maus-Stimmen Unterwürfigkeitsformeln piepsenden Weibchen zu spielen, die in japanischen Restaurants, Bars und als sogenannte *tarento* in Fernsehshows auftreten. Zur Erbauung vieler Männer, wie es scheint. Der Lolita-Komplex tarnt und nährt andererseits einen Mutterkult, der erwachsene Männer zu Kindsköpfen macht. Nicht selten endet, gerade in den letzten Jahren des wachsenden Wohlstands in Japan, das Ganze in Verachtung, wenn die Kinder aus dem Haus sind oder die Männer in Pension gehen. »Feuchtes Laub« nennt man dann mitleidlos diese armen Narren, die hilflos an ihren Frauen kleben und kaum ihre Schuhe binden können. Es versteht sich, daß dieser klägliche Machismo durch Mütter gezüchtet wird, die ihre Söhne verhätscheln, indem sie die ersten Jahre mit ihnen, nicht mit den ausquartierten Ehemännern, das Bett teilen und eines Tages den Entmündigten die Rechnung vorlegen: Totale Abhängigkeit, *you'll never walk alone.* Das gilt auch für Söhne, die ihre Ehefrauen verleugnen, wenn es ihre Mütter verlangen. Japanische Witze über Macht und Zanksucht von Schwiegermüttern sind noch bitterer als die westlichen Gegenstücke.

Die Obhut von Miwa-san, die sich durch großen Takt auszeichnete und mein leidendes Selbstbewußtsein als Erwachsener schonte, konnte nicht verhindern, daß ich für die anderen Bewohner des Viertels eine Gaijin-Dauerausstellung eröffnete. Die Neugier auf die Leihgabe vom anderen Ende der Welt war groß, der Eintritt frei, und der Andrang gerade in den ersten Wochen überwältigend. Ich ahnte, daß ich es den Leuten schuldete, bis sie mein Gesicht von dem aller weißen Ausländer unterscheiden konnten. Niemand ging durch die Gasse vor meinem Haus, ohne hinaufzusehen. Nicht etwa beiläufig, sondern angestrengt, die Schritte verlangsamend, und hoffnungsvoll. Ich weiß nicht mehr, wie viele Kleinkinder bei

meinem Anblick im Park um die Ecke spontan in Tränen aus-
brachen und hinter den Beinen ihrer Mütter Schutz suchten.
Andere schrien »Gaijin! Gaijin!«, so selig, wie sie den Namen
ihres Meerschweinchens rufen würden, zeigten mit ausge-
strecktem Zeigefinger auf mich und gaben keine Ruhe, bevor
die Kunde nicht weit und breit gehört war. Ich habe gesehen,
wie Eltern solchen Kindern den Zeigefinger in die Hand
zurückbogen und mit einem in meine Richtung gemurmelten *sumimasen* weiterhasteten. Nie erzielte ich einen höheren
Unterhaltungswert, als an jenem Tag, da ich mich das erste
Mal mit einer Zeitung und einem Kaffee auf meinen Balkon
setzte. Gruppen von Schulkindern, die vorbeiradelten, brem-
sten abrupt und fielen fast vom Fahrrad. Hausfrauen blieben
tuschelnd stehen, Gesichter von Nachbarn verharrten hinter
ihren Gardinen. Alle lachten, und ihre aufrichtige Heiterkeit
versöhnte mich mit ihrer Schamlosigkeit.

Was hatte ich getan? Nun, ich hatte eine der bedeutendsten
Konventionen Japans verletzt. Sie lautet: Stelle niemals Muße
zur Schau, denn wer zugibt, am hellen Tag Zeit zu haben, beschämt die Arbeitenden und jene, die vorgeben zu arbeiten.
Das Kodewort heißt *isogashii*, beschäftigt sein, es duldet weder
Nachfrage noch Widerspruch. Wer in Tôkyô nicht *isogashii* ist,
ist arm dran, arbeitslos oder, schlimmer noch, ein Saboteur der
allgemeinen Arbeitsmoral. Wer in seinen eigenen vier Wänden
nicht tut, was er will, ist ein Dummkopf. Er kann den ganzen
Tag im Bett bleiben, er kann den Müll bis unter die Decke
stapeln, Orgien feiern, Sprengsätze bauen, er kann völlig ungestört sterben. Die Beispiele von Fällen, die aus irgendwelchen
Gründen doch auffielen und in die Zeitungen gerieten, gaben
erstaunliche Blicke frei auf Japan, privat. Wer also in aller
Öffentlichkeit nichts zu tun hat, untergräbt, selbst als seßhafter
Ausländer, die Ordnung. Er ist asozial. Das wollte ich nicht
sein. Ich gab das Sonnenbad auf, als ich bemerkte, daß das
Publikum mich noch immer anstarrte, aber nicht mehr lachte.
Es war der erste Anpassungsverzicht von vielen. Über manche
sollte ich schwerer hinwegkommen, über andere niemals.

Nur einem Ausländer verzeiht man in Japan solche Unver-
frorenheiten eine Weile. Wenn ich meinen Aufzeichnungen aus
den ersten drei Wochen trauen kann, hinterließ ich eine breite
Spur von Sensationen in der Gegend, bis das Interesse entlang
meiner Korridore nachließ. Zum Beispiel im Regionalbüro

der nationalen Telefongesellschaft NTT, wo ich den Kauf von zwei Anschlüssen beantragen wollte. Kein Telefon zu besitzen kommt in Japan dem Verlust der Geburtsurkunde nahe. Vorsorglich nahm ich zum Ausländerausweis auch den Mietvertrag mit, in dem der Name meines Bürgen auftauchte. Worauf ich nicht gefaßt war, war der bürokratische Aufwand, der das Ausfüllen von Dutzenden Anträgen vorsah, die naturgemäß in der Landessprache beschriftet waren. Der arme Mann, der an jenem Augusttag zufällig Dienst in der Filiale tat, dürfte sich nach der zwei Stunden währenden Verhandlung gefragt haben, was er den Göttern angetan hatte, um so bestraft zu werden. An einer Stelle in unserem zähen Gespräch mußte der Händler über Telefon die Dienste eines angeblich Englisch sprechenden Vermittlers in Anspruch nehmen, um mir zu erklären, warum ich ohne Angabe einer Telefonnummer keinesfalls eine Leitung erwerben konnte. Ich versuchte umgekehrt, dem Dolmetscher klarzumachen, daß ich ja gerade gekommen sei, um einen Telefonanschluß zu erwerben, mit einer Nummer also logischerweise noch nicht dienen könne. Der Kulturkampf wogte hin und her, und bald schwitzten wir beide vor Anstrengung und Vergeblichkeit. Um das Gesicht zu wahren und das Geschäft zustande zu bringen, einigten wir uns stillschweigend auf einen Kompromiß. Ich gab die Telefonnummer der deutschen Botschaft an, die NTT nichts nützen würde, aber acht Stellen hatte, wie es sich in Tôkyô gehört. Und er ließ mich gewähren, als ich das von ihm eingetragene Datum der Quittung »2/8/14« daneben richtigstellte und in »14/8/1990« übersetzte. Ich wußte zwar, daß sich Japan im zweiten Regentschaftsjahr von Kaiser Akihito befand, obwohl er noch nicht gekrönt war, Tag und Monat aber gleich uns nach einem römischen Kaiser zählten. Nur war ich nicht sicher, ob Buchhaltung oder das Finanzamt Betriebsausgaben aus dem Jahre zwei nach Christi Geburt ohne Rückfragen akzeptieren würden. Wir schieden schief lächelnd, erschöpft, kopfschüttelnd. Ich hatte in fast sieben Jahren nie Ärger mit NTT. Der Kundendienst kam unverzüglich, wann immer ich ihn benötigte. Ohne Wegegeld, ohne vorwurfsvollen Ton. Man mußte die Mechaniker nur ihre Arbeit machen lassen, alles unterschreiben und möglichst wenig reden.

In meinem Viertel kannte man mich bald in der »Mozart«-Bäckerei, beim Fahrradhändler, der mir von seiner Teilnahme am Ironman Biathlon vorschwärmte und ein teures Rad verkaufte, beim Friseur, dem beim ersten Mal die Hände zitterten vor Aufregung, weil er noch nie die dünnen Haare eines Kaukasiers geschnitten hatte. Er gab mir ein heißes Handtuch, schenkte mir ein fluchtbereites Lächeln und alle Minute einen rückversichernden Blick in den Handspiegel. Dafür gab ich ihm durch beruhigende Kommentare das Gefühl, gegen alle Wahrscheinlichkeit diese unangenehme Situation, allein mit einem Barbaren mit einem Mordwerkzeug in der Hand, gemeistert zu haben. Jedenfalls verließ ich den Barbier von Zenpukuji, der sich lange beim Zusammenkehren der kärglichen blonden Haarreste nicht zu einem Preis entschließen konnte, mit dem Versprechen wiederzukommen. In dem Tagebuch finden sich Eintragungen über den Müllsortierer in der S-Bahnstation von Ogikubo. Ein alter Mann, mit weißen Wollhandschuhen, der geduldig vor sich hin singend den Abfall trennte, den das Publikum auch ohne Mühe in verschiedene Behälter hätte werfen können. Es wäre die Bahn billiger gekommen, aber es hätte nicht eine Pension aufgebessert und – wer wollte das aufwiegen – das Selbstwertgefühl eines alten Tôkyôter Bürgers. Die weißen Handschuhe, bei uns verschwunden, in Japan Ausweis und Abweisung der manuellen Arbeit, begegneten mir bei Taxifahrern, Baustellenbewachern, Flugzeugmechanikern. Die Zuteilung der Handschuhe ist Gegenstand von Tarifverträgen. Ihre angenehmste Wirkung entfalten sie an den Händen von S-Bahnfahrern. Deren Dirigierkünste sah ich zum ersten Mal auf einer Fahrt nach Yokohama, als ich direkt hinter dem Führerstand in den Triebwagen stieg. Ich beobachtete, wie der Fahrer auf jedes Signal mit seiner ausgestreckten, behandschuhten Hand deutete und dabei engagiert einen Sermon vor sich hin sprach. Vorschriften wahrscheinlich, von der Art »Signal zeigt freie Fahrt. Versichern Sie sich dessen und setzen Sie die Fahrt fort!« So ähnlich, ohne Unterlaß. Der Mann wirkte lachhaft und zugleich seltsam hingebungsvoll. Das Ritual gegen die laxe Routine stiftete Vertrauen, die Handschuhe weisen eine dienende Respektsperson aus. Ich habe nie darüber Scherze gemacht. Denn die Unfallzahlen der Züge sind unerhört niedrig. Eigentlich sind es nur Selbstmörder, Taifune oder Erdbeben, die den Betrieb stören können.

Schließlich kamen die Möbel nach Zenpukuji, das Sofa schwebte mit dem Seilzug über den Balkon. Das Viertel schaute zu. Die Möbelpacker drehten sich mit ihren Kisten am Eingang umeinander wie Eiskunstläufer, streiften dabei ihre Schuhe ab oder schlüpften in sie hinein. Sie arbeiteten mit eiligem Ernst und fast geräuschlos. Unterdessen hatten Läden, Ecken, Häuser, Busse, Nachbarn die Physiognomien flüchtiger Bekannter ausgebildet. Die Bühne drehte sich, der Westen entschwand in der Kulisse. Ich erinnere mich, wie verwirrt ich am Abend des 26. August die (über englischen Zweikanalton verbreitete) Fernsehnachricht aufnahm, daß am selben Tag gegen 18.30 Uhr in der japanischen Botschaft in Kuwait der Strom abgedreht wurde, daß westliche Botschaften von schwer Bewaffneten umzingelt waren. Einem Gerücht zufolge, das mit ernstem, ungläubigem Ausdruck verkündet wurde, sollten zwanzig Japaner nach Bagdad verschleppt worden sein. Es gab sie noch, die Welt vor den Spiegeln. Aber mein Blick verengte sich immer mehr auf die Sehschlitze, durch die Japans Medien gelegentlich den Horizont auf Japanisches absuchen. Was war der Bosnienkrieg gegen einen Erdrutsch mit Verletzten in Kyûshû, wie konnte die deutsche Vereinigung es aufnehmen mit den Fraktionskämpfen der Liberaldemokraten?

Meine Kontinentalverschiebung hatte begonnen.

Das Tagebuch endet am 2. September mit einer Eintragung über den ersten Artikel, ausgerechnet über den Internationalen Germanisten-Tag an der Keiô-Universität. Drei Wochen nach meiner Ankunft war es vorbei mit dem Luxus, mich wie ein Schlafwandler durch Tôkyôs Sommer treiben zu lassen. Am Morgen des 3. September flog ich nach Seoul zum ersten Gipfeltreffen des süd- und nordkoreanischen Ministerpräsidenten seit vielen Jahren. *Back in business. Isogashii.*

an hatte mich, zunächst befristet auf zwei Jahre, als Kulturkorrespondenten für Ostasien entsandt. Das politische Tagesgeschäft sollte nicht meine Sache sein, erst recht nicht Wirtschaft und Finanzen. Ein unschätzbares Privileg. Es wurde von meinem Kollegen O., seit einem Jahrzehnt am Ort und vor allem ein allseits geschätzter Fachmann für Luftverkehr, Militärwesen und Unternehmenskultur, tatkräftig geschützt, indem er meine Ankunft nicht zur Kenntnis nahm und japanischen Beamten riet, es ebenso zu halten. Dann und wann ließ er mich Kleinkram auflesen, der ihn nicht interessierte. Kollege O. war ein Phantom in Tôkyô, das man nie traf, aber häufig las. Er soll viel gereist sein. Zwei Jahre später verließ er Japan, ich übernahm dankbar seinen politischen Job. Unter den etwa siebenhundert akkreditierten Auslandsjournalisten mit Sitz in Tôkyô gab es viele schattenhafte Figuren wie ihn. Sie behandelten Japan als Industrieunternehmen, die Regierung wie einen Aufsichtsrat, Menschen als werktätiges Kollektiv der Japan GmbH. Man kann sie verstehen, die japanische Presse machte es ihnen vor. Und ihre Heimatredaktionen bestärkten sie darin, eine Art Wirtschaftsspionage zu betreiben oder, im Teesatz lesend, wenigstens so zu tun, als seien sie in die Geheimnisse des japanischen Erfolges eingeweiht.

Es war die Zeit der »japanischen Herausforderung«, nicht, wie es derzeit die Mode gebietet zu sagen, der »japanischen Gefahr« der Bankenpleite für die Weltwirtschaft. Skepsis ist jedem gegenüber geboten, der heute behauptet, er habe Anfang der neunziger Jahre das Ausmaß der schwersten Wirtschafts- und Identitätskrise Japans seit dem Krieg vorausgesehen: den Einbruch der Industrieproduktion, die Unternehmenspleiten, Buchverluste bei Aktienbeständen von zig Milliarden Mark,

Offenbarungseide, Entlassungen, Selbstmorde von Bankrotteuren, endlich die Bankenkrise mit faulen Krediten in Billionenhöhe und eine zu Reformen unfähige Regierung. Viele wollen das nun schon immer gewußt haben. Keine Rede war davon, als Japan noch auf dem Vulkan tanzte und alle Welt die neue Primaballerina vergötterte oder, aus denselben Gründen, in die Hölle wünschte. Das Wort Bubble Economy war noch frisch, die »Luftblasenwirtschaft« schillerte überdehnt, geplatzt war sie noch nicht. Die Rechthaberei der Auguren, die retrospektiv aus gesicherten Diagnosen die ersten Symptome ableiten, erinnert an das japanische Programm zur Erdbebenvorhersage. Nicht ein einziges Mal gelang dem Milliarden Dollar verschlingenden Forschungsprojekt, das politische Krisenstäbe höchsten Ranges berät, eine Warnung *vor* einem Beben. Seriöse Seismologen im Rest der Welt bestreiten, daß es sie geben kann. Das hindert die Japaner nicht daran, an dem Märchen festzuhalten, indem sie nach einem Erdstoß die angebliche Unausweichlichkeit der geologischen Unruhekurven vor der Entladung beweisen. Was geschah, mußte geschehen, weil es geschehen ist. Philosophisch mag das weise, menschlich kann es eine Tragödie sein, wissenschaftlich betrachtet ist es lachhaft.

Ich weiß, daß ich nichts wußte. Ich weiß, daß ich im Herbst 1990 trotz eines rosafarbenen Presseausweises des Außenministeriums mit der zu Höherem befähigenden Nummer »2345«, der täglichen Lektüre von sechs abonnierten Zeitungen und regelmäßigen Séancen mit wohlinformierten Diplomaten und Kollegen im Auslandspresseklub mitnichten über die Gabe des Sehers verfügt habe. Ich sah eine Nation im Geldrausch und beschrieb das Leben der Berauschten. Es interessierte mich die Chemie zwischen Menschen, die Analyse ihrer Droge überließ ich anderen. Gewiß hatte ich mich in die Vorgeschichte eingelesen. Ich wußte, daß einige Ökonomen den Immobilienboom in der zweiten Hälfte der achtziger Jahre für gefährlich grundlos gehalten und nach dem Tôkyôter Börsenkrach im Sommer 1989 gewarnt hatten, das große, die Finanzwelt erschütternde Beben kündige sich an. Gewiß hatten politische Analytiker den Verschleiß von drei Regierungschefs im selben Jahr als Zeichen für eine Auszehrung der seit 1955 alleinregierenden Liberaldemokratischen Partei (LDP) zu deuten gewußt. Folgen jedoch hatten solche Warnungen nicht. Korruptionsskandale kamen und gingen. Die Namen – jene der Bestechenden, nicht die der Bestochenen – wechselten, das Schema blieb dasselbe. Lockheed in den siebziger Jahren, einige Kabinette darauf Recruit-Cosmos. Dieser Skandal, eigentlich ein Versehen, das die dreiste Profitgier des Kabinetts und der übrigen LDP-Elite durch den Erwerb von Vorzugsaktien des Unternehmens ans Licht gebracht hatte, wurde gerade unter den amerikanischen Veteranen der Korrespondenten nach dem dritten Gin&Tonic in dem Ton dröhnender Herablassung geschildert, mit der sie einst über südvietnamesische und südkoreanische Marionettenregierungen schwadroniert hatten.

Ihnen war es – und im Rückblick verstehe ich sie besser, als mir lieb ist – vollkommen gleichgültig, ob der japanische Ministerpräsident Takeshita hieß, Uno oder Kaifu. Politiker seien drittklassig, lautete die Faustregel auch unter Japanern, oder allenfalls zweitklassig, wenn sie die Staatenlenkung den erstklassigen Beamten und Wirtschaftsführern überließen. Die Gelassenheit des Wahlvolks wich Zynismus, als zwischen 1990 und 1997 sechs Ministerpräsidenten verschlissen wurden. Sie hießen Kaifu, Miyazawa, Hosokawa, Hata, Murayama, Hashimoto. Im Jahr 1998 übernahm das Amt Obuchi, ein ebenso blasser tapferer LDP-Soldat wie schon Kaifu, dessen Regierung sich durch die niedrigsten Zustimmungsraten seit Menschengedenken auszeichnete. Sie alle gelobten Reformen, sie alle hatten durchaus unterschiedliche Talente und Pläne. Hosokawa und Hata, LDP-Abtrünnige mit radikalen Visionen und den honorigsten Absichten, rechtfertigten sogar für ein knappes Jahr Hoffnungen auf eine Zerschlagung des sogenannten eisernen Dreiecks aus Politik, Wirtschaft und Ministerialbürokratie. Wir Korrespondenten zögerten lange, an den Aufbruch zu glauben, und kommentierten den Fall der LDP und die Machtübernahme einer Koalitionsregierung im Sommer 1993, die Ministerpräsident Hosokawa mit dem Fall der Berliner Mauer verglich, mit Spott und wenig Zuversicht. Als wir uns endlich mitreißen ließen von diesem lässigen Aristokraten mit der Ausstrahlung eines John F. Kennedy, der Japan mit Asien aussöhnen wollte, war das Spiel nach gerade acht Monaten vorbei. Hosokawa stürzte über eine läppische Finanzaffäre.

Das eiserne Dreieck aus lauter Old-boy-Patrioten, die seit gemeinsamen Studienzeiten lukrativ für sich selbst und zu Japans Frommen die Geschäfte nach dem Krieg führten, hat das Land groß gemacht, geschröpft, dann ruiniert mit nie nachlassender Beharrlichkeit. Wer in dieser Dreiecksbeziehung sein Auskommen hatte, wurde geschützt wie von einer Bruderschaft, falls er bei den Medien oder gar bei der Justiz in Ungnade fallen sollte. Die LDP führte die Japan Incorporated nach zehn Geboten, die der amerikanische Zukunftsforscher Alvin Toffler als ökonomisch-darwinistische Prioritätenpyramide beschrieb. Vorrang vor allem hatte für die LDP die Wirtschaft, erst mit Abstand galt: Die Nation ist wichtiger als die Firma; das Geschäft ist wichtiger als der einzelne; Exporte sind wichtiger als die Binnenwirtschaft; Großkonzerne sind wichtiger als Kleinunternehmen; Produzenten sind wichtiger als Konsumenten; Produktqualität ist wichtiger als Lebensqualität; Homogenität ist wichtiger als Heterogenität; Gehorsam ist wichtiger als Kreativität; schließlich, Männer sind wichtiger als Frauen. In einem Interview wünschte Toffler schon vor Jahren alles Gute für den unaufschiebbaren Wertewandel. Japan könne sich nicht mehr an Vorbildern orientieren, die Aufholjagd mit dem Westen sei vorbei. Ganz recht, pflichteten ihm Japans Machteliten bei, als die Luftblasenwirtschaft noch hielt, pokerten mit Yen-Stärke und Exportoffensiven und wußten wohl selbst nicht, wie sehr sie blufften. Mäßigung war Dummheit, man huldigte dem Mythos japanischer Unbesiegbarkeit, der an den militaristischen Eroberungswahn der dreißiger und vierziger Jahre erinnerte. Niemand griff ein, nicht die vom Erfolg der Unternehmen gezähmten Betriebsgewerkschaften, nicht die Sozialisten, die sich im Staunen über die Globalisierung selbst alle Zähne zogen, nicht einmal die einzige respektable Opposition der Kommunistischen Partei, die in Parlamentsdebatten die Ehre der japanischen Demokratie rettete. Sie schienen alle widerlegt und anachronistisch. Es ist wahr, daß die Japaner nicht die Politiker haben, die sie verdienen. Aber die Bürger sorgen auch nicht dafür, sie zu bekommen. Je dramatischer die Wirtschaftskrise alle Lebensbereiche durchdringt, desto mehr Wähler fallen in fatalistische Erstarrung.

Ende der achtziger Jahre aber wurden dieselben unfähigen Politiker als Medizinmänner eines beispiellosen Wirtschaftswunders bestaunt. Im Westen entstand eine Serie von Büchern, die dem Phänomen auf die Spur kommen wollten. Ob gehobene Ratgeberliteratur, rassistische Affektabfuhr oder scharfsinnige Interpretation wie Karel van Wolferens *Vom Mythos der Unbesiegbaren* (1989), alle Interpretationen des nie untergehenden, alles überstrahlenden Sonnenreichs kamen zu demselben Ergebnis: daß Japan den guten alten Kapitalismus nach eigenen Regeln spielte. Womit die einen meinten, es spiele mit gezinkten Karten und gehöre bestraft wie in einer Saloonschießerei. Die anderen fanden, daß diese große Kulturnation zum Ende des Kalten Krieges einfach das bessere Blatt und die besseren Nerven habe. Hymnische Bücher wie *Japan as Number One* und *Where Communism Works – The Success of Competitive Communism* wurden Bestseller in Japan. Sie verkündeten gläubig den Messias der Weltwirtschaft. Geschmeichelt nahmen die Japaner zur Kenntnis, welche Wunderwerke und Teufeleien ihnen zugetraut wurden, und nicht wenige glaubten selbst daran. Selbst der holländische Journalist van Wolferen, dessen intelligente Kritik an einem verantwortungslosen Machtvakuum im Zentrum des Staates in Japan zunächst eher empört als amüsiert hatte, weil sie Demokratie und Rechtsstaatlichkeit, intellektuelle Freiheit und Handelsfreizügigkeit als Schimären enttarnte, machte sich einen Namen und verdiente ein Vermögen mit Vortragsreisen im Lande. Man hing an seinen Lippen, man verschlang seine Anklagetexte mit einer masochistischen Lust, die Aufsteigern eigen ist. Als es im Westen 1998 wieder en vogue war, dem krisengeschüttelten, »am Abgrund stehenden« (Sony-Chef Ôta) Land radikale Remeduren anzudienen, war van Wolferen noch immer gut im Geschäft. Aus dem Kritiker war der Tröster geworden, ein Therapeut, der Japan wenigstens an seine einstige Größe erinnerte.

Erst Mitte der neunziger Jahre fanden Stimmen Gehör, die in der sagenhaften Japan Inc. einen Popanz des Westens erkannten. Und auch ich fragte mich, ob ich der Legende von der unvergleichlichen, über alle Maßen bewunderten und geschmähten Japan AG häufiger auf den Leim gegangen war, als ich ahnte. Fast alle hatten sich blenden lassen von der exotischen Farbenpracht eines konfuzianisch-kollektivistischen Erklärungsmodells, das so suggestiv und stimmig schien und durch prominente japanische Zeugen beglaubigt wurde. Auch wenn ich zu meinem Glück über Wirtschaft nicht zu berichten hatte, kannte ich wohl den Sog eines »Kulturansatzes«, der in der Wirtschaftswelt und in den Arbeitsbeziehungen geheimnisvolle, fremdartige Werte wie Harmoniestreben und »patrimoniale Herrschaft« allein am Werke wähnte. Widersprüche wurden ohne Überprüfung zusammengereimt. Der eine schrieb

vom anderen ab, wer kannte schon Japan? Zen und Harmoniestreben wurden gehandelt wie die Anabolika der Wirtschaftssupermacht. Nun aber erinnerten Wissenschaftler daran, daß
die Erfolgsklischees von lebenslanger Beschäftigung, Seniori-
tätsprinzip, Zulieferbeziehungen bis in die sechziger Jahre
hinein als Gründe für die geringe Effizienz der japanischen Be-
triebsorganisation gewertet worden waren.

Es hieß damals, wenn Politik, Finanz- und Halbwelt sich
allzu dreist ihre Gewinne zuschoben, verschrieben ihnen die
Beamten eine *kuâ* (Kur). Übrigens ein deutsches Lehnwort
wie *gerende* (Skigelände), *arubaito* (Arbeit, Job) und, lehrreich
für das hergebrachte deutsche Image in Japan, *gebaruto* (Gewalt). Was ich verstand, war dies: In einer Kultur, wo noch als
Geschenk gilt, was wir für Bestechung halten, mußte das Verdikt »Skandal«, ein abendländischer Moralimport, fehlgehen.
Skandal hieß in Japan, des Guten zuviel tun, die Vorteilsnahme
übertreiben, zuviel in die eigene Tasche stecken, Mitwisser
nicht angemessen abfinden, sich also gruppenfeindlich und
unsozial zu gerieren. Ein Skandal wurde erst dadurch ein Skandal, daß einer beim heimlichen Skandal nicht mehr sauber
mitspielte. Es war in japanischen Zeitungen damals auf säuerlich beflissene Weise üblich geworden, Enthüllungen über die
jeweils jüngste politische Bestechungsaffäre in der Art von
Auktionsberichten oder olympischen Medaillenspiegeln auf-
zubereiten. Lockheed, Recruit, Kyôwa, Sagawa *et aliis:* Wer bot
wann wem mehr, wer schmierte wie viele von höherem Rang
für welche Gegenleistung?

Das Fernsehen, angeführt von der öffentlich-rechtlichen
Anstalt NHK, dem größten Sender der Welt, verständigte sich
auf eine passepartoutartige Bilderfolge, die es gestattete, den
jeweils neusten Namen des inkriminierten Unternehmens,
Politikers oder Beamten einzusetzen. Die Versatzstücke taugten bei jeder Affäre, zu jeder Jahreszeit und waren bis Februar
1997, als ich Japan verließ, unverändert im Gebrauch. Der
Bericht beginnt mit einer einleitenden Moderation über den
dem Hörensagen nach Verdächtigen. Nun sehen wir ein Hochhaus irgendwo in Tôkyô oder Ôsaka, in dem nächtens noch
Licht brennt oder im Morgengrauen schon das Portal offen-
steht. Schnitt auf ein Kommando adrett gekleideter Staats-
anwälte, die auf das Gebäude mit furchtloser Entschlossenheit
zuschreiten. Auf Klopfen wird ihnen aufgetan, die im Kampf

um die Plätze torkelnden Kameramänner werden ausgesperrt. Schnitt auf ein Dutzend junger Männer aus dem Nachwuchs der Staatsanwaltschaft, die ihre Jacken ausgezogen haben, eine Kette zwischen Fahrstuhl und Minibus bilden und Karton um Karton mit beschlagnahmten Akten weiterreichen. Und wir wissen Bescheid bei Abfahrt des Busses oder der Busse, ihre Zahl gibt schon Aufschluß über das Ausmaß der Affäre. Der Staat mistet den Stall aus, man kann sich darauf verlassen. Aufseufzen. Nächste Meldung. Immer eine gute Nachricht.

Tage später folgt gewöhnlich die Fortsetzungssequenz, welche die Vorführung des Hauptverdächtigen im Justizministerium zeigt. Sie spielt auf der Straße vor der Einfahrt. Immer – und ich meine ausnahmslos immer – sehen wir die staubfrei schimmernde Limousine der Staatsanwaltschaft von der Straße einbiegen (Chauffeure, die auf sich halten, entstauben ihre Arbeitsgeräte in Wartezeiten mit Federwedeln). Sie fahren in Zeitlupe gedrosselt, und in zerdehntem Blitzlichtgewitter, das jede Scheibe durchdringt, sieht man dann den Verdächtigen zwischen zwei Beamten auf dem Rücksitz kauern. Mancher duckt sich, alle tragen ein weißes Hemd ohne Krawatte, wie es die Vorschriften wegen Suizidvorbeugung verlangen. Wir sehen sie mit steinerner Miene und quälend verlangsamten Lidschlag in die Spießrutenmeute starren. Einige aber spielten nicht mit, verbargen ihr Gesicht vor dem Volk und machten sich eines schwerwiegenden Ritualvergehens schuldig. Im Musterland der inneren Sicherheit mit neiderregenden Aufklärungsquoten um neunzig Prozent – und der höchsten Rate von Bewährungsurteilen – gilt, mindestens in den Medien, die Schuldvermutung. Kein Rauch ohne Feuer. Wer einmal aus dem Blechnapf frißt, wer einmal ohne Krawatte vor dem Justizministerium gefilmt wird, um den ist es geschehen.

Wer in Japan verhaftet wird, haftet mit seinem Leumund und seiner ganzen Sippe für die Folgen. Die Presse wird sein Haus, seine Frau, seine Firma beobachten, bis, auf ein geheimes Signal, die Schuld gebüßt ist und der Pranger für den nächsten freigemacht wird. Das Fernsehen ist das ständig tagende Volksgericht und erfüllt zugleich die Funktion des Dorfältesten, dem sich Angehörige von Unfall- oder Verbrechensopfern anvertrauen müssen, um dem Publikumsrecht auf mitleidige Neugier Genüge zu tun. »Natürlich wissen wir, daß Name und Bild eines Verdächtigen in anderen Ländern bis zur

Verurteilung geschützt sind«, erklärte mir nachsichtig einmal ein hoher Beamter im Justizministerium, als ich über Strafrecht und Haftbedingungen recherchierte. »Aber erstens liegt uns mehr an der Abschreckungswirkung, und zweitens sind in Japan die Festgenommenen gewöhnlich auch die Täter.«

Japans traditionell deutschfreundliche Juristen, innig vertraut zum Beispiel mit dem seit 1908 gültigen, gelegentlich novellierten Strafvollzugsgesetz, das beinahe paragraphengetreu das preußische Vorbild abbildet, erklärten mir immer wieder, meist in makellosem Deutsch, den Unterschied zwischen japanischem Opportunitätsprinzip und deutschem Legalitätsprinzip. Sie erläuterten die Härten und Vorzüge von meditativer Einzelhaft, bei der Anlehnen, Singen, Sprechen, also alles untersagt ist, was ablenkt von der Selbstprüfung. Sie erinnerten aber auch stolz an die großartige Tat eines Tennô im Jahre 818, der die Todesstrafe abschaffen ließ. Ein Verbot, das 347 Jahre lang in Kraft blieb. In welchen Meeren von Blut versank zur gleichen Zeit Europa? Die Juristen verteidigten die Ansicht, daß harte Gefangenenarbeit das tauglichste Mittel gegen Querulantentum und Rückfallkriminalität sei. Und sie fragten mich, wie deutsche Gerichte es wagen könnten, auf Grund von Indizien derart hohe Haftstrafen zu verhängen, die in Japan ohne Geständnis undenkbar wären. Wie diese Geständnisse zustande kämen, sei nicht immer die feine Art, räumten sie ein. Aber ein Urteil allein auf Indizien zu gründen sei schlimmer.

Ein berühmter Strafrechtsprofessor, dessen Rat und Freundschaft ich früh während einer Recherche zur Praxis der Todesstrafe gewonnen hatte, versprach mir sieben Jahre lang, eines Tages für die *FAZ* einen Aufsatz mit dem Titel »Warum Japan kein Rechtsstaat ist« zu verfassen. Er konnte, um seinen Ruf und Nachruhm verständlicherweise besorgt, auch nach seiner Emeritierung nicht Wort halten. Meine Mahnungen bei jedem Treffen dienten nur als *comical relief* in einer tragischen Ausweglosigkeit. Prominente Japaner, die sich gegen ihr Land wenden, müssen unter Umständen mit der härtesten Konventionalstrafe der japanischen Gesellschaft rechnen: zu verkommen in der inneren Verbannung, zäh zu Tode geschwiegen zu werden.

Ist die geschlossene japanische Gesellschaft anfälliger für Korruption als der Westen? Welche Frage läge näher. Kein Mangel herrschte an Literatur, die das feudalistische Klassensystem des Japan der Tokugawa-Ära beschrieb. Die Gruppenabhängigkeit des Reisanbaus und die Fesselung im Korsett von Beziehungsgeflechten. Aber auch die religionstolerante, ganz auf das Diesseits angewiesene Orientierung ohne den Kanon, dem der Westen seit der Heiligsprechung des Individuums durch Kirche und Aufklärung folgte. Der Umgang mit Geld jedenfalls war ungeregelt schon in Zeiten, als Japans Kaufleute den niedrigsten der vier Standesränge innehatten. Hochadel und selbst niedere Samurai waren in ihrer gesellschaftlichen Stellung so unerreichbar, daß sie sich den asketischen Kodex des Bushidô leisten konnten. Das einfache Volk mußte einander und die Mächtigen bezahlen für Gefallen, Schutz, etwas Ansehen. Und noch immer enthält die japanische Sprache die komplex hierarchischen Gesprächsebenen (»über oder unter den Augen«), die bis in Syntax und Vokabular ein Hinauf- und Hinabreden selbst unter Angehörigen derselben Gruppe vorschreiben. Die Befürworter der These, daß diese Unmöglichkeit der Gleichheit im Verbund mit der Spirale von Gefallen und Gegengefallen, Korruption züchte, erinnern an die aufgepfropfte, nie gewachsene Modernisierung der Meiji-Reformen.

Schon bei den ersten Reichstagswahlen im November 1890 war es zu massiven Stimmenkäufen gekommen. Sie waren Ausdruck des Machtkampfes zwischen Liberalen, den alten Klans und der Bürokratenoligarchie, während das Oberhaus noch gänzlich in der Hand des Adels war. Finanz- und Bestechungsskandale waren an der Tagesordnung; Abgeordnete, Minister und selbst hohe Marineoffiziere bereicherten sich schamlos und nur selten mit strafrechtlichen Folgen. Es war auch eine Zeit des Rauschs. Kaiser Meiji trug westliche Phantasieuniformen hoch zu Roß, seine Untertanen trugen Frack und Zylinder und tanzten Walzer bei großartigen Bällen. Einschlägig vorbestrafte Politiker stellten sich bald wieder erfolgreich zur Wahl, die Bürger trugen Verfehlungen nicht nach. Bis 1930 war Bestechung kein Straftatbestand. Und es entrüsteten sich ferne Verehrer mit eigenen Interessen, wie Oswald Spengler, der 1933 bang notierte: »Ist dieser prachtvolle Staat schon über den Gipfel seines Daseins hinaus, vergiftet von den demokratisch-marxistischen Verfallsformen der weißen Völker?« Auch japanische Beobachter reagierten schon viel früher ratlos auf eine scheinbar inhaltslose, amoralische Spielform von Demokratie und Kapitalismus. Etwa jener japanische Patriot und Moralist, der nach den ruhmreichen Feldzügen des Kaiserreichs gegen China und Rußland, die Japan als Kolonialmacht etabliert hatten, bitter schrieb: »Die Japaner haben eine doppelte Persönlichkeit; als Soldaten sind sie in jeder Hinsicht bewundernswert, aber in Ausübung friedlicher Beschäftigungen … sind sie ganz anders… Einmal des Bewußtseins entledigt, für Kaiser und Reich zu arbeiten, scheinen ihnen die einfachsten sittlichen Begriffe abzugehen.« Dabei blieb es anscheinend, auch unter dem Militärregime, nach dessen fehlgeschlagener Welteroberung und unter dem Einfluß demokratisch gesonnener Besatzungspädagogen aus Amerika. 1948 stürzte die Regierung von Ashida Hitoshi nach nur sieben Monaten über einen Bestechungsskandal. Danach standen mindestens vier nationale Wahlen im Zeichen von Affären, zuletzt 1989, nach dem Rücktritt Takeshitas wegen Recruit, und indirekt auch 1993, als die LDP zum ersten Mal die Macht für eine Weile an Dissidentenparteien verlor. Noch weit in die neunziger Jahre hinein war es üblich, daß Politiker gerade in ländlichen Wahlkreisen Stimmen kaufen oder mindestens ihre Wahlkampfhelfer reich entlohnen mußten.

Das Wahlrecht sah keine Kostenerstattung vor, und Wahlkämpfe wären unbezahlbar, ja unmöglich gewesen, wenn nicht die Industrie großzügig, bisweilen auch zähneknirschend, zu fast neunzig Prozent die Kassen der Parteien und Kandidaten gefüllt hätte. Außerdem galt und gilt, daß die so teuer erstrittenen politischen Ämter äußerst flüchtig sind. Es stehen zu viele junge, ehrgeizige Parteigenossen in Wartestellung. Also mußten Japans Politiker und Spitzenbeamte sich sputen, Profil zu gewinnen und angemessen entschädigt zu werden, bevor sie ihre blendenden Beziehungen in Aufsichtsräten und als Firmenberater verrenten konnten. Am sichersten waren vererbte Mandate. Bei den historischen Wendewahlen vom Juli 1993 verdankten nicht weniger als 164 von 511 Unterhausabgeordneten den Sieg ihrer Herkunft. Sie waren Söhne, Neffen, gar Enkel von erfolgreichen Politikern, die ihre Wahlkreise gepflegt hatten. Wer konnte es ihnen verdenken, die Rendite einzufahren. Kritische Japanologen sprechen von »stammesethischem Pragmatismus«, wenn es um die verschworene Geselligkeit von Führern und Geführten im Volkssouverän geht. Maruyama Masao, der weit über Japan hinaus bedeutendste (und wohl deshalb in der Heimat heftig umstrittene) Politologe und Philosoph Japans in diesem Jahrhundert, verspottete diesen Souverän schon im Jahre 1961 milde als den, »der auf seinen Rechten schläft«.

Auch im wachen zivilen Leben des Souveräns ist nichts umsonst. Als offenes Geheimnis handeln die japanischen Zeitungen, daß die Preise für bestandene Aufnahmeprüfungen an den Eliteuniversitäten von Tôkyô und Kyôto gerade bei Juristen, Wirtschaftswissenschaftlern und Medizinern, die später gut verdienen, bei manchen käuflichen Professoren erstaunliche Höhen erreichen. Alles hat seinen Preis. Und trotzdem schien damals am Ende meiner wochenlangen Recherche das Japan der ausgehenden Bubble-Ära wohl nicht korrupter zu sein als andere Gesellschaften. Zu entscheiden freilich, wo die Höflichkeit noch Geschenke verlangt und wo Gefallen in Bestechung ausarten, war in Japan ein noch unschärferer Grad als in der übrigen Welt. *Wairo*, das japanische Wort für Bestechung, wurde jedenfalls im Alltag nur für riesige Summen und Skandale gebraucht. Niemand kam auf die Idee, es unlauter zu finden, wenn man dem Direktor einer für den Sohn ersehnten Schule eine Spende überreichte oder dem zur eigenen Hochzeit selbstverständlich eingeladenen Abteilungsleiter einen Umschlag mit zweihundert Mark *okurumadai* (etwa: Autogeld, de facto eine Aufwandsentschädigung) in die Hand drückte, auf daß der Ehrengast, der möglicherweise mit der U-Bahn kam, keine Auslagen oder andere Unannehmlichkeiten hätte. Bei jeder Gelegenheit gibt man und gibt es Geld in Japan, bar in druckfrischen Scheinen und in besonderen Umschlägen versandt. Zur Geburt und zum ersten, dritten, fünften und siebten Geburtstag, zu Volljährigkeit, Hochzeit, Begräbnis und dazu noch zweimal im Jahr an alle, denen man Dank schuldet, Vermieter, Vorgesetzte, Priester, wem auch immer. Es ist kein Wunder, daß in der japanischen Geldkultur der Barscheck sich nie durchsetzen konnte. Selbst die inzwischen verbreiteten Kreditkarten – deren Wunderkräfte Jahr um Jahr Tausende in den Offenbarungseid treiben – verblassen neben dem Eros des knisternden, oft sogar selbst gereinigten und gebügelten Bargeldes. Lauter nackte zarte Yen. Man greift zu und fühlt sie und fühlt sich besser.

Den Touristen war das gleichgültig. Sie standen damals auf der Ginza in Tôkyô vor den Kameras ihrer Freunde stramm, zeigten grinsend auf ihre Füße und schickten das Foto sodann mit dem Vermerk »Ich stehe hier auf zehntausend Dollar« als Postkarte in die staunende Heimat. Den japanischen Jugendlichen war es auch egal, wie ihre Eltern zu soviel Geld gekommen waren. Ich habe pickelige Gymnasiasten in preußischen Kadettenuniformen in der U-Bahn ihre Rolex-Uhren vergleichen sehen und über Preise fachsimpeln hören. Ich habe, durch die Schaufenster, kichernde Schülerinnen bei Louis Vuitton, Gucci und Mikimoto sündhaft teure Accessoires so beiläufig kaufen sehen wie Dauerlutscher. Ich habe all die Rolls Royce, Bentleys, Mercedes-Benz-Sonderausführungen, die am Flughafen und vor den Hotels vorfuhren, selbst bald sowenig beachtet wie Zeitungsverkäufer oder Nudelshops. Japanische Weinliebhaber ließen es sich etwas kosten, stafettenweise Beaujolais Primeur einzufliegen und, wegen des Zeitvorsprungs gegenüber Europa von acht Stunden, am Stichtag früher zu verkosten als die Franzosen. Im vornehmsten Ginza-Kaufhaus Mitsukoshi wurde jede nur erdenkliche Ware angeboten, vom Fertighaus bis zur Südseeinsel. Reservierungen für den ersten Mondtourismus, den Kauf des Buckingham Palace (sollte die britische Krone einmal knapp bei Kasse sein) und das Schockgefrieren des eigenen Leichnams für eine medizinisch reifere Zukunft machten Schlagzeilen. All diesen Moden nachzuspüren schien mir so sinnvoll wie den Pazifikwellen Namen zu geben.

Unbeeindruckt aber war ich nicht. Zumal, als ich mir mitleidige Kommentare anhören mußte, weil ich in armseligen D-Mark bezahlt wurde. Meine amerikanischen Kollegen unterhielten ihre von Handelskonflikten und japanischen Prestigekäufen gereizten Leser mit Klagen über die Tôkyôter Pizza für vierzig Dollar, auf der auch noch Seegras und Muscheln zu finden seien. Millionen Japaner reisten ins Ausland und zahlten jeden Preis. Der Yen, dessen kraftstrotzendes Befinden täglich die vornehmste Nachricht war so wie heute sein Siechtum, genoß sakrale Verehrung; er sei der legitime Nachfolger des Gottkaisers, hieß es. Es kam törichtes Gerede auf über eine japanische Weltverschwörung, und Michael Crichton machte einen Bestseller aus dem Ressentiment. Ich aber schrieb über mein erstes Weihnachten in Japan und, ohne es zu wissen, über das vielleicht letzte von Sorgen ungetrübte Fest in der Luftblasenwirtschaft.

Wenige hielten es mit der Religion zu irgendeiner Jahreszeit. Der Schintoismus segnet alles Diesseitige. So war auch an Weihnachten nichts Heiliges in den Menschen noch Scheinheiliges, erst recht keine arme Sünde. Japan hatte nichts zu verlieren, was es je besessen hätte. Gardinenpredigten trauriger Priester gegen Konsum und für die Nächstenliebe überließ man den 1,4 Millionen (0,7 Prozent) christlichen Mitmenschen. Das Christentum, im 16. Jahrhundert blutig bekämpft, war auch ohne Verbot kein Erfolg. Ein Dutzend Messen wurden in Tôkyôs Kirchen gelesen. Was nicht bedeutete, daß weniger aufdringliches westliches Kulturgut interesselos abgewiesen worden wäre. Beethovens Neunte wurde in den ersten drei Dezemberwochen von acht Orchestern fünfzehnmal zu Gehör gebracht. Bedenkt man, daß selbst die Hymne einer neu gegründeten Partei auf den Götterfunken nicht verzichten wollte, müssen auch heute noch Hunderte Aufführungen pro Jahr zusammenkommen. Jedenfalls flossen vor Weihnachten verläßlich Tränen der Rührung und solche der Trauer bei denen draußen auf der Warteliste. Beethoven ist der Christbaumschmuck der Ungläubigen. Für die große Menge tat es ohnehin *White Christmas*, das ihnen seit Wochen in den Ohren lag, und die Zeitungen berichteten, halb vorwurfsvoll, halb in hedonistischer Solidarität, die Leute tränken Champagner wie Selters und kauften Pelze wie Puffreis. Der Gesamtwert der japanischen Weihnachtsgeschenke dürfte damals den Staatshaushalt vieler kleiner Länder in den Schatten gestellt haben.

Der erste öffentliche geschmückte Weihnachtsbaum auf japanischem Boden soll während der amerikanischen Besatzung, irgendwann zwischen 1945 und 1952, in der Nähe des Kaiserpalastes gesehen worden sein. Aber des ungeachtet ist Weihnachten seit Kriegsende nicht mehr als die geschäftsfördernde Ausdehnung des wirklichen Ereignisses, des buddhistischen Neujahrsfestes. Außerdem trifft sich Weihnachten günstig mit der alten Sitte des Schenkens aus gegenseitiger Verpflichtung. *Ochûgen* nennt sich das teure, und wie viele achselzuckend gestanden, völlig sinnlose Ritual im Mittsommer, *oseibo* im Dezember. Wer nicht stirbt, unhöflich ist oder sonst aus der Gemeinschaft herausfällt, wird der Spirale aus Geschenken und Gegengeschenken nie entkommen. Eine auf solche Zwangsgelegenheiten spezialisierte Konsumgüterindustrie hatte rechtzeitig *oseibo* und das nette sentimentale, amerikanisierte Weihnachten zum größten Boom des Jahres verschweißt.

Kinder waren die Stichwortgeber des Einkaufsfeldzugs. Für sie nahm alles lebensgroße Gestalt an, was die japanische Comic-Welt für sie vorgezeichnet hatte. Besonders anstelligen kleinen Mädchen wurde vielleicht die erste *mama sentaku* beschert, eine funktionstüchtige Miniaturwaschmaschine, immerhin groß genug, um Vaters neue Dior-Socken zu ruinieren. Die Schutzhüllen für Golfschläger aus Nerz für nur zweihundert Mark das Stück, die passenden Schuhe für den Prestigesport, mit dem die annähernde Unbespielbarkeit des Platzes Japan kompensiert wird, waren billige Vergnügen für jene, die sich den Luxus leisten konnten, Golf nicht nur zu üben, sondern auch zu spielen. Ein etwa zwei Meter hoher Weihnachtsbaum war, wohl wegen der geringen Nachfrage, die keine Baumschulen lohnte, nur im Gegenwert von 1700 Mark zu haben. High-Tech-Spielzeug lief immer noch am besten. Zumal, wenn es Personenschutz bot wie jenes Gerät im Armbanduhrenformat, das die Strahlenbelastung maß und, hier gleich einer Eieruhr, den Träger weckte, bevor er sozusagen gar war. Zwei Jahre zuvor hatte die japanische Hygiene-Obsession die Einführung aufwendiger Toilettencockpits erzwungen, die Sitze heizten und mancherlei schwer zu beschreibende Servicefunktionen mehr ausübten, wenn sie richtig programmiert waren. Ich kenne keinen einzigen Ausländer, der die Dinger nicht beim ersten Augenschein verspottet hätte – und nach dem ersten Winter im unbeheizbaren, zugigen Haus gepriesen.

Überhaupt der Winter. Er ist an der Pazifikküste eine wunderbar klare, sonnige, schneefreie, kaum je frostige Jahreszeit, aber scheint den Japanern noch immer überraschend hereinzubrechen. Heizungen, die wärmen, statt nur aus den Ventilatoren der Klimaanlage (auf Umkehrschub gestellt) heiße Luft unter die Zimmerdecke zu blasen, gibt es nicht. Es habe mit der Erdbebengefahr zu tun, ließ ich mich belehren, die Furcht vor Bränden und der Platzmangel in den traditionell kellerlosen Häusern verböten die Installation von Öltanks wie von Heizkörpern. Seltsam nur, daß auf der Nordinsel Hokkaidô und an der Küste der Japansee, wo der Winter viel Schnee bringt, veritable Heizungen bekannt und verbreitet sind. Gibt es kein Frieren ohne Schnee? Was immer die Gründe sein mögen für die Unfähigkeit zu heizen, ich werde nicht vergessen, daß ich nie für so viel Mietzins und bei so hohen Stromkosten für heiße Klimaluft, beständig mit drei Paar Socken ausgestattet, so gefroren habe wie im Tôkyôter Winter.

Weihnachten in Japan ist, anders als die ziemlich unbedeutenden Geburtstage, keine Familienangelegenheit, sondern reine Privatsache, Tôkyôs Geschäfte und Ämter sind geöffnet. Heiligabend ist vor allem der einzige, durch Gewohnheitsrecht institutionalisierte Tag, an dem junge Männer massenhaft um die Gunst der ersten Frauen in ihrem Leben werben. Die gesamte Tôkyôter Jugend faßte sich in meinem ersten Winter für ein paar Stunden ein Herz und hielt Händchen. Während sich gewöhnliche, eingespielte japanische Liebespaare buchstäblich durch ihre Unberührtheit, betonte Langeweile und viertelstundenlanges gemeinsames Schweigen oder Telefonieren mit Handys in Bars und Cafés zu erkennen gaben, sah man sie an jenem Heiligen Abend untergehakt und in entschlossenem Gleichschritt durch die Stadt eilen. Es war ja nur der eine Tag, an dem Abertausende Burschen gleichzeitig das Fest der Liebe beim Wort nahmen und, wenn man sie erhörte, in teuren Stundenhotelzimmern Eide schworen, daß ihre Begleiterin die einzige sei, auf ewig die erste und letzte. Bis die drei Stunden vorüber waren und bis zur nächsten Saison. Wer am Heiligen Abend jung war und allein auf den Straßen Tôkyôs angetroffen wurde, war entweder gut verheiratet oder er hatte nicht rechtzeitig im August sein Stundenhotel für Weihnachten gebucht. Es war ein reichlich teurer Spaß, in der Bubble Economy erhört zu werden. Das Love-Hotel, klinisch saubere Stundenabsteigen mit phantasievollsten Interieurs, vom Cadillac bis zum Sumô-Ring, war nur die Endstation der Sehnsüchte. Zuvor mußten allerlei finanzielle Mutproben bestanden werden. Und wie meist in Japan galt es, bis in die intimsten Situationen ein ritualisiertes, vergleichbares und damit wertbeständiges Verfahren zu beachten, das die eigenen Wahlmöglichkeiten und damit jedes Fehlerrisiko auf ein Mindestmaß beschränkte.

Die Mädchen in ihren frühen Zwanzigern, mindestens solche aus nicht allzu streng behütetem Hause, wußten genau, mit welchen bewährten Überraschungen man sie zu überraschen hatte. Einschlägige Zeitschriften planten die Brautwerbung (denn als solche hatte es doch, und sei es für Stunden, zu gelten) mit allen nötigen Bezugsquellen und Preislisten. Ein Magazin, das sich an junge, vergnügungsbewußte Damen wandte, hatte rechtzeitig den ideal präparierten Bewerber für Heiligabend vorgestellt und höchste Standards gesetzt. Der Mann sah fabelhaft aus, hatte gleichmäßige, prächtig weiße Zähne (in Japan selten), unglaublich dichtes Haar (in Japan unter älteren Herren ein absolutes Muß, für die keine Nachrüstung zu kostspielig ist) und verdiente zufällig mächtig Geld. Das brauchte er, um im gemieteten Dinnerjacket und mit einem geliehenen Ferrari vorzufahren, die Geliebte in ein exklusives italienisches Restaurant zu führen und ihr bei Kerzenschein einen Ring von Tôkyôs Tiffany's zu übergeben.

Wenn bis dahin alles gutgegangen war, begab man sich ins Tôkyô Bay Hilton und dort, wohin sonst, in den »Sweet Room«. Wenn der Bewerber die Prozedur mit Anstand absolviert hatte und auch bei den Haltungsnoten gefallen hatte, konnte es womöglich romantisch werden. Das Magazin errechnete den Aufwand des Traummannes und *père Noël de nouveaux riches* für Heiligabend mit reichlich zweieinhalbtausend Mark. Eine Anzahlung allenfalls, um die Frau fürs Leben zu gewinnen. Die Konkurrenz schlief nie. Ein Student der Waseda-Universität hatte im Jahr zuvor Maßstäbe gesetzt, als er seine tief beeindruckte Dame mit dem Helikopter abgeholt hatte. Tiffany's hatte auf der Ginza eine Menge junger Männer, die alle nur dasselbe wollten, in der Kälte stehen lassen müssen, obwohl man zwei Wochen früher mit dem Geschäft begonnen hatte. Damals, in den hitzigen Zeiten der Luftblasenwirtschaft, stellte das New Yorker Unternehmen, das in Tôkyô gerade bei denen Kultstatus genoß, die Audrey Hepburn nicht von Marilyn Monroe unterscheiden konnten, tatsächlich ein Zertifikat aus, daß sie ausverkauft seien. Immerhin, der Junge hat sich bemüht, sollte das der Liebsten garantieren, wenn auch zu spät. Angeblich wurde es selbst von mißtrauischen Mädchen anerkannt. Der Gutschein über das Versagen war mehr wert als eine Improvisation. So dekadent und harmlos war Weihnachten in Tôkyô, als noch alle Tage Weihnachten war.

Das für alle Korrespondenten bedeutendste Ereignis des Jahres 1990 aber hatte mit der Luftblasenwirtschaft nichts zu tun. Die Krönung des 125. Kaisers, Akihito, und seiner Gemahlin Michiko am 12. November hatte wie kein anderes Thema, politische Skandale und die Golfkrise eingeschlossen, das Land in Atem gehalten, tiefe Bekenntnisse und Gefühle aufgewühlt. Viele Wochen vor dem *soki-no-rei*, der ersten Besteigung des Chrysanthementhrons seit sechzig Jahren, lieferten sich die Zeitungen einen Wettbewerb in historisierenden, fanatischen, ideologischen, sachlichen Ansichtssachen zum Selbstverständnis ihres Kaisertums. Die unter amerikanischem Einfluß geschriebene Verfassung wies ihn als »Symbol des Volkes« aus, ein lebendes Kulturdenkmal in der Gewalt des Souveräns. Doch für mindestens fünf Prozent der Japaner hatte sich der Vater Akihitos, Kaiser Hirohito, in seiner Neujahrsansprache zum Jahr 1946 umsonst gedemütigt. Sie hatten ihm, dessen Stimme sie zitternd zum ersten Mal über den Rundfunk vernahmen, nicht abgenommen, daß es ein »Wahn« sei zu glauben, der Tennô sei »ein sichtbarer Gott«. Sie wußten es, wie die gesamte nationalistische Rechte, besser als der einstige Gott selbst. Aber auch die extreme Linke, darunter die 1990 noch mehrere tausend Mitglieder starke Stadtguerilla-Truppe *Chûkakuha* (Innere Kern-Fraktion), nahm das Kaisertum bitter ernst und hatte angekündigt, dem imperialen Volksfeind Nummer eins mit Raketenwerfern, mit denen man Projektile über vier Kilometer hinweg befördern könne, nach dem Leben zu trachten. Zwar war das Hauptquartier der Kern-Fraktion im Norden Tôkyôs, ein Hochsicherheitstrakt, in dem die Gruppe sonst vermummt und unbehelligt hauste, mit einem Kordon aus Sicherkeitskräften umgeben. Aber verdächtige »Fernsehmechaniker« waren gleichwohl von aufmerksamen Bürgern auf Hochhausdächern in Palastnähe gesichtet worden. Es war eine Bombe in einer Polizeikaserne explodiert, die einen Beamten getötet und sechs weitere verwundet hatte. Die üblichen Verdächtigen waren seit der Zerschlagung der japanischen »Roten Armee« *(sekigun)* Ende der siebziger Jahre kleinlaut im Abseits, doch gab es diesmal erstmals Anzeichen dafür, daß es einige Gruppen ernst meinen könnten. Nach einem mißlungenen Anschlag auf den Kaiserbruder Prinz Hitachi hatte eine von ihnen die Nachricht hinterlassen: »Nächstes Mal bist Du dran, Akihito. Wir zielen auf Dein Herz.«

Die Geschichte interessierte selbst im vereinigungstrunkenen Deutschland. Die überlegene Sicherheitsstrategie der 32000 Polizisten und 1700 Soldaten aller Waffengattungen trug am Wochenende vor der Krönung dafür die Verantwortung, daß der Flugverkehr und der Autoverkehr in der Innenstadt planmäßig zusammenbrechen sollten. Es wurden Probeläufe der Wagenkolonne vom Akasaka-Palast zum Kaiserpalast im Schrittempo und bei Sturmböen und Regenschauern eindrucksvoll geprobt. Auf allen Flughäfen herrschte höchste Alarmstufe, nicht einmal Abholer wurden Tage vor dem Ereignis eingelassen. Die Kosten der teuersten Anti-Terroristen-Aktion und der teuersten Feierlichkeiten in der japanischen Geschichte waren mit mehr als achtzig Millionen Mark nur doppelt so hoch wie die Ausgaben für den Weltwirtschaftsgipfel oder das Begräbnis Kaiser Hirohitos im Februar 1989. Die Festung Tôkyô war uneinnehmbar, sie wurde von innen belagert. Es hatte Streit gegeben um so ziemlich alles, was mit der Krönungszeremonie zusammenhing. Daß etwa der Ministerpräsident drei Hochrufe ausbringen sollte, die »Zehntausend Jahre« *(banzai)* wünschen, war von der Kommunistischen Partei als »altmilitaristisches Gebaren« verdammt worden. Andererseits ruft man in Japan selbst als Sozialist oder Schulkind, nach Wahlsiegen oder auf Hochzeiten *banzai*, nicht nur alle sechzig Jahre bei Krönungen. Was aber Kommunisten, Sozialisten wie auch die Japanische Bischofskonferenz in ungewöhnlicher Allianz und mit verfassungsmäßigem Recht angriffen, war die schintoistische Komponente der Zeremonie. Die garantierte Trennung von Kirche und Staat mußte auch und vor allem für das Staatssymbol und den Oberpriester des Schintoismus gelten. Bürger hatten Wochen zuvor einen Prozeß angestrengt, mit dem sie Schadensersatz für ihr an die Krönung verschwendetes Steuergeld einklagen wollten.

Das wahre Streitwort aber hieß *daijôsai* und beschrieb einen geheimen Opfergabenritus von heiligem Reis und anderen Naturmitteln mit Dankgebeten für eine reiche Ernte. *Daijôsai* sollte vom Kaiser in der Nacht vom 22. auf den 23. November in eigens errichteten Holzgebäuden auf Staatskosten mit tausend Gästen, aber letztlich einsam zelebriert werden. Erst durch dieses Ritual, das zweimal drei Stunden dauern sollte und 25 Millionen Mark an öffentlichen Mitteln verschlingen würde, wäre der Tennô zum heiligen, spirituellen Oberhaupt aller Japaner geweiht. Einige Shintô-Scholasten, die ihre einmalige Hochkonjunktur auf rührende Weise genossen, hatten berichtet, der Kaiser deute in jener Nacht einen rituellen Beischlaf mit seiner Ahnin an, der Sonnengöttin Amaterasu.

Weniger pikant und geheimniskrämerisch, dafür unzweideutig genug ist der Artikel 20 der japanischen Verfassung, wonach Religion und Staat strikt getrennt sind. Steuergeld hatte bei der Ausschmückung von des Kaisers »Privatangelegenheiten« jedenfalls nichts verloren. Aber ich hatte zur Kenntnis zu nehmen, daß solche Widersprüche einen Staat nicht anfochten, der getreu seines Verfassungsartikels 9, der die Unterhaltung von Streitkräften verbietet, eine formidable Armee unter modernsten Waffen hält. Der endlose Streit, ob Japans Rüstungsausgaben für die »Selbstverteidigungsstreitkräfte« wirklich die dritthöchsten in der Welt seien, ist bis heute so müßig wie damals Protest oder Verblüffung angesichts des höchst würdigen Verfassungsbruchs beim *daijôsai*. Es fand statt und ging vorbei. Was der Kaiser in jener Nacht tat oder unterließ, blieb zwischen ihm und Amaterasu.

Ich war Augenzeuge der Krönung an jenem warmen, sonnigen 12. November. Das Losglück hatte mir einen der unter Auslandskorrespondenten begehrten Plätze in einem Regieraum seitlich über der Bühne im Palast beschert. Man mußte kein Monarchist sein und Verfassungsbrüche für läßliche Sünden erachten, um ergriffen zu sein. Ich werde nie verstehen, warum wir durch die dicke Glasscheibe die erlesenste Aufführung, die diese in Theaterdingen virtuose Nation bieten konnte, so intim beobachten durften wie Inspizienten: Warum man gerade einer Handvoll Ausländern das Privileg gewährte, Dinge in der Kulisse zu sehen, die dem nationalen Fernsehpublikum und den Staatsgästen verborgen blieben. Wir sahen, wie das Kaiserpaar, in bodenlange antike Gewänder gehüllt und in schwarzen Lackpantinen, bei geschlossenem Vorhang schlurfend die Bühne betrat. Beide nahmen Aufstellung hinter ihren allseits verhängten Baldachinen. Doch dann, bevor sie die Stufen zu ihren Podesten betraten, taten Akihito und Michiko etwas, dessen Selbstverständlichkeit mich für einen Moment fassungslos ließ: Sie streiften ihre Schuhe ab und bestiegen ihre Podeste in Strümpfen. Wie es sich gehört in Japan, für den Niedrigsten und das Staatsoberhaupt. Es war diese im Alltag wie im Schintoismus für jedes Exerzitium vorgeschriebene Geste der Reinlichkeit, die in meiner Geschichtsschreibung die Krönung Akihitos und sein Regentschaftsmotto *heisei*, Frieden, zu einer einzigen friedlichen Szene verschmolz. Ich, ein Unwürdiger, hatte mehr gesehen als das Volk. Die

Ergriffenheit klang auf dem Heimweg in der hitzigen U-Bahn rasch ab. Sie hinterließ keine bleibenden Schäden.

Dann und wann schrieb ich in den folgenden Jahren über die kaiserliche Familie. In dem zierlichen, leise und näselnd sprechenden Meeresbiologen Akihito den Sohn des Mannes zu erkennen, in dessen Namen und nach dessen Willen das Kaiserreich einst Asien mit einem verheerenden Angriffskrieg überzogen hatte, fiel schwer selbst bei den wenigen politischen Zeremonien, die ihm abverlangt werden. Von dem Kaiser, der sich an den Fäden des Hofamtes und der Regierung bewegt, eine unmißverständliche Entschuldigung für Greueltaten des Militarismus zu erwarten oder gar, wie mancher es vor seiner ersten Chinareise tat, einen Kniefall vor dem Mahnmal in Nanking zu erhoffen, ist naiv und töricht. Im übrigen neige ich immer mehr der Auffassung von Helmut Schmidt zu, der die Rolle des Kaisers im Pazifischen Krieg mit jener des deutschen Kaisers im Ersten Weltkrieg vergleicht: unglückselige Schwächlinge in den Händen ihrer Generäle. Längst ist der Tennô nur noch Symbol. Die Auftritte seiner Familie bei Staatsakten und zu wohltätigen Zwecken sind von exquisiter Wortkargheit und Langeweile, ihre Pressekonferenzen vor Reisen werden bis in die Interpunktion von Fragen und Antworten hinein Wochen vorher durchredigiert. Doch auch die vornehmsten Staatsschauspieler Japans sind nicht mehr unberührbar wie ehedem. Japans Medien, die Boulevardpresse zumal, erprobten ihren Mut an der Krise des britischen Königshauses und verlangten untertänigst etwas mehr Glamour und Licht auf dem Chrysanthementhron. Die über Jahre sich hinziehende Brautschau des immer freundlichen und etwas linkisch wirkenden Kronprinzen Naruhito begleiteten sie so hingebungsvoll, daß er vor der Presse um eine Schonfrist bat, um die Kandidatinnen nicht einzuschüchtern. Als aber die *Washington Post* sich der freiwilligen Selbstkontrolle nicht länger unterwarf und die bevorstehende Verlobung Naruhitos mit der Diplomatin Owada Masako meldete, gab es auch für die japanischen Zeitungen kein Halten mehr.

Auch ich tat meinen Teil, die Botschaft zu verbreiten. Das Paar rührte mit einer Arglosigkeit, die in jedem anderen Land als einfältig gälte. Die prächtige Hochzeit im Sommer 1993, mitten in einer Regierungskrise, gab der Öffentlichkeit allerdings auch das Signal, fortan erbarmungslos die Monate bis zur

Geburt eines strammen Thronfolgers zu zählen. Zum Zeitpunkt dieser Niederschrift zählen die bunten Blätter, zunehmend mißmutiger und dreister, noch immer. Es kursieren undelikate Spekulationen über die Kinderlosigkeit des Paares, man wagt, an geistig behinderte Kinder im Kaiserhaus früherer Zeiten zu erinnern. Die Familie ist zu bemitleiden. So wie Kaiserin Michiko, der es vor einigen Jahren die Sprache verschlug, als Indiskretionen über ihre angeblich autoritäre Haushaltsführung die Runde machten. Die Kaiserin, vor der Zeit ergraut und von wächserner Zartheit, verstummte für Monate buchstäblich vor Peinlichkeit. Ich widmete der ersten Bürgerlichen auf dem Thron, deren Lebenslust den Widerstand des Hofes gereizt hatte, eine Hommage. Meine Zeitung erwies dem Kaiserpaar bei anderer Gelegenheit ihre Reverenz. Es hatte sich gefügt, daß Akihito und Michiko auf Staatsbesuch in Deutschland weilten, als ich einen Artikel zum siebzigsten Todestag des Anarchisten Ôsugi Sakae anbot. Der radikale Literat und praktizierende Anwalt der freien Liebe war in den Wirren nach dem Kantô-Erdbeben vom September 1923 in Polizeigewahrsam zu Tode gekommen. Attentate gegen das Kaiserhaus hatte er nicht geplant. Daß die Erinnerung an einen schillernden Kaiseruntreuen während des Staatsbesuchs unpassend erscheinen könnte, war mir nicht in den Sinn gekommen. Doch beugte ich mich der Diplomatie. Der Artikel erschien wohlbehalten zwei Wochen später. Und ich hatte mich, wenigstens dieses Mal, um die deutsch-japanischen Beziehungen verdient gemacht.

VIERTES KAPITEL

E s sollte noch zwei Jahre dauern, ehe ein japanischer Diplomat mir in makellosem Deutsch und mit ebensolchen Manieren die Ehre erwies, mcine Artikel als Belastung der japanisch-deutschen Beziehungen zu bezeichnen. Beziehungen im übrigen, die nach einem Bonmot Hans-Dietrich Genschers unter dem Problem litten, keine Probleme miteinander zu haben. Zunächst aber verlegte ich mich auf ethnographische Beobachtungen im Japan der Alltagskultur. Ich schrieb über Taifune und die Kirschblüte, deren Heraufziehen von Süden her von den Medien in Minutenabständen atemlos begleitet wurden: wie die Offensive einer feindlichen Armee die einen, wie eine ersehnte Volksbefreiungsfront die einzigartige. Ich schrieb über Nachhilfe für Vorschüler, bedauernswerte Winzlinge, deren Beamtenkarrieren beschlossen waren, bevor sie die ersten Zähne hatten; über Muslime ohne Moschee in Tôkyô, pakistanische Ingenieure und iranische Ärzte, die Baugruben aushoben und zu acht auf sechs Tatami hausten; über gestrandete Delphine, die von Fischern zu Hunderten erschlagen wurden, weil sie in ihren Fischgründen räuberten, was zu einem Mordsgeschrei über *den* gemeinen Japaner an sich im Westen führte. Und zum ersten und nicht zum letzten Mal sah ich mich genötigt, im Kulturkampf von Tier- und Menschenfreunden gegen »asiatische Taten« die Partei der Japaner zu ergreifen.

Ich mußte feststellen, daß es im westlichen Publikum wie unter seinen Politikern tatsächlich eine revanchistische Gereiztheit gab, die als *Japan bashing* in den Handelskonflikten mit Amerika Ende der achtziger Jahre notorisch geworden war. Ich hatte den Begriff als Propaganda einer von Verfolgungswahn und Gefallsucht getriebenen Nation abgetan. Und häufig genug beschrieb *Japan bashing* ebendas. Die Unverschämtheit des Westens, den reichen Emporkömmling, der sich noch immer als schutzbedürftig und arglos empfand, mit denselben Maßstäben zu messen wie sich selbst. Mancher japanische Diplomat und etliche deutsche Leserbriefschreiber rechneten mich bald denen zu, die aus Lust auf die Außenseiternation einprügelten. Das war Unsinn. Allerdings mischten sich unter vernünftige Kritiker tatsächlich Fanatiker, die hetzten, die Japaner zu schlagen, wo man sie treffe. Man konnte sie in japanischen Fernsehnachrichten damals fast täglich bei der Agitation beobachten. Amerikanische Automobilisten, die mit Vorschlaghämmern, »Hit a Honda!«, ganze Arbeit verrichteten. »Buy American!« klang mir fatal nach »Kauft nicht beim Japaner!«. Japanische Politiker schlugen ebenso hilflos wie arrogant zurück. Einer verhöhnte schwarze amerikanische Arbeiter als faule Analphabeten. Im Gegenzug biederte sich ein Senator in einer Rede vor Fabrikarbeitern mit einem »kleinen Scherz« auf Japans Kosten an, als er empfahl, zur Spannungsabfuhr einen Atompilz zu zeichnen und darunter die Sprechblase zu setzen: »Gebaut von faulen, ungebildeten Amerikanern und getestet in Japan.« Es war alter Haß im Spiel, und es rächte sich, daß Japan sich der Schutzmacht unterworfen, aber keine Freunde gesucht hatte. Aus dem traurigen Chauvinismus versuchte damals ein japanischer Softwarehersteller Kapital zu schlagen. Das Videospiel »Japan bashing« stellte den Spieler vor die Alternative, entweder umgehend einen Handelsüberschuß mit Japan zu erzielen oder den Krieg zu erklären. Heute ist *Japan bashing* ein rhetorisches Museumsstück, zuerst abgelöst von *Japan passing*, dem Umgehen Japans, dann von dem Quarantänefall, der keinen Begriff mehr kennt. Statt geprügelt zu werden nur mehr geschlagen zu sein, das ist schmerzhaft für eine stolze Nation.

Anfang der neunziger Jahre, als ein amerikanischer Präsident sich dazu hergab, bei seinem Staatsbesuch in Japan mit Besatzergestus als erpresserischer Autoverkäufer aufzutreten, fehlte es nicht an Anlässen, sich mit der Geschichte des Pazifischen Krieges zu befassen. Es ist keine Kühnheit zu behaupten, daß sich die Kenntnisse der meisten gebildeten Deutschen von jenem Schauplatz des Krieges in wenigen Eckdaten zwischen Pearl Harbor und Hiroshima erschöpfen. Im kollektiven Gedächtnis Amerikas, das auf den Schlachtfeldern und in den Gefangenenlagern des Pazifischen Kriegs hunderttausend getötete und fast doppelt so viele verwundete Soldaten zu beklagen hatte, mögen Manila, Gualdalcanal, Iôjima, Guam, Saipan, Okinawa mindestens so bewußt sein wie die Normandie-Landung. In Deutschland ist der Eroberungsfeldzug des einstigen Anti-Komintern- und Achsenpartners, der in der Maske eines antikolonialistischen Befreiers über Asien kam, so vage bekannt wie der Tôkyôter Kriegsverbrecherprozeß im Vergleich zu den Nürnberger Prozessen. Doch liegt in diesem Angriffskrieg und in seiner von der Besatzungsmacht begünstigten kollektiven Verdrängung der Schlüssel zu Japans außenpolitischer Lähmung wie zu einer gesellschaftspolitischen Misere. Denn auch Japans Gymnasiasten werden kaum mit den sogenannten Zwischenfällen von 1937 bis 1945 behelligt, auch ihnen wird nahegelegt, in dem Angriff auf Pearl Harbor Notwehr einer am Ölembargo erstickenden Nation zu sehen und die Atomblitze als Unheil aus heiterem Himmel.

Einer, der die historische Wahrheit in Schulbücher zu schreiben wagte, Ienaga Saburô, wurde streng zensiert und prozessierte jahrzehntelang mit dem Bildungsministerium. Nicht einmal auf einen einheitlichen Namen für den Krieg hat sich Japan verständigen können. Neben der Bezeichnung »Pazifischer Krieg« kursieren je nach politischer Couleur programmatische Nomes de guerre. Die Ultrarechten nennen ihn wie einst den »Großen Ostasiatischen Krieg«, die Linksliberalen rechnen von den ersten Scharmützeln in China 1931 an und sprechen vom »Fünfzehnjährigen Krieg«. Ein Patriot namens Hayashi Fusao, der Japans Unglück mit der Öffnung des Landes im 19. Jahrhunderts beginnen sieht, spricht gar vom »Hundertjährigen Krieg«. Verbreitet ist, ähnlich dem deutschen Euphemismus »Zusammenbruch«, die naturgewaltige Erinnerung an das »dunkle Tal«. Vor allem aber wird im offiziellen Japan vom Krieg geschwiegen. Dieses Schweigen und die geschichtsklitternden Zwischenrufe von LDP-Politikern mitzuschreiben stellte sich als meine ergiebigste Fortsetzungsgeschichte heraus. Jener japanische Diplomat der »deutschen Schule«, der mir eines Abends auf einem Empfang eröffnete, meine offenkundige Besessenheit von Japans Kriegsschuld sei doch etwas krankhaft, sprach vielleicht für viele seiner Kollegen. »Ausgerechnet ein Deutscher will uns Anstand lehren«, sagte der Mann herausfordernd. »Als ob Sie nicht genug mit Ihrem schändlichen Erbe zu tun hätten!«

Nun lebte ich aber in Japan und hatte zu kommentieren, was geschieht, wenn eine Nation ihr Erbe ausschlägt. Bei entsprechenden Anlässen pflegte ich das Standardwerk über den Pazifischen Krieg von dem amerikanischen Historiker John W. Dower zu Rate zu ziehen. *War Without Mercy* ist eine beklemmende Studie über die Leichtigkeit, mit der die natürlichen Feinde der nationalsozialistischen Rassenideologie in ihrem Krieg gegen die Japaner die Moral der Truppe durch rassistische Herabsetzung zu heben wußten. Wer die Karikaturen von Horden affenähnlicher Japaner betrachtet, die von Palmen auf den nichtsahnenden GI fallen und ihm die Kehle durchschneiden, begreift die Grausamkeit der Inselschlachten. Die in der alliierten Kriegspropaganda übliche Unterscheidung in »Japs« und »Nazis« spricht für sich. Karikaturen, die noch Hitler und Mussolini ein Gesicht gaben, die japanische Führung aber, je nach Kriegsglück, zu Banden brillentragender Affen oder monströsen Godzillafiguren herabwürdigte, konnten sich mit der japanischen Gegenpropaganda messen. Die Karikaturen der Japaner gaben die Weißen als teuflische Dämonen zum Abschuß frei, man ließ tumbe Metzger Modell stehen. Als der Wahn abklang, waren drei Millionen Japaner im Krieg ums Leben gekommen – gegenüber elf Millionen ermordeter Chinesen –, 66 Städte lagen in Asche, das gesamte seit 1935 angesammelte Volksvermögen und sämtliche Eroberungen seit 1870 waren verloren.

Bis heute erinnern sich Japaner weniger deutlich der hohen Meinung, die General Douglas MacArthur von ihnen hatte. Ein »mächtiges Bollwerk des Friedens« wollte der Chef des Besatzungsregimes schon im Sommer 1946 errichten und sah die Vision einer entwaffneten, neutralen »Schweiz des Pazifik« aufsteigen. Er trug nichts zur Entlarvung einer Überlebenslüge bei, die es Japan erlaubte, sich am *higaisha ishiki*, dem »Opferkomplex« schuldlos zu halten. Das berühmte Generalpardon MacArthurs, den die Anstelligkeit des besiegten Volkes rührte, hatte im Gegenteil seinen Teil als Beschwörungsformel getan. Denn anders als die »reife Rasse« der Deutschen, so erläuterte er 1951 vor einem Senatsausschuß, glichen die Japaner, »gemessen an den Standards einer modernen Zivilisation, einem zwölfjährigen Jungen«. Die Japaner schluckten ihren Stolz hinunter und nahmen die Erklärung ihrer Strafunmündigkeit an. Der Kalte Krieg erledigte den Traum von Neutralität, am

Koreakrieg, am Elend seines befreiten Kolonialopfers, wie später am Vietnamkrieg stieß sich Japans Wirtschaft gesund. In Japan unvergessen und unverziehen ist dagegen jene Eintragung Harry S. Trumans in sein »Potsdamer Tagebuch«. Keine Rücksicht, kein Mitleid hege er, notierte der amerikanische Präsident am Tage des ersten erfolgreichen Tests der Atombombe, für diese »gewissenlosen, erbarmungslosen, fanatischen japanischen Wilden«. Und einige Tage nach den verheerenden Explosionen von Hiroshima und Nagasaki, als jeder Widerstand des Kaiserreichs zu Staub verbrannt war, erläuterte Truman in einem privaten Brief ohne Bedauern: »Wenn man es mit einer Bestie zu tun hat, muß man sie wie eine Bestie behandeln.«

Was Dower beschreibt, kann man in Okinawa erahnen. Ich reiste früh auf die kleine Insel, die ihren Heldennamen trägt wie eine verrostete, viel zu weite Rüstung. Sie wird ihn nicht los, so wenig wie die amerikanischen Soldaten, die am 1. April 1945 landeten, am 23. Juni siegten und bis heute blieben. In Amerikas Gedenken steht Okinawa für den Anfang vom Ende des Kaiserreichs, aber noch mehr für den blutigen Testfall einer Landung auf den vier Hauptinseln und die letzte klassische Schlacht vor der atomaren Zeitenwende. 120 000 Zivilisten, 12 500 amerikanische und 70 000 japanische Soldaten verloren in den Gefechten ihr Leben. Zu viele, befand Washington und beschloß, das Leben von Millionen Soldaten beider Seiten zu verschonen, indem es die Kapitulation durch die Atombomben erzwang. Eine furchtbare Verrechnung, und eine, die für Okinawa zu spät kam. Ich spürte die Verbitterung in jedem Gespräch. Tôkyô, sagten die Leute, trauere um seine vernichtete selbstmörderische Armee. Es verdränge den zwangsrekrutierten Volkssturm aus Frauen, Kindern und Alten, der im »Stahltaifun« für ein paar Wochen Zeitgewinn von Generalität und Kaiser geopfert wurde, weil, so sagen die Okinawer, sie nie als reine Japaner galten. Und erst recht schweige es von den Aberhunderten Inselbewohnern, die von japanischen Offizieren durch Lügen und Drohung zum Massenselbstmord gezwungen oder als Spione exekutiert wurden, nur weil sie den Inseldialekt sprachen.

Erst 1879 wurde das kleine Königreich der Ryûkyû-Inseln, das lange auskömmlich mit China wie mit Japan Handel getrieben hatte, annektiert, dann kolonialisiert, schließlich in der Hinhalteschlacht geopfert und, als natürlicher Flugzeugträger, in der militärischen Manövriermasse von Amerika abgenutzt. 1972 wurde es an Japan zurückgegeben, der Entwicklungsrückstand der ärmsten der 47 Präfekturen am äußersten südlichen Rand des Archipels, Schanghai näher gelegen als Tôkyô, war nicht aufzuholen. In Japans Sizilien drängen sich auf der Hälfte des bebaubaren Bodens drei Viertel der 47 000 im Land stationierten amerikanischen Soldaten. Bis auf Bordellbetreiber, Drogenhändler und Okinawas blühende Subgangs der japanischen Mafia, Yakuza, sind fast alle Okinawer leidenschaftlich für einen Abzug der Amerikaner. Ich verstand sie gut nach nur wenigen Stunden nahe einer Airbase, wo gerade Transportflugzeuge mit kreischenden Triebwerken *touch and go* übten, das Durchstarten nach kurzer Bodenberührung. Die Opposition hat keine Chance, auch dann nicht, wenn, wie 1996, die Vergewaltigung eines Schulmädchens durch GIs den Volkszorn bis nach Tôkyô trägt. Nirgendwo in Japan habe ich Japaner so herzlich auf Japaner fluchen hören wie auf Okinawa.

Die Menschen in Okinawa sind dunkler, charmanter und offener als »Festland«-Japaner, ein geprüfter, gegen die Resignation in Ironie flüchtender Menschenschlag. Es gibt zuwenig Wasser, Arbeit, Einfluß, Hoffnung. Statt dessen reichlich Bodenerosion, Verkehrsstaus, Kriegerdenkmale, versehrte Naturschönheit, Truppen und Touristen hinter Zäunen unter Palmen. Der Süden der Insel Okinawa, wo der japanische Kommandeur mit seinen letzten viertausend Soldaten in einem tiefen Tunnelsystem Selbstmord beging, ist ein einziger Friedhof. Alle Präfekturen haben dort in einem »Friedenspark« um die prächtigste Gedenkstätte für ihre Gefallenen gewetteifert. Das erschütterndste Mahnmal aber war das Zeugnis von Shigeaki Kinjô. Ich traf den Mann, der ein Mörder war und zur Sühne Kaplan wurde, durch Vermittlung einer christlichen Bürgerinitiative. Am 28. März 1945 hat der Sechzehnjährige gemeinsam mit seinem älteren Bruder die Mutter, die neunjährige Schwester und den sechsjährigen Bruder umgebracht. Der Bürgermeister hatte den Selbstmordbefehl der Offiziere überbracht. Sie hatten keine Handgranaten. Sie begannen zu töten mit Rasierklingen, Drähten, Stricken, Felsbrocken. Sie hatten mehr Angst vor den roten Dämonen aus Amerika als vor dem Sterben. Die Stärkeren töteten die Schwächeren, erst die eigene Familie, dann half man den Nachbarn. Es dauerte Stunden, bis zweihundert von dreihundert tot waren. Shigeaki Kinjô wußte nicht mehr, wie lange es dauerte, bis die Amerikaner kamen, den Sterbenden Morphium gaben und die Toten begruben. Er sagte mir, daß er verzweifelt sei und doch wisse, daß er nicht schuldig sei. Ich glaube, ich habe genickt. Ich weiß nicht, ob er noch lebt. Aber ich weiß wohl, daß mir nach der Okinawa-Reise das Wort »tragisch« nicht mehr leicht über die Lippen kam.

Ich maße mir nicht an, dieses Attribut Yoshida Katsuji vorzuenthalten. Ich hörte ihm zu an einem heißen Oktobertag in Nagasaki, er war einer von dreißig freiwilligen »Geschichtenerzählern« der Atombombenopfer (Hibakusha), die sich Schulklassen und ausländischen Delegationen als Zeugen zur Verfügung stellen. Ihre Routine hilft beiden Seiten kaum. Sie weinen manchmal. Den Zuhörer würgt das Mitleid, dann lähmt ihn Demut vor ihrer täglichen Tapferkeit, schließlich fühlt man nichts mehr und stellt kalte Fragen. Wenn Yoshida lächelte, lächelte er nur halb. Seine rechte Gesichtshälfte war zerstört, das Auge starrte, die Lippen klafften. Als die Bombe auf Nagasaki fiel, bedeckte das Wasser des Reisfeldes den Jungen nur zum Teil. Nun war er sechzig Jahre alt, nach zwölf Operationen und Transplantationen spannte sich fremde Haut rosaglänzend wie Zellophan. Er berichtete, daß er ständig Schmerzen habe. Er erzählte, daß er das Glück gehabt habe, eine Frau zu finden; es war eine arrangierte Verbindung mit der entfernten Verwandten in Ôsaka, sie bekam ihn erst am Tag der Hochzeit zu Gesicht. Ihren Ekel gestand sie ihm Jahre später. Den beiden Söhnen, die seinetwegen in der Schule gehänselt wurden, mußte er Jugendbilder mitgeben, um zu beweisen, daß ihr Vater nicht immer ein »Monster« gewesen war. Yoshida arbeitete als Vertreter. Nichts, gestand er uns, fürchte er nach wie vor so sehr wie die offen entsetzten Blicke von Kindern. Yoshidas Zeugnis war in der Welt bekannt, unvergleichlich und doch allen anderen gleichend. Da waren die schwarzen Leiber, die Hitze, die Suche nach Angehörigen, immer wieder der Durst, das Frieren des nackten Fleisches ohne Haut, die Maden in den Wunden, das leise Sterben, kaum Weinen, kein Schreien. Dann die vielen Jahre der Diskriminierung. Vergessen, gebannt wie Aussätzige, endlich, als sie sich zusammenschlossen und ihre Lobbyarbeit fruchtete, geehrt wie ein auserwähltes Volk. Märtyrer, »die alleine das Kreuz der Bombe getragen haben: gestorben für den Frieden in der Welt«, wie es ein Pater in Hiroshima hoffte. Gestorben aber auch, so muß es scheinen, um den Kriegstreiber Japan von aller Schuld zu reinigen.

Den Hibakusha ist kein Vorwurf zu machen, wenn Jahr um Jahr im Trauermonat August die Pilger, in Wahljahren auch Ministerpräsidenten, zuerst am 6. nach Hiroshima, dann am 9. nach Nagasaki, am 15. endlich nach Tôkyô ziehen, dem Tag der Kapitulation zu gedenken. Niemand, der ein Gewissen hat, ist frei von Zorn, Rührung und Andacht, wenn er die Museen in den »Friedensparks« beider Städte besucht. Und es ist auch nicht zu bestreiten, daß sich alle japanischen Nachkriegsregierungen für atomare Abrüstung eingesetzt und auf die Entwicklung und Stationierung von Atomwaffen feierlich für ewig verzichtet haben. Was dieses Gelöbnis noch wert wäre, wenn die Amerikaner eines Tages abzögen, ist eine andere Frage. Es heißt, die geheimen Pläne für die Konstruktion von Atomwaffen lagerten in Tresoren der Regierung, an Uran und Plutonium herrscht im letzten Land, das noch auf die Zukunft des Schnellen Brüters setzt, ohnehin kein Mangel. So müßig solche Spekulationen sein mögen, so sonderbar und makaber fand ich die immer länger werdende Liste der verstorbenen Hibakusha, die jedes Jahr im August im Rahmen der Festakte nachgetragen werden. Man nimmt es genau mit den Zahlen, ungenau mit der Wahrheit. Denn es werden durch großzügige Anerkennungsverfahren im Leben wie im Sterben immer mehr Bombenopfer; 1965 noch 230000, 1983 schon 368000. Als unerheblich wird behandelt, ob ein Hibakusha bei einem Verkehrsunfall ums Leben kommt, einem Herzinfarkt erliegt, im Meer ertrinkt oder an seinen alten Verletzungen und Krankheiten stirbt. Nur wenige Japaner wollen wissen, daß nach den Erkenntnissen der Radiation Effects Research Foundation, die in beiden Städten die Bombenopfer medizinisch betreut und beobachtet, wahrscheinlich nur zwei Prozent aller Todesfälle nach 1946 auf die Strahlenwirkung zurückzuführen sind. Erbschäden waren nicht nachweisbar, auch dann nicht, als japanische Forscher an der Untersuchung beteiligt wurden und gezielt diesem Verdacht nachgingen. Trotzdem gibt es Angst. Immer noch engagieren wohlhabende Familien in ganz Japan

Detektive, um herauszufinden, ob, sagen wir, die Braut des Sohnes aus Nagasaki aus einer Hibakusha-Familie stammt.

Es läuft auf einen unverantwortlichen Betrug hinaus. Hinter der Klagemauer des berechtigten Mitleids darf auch das kollektive Selbstmitleid grassieren. Der Opfermythos, durch die jahrelange Geheimhaltungspolitik der Besatzer nach dem Krieg befördert, wächst mit der abnehmenden Erinnerung und dem vorenthaltenen Wissen der nachfolgenden Generationen. Tabu ist es, die – zugegeben spekulative – Frage zu erörtern, wer denn gezögert hätte, die Bombe einzusetzen, wenn er über sie verfügt hätte, Stalin etwa, Hitler etwa, der japanische Kaiser und sein Militärregime? Und was ist mit den zwanzigtausend koreanischen Zwangsarbeitern, die durch die Hiroshima-Bombe starben, und den ungezählten koreanischen Hibakusha, die in ihre Heimat zurückkehrten, ohne je von der eigenen oder der japanischen Regierung Opferrenten zu beziehen? Was ist, andererseits, von amerikanischen Präsidenten zu halten, die sich sämtlich, von Truman bis Clinton, nie zu einem Wort des Bedauerns und des Mitgefühls gegenüber den Hibakusha überwinden konnten?

Ich war Zeuge einer Gedenkveranstaltung zum 15. August im Tôkyôter Budôkan. Das Kaiserpaar war anwesend, es verneigte sich tief vor einem Meer von Blumen und vor den japanischen Kriegstoten, tiefer als sich der Monarch je vor einem Lebenden erniedrigen würde. Ich hegte keinen Zweifel an seiner Aufrichtigkeit. Der Trauerakt vor Tausenden Honoratioren klang aus mit vagen Ansprachen über die Schrecken des Krieges den es nie mehr geben dürfe, und Schwüren, sich für den Frieden einzusetzen. Über seine Sinnlosigkeit, über das Verbrechen des Angriffskriegs, darüber, daß der Krieg nicht ausbrach wie ein Vulkan, kein Wort. Zuviel verlangt? Komplizierter verhielten sich die Dinge im Gedenkjahr 1995. Der sozialistische Ministerpräsident der Koalitionsregierung mit der LDP, Murayama Tomiichi, versuchte innerhalb von Stunden zweierlei zu bewerkstelligen: nämlich als Regierungschef in einer Pressekonferenz den Erwartungen des Auslands gerecht zu werden, indem er tiefe Trauer bekundete und eine Entschuldigung für die Leiden durch Aggression und Kolonialherrschaft entbot; zum anderen auf der offiziellen Gedenkfeier vor dem Kaiserpaar nichts dergleichen zu sagen und überhaupt alles zu unterlassen, was den Sohn des einstigen Gottkaisers und weite konservative Kreise in der LDP und in der Festversammlung peinlich berühren könnte.

Murayama, ein netter alter Herr, der seine Überzeugungen nicht ganz der Koalitionsräson opfern wollte, gab der Pressekonferenz ein möglichst privates Gepräge. Am Nachmittag marschierten etliche Kabinettsmitglieder wie jedes Jahr zum Yasukuni-Schrein, wo für die Seelen aller Toten aus allen Kriegen Japans seit dem 19. Jahrhundert gebetet wird, die sieben als Kriegsverbrecher hingerichteten Führer der Militärregierung eingeschlossen. Schon diese Demonstration kompromittierte Murayamas Entschuldigung, sein rücksichtsvolles Schweigen im Budôkan erledigte den Rest an Glaubwürdigkeit. Eine unwürdige Posse, fand ich, zumal auch das Parlament keine eindeutige Entschließung zum 50. Jahrestag des Kriegsendes zustande gebracht hatte. Sie wurde auf Druck des nationalistischen Flügels der LDP mit Zusätzen verwässert, die überflüssigerweise daran erinnerten, daß auch andere Nationen sich ins Unrecht gesetzt hätten. Ich schrieb in einem scharf formulierten Artikel, es handele sich bei der verzweifelten Doppelzüngigkeit des Ministerpräsidenten »um einen üblen Scherz mit einem nationalen Ehrenwort aus innenpolitischem Kalkül«. Kollegen in aller Welt urteilten ähnlich. Der Gesandte der japanischen Botschaft in Bonn erhielt (gewiß nicht als einziger Diplomat Japans) die Order aus Tôkyô, »eine Reihe von Mißverständnissen« aufzuklären. Dies geschah in einem ausführlichen Leserbrief und in formvollendeten Diplomatendeutsch. In Japan selbst galt Murayamas ambivalentes Verhalten tatsächlich nicht als anstößig, sondern als ehrenwerter Versuch, die beiden Gesichter der Nation, das nach innen und das nach außen gerichtete, zu wahren. Was konnte Japan dafür, daß ausländische Reporter so indiskret waren, in beiden Gesichtern zu lesen.

Zu den weniger mißverständlichen Ansprachen, die sich mit dem verlorenen Krieg des Kaiserreichs befassen, zählt das kaiserliche Edikt vom 14. August 1945, von Hirohito auf eine Schellackplatte gesprochen, von einem Getreuen vor der Vernichtung durch Putschoffiziere bewahrt und am Mittag des 15. August über Rundfunk verbreitet. Jedes Kind kennt sie wenigstens in Auszügen, so wie jeder Amerikaner irgendwann Präsident Lincolns Gettysburg Address auswendig gelernt hat. Zum ersten Mal vernahmen die Untertanen die dünne Stimme ihres Kaisers. Er stellte klar, was viele noch immer glauben: »In der Tat erklärten Wir den USA und Großbritannien nur den Krieg, um die Existenz Unseres Reiches und die Stabilität Ostasiens zu sichern, und nicht etwa aus der Absicht heraus, andere Länder unter Unsere Souveränität zu zwingen oder ihr Territorium zu besetzen.« Hirohito räumte ein, daß »der hingebungsvolle Dienst Unseres Hundertmillionenvolkes« nicht habe verhindern können, »daß der Krieg sich nicht unbedingt zu Japans Gunsten entwickelt hat. Vielmehr hat sich die allgemeine Entwicklung der Welt gegen die Interessen des Kaiserreichs gewendet. Außerdem setzt der Feind einen neuen, grausamen Bombentyp ein...« Die berühmteste Stelle des Verdikts lautet: »Unter den gegebenen Umständen haben Wir Uns entschlossen, das Unerträgliche zu ertragen, um allen kommenden Generationen den Weg zu dem großen Frieden zu eröffnen.« Unter Anrufung der »Unvergänglichkeit des Götterlandes« schließt der Kaiser: »Beschreitet den Pfad der Tugend, nutzt die essentiellen Kräfte des Staatskörpers und achtet darauf, gegenüber dem Fortschritt der anderen Länder nicht zurückzufallen. Das erwarten Wir von Unseren Untertanen.« So sprach Hirohito Tennô, und viele seiner Untertanen entleibten sich noch während der Rede. Die anderen erfüllten seine Wünsche aufs Wort, unterwarfen sich demütig den Besatzern und machten sich dann an die lange Aufholjagd mit dem Westen. Als das Ziel Ende der achtziger Jahre endlich erreicht schien, wurde Japan hochfahrend und orientierungslos. Und es schlug die Stunde der Reaktionäre und Revisionisten mit großjapanischen Visionen.

Sie trugen viele Namen, der prominenteste war Ishihara Shintarô. Kein anderer nationalistischer Politiker Japans konnte mich so aufbringen wie dieser charismatische, gescheite, künstlerisch begabte Demagoge, der Schriftsteller und Regisseur gewesen war, bevor er 1967 sein Glück in der Politik versuchte. Natürlich fand er es dort und natürlich in der LDP, wo Ishihara zweimal zum Minister aufstieg und sich als nächsten Ministerpräsidenten ins Gespräch brachte. Selbst in Amerika hatte er es als Mitautor des Buches *The Japan That Can Say No* (1990) – zusammen mit dem damaligen Sony-Chef Morita Akio – zu notorischem Ruhm gebracht. Dort erklärte Ishihara Amerika den nächsten Halbleiterkrieg und prahlte mit einer glorreichen Zukunft Asiens. Er gefiel sich als Propagandist eines aller Welt überlegenen Japan, und ein kleinlauter, beleidigter Teil des japanischen Wahlvolks, dem er nach dem Mund redete, verehrte ihn für seine Kamikaze-Aktionen wie einen Helden. Ishiharas wildes Anrennen gegen vermeintliches Duckmäusertum und die Bevormundung durch die Vereinigten Staaten hatte ihm auch im Parlament viele Freunde eingebracht, die über Politik mit dem Bauch richteten. Der Experte für Geschichtsklitterung hatte sich in einem Interview mit dem amerikanischen *Playboy* zu einem Thema geäußert, das die Japaner seit Kriegsende reizte und schmerzte, oder besser, hätte schmerzen müssen: das Nanking-Massaker, das laut Ishihara nichts anderes war als die »Nanking-Lüge«. Die Geschichte schmerzte Japan Anfang der neunziger Jahre so sehr, daß sie in Schulbüchern als bedauerlicher Zwischenfall, der auf beiden Seiten Opfer gekostet hatte, beschönigt und überhaupt nur mit einem Satz erledigt wurde.

Zum Massaker von Nanking, darin ist sich die Geschichtsschreibung außerhalb Japans einig, kam es im Dezember 1937, als achtzigtausend japanische Soldaten sechs Wochen lang mit Duldung ihres Oberkommandos mordeten, vergewaltigten und brandschatzten. Nach seriösen Schätzungen wurden 100 000 Zivilisten in der von Tschiang Kai-shek aufgegebenen Reichshauptstadt umgebracht, mindestens 20 000 Frauen wurden geschändet, darunter kleine Mädchen und Greisinnen. In zeitgenössischen Filmen, Fotos und in Augenzeugenberichten sind die Greuel der Amok laufenden Japaner, rechtlose Bauernlümmel vor der Einberufung, jetzt Herren über Untermenschen im Feindesland der Schlacht, gräßlich genau dokumentiert. Die Bajonettübungen auf bis zum Halse eingegrabene Unglückliche; der blutige Samurai-Ehrgeiz, einen Menschen mit einem einzigen Schwerthieb von Kopf bis Fuß zu spalten; das Aufspießen von in die Luft geworfenen Säuglingen. Alles, was menschliche Phantasie übersteigen müßte, ist im Blutrausch von Familienvätern, kleinen Handwerkern und Reisbauern im Namen des Kaisers damals angerichtet worden. Vereinzelt meldeten sich mutige japanische Nanking-Veteranen in der Presse zu Wort, weil sie das Gewissen plagte. Ihre Geständnisse von abscheulichen Gemetzeln erreichten nur gedämpft die Öffentlichkeit. Sie erreichten niemals Ishihara Shintarô und seine Gesinnungsgenossen.

Daran mußte man sich erinnern, um die Perfidie von Ishiharas Sprüchen ermessen zu können: »Die Leute sagen, die Japaner hätten dort einen Holocaust verübt. Aber das ist nicht wahr. Es ist eine Geschichte, die sich die Chinesen ausgedacht haben.« Alles Lüge, aber wer in Japan machte sich die Mühe, es besser wissen zu wollen? Ishihara verband seine Finte mit einem Angriff auf Amerika, das sich mit dem Abwurf der beiden Atombomben an Japan versündigt hätte. Die Wahl für den *ground zero* sei aus rassistischen Gründen auf sein Land gefallen, nicht auf Deutschland, und so weiter. Sechs amerikanische Wissenschaftler forderten Ishihara in der nächsten Nummer des *Playboy* auf, sich zu entschuldigen und seine Ungeheuerlichkeiten richtigzustellen. Er tat es nicht. In den japanischen Zeitungen herrschte unterdessen jenes peinlich berührte Interesse, auf das ich noch oft stoßen sollte, wenn sich japanische Politiker mit den absurdesten Geschichtsfälschungen im Ausland für einige Tage bekannt gemacht und Japans Ansehen beschädigt hatten. Immer war das Erstaunen der Japaner dem Erstaunen der Ausländer geschuldet, immer war die Empörung geborgt, der Protest über Bande gespielt. So auch damals. Von eigentlicher Aufregung war weder in den Zeitungen noch in der LDP etwas zu spüren.

Ich habe es über die Jahre aufgegeben mitzuzählen, wie oft hochrangige LDP-Politiker, darunter Minister, Schwarze als geborene Kriminelle und Sklaven beschimpften, Nanking und überhaupt jede Kriegsschuld leugneten und nur das Pech der Niederlage beklagten, die Kolonialherrschaft über Korea als (verschwendete) Wohltat eines Kulturvolks offenbarten. Es war immer dieselbe Routine, auch für mich. Erste Veröffentlichung, Schweigen, nächste Veröffentlichung, Ableugnen, Regierungsprotest aus Peking, Seoul oder sonstwo, Ankündigung des Rücktritts des Sünders, Rücktritt mit Neunzig-Grad-Verbeugung und scheinheilige Entschuldigung (für den der Partei entstandenen) Schaden. Dann einige Monate in der Deckung eines Parteiamts ohne Publikumsverkehr bis zum Recycling des so gereinigten verdienten Parteigenossen. Und ungläubige Verblüffung, wenn es jemand wagte, an den Skandal zu erinnern. Immer wieder, bis zum Überdruß, habe ich diese Episoden mitgeschrieben. Nur als sich Ishihara Shintarô Mitte der neunziger Jahre mit Pomp und gönnerhaften Interviews aus dem Parlament zurückzog, habe ich geschwiegen. Inzwischen hat er mit dem Buch *Japan Can Still Say No* seine mephistophelische Mission fortgesetzt.

Es gibt eine Stelle in Klaus Harpprechts Essay-Band *Japan – Fremder Schatten, ferner Spiegel* (1993), in der sich der Autor eingesteht, daß es ihn viele Jahre lang nicht mehr nach Japan gezogen hatte: »Und warum kehrte er niemals zurück? Warum zog er es vor, wenn er Asien bereiste, sich auf die jähen Passionen der koreanischen Nachbarn einzulassen? Warum setzte er sich so viel lieber Taiwans berstender Vitalität aus? Japan schien er, ohne es recht zu wissen, links liegen zu lassen; vielleicht eher rechts.« Ich verstehe ihn und habe selbst meine Dienstreisen nach Korea und Taiwan wie Fluchtversuche genossen. Harpprecht quält sich mit dem geistig überanstrengten »Preußen des Ostens« und seinen Menschen, die es auf Geheiß des Kaisers vollbrachten, einen verlorenen Angriffskrieg »in einen entlegenen Winkel ihrer Geschichte zu verbannen, ohne erkennbare Zeichen der Reue, ohne eine radikale Aussage an das böse Erbe, nur in höchster Bedrängnis bereit, Wiedergutmachung zu leisten, halblaute Entschuldigungen für die Schmach und die Leiden der Unterworfenen murmelnd«. Zwar habe, ein bedenkenswerter Unterschied, das Japan jener Epoche des Grauens nicht Millionen Menschen in Gaskammern getrieben; und dennoch war diese Nation tief in Verbrechen verstrickt. Ein Deutscher verstehe es gut genug, schreibt Harpprecht, daß es nicht leicht sein kann, Japaner zu sein. Dabei liegt ihm nichts ferner, als etwa *dem* Japaner kriminelle oder verdrängende Energie zuzuschreiben: »Der Teufel hole die Völkerpsychologie, die sogenannte, die schlimmere Banalitäten als die Geopolitik, größere Stereotypen als der Vorstadtmarxismus, dümmere Klischees als der Vulgär-Freudianismus produziert.« Japan, stets unverstanden, mißverstanden, verkannt? Ein bedauerlicher und in Wahrheit köstlicher Zustand. Der Autor warnt vor dem gefährlichen Kult, den japanische Intellektuelle mit dem Verkanntsein trieben und der ihnen tiefe Genugtuung verschaffe. Rigoroser Selbstschutz vor dem Fremden, Sehnsucht nach 250 Jahren der Abschließung bis heute:

78

»Ein Idyll war die Isolation gewiß nicht. Das abgeschnittene Reich wurde von Hungersnöten, Naturkatastrophen, Bauernaufständen, Adelsrebellionen erschüttert. Aber dies ist die andere Seite der Bilanz: Zwischen dem Jahr 1600 und dem Jahr 1850 führte Frankreich einhundertfünfzig Kriege, England einhundertfünfundzwanzig, Österreich einhundertneunundzwanzig, Rußland einhundertvierundzwanzig. Japan keinen.«

Und wir Deutsche können sagen, wir sind dabei gewesen und behilflich, als Japan den Eros des Krieges wiederentdeckte. Wir, unsere Vorväter, haben es ihm vorgemacht. Als es nämlich Japan nach der Restauration von 1868 geboten schien, das moderne Militärwesen zu studieren, fiel seine Wahl auf einen Lehrmeister, mit dem es mehr zu teilen meinte als das Schicksal der »verspäteten Nation«. Preußen, von einer Junker-Klasse geführt wie Japan von seinem Samurai-Landadel, von oben reformiert, selbst gerade erst industrialisiert, kaisertreu, autoritär und von imperialistischem Ehrgeiz, bot sich als Modell an, und es ließ sich nicht lange bitten, als seine Berater gerufen wurden. Ihr Einfluß ist nicht hoch genug einzuschätzen, die Entwicklungshelfer schufen nach preußischem Ebenbild die modernen Grundlagen für die Verfassung, für Medizin, Bergbau, Architektur, Drucktechnik, Geographie, Ingenieurwissenschaften, Erziehung, Postwesen, Jurisprudenz, Beamtenwesen, Polizei und die Heeresorganisation. Dabei hatte die Wahlverwandtschaft 1860 mit einem formidablen Mißerfolg für Preußen begonnen, als eine Delegation unter Führung des Grafen zu Eulenburg, die, wie alle westlichen Möchtegernkolonialisten mit Geschenken und Kanonen in Yokohama eingetroffen war, äußerst kühl empfangen wurde. Nach vier Monaten zäher Verhandlungen mußten die Preußen mit einem unbefriedigenden Vertragsabschluß abziehen, der nicht für den Zollverein galt. Die Schwäche machte schon bald die überlegene Stärke Preußens aus. Bismarck pries vor japanischen Besuchern die Geistesnähe, die sich in »Verteidigungskriegen und Vaterlandsliebe« erweise, und Japan folgte dem Vorbild, in dem es sich mit siegreichen Feldzügen gegen China und Rußland den widerwilligen Respekt der anderen Kolonialmächte ertrotzte. Die Frage, ob die Strategien von Moltkes oder die Werke Goethes, die um die Jahrhundertwende ins Japanische übersetzt wurden, einflußreicher gewesen sind, beantwortet sich von selbst. *First things first.* Später sollte sich das ändern. Auf der »Seidenstraße der Philosophie« strömten Japaner nach Deutschland, nicht zuletzt wegen Husserl und Heidegger, die ihrerseits das Land ihrer Schüler nie besuchten. Es blieb eine Einbahnstraße. Bis heute mehren in Japan ehrenwerte philosophische Gesellschaften, gewidmet Kant, Hegel, Fichte, Schelling, Schopenhauer, das Ansehen der Deutschen. (Von den ungleich populäreren Bündnissen im Namen Bachs, Beethovens, Wagners und anderer nicht zu reden.) Zur Zeit wird in Tôkyô eine neue Ausgabe der Gesammelten Werke Kants vorbereitet; es wird die dritte sein. Das Interesse ist, beschämend zu sagen, alles andere als gegenseitig.

Das war noch anders und doch nicht freundlicher, als der Vertrag von Versailles Deutschland am Boden und Japan auf der Siegerseite sah. Doch endete die Feindschaft der Wahlverwandtschaften schon 1922 mit der Aberkennung von Japans Kolonialgewinnen bei der Washingtoner Konferenz. Nun, da jeder gegen sein eigenes »Schanddiktat« wüten konnte, verstand man einander bald wieder. Die Kumpanei der Gekränkten, die sich in den folgenden beiden Jahrzehnten parallel, jeder auf seine Weise, politisch radikalisieren und an Rachegelüsten berauschen sollten, führte in den großen Krieg. Die Aufteilung der Welt in das »Großgermanische Reich im Osten« und die »Großostasiatische Wohlstandssphäre« wurde schließlich unter Gentlemen und Herrenmenschen beschlossen und großzügig entlang des siebzigsten Längengrades vereinbart, mitten durch die Sowjetunion. Bei der Unterzeichnung eines Neutralitätspakts mit Japan schwärmte Stalin: »Wir sind alle Asiaten.« Der Kriegseintritt der Sowjetunion unter Bruch jenes Abkommens am 8. August 1945 kostete Zehntausenden japanischen Soldaten in sibirischen Lagern das Leben und die Souveränität über eine rauhe Inselgruppe vor Hokkaidô. In der Welt mäßig bekannt als Südkurilen, in Japan als »Nördliche Territorien« geheiligter Boden, dessen Verlust bis heute einen Friedensvertrag mit Rußland verhindert. Daß Stalin anscheinend ohne nennenswerte Gegenleistungen der Westalliierten auf die Besetzung Hokkaidôs verzichtete, dürfte für das geschlagene Kaiserreich nicht weniger schicksalhaft gewesen sein als der Verzicht der Amerikaner, den Tennô zur Abdankung und vor das Kriegsverbrechertribunal zu zwingen. Japan blieb die Teilung erspart, aber auch die Notwendigkeit zur Aussöhnung. Endete die Wahlverwandtschaft zwischen den »Preußen

Asiens« und den Deutschen mit dem Erlöschen des preußischen Staats, oder lebt sie insgeheim fort, während die geschlagenen Aggressoren als Castor und Pollux der kapitalistischen Kriegsgewinnler Karriere machen? Ist Japan ein Deutschland, das einsam und ohne Freunde im Meer treibt; ist Deutschland ein Japan, das von den Nachbarn zum Frieden erzogen wurde?

Es waren diese Fragen, die auf Sprachlosigkeit stießen, wenn ich in meinem Seminar mit Nachwuchsjournalisten des öffentlich-rechtlichen Senders NHK die deutsch-japanischen Beziehungen behandelte. Alle Ermutigung fruchtete nichts. Ein geteiltes Japan sich vorzustellen, ein kommunistisches Hokkaidô und erst recht eine Zonengrenze mitten durch Tôkyô, das überstieg ihre Phantasie. Die in Englisch gehaltenen Seminare, die mit Vorträgen von Diplomaten, Wissenschaftlern und Auslandskorrespondenten eine Art internationaler Staatsbürgerkunde bewerkstelligen wollten, dienten mir selbst zu einer Übung, die für meine Arbeit wichtig war: allen leichtfertigen Gleichsetzungen von Japan und Deutschland, den infamen wie den wohlmeinenden, im Krieg wie im Frieden, zu widerstehen. Sie sind verführerisch und irreführend. Denn wann immer von Japans Kriegsschuld die Rede war, beileibe nicht erst in den polemischen Streitigkeiten zum 50. Jahrestag des Kriegsendes, hatte ich mich gegen falsches Lob von zwei Seiten zu wehren. Gegen die Anbiederung der Ultrarechten wie Ishihara, die ihren faschistoiden Militarismus mit dem Nazismus zu einem identischen Zwillingspaar verschmolzen, gerechtfertigt in ihrer Mission, nur eben gescheitert am Kriegsglück. Aber auch gegen die überschwenglichen Komplimente der Liberalen, die deutsche »Vergangenheitsbewältigung« bewunderten und Japans Verdrängung verfluchten.

Wie oft mußte ich gerade die Aufrechten drängen, entscheidende Unterschiede nicht zu leugnen. Den bürokratisierten, rassenideologischen Völkermord in den Vernichtungslagern nicht ebenbürtig neben der Blutrünstigkeit der Amok laufenden Bauernarmee in Nanking gelten zu lassen, Zehntausende von Nazi-Richtern verhängte Todesurteile und den Terror der Gestapo nicht mit fünf Dutzend ermordeten und 1600 an Folter und Krankheit in Haft gestorbenen Regimegegnern in

81

Japan zu verrechnen. Ich erzählte ihnen von meinem Zusammentreffen mit dem alten Katô Shûshirô, der als »linker« Lehrer während des Kriegs Jahre im Gefängnis saß und allen Lockungen der Umerziehung, sich wieder dem Kaiser anzuvertrauen, widerstanden hatte. Katô hatte in seinen Erinnerungen immer wieder den Begriff *sofuto*, weich, für eine janusköpfige Justiz verwandt, die neben extrem langen Strafen erstaunliche Bewährungsurteile kannte. Kriegsjapan erlebte keinen organisierten Widerstand und keinen 20. Juli, wohl aber jedes Jahr Hunderte Streiks in der Industrie und Tausende Konflikte zwischen Großgrundbesitzern und Pachtbauern, Arbeitsverweigerungen in den Fabriken, wehrkraftzersetzende Graffiti, kriegsmüde Majestätsbeleidigung, anonyme Schmähbriefe an die Behörden. Kein Japaner, auch kein Chinese oder Koreaner, wurde wegen seines religiösen Bekenntnisses ermordet. Prominente deutsche Juden konnten noch während des Krieges in Tôkyô ihrer Arbeit nachgehen. Wider schäumende Protestnoten aus Berlin blieben sie lange unbehelligt, und wenn sie verfolgt wurden, um die Nazis zu besänftigen, geschah es mit demonstrativer Laxheit. So argumentierte ich an langen Abenden, oft genug vergeblich, wenn ich mich mit japanischen Freunden über die Frage der Kriegsschuld und der Vergleichbarkeit erhitzte. Erst im Herbst 1996 kam mir Material in die Hände, das weiterhalf. Es war die Harvard-Abschlußarbeit der japanischen Historikerin Shidehara Furuya Harumi, *Nazi Racism Toward the Japanese*.

Zu den hilflosen Spötteleien, die der deutsche Volksgenossenmund über die Nazis zu verbreiten wagte, gehört die Beobachtung, daß ein auffällig großer Teil der Führungsclique eine Physiognomie aufwies, die nach herrschender Rassenlehre an recht obskure Blutmischungen denken ließ. Ob aber über die etwa fünfhundert Japaner, die sich während der dreißiger Jahre in Deutschland aufhielten und dort ihre infame Beförderung zu »Ehrenariern« sowie die Erwählung ihrer Nation zum »Freundesland im Osten« erlebten, eine ähnlich gehässige Flüsterpropaganda umging, ist nicht auszumachen. Wenn es zuträfe, würde dies zu nicht mehr als einer kuriosen Fußnote in der Geschichte der Verfolgung und Ermordung von Millionen Menschen taugen. Kein Japaner erlitt ernsthafteren Schaden von deutscher Hand. Diskriminierung der wenigen Dutzend reichsdeutschen »japanischen Mischlinge I. und II. Grades«,

Demütigungen, Berufsverbote, Ausschlußverfahren aus Partei-organisationen, verschleppte Eheanträge – all das war üblich und für die Betroffenen gewiß empörend. Todesangst hatte keiner auszustehen. So erschüttern auch weniger die Schicksale, die Furuya schildert, als die Hilflosigkeit des Terrorstaats. Selten erscheint das mörderische Regime so lächerlich wie in den ideologischen Verrenkungen und Kompetenzrangeleien, zu denen sich Parteibonzen, Beamten sämtlicher Ministerien und kleine Stadtteilbürokraten gezwungen sahen, wann immer es um die »Ausnahmebehandlung« von Japanern ging. In *Mein Kampf* wurden sie den »minderen Rassen« zugeschlagen, den Chinesen jedoch vorgezogen, weil Hitler einen gewissen wider-strebenden Respekt empfand für den streng organisierten japa-nischen Staat, dessen Widerstandsfähigkeit gegen die »jüdische Weltverschwörung« und den Aufstieg zur Militärmacht durch den Sieg über Rußland (1905).

Goebbels notierte Wochen nach Pearl Harbor, im Februar 1942, die fortdauernde »größte Bewunderung des Führers für die Japsen« ebenso wie Anfälle von paranoisch-düsterer »Trau-rigkeit« angesichts der Kriegsüberlegenheit der »gelben Rasse« über die »weiße«. Mißtrauen und (gegenseitige) rassische Ge-ringschätzung unter zwei kriegstreiberischen Nationen, die sich gleichermaßen als Herrenvölker gebärdeten, ließen mehr als ein Zweckbündnis nicht zu. Die strategische Achsenpart-nerschaft zwischen Berlin, Rom und Tôkyô, begründet mit den Federstrichen des Grafen Mushakôji im Antikomintern-Pakt (1936) und dem Kulturabkommen (1938), besiegelt im Drei-Mächte-Abkommen (1940), war von Anfang an eine stra-tegische Schimäre. Der gegenseitige Neid auf die militärischen Anfangserfolge erwies sich bei den ersten Rückschlägen als schlechter Leim. Doch war von dem Bündnis noch nicht die Rede, als das japanische Außenministerium im Oktober 1933 Aufklärung über Berlins Haltung zum »Rassenproblem« zu er-halten begehrte. Unter »Nicht-Ariern« oder »Farbigen« seien wohl auch, so die Demarche ungläubig, Japaner zu verstehen. Tôkyô reagierte erstaunlich rasch auf zwei Fälle, die in Japan Aufsehen erregt hatten: die Entlassung des halbjapanischen Wissenschaftlers Otto Urban aus Staatsdiensten im Mai 1933 und auf den tätlichen Angriff deutscher Schulkinder auf die Tochter eines Japaners namens Takeuchi in Berlin im Oktober. Beunruhigend dürfte auch eine fanatischen Rassenhaß predigende Rede Alfred Rosenbergs gewirkt haben, die Anfang September in japanischen Zeitungen zu Schlagzeilen über »Arrogante Nazis!« geführt hatte.

Der deutsche Außenminister von Neurath sah sich zu einer formellen Entschuldigung für den Vorfall in Berlin veranlaßt und zu der leichtfertigen Versicherung, Japaner gälten selbstverständlich nicht als Farbige. Die Nachricht, daß »Juden und Neger« in Deutschland als »artfremd« betrachtet würden, nicht aber Asiaten, ging um die Welt. Wer den nun gerüchteweise auftauchenden, erstaunlich ironischen Begriff des »Ehrenariers« geprägt hat, ist nicht zu klären. Sicher ist nur, daß er in offiziellen Dokumenten sowenig auftaucht wie eine eindeutige Stellungnahme zur rassenpolitischen Einordnung »des Japaners«. Bis zum Jahre 1937, dem Jahr, in dem Botschafter Graf Mushakôji seinen Abschied von Berlin nahm, mahnte darüber hinaus das peinlich berührte Außenministerium, Belastungen der Beziehungen zu Japan durch »rassenpolitische Maßnahmen« nach Möglichkeit zu vermeiden, und setzte sich zäh dafür ein, in den Rassegesetzen das vieldeutige »Nicht-Arier« durch »Juden« zu ersetzen. Diplomaten rieten, »den japanischen Rassestolz zu schonen« und Großzügigkeit walten zu lassen, mindestens wenn es sich um hochgestellte Persönlichkeiten handele, Adlige, berühmte Professoren, Verwandte des Kaiserhauses und so fort. Jede Dienststelle handelte nach eigenem Gutdünken. Daß kaum Beschwerden der in Deutschland lebenden Japaner dokumentiert sind, daß sich statt dessen Hinweise auf manche Sympathien für die Judenverfolgung finden, zählt zu den bedrückendsten Ergebnissen von *Nazi Racism Toward the Japanese*. Hitler wiederum stimmte einer »dilatorischen Behandlung« von Heiratsanträgen deutscher Halbjapaner zu, allerdings unter der Bedingung, daß »spätestens bis zu Kriegsende« der »Rassenschande« ein Ende gemacht werde.

Das erwählte Herrenvolk der Yamato führte Japan in die Katastrophe, es wollte Asien ausbeuten, unterjochen: Einen Plan für die Ausrottung aber gab es nicht. Die Nazidiktatur schließlich hatte Ideologie und Unterdrückungsapparat Jahre vor Kriegsbeginn ausgebildet, Japans Militärherrscher bemühten sich erst während des Krieges um den Aufbau von Massenorganisationen und erreichten annähernd totalitäre Kontrolle. Selbst in den verzweifeltsten Kriegsjahren gelang es ihnen jedoch niemals, ein gleichgeschaltetes Gemeinwesen zu errichten, das dem deutschen SS-Staat oder Stalins Terrorregime nahegekommen wäre. Und so wirkten Niederlage und Neubeginn in Deutschland total, in Japan partiell.

Eine schlichte Gleichsetzung des japanischen Militärregimes mit Hitlerdeutschland schwächt jede noch so begründete Kritik. Die aber hat Japan dringend nötig. Das Leiden der alten Frauen in Korea, China und anderswo, die als ehemalige Zwangsprostituierte der Kaiserlichen Armee fast ein ganzes Leben lang ihre Schändung verschwiegen, unter Hinweis auf bilaterale Abkommen und geleistete Reparationen zu verlängern und auf den Tod der Klägerinnen zu hoffen, zeugt von Niedertracht und diplomatischer Dummheit. Die Aussöhnung mit den Opferländern des japanischen Überfalls Bürgerinitiativen zu überlassen, statt sie zur Regierungspolitik zu erheben, kommt Japan heute teurer zu stehen als eine großzügige Wiedergutmachung. Es ist außenpolitisch kaum manövrierfähig und moralisch erpreßbar. Gezahlt wird, an China zumal, mit Krediten, Vermittlerdiensten, Unterwürfigkeit. Es wäre kein Wunder, wenn die Affären um das »Nazigold« der Schweizer Banken und die Entschädigungsklagen gegen deutsche Unternehmen ein Nachspiel in Asien hätten.

Erwin Wickert, der große alte Ostasienfahrer, konnte mit hinreißenden Details von den Trinkgelagen berichten, die der junge Botschaftsangestellte Wickert Ende der dreißiger Jahre in Tôkyô mit Richard Sorge in der Bar des Imperial Hotel erlebte. Der Korrespondent der *Frankfurter Zeitung*, Bohemien, Frauenheld und Sowjetspion war wieder einmal angetrunken und prahlte auch nicht zum ersten Mal gefährlich laut mit seiner Verachtung für das Hitlerregime. »Halten Sie den Mund, Mann«, versuchte Wickert den lallenden Journalisten zu beruhigen, »Sie reden sich um Kopf und Kragen.« Das tat er eines Tages tatsächlich. Der geständige Agent Sorge, der Moskau vergeblich vor dem deutschen Angriff gewarnt hatte, starb am 9. Juli 1944 durch den Strang im Sugamo-Gefängnis zu Tôkyô. An Weihnachten 1948 wurden am selben Ort die sieben beim Tôkyôter Tribunal (1946–1948) zum Tode verurteilten Kriegsverbrecher gehängt. Jahrzehnte später wurde das Gebäude geschleift. Auf dem Geviert im nördlichen Stadtteil Ikebukuro entstand das (für eine Weile) höchste Hochhaus Asiens mit dem urjapanischen Namen Sunshine City Building. Es beherbergt Kaufhäuser, Büros, Fitneßstudios und reinigt so den Schandfleck mit unschuldigem Konsum. Ich wohnte zehn Minuten entfernt. Fünf Jahre war das Gebäude, wo eine dezente Tafel an die Vergangenheit des Grundes erinnert, mein Einkaufszentrum. Nach Berlin übersiedelt, traf ich Stalins genialischen Spion Richard Sorge wieder. Straßen sind nach ihm benannt. Und unvermutet fand ich ein in Öl gemaltes Porträt Sorges, als ich die ehemalige Zentrale des Ministeriums für Staatssicherheit in der Normannenstraße besichtigte. Das Bild des sozialistischen »Kundschafters« hängt in einem dunklen Flur, gerade gegenüber dem Eingang zu der spießbürgerlich ausstaffierten Büroflucht Erich Mielkes.

FÜNFTES KAPITEL

Japan kann abstoßen und es kann erschöpfen. Japanjahre, sagen manche Ausländer und weisen ihre Narben und Falten vor, rechnen wie Hundejahre. Japan kann wütend machen und süchtig, es kann pathetisch machen und überspannt. Japan verleitet zur Rührseligkeit und, je nach Jahr und Stunde, zu einer Verzweiflung, die nach Rache schreit und in Amokphantasien schwelgt. Daß man ungebeten kam und noch Wohlwollen erntet, wenn man Krieg sät, ist am schwersten zu ertragen. Man sollte in Quarantäne bleiben und nicht schreiben an solchen Tagen, man sollte sich wärmen an Leidensgenossen, die trotzdem schrieben. Und über sie lachen. In deutscher Sprache eignet sich *Unter dem Kimono* (1995) von Walter Vogl, einem begabten Voyeur, Exhibitionisten, Hypochonder, pornographisch interessierten und nervengeschwächten Japandilettanten, der alles das niederzuschreiben wagte, was wir anderen in den düstersten Momenten niederkämpften. Der österreichische Schriftsteller, der seit 1992 als Lektor in Tôkyô lebt, verabreicht eine bekömmliche Dosis Haß und Selbstironie. Sie wirken belebend in der »größten Lebendbestattung der Welt« (Tôkyô), sie machen das demütigende Dasein der ausländischen Sprachlehrer, »Sklaven auf dem Laufsteg«, erträglich, sie wirken vor allem gegen den Autor, der »ich die schmutzige Arbeit des Selbsthasses an mir selbst erledige«. Als Zirkusdirektor war er gekommen, nun sieht er sich dressiert und vorgeführt wie ein Kaninchen. »Mir ist so fremd«, notiert er nach wenigen Monaten in dem Land, das ihm Halt gibt wie Treibsand, »ich werde mir hier immer fremder« nach anderthalb Jahren: »Nur wer in sich gespalten ist, kann halbwegs normal bleiben.« Der freiwillig komische Vogl hält seine japanische Frau, Beschützerin, Gattinmutter für eine Geheimagentin und seinen Schwiegervater für einen chauvinistischen Trottel, der in jedem Ausländer den amerikanischen Kriegsgegner verachtet. Wer Walter Vogls poetische Tirade wörtlich nimmt, ist selbst schuld. Einen einzigen Satz glaube ich ihm uneingeschränkt, und der ist eine Liebeserklärung: »Eine Woche in einem japanischen Onsen würde ich gegen nichts in der Welt eintauschen.«

Furo wa tengoku – »Das Bad ist der Himmel«. Über nichts, über absolut nichts anderes sind sich Ausländer in Japan untereinander und Ausländer mit Japanern so einig wie über die überlegene Kulturtechnik des japanischen Bades in Onsen, heißen Quellen. Wen der Genuß von rohem Fisch abstößt, wer das Nô-Theater für eine Folter der Langeweile hält und Sumô als Ausdruckstanz fettleibiger Männer in Windeln verächtlich macht, wer Zen für so hohl hält wie das Parteiprogramm der LDP: Noch der abgebrühteste Verächter alles Japanischen wird weich wie der glühende Verehrer, wenn er zum ersten Mal bis zum Hals eintaucht. Wenn er versinkt im Wasser eines aus Natursteinen zum natürlichen Teich geformten Außenbeckens, durch die aufsteigenden Dampfschwaden auf sein kleines weißes Frotteetuch schaut, das im Wasser schwebt wie eine Qualle, wenn er immer wieder auf das Meer (den Fluß, den Berghang) hinausblickt, wo gerade Dämmerung fällt, während er dem Plätschern des Zulaufs lauscht, den pfeifenden Böen des Herbstwinds, der donnernden Gischt eines Wasserfalls vielleicht, am wenigsten dem eigenen wohligen Aufseufzen und dem Gemurmel der Gespräche. Er wird in einem nie gekannten Zustand vollendeter Ermattung alles einsehen und allem abschwören. In der Bruderschaft der Nacktheit, die Klassenmerkmale und ethnische Unterschiede einebnet, in der heilenden Hitze wird er sich geborgen fühlen wie in einer Fruchtblase und nicht fassen können, wie er jemals ohne Onsen leben konnte und ohne Onsen weiterleben könnte. Friedlich wird er sodann dem Quellbad entsteigen, duschen und den einfachen Baumwollkimono (*yukata*) anlegen, den alle Hausgäste tragen, in die Plastikpantoffeln fahren und zu seinem Tatami-Zimmer gehen, wo ihm von Frauen eine opulente Tafel mit traditionellen Gerichten aufgetragen und, nach dem Abräumen, von Männern sein Futon hergerichtet wird. Er wird einen Sake trinken, vielleicht auch zwei, er wird noch ein Bad nehmen, vielleicht auch zwei, und ziemlich früh in einen tiefen traumlosen Schlaf fallen. Und wenn er am nächsten Morgen abreist, wird er schließlich ohne Reue einige hundert Mark für eine Wiedergeburt entrichten und unheilbar süchtig sein.

So muß man sich den Aufenthalt in einem der zweitausend Gasthöfe *(ryokan)* vorstellen, die aus Japans 16 300 Mineralquellen ihr Geld schöpfen. So ähnlich, nur himmlischer.

Das ist die Wahrheit, die schwerer wiegt als die andere Wahrheit über Onsen: daß seit dem Boom der achtziger Jahre auch halsabschneiderische Preise üblich sind für mittelmäßiges Essen, schimmelüberzogene Kellerbäder, die lärmende Ruhestörung beim Bade durch kompaniestarke Betriebsausflüge, trunken von Karaoke und reichlich Reiswein, der in zierlichen Flaschen auf Holztabletts schwimmend im Becken kreist und die Gemüter unangenehm erhitzt, eine dreiste Hausordnung schließlich, deren Regiment Gäste erst um drei Uhr nachmittags ins Zimmer läßt, ihnen um sieben in der Früh die Futons unter den Rücken wegzieht, sie spätestens um zehn Uhr morgens ganz vertreibt und sie um ihr letztes Bad am frühen Morgen betrügt, weil gerade dann die Stätten der Erholung mit Schläuchen ausgespritzt und desinfiziert werden. Auch das Vergnügen eines vollbesetzten *senninburo*, eines »Tausend-Mann-Bades«, das immerhin hundert Männer aufnimmt, ist wohl Geschmackssache. Lüsterne Blicke angetrunkener junger Männer auf Frauen in den wenigen gemischten Bädern der Branche mögen die Ausnahme sein. Doch gibt es Zeuginnen genug für Männer, die das Gebot zu sehen, aber nicht hinzuschauen, mißachten und mit abschätzigen oder anerkennenden Kommentaren wie *ii onna* (gute Frau), *ôkii oppai* (große Brüste), *daikonashi* (rübenfette Beine), *hada ga kirei* (schöne Haut) Frauen auf der Stelle wieder vertreiben. Solche Bemerkungen waren früher, als die Japaner auch in den Städten noch keine eigenen Bäder hatten, in den Nachbarschaftsbädern *(sentô)* durchaus üblich, doch kannte man einander und konnte übereinander lachen, ohne zu beleidigen; sie alterten gemeinsam. Die *sentô* sterben aus, der Tratsch nicht, nur fühlt man sich nicht mehr so wohl dabei.

Aufdringliche Belästigung wird in Onsen, anders als das Genießertum von Voyeuren, nicht geduldet. Wie in jeder europäischen Sauna hängt es vom Publikum ab, ob die Trennung von Nacktheit und Sex ohne Prüderie gelingt. Gemischte Bäder waren in vormoderner Zeit dem Hochadel vorbehalten gewesen, ehe sie unters Volk kamen. Besorgt um den Ruf ihres

Landes, verboten die Väter der Meiji-Restauration die angeblich Ausschweifungen begünstigende Sitte. Heute sind eigene Frauenbäder in Onsen verbreitet, meist kleiner, weniger aufwendig; für das Außenbecken werden Stundenschichten der Geschlechter vorgeschrieben. Zu meinen peinlichen Erinnerungen in Japan zählt die Mißachtung eines solchen Zeitplans als Analphabet und aus Arglosigkeit. Freundlich grüßend stieg ich zu einer Gruppe junger Frauen ins Wasser, das schmale Handtuch vor den Lenden haltend, wie es sich selbst unter Männern gehört, und wunderte mich, daß sie mit einem Ruck und ohne ein Wort zu verlieren das Becken verließen. Minuten später belehrte mich ein Bademeister in scharfem Ton über meinen Fauxpas. Als ich einer der Damen später auf dem Gang begegnete, entschuldigte ich mich. Sie nickte errötend, nicht abweisend, dann beschleunigte sie ihre Schritte. Und doch ist es wahr, daß Ausländer und Japaner einander nirgendwo auf so natürliche Weise nahekommen wie in den Onsen. Dasselbe Bad, das gleiche Essen, die gleichen Tatami-Zimmer und Futons, die Bequemlichkeit der losen »Anstaltskleidung«, all das macht uns japanischer als sonst und die Japaner offener.

Der Aufzug wirkt nicht lächerlich wie noch die prächtigsten Kimonos, in denen westliche Diplomatengattinnen mit ausgeprägten Körperformen wie aufplatzende Bonbons aussehen. Dazu kommt, daß ein Ausländer, der sich nachweislich und vor aller Augen den strengen Baderiten Japans unterwirft und Temperaturen von über vierzig Grad erträgt, kein ganz schlechter Mensch sein kann. Der Ausländer, der seinen Körper vor einer der vielen Duschbatterien demonstrativ gründlich reinigt, auf einem Schemel oder einem umgedrehten Plastikbottich sitzend, der sich schrubbt und abseift, als sei er soeben vom Schlachtfeld zurückgekehrt, bevor er ins Becken steigt, stiftet Vertrauen und Gemeinsamkeit. Sauberer Geist im sauberen Körper. Ich habe auf die üblichen Fragen von Badegenossen, wie mir Japan gefalle und wann ich heimkehren würde, »wunderbar« und »nie mehr« geantwortet. Ich habe mich der Musterung immer gerne ausgesetzt, denn ich wußte mich einig mit ihnen, daß ein hohes Gut wie die Badekultur keine Laxheit duldet. Hätte ein ignoranter ungewaschener Ausländer je vor meinen Augen Anstalten gemacht, in das Becken zu tauchen, ich hätte es als erster zu verhindern versucht. Der Reinheitswahn des Shintô, der den Tod verachtet und damit das Leben nur halb begreift, hatte gewiß seinen Einfluß auf die Badesitten. Hier und nur hier füge ich mich seinen Geboten, auch wenn sie an unreine Christenmenschen ohnehin verschwendet sind.

Jede Kreatur liebt Japans heiße Quellen. Ich habe eines Winters in einem Onsen in den japanischen Alpen übernachtet, dessen dampfende Außenbecken Waschbären in großen Gruppen anzogen; ein anderes Gasthaus hatte Horden von wilden Affen zu bieten. Ich habe in den schwefeligen Wassern von Monza gebadet, deren Dämpfe ganze Berghänge schmutzig weiß färben, und in einer moorigen Quelle mitten im Tôkyôter Stadtteil Shinjuku, wo man die schwarze Brühe aus tausend Meter Tiefe emporpumpte. Im Grunde waren mir die chemische Zusammensetzung der Quellen und die ihnen zugeschriebenen Heilwirkungen auf Beschwerden aller Art, von Rheuma über Magengeschwür bis hin zum allgemeinen Trübsinn, ziemlich gleichgültig. Darüber wachte der mächtige Verband der Onsen-Betreiber. Meine Seele ließ sich überall versenken, mit allen Wassern waschen. Für eine Woche in einem Onsen würde ich mich zur Not verschulden.

Aber auch zu Hause gelten Baderegeln der Reinlichkeit und Ökonomie, denen zufolge in einer Wannenfüllung die ganze Familie nacheinander zu versorgen ist. Einst galt, daß der Familienvorstand das Recht auf das erste Bad hatte; inzwischen sollen pubertierende Töchter, die sich vor dem Körper ihrer Väter ekeln und nicht einmal dulden, ihre Wäsche mit der ihrer Väter zu waschen, dafür gesorgt haben, daß sie den Vortritt erhalten. Dagegen gilt das Bad von Eltern noch mit ihren siebenjährigen Kindern nicht nur nicht als anstößig, sondern im Sinne des Hautkontakts als erquickend und gesund für die ganze Familie. Jeder reinigt sich in der Naßzelle des japanischen Bades – eine Notwendigkeit und Eigenheit, deren Fehlen im Westen japanische Touristen irritiert –, bevor er in die Wanne steigt. »Wie können die Westler sich in dieser Brühe, in ihrem eigenen Schmutz wohl fühlen?« fragen sie sich. Weil, so lautet die Antwort, sie nicht ahnen, wieviel angenehmer und zivilisierter die Welt des Bades sein könnte, wenn sie nur japanischer wäre.

Muß ich betonen, daß das kostspielige Vergnügen der Onsen, der traditionellen Küche, des wohl arrangierten Naturgenusses nur uns, den privilegierten Gaijin offenstand? Die anderen

Ausländer, unter denen die Verächter Japans die Verehrer vermutlich übertrafen, konnten sich solche Remeduren nicht leisten. Zumal die illegalen Fremden, die offiziell nicht einmal Gastarbeiter waren und sich nach getaner Arbeit in Luft aufzulösen hatten, verrichteten auf dem Bau und in Hinterhoffabriken die Handlangerdienste, die mit den »fünf K« beschrieben wurden: *kiken, kitsui, kitanai, kurai, kenkô ni warui.* Gefährlich, hart, schmutzig, dunkel, ungesund – man kennt das alles aus Deutschland, wo die Anwerbung dreißig Jahre früher begann. Man kann es jungen Japanern nicht verdenken, daß sie sich nicht die Hände schmutzig machen wollen, wenn es sich vermeiden läßt. Das Angestelltenleben ist hart genug, und Arbeit zu finden wird immer schwieriger. Übrigens ist der bedingungslose Opferethos des japanischen Arbeiterkriegers und Bürosoldaten keine hundertzwanzig Jahre alt. Der Politologe Katô Tetsurô bezeichnete den heutigen Arbeitsrhythmus einmal in einem Magazinartikel als widernatürlich. In der vorindustriellen Agrarwirtschaft und selbst nach der Meiji-Restauration wurde in den Sommermonaten in den Verwaltungen nur am Vormittag gearbeitet. Europäische Japanbesucher in jener Epoche berichteten immer wieder davon, daß die Japaner dem Vergnügen und dem Sake durchaus zugeneigt seien und eine eher laxe Arbeitshaltung an den Tag legten. Wer den Japanern mehr Entspannung verordnen will, kann sich auf alte Tugenden berufen.

Der Hinweis, daß auch die privilegierten Ausländer in Japan arbeiten und doch Menschen mit Gefühlen sind, wäre hier keine Zeile wert, hätte sich nicht am ersten Weihnachtsfeiertag des Jahres 1991 mein Leben und meine Arbeit dramatisch verändert. Hätte ich nicht, wie man so sagt, mein Glück gemacht.

Dabei steht fest, daß ich keine Ahnung hatte, wie sehr die, um es milde zu sagen, unromantische Prozedur, die gegen 14 Uhr auf dem Bezirksamt von Toshima-ku begann, meinen Blick auf Japan verändern würde. Daß ich geheiratet hatte, mußte wahrlich keinen Zeitungsleser etwas angehen. Ohne mir dessen zunächst bewußt zu sein, zeigte sich bald in Themenwahl, Haltung und Bewertung, daß sich zweierlei veränderte: Um den Preis, die Unbefangenheit und Immunität des bindungslosen Ausländers zu einem gut Teil zu verlieren, gewann ich Einblick und Einbindung in das japanische Konventionsnetz. Wollte ich meine Frau nicht unablässig kompromittieren, mußte ich japanischer leben, als mir gelegentlich behagte. Zu Anfang spürte ich die subtilen Abstoßungsreaktionen, mit denen die Familie und die Freunde meiner Frau intuitiv, ohne fühlbare rassistische Unterströmung, ihre sonderbare Wahl zur Kenntnis nahmen. Man trug es als Schicksalsschlag. Sie sei wohl schon immer etwas eigensinnig gewesen, erinnerten sich Verwandte nun. Auch hatte sie mit zwanzig Jahren die Mutter verloren. Die ersten Gratulationen klangen nach Beileid.

Man machte sich Sorgen. Aber niemand wagte je die Frage zu stellen, die magisch wie in Neonschrift für jeden Nachbarn sichtbar über unserem Haus gestanden haben muß: Was ist los mit einer gebildeten, hübschen Frau mit einem guten Job und berechtigten Hoffnungen auf dem Heiratsmarkt, daß sie keinen japanischen Mann findet oder finden will? Weniger dezent waren Fragen von Kolleginnen meiner Frau, die wissen wollten, ob und wann ihr die japanische Staatsbürgerschaft oder wenigstens einige bürgerliche Ehrenrechte aberkannt würden. Denn daß der Staat den Frevel sanktionieren müßte, schien ihnen außer Frage zu stehen. Warum sollte bleiben dürfen, wer sich in freier Wahl aus der Gesellschaft herausbewegt, der in Japan nichts mehr verloren hatte? In dieselbe Richtung wiesen hoffnungsfrohe Anfragen, den Abreisetermin des Paares betreffend. Hätten wir gesagt, am Tag nach der Hochzeit, wir hätten Verständnis gefunden. Denn daß eine derart auf Abwege geratene Japanerin ihrem Mann bald in die Fremde folgen sollte, schien ihnen ausgemacht. Die Sorgen waren aufrichtig und in ihrer intellektuellen Arglosigkeit nicht weit jenen Kinderreimen überlegen, die mir gelegentlich auf der Straße nachgerufen wurden: »Hello Gaijin, good-bye Gaijin!« Ein kurioses Gegenstück, das vielen erwachsenen Japanern geläufig ist und ohne jede böse Absicht ausländischen Zufallsbekanntschaften in einem Onsen mitgeteilt wird, lautet: »Wie gefällt Ihnen Japan?« – gefolgt alsbald von der wichtigeren Frage: »Wann gehen Sie wieder zurück nach Hause?«

Freundlich gemeint, wie von einer älteren Schwester, war gewiß auch der Ratschlag jener Beamtin an meine künftige Frau im Bezirksamt von Toshima-ku: »Bitte überdenken Sie noch einmal die Entscheidung, Ihren Namen ändern zu wollen;

Sie haben ein halbes Jahr Zeit.« Es versteht sich, daß meine Frau dies für eine ziemliche Unverschämtheit hielt. Doch das änderte nichts an der guten Absicht einer Staatsbürgerin, die eine junge Frau vor einer Dummheit bewahren wollte. Zumal die Eheschließung in Japan sonst erstaunlich wenig Sicherungssysteme kennt und mit einer für europäische Gemüter erschütternden Beiläufigkeit vollzogen wird. Eine Wohnung anzumieten oder ein Auto zu kaufen ist aufwendiger, ein High-School-Diplom entgegenzunehmen feierlicher als eine standesamtliche Trauung. Es beginnt damit, daß der amtliche Heiratsantrag zu Hause ausgefüllt werden und von einem der Partner allein gegen Gebühr beim Standesamt hinterlegt werden kann. Zwischen zwei Einkaufsterminen, wenn nötig. Trauzeugen müssen nicht persönlich erscheinen, ihr amtlich registriertes Familiensiegel (*hanko*), das mit rotem Stempel einem Fingerabdruck gleich auch jedes Bankgeschäft gültig macht, auf dem Antrag genügt. Unterschriften sind nicht geschäftsfähig, die Karte der nationalen Krankenversicherung trägt kein Foto. Ein *hanko* mit Registrierung zu stehlen bedeutet, sich eine japanische Persönlichkeit anzueignen. Das zeitsparende Verfahren bei der Trauung findet seine Entsprechung bei der Scheidung. Immer wieder kann die Öffentlichkeit von den einsamen Entschlüssen irgendwelcher Eheleute hören, die ohne weitere Rücksprache und Unterhaltsklärung per *hanko* beenden wollen, was ihnen nicht mehr paßt. Vor einem Jahr ging eine Episode durch die hinteren Seiten der japanischen Presse, die das Risiko, derart abgestempelt zu leben, illustrierte. Eine Frau hatte sich fast zu Tode erschrocken, als ihr der Anruf der nächstgelegenen Polizeistation eröffnete, ihr Ehemann sei leider bei einem Unfall ums Leben gekommen. Die Frau, die wußte, daß ihr Ehemann eben noch neben ihr auf dem Futon gelegen hatte, bat nach dem ersten Schrecken um Aufklärung der Verwechslung. Ein Arbeitskollege ihres Mannes hatte dessen *hanko* entwendet und seit Wochen unter falschem Namen Schulden gemacht.

Ohne *hanko* ist der japanische Mensch kein Mensch. Und in Toshima, wo nur wenige Ausländer residierten, hätte ich als Beruf wohl auch »Mann im Mond« angeben können. Der Augenschein sprach dafür. Die alte Lederjacke, die ich als Schutzkleidung gegen die totale Verbürgerlichung trug, weckte kein Vertrauen. Mit begründetem Argwohn starrte die Standesbeamtin auf meine Unterschrift auf dem Eheantrag und auf den Namenszug meines amerikanischen Trauzeugen. Nur die *hanko* meiner Frau und ihrer Freundin wurden mit einem halbwegs zufriedenen Kopfnicken beglaubigt. Bei heiratswilligen Ausländern wird immerhin als gewisser Schutz der eigenen Bürger vor Bankrotteuren, Vorbestraften oder Heiratsschwindlern ein polizeiliches Führungszeugnis in japanischer Abschrift verlangt. Die Warnung vor dem Ablegen des japanischen Familiennamens hatte ihre Gründe. Doppelnamen sind nicht gestattet, wohl aber, den Mädchennamen beizubehalten. Empfehlenswert zumal bei Ehen mit Ausländern, gewissermaßen dem Kassenbon für den Geschenkumtausch vergleichbar. Meine Frau mußte ein Formular ausfüllen, um wenigstens die Annahme eines ausländischen Namens aus Unwissenheit ausdrücklich auszuschließen. Sie war gewarnt worden. Wie wenig die japanischen Behörden auf solche Ausnahmefälle vorbereitet sind, zeigte sich bei der Ausstellung eines neuen Familienbuchs, des sogenannten *koseki*.

Bis zum Ende des Krieges und der Beseitigung feudaler Altlasten in der Verfassung kam das *koseki* einer Besitzurkunde für den Familienvorstand gleich. Frau und Kinder gehörten ihm in absoluter Verfügungsgewalt, eingeschlossen das Recht, seine Frau bei Kinderlosigkeit oder anderen Zumutungen zu verstoßen. Die Zeiten des *ie*, der Leibeigenschaft von Familien unter dem männlichen Patron, sind vorbei. Auch eine alleinerziehende Mutter kann heute in Japan als Familienvorstand eingetragen sein. Nicht aber, wie wir erfuhren, ein Ausländer, der naturgemäß kein *koseki* seiner Eltern vorweisen kann, um die Daten in ein eigenes *koseki* zu übertragen. Meine Frau verursachte Verwirrung und eine eingehende Konferenz unter den Beamten des Bezirksamts, als sie ihren Status mit Ehefrau und meinen mit Haushaltsvorstand angab. Die Zeit verrann, die Stimmung sank, die Sache begann ärgerlich zu werden. Ich fühlte mich zum ersten Mal als unerwünschte Person. Man einigte sich nach vielem Hin und Her darauf, daß meine Registrierung als Ausländer sozusagen *in computo* verbunden werde mit dem *koseki* und darüber hinaus mein Name in ihrer Statusbeschreibung genannt werde. Die Ehe war legitim und zugleich ein amtlich beglaubigtes Gerücht. Es war ein erstaunlicher Kompromiß, der in gewissem Sinn meine Adoption durch meine Frau bescheinigte. Ein Kompromiß aus Erschöpfung.

Wir hatten wohl eine Stunde lang verhandelt, beraten und Beratungen abgewartet, stehend in der häßlichen Schalterhalle des Bezirksamts, bis wir endlich zahlen und unsere Ehebescheinigung einstecken konnten. An irgendeine Gratulation kann ich mich nicht erinnern, nicht einmal an ein Lächeln oder ein »Viel Glück«. Die Beamten hatten eine schwierige Angelegenheit mit Anstand erledigt. Daß die Ehe in beiden Ländern gültig ist, überprüften wir in den folgenden Jahren, als unsere Töchter geboren wurden. Wieder gab es einige Schwierigkeiten mit den Formularen und den Namensschreibungen. Doch diesmal, bedient von anderen Damen in demselben Amt, wurde nicht mit warmem Lächeln gespart noch mit neugierigen Blicken auf die Säuglinge. Kaukasisch-japanische Mischlinge sind in Japan eine Sehenswürdigkeit, sie sind der netteste anzunehmende Unfall. Sie sind *kawaii*, süß, und sie machen mit ihren großen Augen, doppelten Lidfalten, hellen Haaren und ausgeprägten Nasenrücken – allesamt Schönheitsideale, die Japans Schönheitschirurgen reich machen – nicht selten Karrieren als Mannequins oder Schauspielerinnen. Es ist, als versöhne ein ansehnliches halbjapanisches Kind mit einem fremdländischen Gatten, auch wenn sie vom rüden Volksmund noch immer *hâfu* (nach dem englischen *half*) genannt werden. Uns und unseren Töchtern soll die positive Diskriminierung recht sein. Kinder sind, solange sie klein sind, heilig in Japan. Und sie werden heiliger, weil es immer weniger Kinder gibt. Ihre frühe Verwöhntheit und ihre späteren Leiden sind ein eigenes Thema. Immerhin, und die Geste rührte mich, sandte uns der Bezirk Toshima-ku nach jeder Geburt einen Setzling mit der Namensplakette des Kindes. Sie wachsen, langsamer als die Kinder, im Garten des Schwiegervaters in Oizumi Gakuen, Tôkyô, zu Bäumen.

Es wäre nun ein Mißverständnis zu meinen, die Beiläufigkeit einer standesamtlichen Trauung deute auf moralische Laxheit oder einen Verfall obrigkeitsstaatlicher Traditionen. Das Gegenteil wird sichtbar in jeder Arztpraxis Japans, in jeder Bank, jeder Schule, jedem Bahnhof. Sich den Wünschen von Respektspersonen ohne Murren oder Nachfrage zu fügen ist selbst für viele Jugendliche noch selbstverständlich. Auch läßt sich nicht nachweisen, daß etwa die Rechte von Ehefrauen, mindestens dem Gesetz nach, in Japan weniger geschützt wären als in vergleichbaren Industrienationen. Ich hatte mich erkundigt. Die Unterschiede zum deutschen Recht, sei es in der Gleichstellung der Geschlechter, dem Sorgerecht für Kinder oder in Vermögensfragen, fallen nicht ins Gewicht. Auf dem Papier – das allerdings in Japan weniger wert ist, weil die Aufgabe, Streit zwischen Menschen beizulegen, dem Menschenverstand vorbehalten wird, nicht abstrakten Schriftsätzen. Die Vorzüge dieses vordemokratischen, von Aufklärung und französischen Revolutionsparolen unberührten Menschenbildes liegen auf der Hand. Die Gleichheit von Menschen vor dem Gesetz gibt es nicht, sie ist eine importierte Fiktion. Also kann sie, wie in der japanischen Nachkriegsverfassung, folgenlos dekretiert werden. In der Lehre des Konfuzius bilden *li* (Sitten, Riten) den Kern der Moralität, und die Moralität steht über dem Gesetz. Alles ist unter Vernünftigen, die ihren Rang kennen, Verhandlungssache. Auch die Nachteile liegen auf der Hand. Statt Rechtssicherheit wird Vertrauen in einen wohlmeinenden, moralisch hochstehenden Staat vorausgesetzt. War es Walter Benjamin, der Autorität definierte als das Versprechen, nicht zu enttäuschen? Staatliche Autorität in Japan scheint seit Kriegsende auf dem Paradoxon zu gründen, nichts zu versprechen, was sie halten kann. Und nicht zu halten, was sie versprechen müßte.

Es wird in Japan auch noch immer ungebrochen angenommen, daß Männer eben Männer sind und Frauen eben Frauen, eine Ehe also nur taugen und halten kann, wenn sich beide an die Spielregeln halten. Der amerikanische Schriftsteller Donald Richie, mit den Besatzungstruppen nach Japan gekommen, in den fünfziger und sechziger Jahren aufgestiegen zum Kenner und Missionar des japanischen Films von Meistern wie Ozu und Kurosawa, heute der originellste Gaijin-Psychoanalytiker der japanischen Seele, erzählte einmal die Geschichte seiner Scheidung auf Japanisch. Es muß in den siebziger Jahren gewesen sein, als Richie und seine Frau »wegen unüberbrückbarer« Gegensätze in aller Freundschaft die Trennung beschlossen hatten. Es war damals noch üblich, die Scheidung dem Staat zu begründen. Beim Familienrichter wurden sie in getrennten Räumen befragt. Beide hatten abgesprochen, angemessen zu übertreiben, um rasch zu ihrem Urteil zu kommen. Richie verlegte sich auf Vorwürfe und chauvinistische Prahlerei. Er halte es bei der nörgelnden Frau einfach nicht mehr aus und nutze jede Gelegenheit zur Flucht in Affären.

»Aber wer tut das nicht, Richie-san?« unterbrach ihn sein Vernehmungsbeamter. »Haben Sie kein wirkliches Problem?« Richie trug dicker auf. Er berichtete von schweren Besäufnissen, die auch gewalttätig endeten, und von Seitensprüngen, die Tage dauerten und seiner Frau unerträglich gewesen seien. »Aber das ist doch alles kein Grund«, wiederholte der Beamte kopfschüttelnd, »wenn sich jeder, dem es so geht, scheiden lassen wollte, hätten wir keine Ehepaare mehr.« Endlich verstand Richie. Es sei da allerdings noch ein Problem, er schäme sich, es zu gestehen. Er habe während der Ehe oft abwaschen müssen, staubsaugen, sogar seine Kleider wegräumen. Seine Frau habe darauf bestanden, und das bedrücke ihn und mache ihn wütend. »Und dazu hat Sie Ihre Frau gezwungen?« fragte der Beamte ungläubig und sog die Luft zwischen den Zähnen ein, »das ist unwürdig, das ist Nötigung, das ist Vergewaltigung für einen Mann. Warum haben Sie das nicht gleich gesagt?« Donald Richie zuckte seufzend die Achseln. Keine weiteren Fragen. Die Richies wurden einvernehmlich geschieden. Die Gaijin-Gemeinde ist seither um eine Anekdote reicher.

Auch das erste Zusammentreffen mit meinem zukünftigen Schwiegervater, als Witwer in der für japanische Männer besonders ungewohnten und bedauernswerten Rolle, sich um die Belange seiner erwachsenen Kinder allein kümmern zu müssen, barg mehr Anekdotenstoff, als ich vorausgesehen hatte. Arrangiert wurde das Treffen, das in anderer Zeit zu Geschäftsverhandlungen über den Preis der Braut gedient hätte, vom älteren Bruder meiner Frau, der auch das Dolmetschen ins Englische übernahm. Wir trafen uns in dem Séparée eines chinesischen Restaurants in Kichijôji im Westen Tôkyôs, und ich will nicht bestreiten, daß ich nervös war. Die erste Reaktion des Vaters, so hatte mir seine Tochter berichtet, war hartnäckiges Schweigen. Dann kam immerhin das nicht weiter begründete Geständnis, daß ihm ein Deutscher lieber sei als ein Amerikaner. Ansonsten hatte der Vater aus dem Fenster gesehen und seinen Zwiespalt, der geliebten Tochter wohlzu wollen und ihr Besseres zu wünschen, für sich behalten. Die Tochter ihrerseits tat für den Rest des Abends, was sich für eine wohlgeratene Tochter, die entschlossen ist, den falschen Mann zu heiraten, einfach gehört. Sie entschuldigte sich nach allen Regeln weiblicher Unterwerfungskunst. Das wirkliche Kunststück aber war, zu trennen zwischen der Entschuldigung für die Ungelegenheiten, den Schmerz, den Schock vielleicht, und zugleich nicht etwa um Verzeihung zu bitten für die Entscheidung selbst. Beider Gesicht wurde gewahrt. Noch unerfahren in japanischen Dingen, machte ich meiner Braut Vorwürfe, als sie von ihrer Entschuldigung berichtete. Ich hielt es für Schwäche. Ich weiß es längst besser. Inzwischen kann ich mit meinem Schwiegervater auf angenehme Weise gemeinsam schweigen. Ich nenne ihn bei mir respektvoll *chief*, den Häuptling, und ich glaube, er hätte nichts dagegen einzuwenden.

Mit Begeisterung oder auch nur neutraler Neugier konnte ich also beim ersten Treffen nicht rechnen. Das Gespräch am runden Tisch, dem meine künftige Frau schweigend beiwohnte, wie es sich geziemt, begann zäh mit Fragen zur Person, nach meiner Herkunft und meinem Beruf. Der alte Herr, ein pensionierter Beamter des staatlichen meteorologischen Dienstes, der inzwischen die klassische Teezeremonie und das Töpferhandwerk erlernt hatte, legte Wert auf seine Herkunft aus niederem Samurai-Adel in Mito, nördlich von Tôkyô in der Kantô-Ebene gelegen. Er interessierte sich recht wenig für Deutschland. Er wollte den Mann einschätzen, nicht seine Kultur. Aber er wiederholte in Andeutungen, daß ihm ein Deutscher lieber sei als ein Amerikaner, erst recht, wie er andeutete, als ein Asiate. Noch schlimmer, sagte er unvermittelt und lächelte etwas schief, wäre jemand aus Ôsaka gewesen. Ich überging aus taktischen Gründen das Kompliment, das über die uralten Rivalitäten und Feindseligkeiten zwischen dem Westen um Kyôto, Nara, Ôsaka und dem Osten mit Tôkyô, Kamakura, Yokohama mehr sagte als über den künftigen Schwiegervater.

Doch der alte Herr steuerte auf einen einzigen Punkt in dem Gespräch, der ihm vor der Heirat wichtig war: Scheidung. Unter keinen Umständen werde er hinnehmen, daß man seine Tochter entehre und allein lasse, gab er zu verstehen. Und um zu illustrieren, wie ernst er das Eheversprechen nehme, erzählte er die Geschichte von seiner Mutter. Sie hatte, als sie heiratete und in das Haus der Familie ihres Mannes zog, ein Kurzschwert in ihren Gewändern verborgen. Ein Schwert von der Art, wie es die Ehefrauen von Samurai bei sich trugen, um im Fall einer Niederlage in der Schlacht der Rache des Feindes zuvorkommen zu können. Mein Schwiegervater erinnerte sich daran, daß dieses Schwert seiner Mutter als letzter ehrenwerter Ausweg dienen sollte, falls sie verstoßen würde. Es war ihm sehr ernst damit. Wer seine Tochter heimführen würde, war weniger wichtig, als wer sie eines Tages verlassen könnte. Nachdem das Entscheidende gesagt und versprochen war, verlegte er sich auf eine Plauderei, von der ich damals sowenig einschätzen konnte wie ich es heute kann, ob er mich nur narren oder wirklich prüfen wollte. Ob ich denn darauf achten würde, fragte er mit Dead-pan-Miene, den üblichen Regeln zwischen Mann und Frau zu folgen, also etwa dafür Sorge zu tragen, daß seine Tochter immer einige Schritte hinter mir zu gehen habe. Und ihr selbstverständlich auch das Gepäck zu übertragen? Ich konnte es nicht fassen. Das Lächeln des Übersetzers war interpretierbar, es konnte Spott, Sarkasmus oder Verbindlichkeit ausdrücken. Ich entschied mich dafür, die Frage ernsthaft zu beantworten. »Ich glaube, bei allem gebotenem Respekt, Sir, daß Ihre Tochter sich ebendiesen Regeln, sofern sie überhaupt heute noch gelten, nicht unterwerfen will, sondern eine Ehe unter Gleichrangigen wünscht, Sir. Insofern kann ich Ihre Frage nur mit Nein beantworten.« So ähnlich sprach ich wohl. Er nickte, entgegnete nichts. Schließlich ging ich in die Offensive und gelobte all das, was man zu geloben hat, wenn man um die Hand einer Frau anhält.

Der Abend endete mit einigen gutgemeinten Ratschlägen des Schwagers unter vier Augen auf dem Weg zur S-Bahn. Seine jüngere Schwester sei ziemlich verwöhnt und verantwortungslos, eröffnete er mir freundlich. Ja, sie könne froh sein, überhaupt einen Mann zu bekommen. Seinen Segen hätten wir natürlich, aber er bitte mich eindringlich, seine Schwester mit harter Hand anzufassen. Sie brauche dringend Erziehung. In ihrem eigenen Interesse, verstand sich. Die brüderliche Sorge des Mannes, der dieselbe angesehene Universität besucht und abgeschlossen hatte wie seine Schwester, aber nun am Beginn einer blendenden Karriere in höchsten internationalen Bankerkreisen stand, war atemraubend, aber alles andere als untypisch. Der künftige Schwager bewegte sich im Rahmen jener noch immer anzutreffenden Höflichkeitsfloskeln der Selbsterniedrigung, mit denen ein Gastgeber seine Frau als »nichtswürdig/dumm« *(kusai)* bezeichnet und seine Kinder als »Ferkel« *(tonji)*, nur um den Gästen die Last der Dankbarkeit zu erleichtern. Niemand meint oder versteht das wörtlich. Aber ich ahnte an jenem Abend, was es meiner Frau bedeuten mochte, wenigstens diese Spielart japanischer Männlichkeit hinter sich zu lassen. Sie hatte mich gewarnt. Sollte ich sie je »oi!« rufen, was unter Ehepaaren ziemlich verbreitet ist und mit einem »He du!« oder »Alte!« nur unvollkommen übersetzt werden kann, wäre das ein Scheidungsgrund.

Drei Monate nach Weihnachten gaben wir nach der kirchlichen Trauung in einer protestantisch-deutschen Kirche in Tôkyô unseren offiziellen Hochzeitsempfang im Foreign Correspondents Club of Japan. Den irritierten Verwandten zuliebe gab es fast alles, was man bei solchen Gelegenheiten in Japan erwarten darf. Nur weniger davon und billiger. Hochzeiten folgen, auch nach dem Platzen der Bubble und dem Verabschieden des damals modischen 100 000-Mark-Pakets inklusive Flittertage in Hawaii, in Ausstattung und Ablauf einer bis ins kleinste Detail feststehenden Dramaturgie, die von Profis geplant, geleitet, fotografiert und gefilmt wird. Tödliche Langeweile ist garantiert. Meine Assistentin übernahm das schwere Amt der Zeremonienmeisterin, das Unterwürfigkeit im Verbund mit minutiöser, keinen Widerspruch duldender Animation verlangt. Wir hatten die kitschige Hochzeitstorte amerikanischer Provenienz, die das Paar gemeinsam anzuschneiden hat; die gleichartigen Geschenktüten mit gleichen, ausrechenbaren Dankesbeweisen für die Gäste, die etwa der Hälfte des Wertes entsprechen mußten, den die Gäste in Umschlägen beisteuerten; eine Sammelstelle für diese Spenden samt Gästeliste auf feinstem, handgemachtem Papier; vor allem eine ausgeklügelte Einladungsdiplomatie, die den Vorgesetzten meiner Frau das schwer abzulehnende Angebot ebenso unterbreitete wie namhaften Professoren und Beamten des Außenministeriums. Abweichungen erlaubten wir uns schon dadurch, daß keine Ehevermittler den Kopf der Tafel mit uns teilen konnten, weil es keiner Anbahnung bedurft hatte.

Ungewöhnlich war der Blick aus dem 20. Stockwerk auf den Kaiserpalast. Noch ungewöhnlicher das Streichquartett, ehemalige Orchesterkollegen meiner Frau, die zum Essen aufspielten. Der bedeutendste Unterschied aber, der das Fest weit über das in Japan Übliche hinaushob, lag in den kurzen und witzigen Lobreden auf das Paar. Es sind diese Gelegenheiten, bei denen ältere Hochzeitsgäste in Japan mit Fug und Recht einzuschlafen pflegen und zum nächsten Gang wieder aufwachen, ohne Anstoß erregt oder etwas verpaßt zu haben. Die einzige langweilige Rede hielt ich selbst. Es war meine erste und letzte Ansprache in Japanisch. Natürlich las ich sie ab.

Wahrscheinlich klang die Begrüßung den japanischen Gästen nicht annähernd so läppisch, wie sie mir erschien. Floskelhaftigkeit schafft in Japan Vertrauen. Das Japanische, vokalreich und von ungewohnten Nasallauten und Akzentverschleifungen frei, die etwa das Chinesische so schwer zu sprechen und zu ertragen machen, ist für Deutsche nicht viel mühsamer auszusprechen als das Italienische. Früh mochte ich den melodischen Klang, den Rhythmus, der vertrauter scheint, als es die Distanz von zehntausend Kilometern und etlichen Welten vermuten ließ. Fremd klang mir die Sprache in der alten Stilisierung des Kabuki-Theaters, häßlich schien sie in den Parlamentsreden – die eloquenten, angriffslustigen Kommunisten ausdrücklich ausgenommen –, die leiernd abgelesen und vom Plenum mitgelesen werden; dümmlich tönte sie in den Talkshows mit Amerikanismen flötenden Mädchen. Ich machte einen drei Jahre währenden Versuch, in anderthalb Privatstunden pro Woche über mein niederes Niveau hinauszukommen. Am Ende gab ich auf. Nur sprechen zu wollen, ohne schreiben zu können, ist in jeder Sprache mühsam. Im Japanischen ist es, der vielen Homophone wegen und durch die verwirrende Wortwahl, die den aus China entlehnten Schriftzeichen (Kanji) verschiedene Sprechungen anhängen, fast unmöglich. Wer je zwei Japaner, in ein Gespräch über ein kompliziertes Thema vertieft, beobachtet hat, mag gesehen haben, wie dann und wann der eine oder andere seine linke Handfläche vor sich hielt wie ein Buch und mit dem Zeigefinger der Rechten mit raschen Bewegungen ein Schriftzeichen skizzierte. Das Nicken des anderen folgt sofort, und die Erleichterung steht in den Mienen. Die Kanji, die von Schulkindern in festgelegter Strichfolge gelernt werden, während sie laut zählend in die Luft des Klassenzimmers zeichnen, sorgen letztlich für Eindeutigkeit. Nur jene 1850 vom japanischen Erziehungsministerium als Minimum dekretierten Zeichen – entlehnt aus über achtundvierzigtausend bekannten chinesischen Originalen – dulden keine Ambiguität mehr. Für die japanische Zeitungslektüre genügt das, für das Lesen von Belletristik, der sprachverspielten *Poésie concrète*, erst recht einer Hegel-Übersetzung, kommt der Gebildete ohne ein kiloschweres Zeichenlexikon nicht aus.

Ich habe einmal eine geschlagene Stunde wartend in einer Bank verbracht, weil der Name meines Vermieters, für den ein Dauerauftrag eingerichtet werden sollte, nur in lateinischer Umschrift auf der englischen Visitenkarte bekannt war. Nach vielen vergeblichen Telefonaten war der Mann endlich gefunden, der als einziger seinen eigenen Namen wirklich in Aussprache und Schreibung beglaubigen konnte. Er erklärte die von seinen Eltern einst willkürlich, mit liebevoller Erfindungsgabe ausgewählten Kanji über Telefon, während der Bankangestellte mit vielen *hai, wakarimashita* (beides gerade am Telefon unerläßliche Einsprengsel, »ich höre«, »ich habe verstanden«, ohne die der andere verstummt) und Verbeugungen in Richtung des imaginären Partners das Enträtseln des Geheimnisses bestätigte. Worte sind in Japan mehr Schall als irgendwo, sie sind Angebote, Möglichkeiten. Es gibt gerade unter Männern alte Schulfreunde, die niemals den Vornamen des anderen erfahren. Wer nicht lesen kann, lernt schwerer sprechen und schlechter verstehen. Wer kaum verstehen kann, wie die meisten Ausländer, die Sprechen und Lesen gleichzeitig, nicht wie japanische Kinder um Jahre versetzt lernen, muß um so mehr fühlen.

Es gibt viele Beschreibungen von drogenartiger Verzückung, ästhetischer Überanstrengung, semantischer Verstörtheit, die Westler in einer Melange widersprüchlicher Gefühle erleben, wenn sie in der Nacht durch Tôkyôs neongrelle Geschäftsstraßen gehen. Wie exaltiert sich die Schwärmereien auch lesen mögen, sie sind nicht übertrieben. Das silbenrätselhafte Reich der Leuchtzeichen, die von oben nach unten und von rechts nach links dahinschweben, aber ebensogut von links nach rechts streben können, mischt nicht nur Kanji mit zwei aus diesen entwickelten phonetischen Silbenschriften (Hiragana, Katakana), sondern auch die Lateinumschrift des Japanischen (Romaji). Der halluzinierende Eindruck wird erst recht unwiderstehlich durch Dutzende Farbtöne und Hunderte Schrifttypen. Keine Stadt der Welt wirbt so wollüstig mit ihrem Text, kein Land setzt so verspielt und verschwenderisch seine Zeichen. Nirgendwo ist einem Unkundigen ein identifizierbares Schild wie »Taxi« oder »Bar« wertvoller als in Tôkyô oder Ôsaka. Doch die Lust an der Ahnungslosigkeit läßt nach, die intellektuelle Irritation nimmt zu, je länger der Fremde in Japan lebt. Man entwickelt einen kartographischen Spürsinn, orientiert sich an den Knüpfstellen des Bahnnetzes: atavistische Städter, Jäger und Sammler von Lesbarem. Und wenn nichts mehr weiterhilft, heilt ein Wochenende in einem Onsen den beschädigten Stolz.

Kaum ein Bewunderer kalligraphischer Kunst, der in Kanji »die Schwester des Malens oder der Architektur« entdeckt, dürfte sich einem Drei-Wochen-Crashkurs im Bochumer Japonicum ausgesetzt haben. In diesem Internat nämlich, unter der unendlich geduldigen Anleitung von Lehrern, die zugleich Psychotherapeuten sein müssen, vergeht einem die Lust an der Verrätselung des göttlichen Pinselschwungs. In 58 Seminarstunden 860 Vokabeln (*tango*) und 160 Kanji zu lernen, die in Heimarbeit zuvor mit Tonbändern studierten Silbenschriften anzuwenden, um, idealerweise für glückhafte Momente, den Wissensstand eines japanischen Kindes in der dritten Klasse zu erreichen, verlangt mehr als Fleiß und Neugier: Ohne zarte masochistische Neigung scheitern Normalbegabte spätestens in der zweiten Woche an verneinten Nominaladjektiven in Vergangenheitsform und durativen Aspekten, an der Abwesenheit fast aller grammatischen und syntaktischen Koordinaten wie Deklination, Konjugation, Genus, Artikel. Heiner fährt Roller? »Heiner betreffend mit dem Roller fährt«, das mag noch angehen. Meine Achtung für Simultanübersetzer, die auf Verdacht sprechen müssen, bevor das endständige Prädikat alles klärt, ist grenzenlos. Keine Eselsbrücke war zu lachhaft, um mir Kanji einzuprägen. Die Habhaftwerdung des Zeichens von *samui* (kalt) über die Assoziation Samurai, kalter Krieger, gelang leicht, *aoi* (blau) ließ sich mit einem Ahoi aus der Verirrung fischen. Die Kanji begannen sich zu bewegen wie Strichmännchen, wenn ich in *suki* (lieben, gern haben) das Piktogramm von Frau mit Kind erkannte; der japanische Schlüsselbegriff *wa*, Harmonie, wie in *heiwa*, Friede, ließ sich als stilisierte Zeichnung von »Getreide/Mund/genug zu essen« lesen und notfalls über die Erkenntnis memorieren, daß das Fressen vor der Harmonie kommt. An die Grenzen meiner Phantasie stieß hingegen die Ableitung der Wurzelsymbole in *yasui:* Dach/Frau im Haus/beruhigt etwas kaufen = billig.

Erfolgreicher schien mir die körpersprachliche Ausbildung und Dekodierung. Ich verstand unmittelbar Erläuterungen wie »Japanisch ist wie ein Schneckenfühler; der Satz kehrt immer zum Sprecher zurück«, »man spricht nicht als Subjekt, sondern als verhältnismäßiger Standort«, »nur der, der weiß, wo er steht, kann angemessen in den vertikalen Sprachebenen nach oben oder unten sprechen«; schließlich und am tröstlichsten: »Der Ausländer ist in diesem Beziehungssystem eine unsichtbare, gesichtslose Gestalt, die nichts zu verlieren hat.« Und ich fand diese Formeln, so unbestreitbar ihre Schwächen sind, hilfreich und tausendfach bestätigt, lange nachdem der Kurs in Bochum zu Ende war. Unsere japanischen und deutschen Lehrer sezierten das Geflecht der Pflichtschuldigkeit, ließen uns Tiere mimen, zeigten Filme, hielten Landeskunde. Sie gaben niemals auf. Ihr pädagogischer Eros besänftigte mich in den Stunden der Frustration. Ich lernte viel. Japanisch lernte ich wenig. Mein Ehrgeiz erreichte eine frühe Blüte, als ich dem Fahrradhändler von Zenpukuji eröffnete: »Ima Zenpukuji ni sunde imasu.« (Ich lebe jetzt in Zenpukuji.) »Asô desu ka, heh!« (Ach so, was Sie nicht sagen!) »So desu ne.« (Na klar.) Wir staunten beide, dann lachten wir. Seit jenem Tag liebe ich dieses anerkennende, gespielt ungläubige »heh«, das japanische Männer, seltener Frauen, tief im Zwerchfell ansetzen und wohl über eine Sekunde lang in der Tonhöhe emporschrauben. Und von jenem Tag an sprachen der Fahrradhändler und ich Englisch miteinander. Er wollte üben, und ich tat ihm den Gefallen. Ich hatte seinem Land Respekt erwiesen. Das genügte uns beiden. Im übrigen gilt das Sprichwort »otoko wa damatte iru«: Richtige Männer schweigen. Ich lernte es rasch und benutzte es häufig, es machte mächtig Eindruck.

SECHSTES KAPITEL

E s war Edward W. Said, Autor der großen Polemik gegen eurozentrische Wissenschaftswillkür *Orientalism* (1978), der mit Hoffnung machte: »Je mehr man fähig ist, die eigene kulturelle Heimat zu verlassen, desto leichter fällt es, sie zu beurteilen, und auch die ganze übrige Welt, mit der spirituellen Unvoreingenommenheit und der Großherzigkeit, auf denen wahre Vision beruht. Um so leichter kann man auch sich selbst und fremde Kulturen einschätzen mit derselben Kombination aus Intimität und Abstand.« Es bedarf nicht Saids ungewöhnlicher Biographie, die ihn von Jerusalem über Kairo an die besten Universitäten Amerikas führte, um die Wahrhaftigkeit des Postulats ebenso zu begreifen wie seine Zumutung. Aber vielleicht bedarf es des außergewöhnlichen Talents eines Donald Richie, um nach fünfunddreißig Jahren in Japan zu dem Schluß zu gelangen: »Ich habe gelernt, Freiheit höher zu schätzen als Zugehörigkeit – das haben mich meine Jahre als ›expatriate‹ gelehrt. Ich bin noch nicht graduiert, aber Japan, in seiner rigorosen Kombination aus Einladung und Ausschließung, hat mir einen Abschluß versprochen.« Nicht in eine Heimat, sondern in die Freiheit gehört man. Wer würde es bestreiten. Und wer kann wirklich so leben.

Von Donald Richie stammt auch ein Geständnis, das jeden Neuankömmling ermutigen sollte: »Als ich zum ersten Mal nach Japan kam, war ich eine eingeschränkt intelligente Person, denn ich konnte nicht kommunizieren und mußte, gleich einem Kind oder einem Tier, intuitiv aus Gesten lesen. Die Sprache zu sprechen befreite mich später vom Gebrauch solch elementarer Kommunikationsmittel, aber ich hatte eine Lektion gelernt, die ich sonst nie gekannt hätte. Es ist erniedrigend, die Vorstellung von einem Selbst auf das reduziert zu sehen, was man sagt (nämlich überhaupt nichts, wenn man kein

Japanisch spricht), aber es lehrt, daß es andere Wege gibt als Sprache. So wie das Ansehen eines ausländischen Filmes ohne Untertitel wenig über die Handlung, aber einiges über das Filmemachen eröffnet, so lehrt es den, der ohne Japanisch in Japan lebt, viel über den Prozeß der Kommunikation.« Donald Richie spricht nach all den Jahren fließend und liest leidlich Japanisch, schreibt aber nur in Englisch. Japanisch ist keine Sprache, die nach der ersten Aussaat blüht und ins Kraut schießt. Man muß das Gewächs, zumal die Kenntnis der Kanji, wie einen Bonsai sorgfältig pflegen, stutzen, düngen, lieben mit nie erlahmender Geduld, sonst verkümmert es schnell.

Meinem Japanisch war nach etwa zwei Jahren die mimikryhafte Qualität eigen, nach mehr zu klingen, als es war. Aussprache, Melodie und Rhythmus verhießen für wohlmeinende Japaner fortgeschrittene Fähigkeiten, was zu einem erleichterten Wortschwall aus ihrem Munde führte, dann zu peinlichen Geständnissen von meiner Seite. Hämische Kommentare mußte ich mir nie gefallen lassen. Die Wertschätzung für jeden Ausländer, der sich Mühe gibt bei seinem relativen Scheitern, gründet auf Dankbarkeit und Erstaunen. Mühelos kommt Japanern überschwengliches Lob über die Lippen, wenn ein Gaijin passabel ein Essen ordern, einen Taxifahrer dirigieren, einen Tankwart anleiten oder nur anständig und schweigend mit Stäbchen essen kann. Halb ist es Freundlichkeit, halb die tiefsitzende Überzeugung, die japanische Kultur entziehe sich fremdem Verständnis. Hinzu kommt die (meistens durchaus nicht unbegründete) Mutmaßung, daß Japaner ihrerseits im Ausland nicht durch elegante Fremdsprachenbeherrschung auffallen. Viele Japaner lähmt die Furcht, sich durch Radebrechen vor Ausländern lächerlich zu machen, so sehr, daß sie nicht einmal sagen, was sie wissen. Ich gestehe, daß ich diese Sprachhemmung bisweilen ebenso ausgenutzt habe wie die Vermutung der Japaner, daß es nur fruchtlosen Ärger bringt, sich mit einem Ausländer anzulegen.

Diese Annahme aufgrund flüchtiger Gesichtskontrolle kam mir besonders gelegen, wenn ich, wie es ungezählte Male geschah, an Straßensperren der Polizei weitergewunken wurde, während die Wagen meiner japanischen Vorder- und Hinterleute angehalten wurden. Bei solchen Routinekontrollen, sei es wegen Alkoholtests, Fahndungen oder Staatsbesuchen, genügte ein Blick der Beamten für die Unschuldsvermutung. Um so unangenehmer war für alle Beteiligten ein Vorfall, der sich eines Tages auf der Yokohama Bay Bridge nur deshalb zutrug, weil die Übertretung zu deutlich und mein Sonderstatus als Ausländer zu undeutlich war. Die drei Spuren der mächtigen Brücke waren ungewöhnlich spärlich befahren, und ich konnte samt Familie und in der Vorfreude aufs Wochenende der Versuchung nicht widerstehen, die Geschwindigkeitsbegrenzung von 80 Kilometer zu überschreiten. Ich war nicht der einzige, aber der erste, der den von einem Lastwagen verdeckten Polizeiwagen überholte. Sie winkten mich auf die Standspur, stoppten vor mir und erschraken sichtlich, als ich ausstieg. Meine Familie blieb zurück, während ich im Wagen der Polizisten verhandelte. Mein Japanisch hatte ich unter taktischem Schock vergessen, aber die Beweislast ihres Radargeräts war erdrückend. Sechzig Kilometer über dem Limit, das bedeutete Führerscheinentzug auf Zeit. Man belehrte mich langatmig. Ich machte klar, daß ich nichts verstand, zeigte aber augenrollend Einsicht und entschuldigte mich fortgesetzt. Das ging eine Weile so, aber wir kamen nicht voran. Einer der Beamten ging zu meinem Wagen und versuchte, meine Frau zum Dolmetschen zu überreden. Sie weigerte sich giftig, die Kinder allein zu lassen. Der Beamte entschuldigte sich dafür, nicht selbst daran gedacht zu haben. Dann, als sie wieder meine Papiere untersuchten, kam einem der beiden der rettende Einfall, und ihre Mienen hellten sich auf: »Ah, Autobahn, no speed rimito, ne?« Sie lachten, wir lachten. Deutschen fällt es schwer, soviel hatte ich verstanden, langsam zu fahren. Laufenlassen konnten sie mich nicht, ihre Funkzentrale wartete auf Vollzugsmeldung. Aber nach einiger Beratung fanden sie einen Ausweg: 6000 Yen, umgerechnet etwa 100 Mark, Buße für zu dichtes Auffahren. Ich zahlte bar, dankte vielmals. Wir schieden freundschaftlich und erleichtert.

Ausgenutzt habe ich, erst verschämt, dann frohgemut, auch die Unschuldsvermutung und die Sprachhemmung meiner Bademeister im Oahu-Klub. Und zwar drei Jahre lang und beinahe jeden Morgen. Die Filiale einer amerikanischen Sportklubkette im Schatten des Sunshine City Building in Ikebukuro war im vierten Stock eines Bürohauses versteckt. Niemand würde in einer anderen Stadt in einem solchen Gebäude ein ausgewachsenes 25-Meter-Becken, Fitneßräume und einen Tennisplatz samt Golf-Übungskäfig auf dem Dach vermuten.

In Tôkyô aber, dessen wenige kommunale Sportstätten prinzipiell überfüllt sind, muß es diese segensreichen Orte geben. Wer nicht bereit oder in der Lage ist, einen öffentlichen Tennisplatz zwei Monate im voraus für mindestens acht Spieler – der sozialen Gerechtigkeit wegen – zu buchen oder einige zehntausend Mark Jahresgebühr für exklusive Mitgliedschaften aufzubringen, muß sich schäbige, freundliche Alternativen suchen wie den Oahu-Klub. Die Blechkabinen waren verrostet, an den Wänden standen Stockflecken. Aber der Klub war bezahlbar und das Personal nett und schweigsam. In kommunalen Hallenbädern Tôkyôs ist es üblich, nach jeder Bahn am Beckenrand Schlange zu stehen, um sich sodann wieder ins Stauschwimmen einzureihen, die Fingerspitzen an den Fußsohlen des Vorausschwimmenden. Das Tempo bestimmt der Langsamste. Dort wie in den Freibädern wird einmal in der Stunde mit grellen Trillerpfeifen und strengen Gesten das Becken geräumt, um den Boden nach Ertrunkenen abzusuchen. Hunderte, Tausende Schwimmer kauern dann geduldig fröstelnd lange Minuten am Becken. Die Frage, ob mit dieser rituellen Maßnahme je ein Schwimmer ins Leben zurückgeholt wurde, ist ebenso müßig, wie über die Schwimmwesten-Instruktionen in einem Passagierjet zu sinnieren. Man tut, was man kann.

Aber es ist unmöglich, zu schwimmen in Tôkyôs Schwimmbädern, selbst in Klubs. Es sei denn, man hält sich nicht an die Öffnungszeiten. Diese Chance tat sich eines Tages unvermutet auf, als mein Klub, der jahrelang um sieben Uhr geöffnet hatte, wegen sinkender Mitgliederzahlen und steigender Unterhaltskosten den Einlaß um zwei Stunden nach hinten verschob. Die wunderbare Lücke, die sich zwischen gehenden Salarymen und kommenden Hausfrauen sowie Schulklassen gegen neun Uhr bisher ergeben hatte, war geschlossen. Ich protestierte am ersten Tag, erst zwangsläufig höflich in Japanisch, dann heftiger in Englisch. Es gab keinen Streit, man antwortete mit Entschuldigungsfloskeln und komisch verzweifelten Mienen. Am folgenden Tag erschien ich um halb neun Uhr, eine halbe Stunde vor Öffnung, während die Räume gereinigt wurden. Ich grüßte freundlich und tat, was ich immer getan hatte. Dreißig Minuten und tausend Meter später verließ ich freundlich grüßend den sich rasch füllenden Klub. Die ersten Wochen wartete ich täglich darauf, daß diese selbsterlassene Lex Gaijin mit einer knappen Zurechtweisung aufgekündigt würde. Keine

Rede davon. Auch andere Klubmitglieder, die sich wundern mochten, warum ich stets schon meine Bahnen zog, wenn der Klub gerade geöffnet hatte, sprachen mich nie darauf an.

Was auch immer sie untereinander über die Frechheit dieses Deutschen reden mochten, ich habe es nie erfahren. Japan ist nicht das Land des idiotischen Da-könnte-ja-jeder-kommen-Prinzips. Ausnahmen sind die Regel, solange sie niemandem durch Vorbild schaden. Niemand ist wie alle, Rücksichtnahme versteht sich von selbst. Die Wohltat dieser Weisheit, deren Schattenseite Korruption begünstigt, Menschenrechte beschneidet und das organisierte Verbrechen lange als Ordnungsmacht duldete, erfahren Gaijin in unverdienter Weise ständig. Nicht wenige nutzen sie mit Kolonialallüren immer und überall so unverschämt aus, daß man sich für sie schämen muß. Meist werden sie geduldet wie ungezogene Kinder und erfahren nie, daß sie sich ihre sogenannten Rechte nicht nehmen könnten, wenn die Japaner sie ihnen nicht gewährten. Meine private Schwimmstunde blieb der einzige bewußte Sündenfall. So bekenne ich mich also zu den privilegierten einsamen Bahnen, die ich mit acht Stunden Zeitvorsprung fast täglich schwimmen konnte, während Deutschland schon schlief. Und ich rühme dankbar und bei jeder Gelegenheit die Menschlichkeit des Oahu-Klubs in Tôkyô, Ikebukuro.

Wenn schon nicht weise, so doch menschlich ist aber auch, daß Sprachnachteil und Leseschwäche der meisten in Tôkyô lebenden Gaijin in schwachen Stunden an den Stolz und auf die Nerven gehen. Eines Tages ist es genug. Es gelüstet nach Rache, wenigstens Linderung. Sie sind nicht schwer zu haben. Denn zu den kostbarsten Vergnügungen der Ausländergemeinde in Japan – man traue keinem, der es leugnet – gehört seit bald 150 Jahren das Sammeln, Memorieren, Kolportieren der neusten *Japlish*-Anekdoten. Nichts kann die zähe Cocktailparty, die lahme Produktpräsentation, den schütteren Buffet-Ausklang der Bilanzpressekonferenz, schließlich den trostlosen Botschaftsempfang so zuverlässig aufhellen wie ein eingestreutes Beispiel für die Verballhornung des Englischen in der zweitgrößten Industrienation. Etwas bescheidener Hohn, ein paar gute alte abendländische Kulturhoheitsphantasien tun den

111

erniedrigten Eliten wohl. Einsichtige Japaner gönnen sie ihnen. Natürlich sind die Angloamerikaner beim Vortrag der Anekdoten im Vorteil. Doch ist ihre hingerissene Freude an verbalisierten Substantiven wie in den beliebten Werbebotschaften »Let's Sex«, »Let's Kiosk«, »Let's Wedding« durchaus selbst von jenen Schicksalsgefährten zu teilen, deren eigenes Englisch über den kleinsten gemeinsamen Nenner des CNN-Globalspeak nicht hinauskommt. In amerikanischen Herrengruppen, die sich offen zu einem pubertären Humor bekennen, der nichts Lustigeres kennt als menschliche Körperfunktionen, war zu meiner Zeit das Anpreisen von japanischen Produkten wie »My Gas« und »Idol Care« (sämtlich Toilettenpapier) außerordentlich beliebt.

Die japanischen Werbetexter sorgen dafür, daß es an einfallsreichen Varianten nicht mangelt. Sanftmütig radebrechender New-Age-Nonsens wie »Lightly often the soul«, »Healthy and Beauty«, »Of course I am so happy« (nach dem Verzehr eines Hamburgers) und die Hotelanzeige für Heiratsempfänge »Thanks Wedding Mama« klingen irgendwie nett und können kaum die Intelligenz eines Lesers beleidigen, der es nicht besser weiß. »Visit our Rooftop Bierkeller« ist selbst in einem erdbebengefährdeten Land harmloser Aberwitz, und »Dog & Croissant« sagt nicht einmal einem Chinesen, der kein Englisch spricht, daß die Küche wirklich Hundespezialitäten führt. Erst bei einem T-Shirt-Aufdruck hörte einmal Mitte der neunziger Jahre der Spaß auf. Das auf Zehntausenden Brüsten zur Schau getragene Markenzeichen »Bitch« brachte Frauen auf, nicht nur ausländische. Ob die Werbung schon als sexistischer Angriff zu gelten habe oder die in Japan beim Umgang mit dem Englischen angebrachte Vermutung von Arglosigkeit den Vorzug bekommen solle – darüber stritten Zeitungsleser, überwiegend Ausländer, in englischen Leserbriefspalten.

Nicht zufällig sind es diese englischsprachigen Tageszeitungen – *Japan Times*, *Yomiuri Daily*, *Asahi Evening News*, *Mainichi Daily News* –, in denen der spielerisch nachlässige Umgang der Japaner mit Fremdsprachen besonders ernst genommen wird. Ihre für japanische Begriffe mitleiderregend niedrige Auflagen steigen nie über 70 000 Exemplare, doch die Gaijin Community liest sie notgedrungen wie die Bibel. Beschämung, Hilflosigkeit, unflätiger Zorn, echte Verzweiflung über den Mangel an Sprachgefühl werden kaum verborgen. Denn es ist ja wahr:

Keine Nation treibt seit so vielen Jahren einen derart ungeheuren Aufwand, Englisch zu lernen, mit solch niederschmetterndem Mißerfolg. Sechs Jahre Pflichtunterricht an den höheren Schulen, Jahrzehnte amerikanischer Besatzung, 47000 im ganzen Land stationierte GIs samt Soldatensendern, eine beispiellose Menge englischsprachiger japanischer Medien, schließlich eine Industrie von Englischsprachschulen mit einem durchschnittlichen Jahresumsatz um fünf Milliarden Dollar, Stipendien und Austauschprogramme mit den besten Universitäten von Oxford bis Princeton – all diese Anstrengungen haben es nicht vermocht, das große Schweigen zu brechen. Oder wenigstens das ungrammatikalische Stammeln der Mutigen zu richten.

Bei einem internationalen Test für Englisch als Fremdsprache, den amerikanische Universitäten zur Aufnahmebedingung machen, nahmen Japaner Mitte der neunziger Jahre einmal Rang 152 unter 171 Nationalitäten ein. So berichteten es japanische Zeitungen in korrektem Englisch und mit unverhohlener Beschämung.

An gelehrten Interpretationen des Versagens herrscht kein Mangel. Manche Pädagogen haben versucht, das schlechte Englisch der meisten Japaner damit zu erklären, daß die Muttersprache viel weniger Lautvarianten kenne und so das Verstehen schwierig und die Aussprache zur strukturellen Zungenbrecherei mache. Auch seien Grammatik und Syntax weit voneinander entfernt. Und niemand wird bestreiten, daß eine der aufwendigsten Schriftsprachen der Erde, die ohne Relativpronomina und die Unterscheidung von Singular und Plural auskommt, in der Adjektive die Eigenschaften von Verben übernehmen können, drei Tempora hinreichen und so fort, dem Englischen nicht sonderlich nahesteht. Im Japanischen ist es durchaus erlaubt, ein beliebiges Substantiv mit *suru* (tun, sein) zu versehen und damit Wortschöpfungen wie »Bier tun«, »Sport sein«, »Lächeln tun« zu ermöglichen. Nebenbei löst sich das Rätsel der Vaterschaft für die abenteuerlichen Neusprechbastarde des japanischen Werbeenglisch, *wasei eigo.* Wer sich auf eine Betrachtung des Japanischen einläßt, erhält unverhofft auch den Schlüssel zu »Smiling Do!«, »Do Lager!«, »Let's Car!« in der Hand. Japans Werbeenglisch ist, wie Donald Richie schrieb, eben keine Verfremdung des Englischen: »Es ist eine Variante des Japanischen, und es ist dazu da, Dinge zu sagen, die das Standard-Japanische nicht sagen kann.« Oder nicht sagen will.

Gegen Ende des Annus horribilis 1995, das mit dem Erdbeben in Kôbe Reaktionsschwächen des Staates entblößte, die im allgemeinen der sogenannten Dritten Welt zugerechnet werden, und das mit dem Giftgasangriff des Aum-Kults im März Japan wieder in den Kreis der terroranfälligen Industrieländer schleuderte, war still ein heiliges Wort politischer Programmatik gestorben: »Internationalisierung« *(kokusaika)*. Es hatte jede Sonntagsrede geziert. Aufgedrängt hatte sich die Forderung nach Internationalisierung Ende der achtziger Jahre, als alles zu Gold wurde, was japanische Unternehmen anfaßten. Der vermeintliche Endsieg des Yen, globale Geltungssucht und die Labsal – vielleicht die Ahnung ihrer Flüchtigkeit –, sich den Rest der Welt untertan machen zu können, indem man ihren Ausverkauf betrieb, brachten bei Politikern wie in den Medien die Mode auf, *kokusaika* zu verlangen. Und zwar sofort. Man tat dies gutgelaunt und meist unbehelligt von näheren Erwägungen, was damit gemeint sein könnte. Internationalisierung klang, obwohl Standard-Japanisch, so gut wie »Do Lager!« Und das Wahlvolk hörte die Signale. Viele Bürger kamen auf den naheliegenden Gedanken, die Beschreibung passe gut auf Auslandsreisen, auch auf das Erlernen einer Fremdsprache, vorzüglich Englisch. An Wißbegierde hatte es nie gemangelt in der Kultur des Lernens, und erstmals mangelte es auch vielen Japanern nicht mehr an Geld und Zeit. Es begann die Blütezeit der Sprachschulen.

Durchreisende Native speaker fanden sich reichlich. Angezogen von Berichten über ein Dorado, wo feiner Whisky in Strömen fließe und schöne Mädchenkörper wohlfeil seien, wo niemand nach mehr Qualifikation als einem Paß frage und ein paar Stunden Arbeit das Auskommen einer Woche sicherten, strömten sie in Japans Städte und taten, was man ihnen zutraute. Es gab durchaus ausgebildete Lehrer unter ihnen, eine Menge engagierter Laienpädagogen und auch einige wenige, die über ihre Rolle mehr nachdachten als üblich. Jene erkannten sich selbstironisch in der Funktion griechischer Hauslehrer im römischen Reich wieder und fügten sich in die Haltung des in bevorzugter Gefangenschaft lebenden *barbaros*. Sie fühlten sich wohl, denn der Eindruck des Barbarentums war ganz gegenseitig. Wenn Aristoteles Alexander dem Großen etwas

114

beibringen konnte, warum sollte nicht reichlich zweitausend Jahre später ein Ex-Discjockey aus Los Angeles einem Yamamoto-san die Zunge lösen? Eine Weile ging alles gut. Schüler wie Lehrer hatten ihr Vergnügen an dem Entwicklungsdienst und staunten über den anderen. Die Sitte, der frontalen Gelehrsamkeit und jeder als solcher vorgestellten Respektsperson zu vertrauen, verhalf noch dem ahnungslosesten Lehrer zu einem Curriculum und einer kichernden Fangemeinde. Inwieweit das Lernspiel zur Internationalisierung beitrug, war freilich bald umstritten. Denn der Sprachboom währte nur kurz. Als die Bubble platzte, wurden auch viele Sprachschulen, die gierig expandiert hatten, Opfer der neuen Austerität, die sich viele Japaner als Buße für ihre Hybris sogleich auferlegten. Nur die großen Institute überlebten. Und sie mußten sich nun wählerischer, strenger, seriöser gebärden. Jeder Schüler mehr zählte, jeder Lehrer zählte weniger. Viele von ihnen verkauften sich in niedere Jobs, noch mehr verließen mit prall gefüllten Sparbüchern das Archipel der Barbaren. Nur um zu Hause festzustellen, daß ihre Lehrjahre in Japan nichts wert waren und andere alle Plätze besetzt hielten. Ein Brite, der im Amt blieb und mäßig interessierte Teenager im Englischen unterweist, leidet daran, keine Alternative zu haben. Er beklagte mir gegenüber ein ums andere Mal die Verschwendung von Talent und persönlichem Ausdruck: »They are breathing, but they have long been dead. Japan is a country where there is fucking nothing between childhood and old age!«

Das Verdikt wörtlich ins Japanische zu übersetzen wäre schwierig. Denn tatsächlich zählt es zu den ungelösten kulturhistorischen Geheimnissen, warum die Sprache der Japaner arm an Flüchen und Verwünschungen ist, die selbst in Korea und China in reicher Auswahl gebräuchlich sind. Während nämlich bei den Nachbarn wie im Westen Beleidigungen gewöhnlich mit Tabus spielen, also sich an Sex, Körperteilen, Körperfunktionen, Dummheit, Tiervergleichen gütlich tun, fehlt dieses Vokabular im Japanischen fast völlig. Gemeinsam ist Ostasien allerdings, daß die Götter, überhaupt religiöse Tabubrüche, nicht in Flüchen satisfaktionsfähig sind. Japans multitheistische, tolerante Religionsauffassung verhinderte jede annähernd unterdrückende, ängstigende und kriegstreiberische Machtentfaltung, so könnte eine mögliche Erklärung lauten. Ein einziger klassischer Fluch, der religiöse Untertöne aufweist, lautet allenfalls *chikushô* oder stärker *konchikushô* und beschreibt die Stufe eines Tieres im buddhistischen Reinkarnationszyklus. Es ist eine üble Verwünschung, die man einem Straßenräuber oder etwa dem ehebrecherischen Partner entgegenschleudern könnte. Als ärgste Beleidigung in Japan gilt die Behauptung von Blödheit, etwa »Lahmhirn«, »Einfaltspinsel« oder eben *baka*, »Dummkopf«. Ihre Wirkung übertrifft vergleichbare westliche Worte beträchtlich. Man möge es nicht überprüfen.

Daß Sex, Körperteile und Körperfunktionen in Japan kaum Material für obszöne Beleidigungen hergeben, verblüfft jedenfalls Anthropologen und Linguisten. Wahr ist, daß Sexualität, innerhalb strenger Konventionen natürlich, bis zum Eindringen des Puritanismus Ende des 19. Jahrhunderts in Japan nicht mit Schuldgefühlen belegt war. Noch heute haben schintoistische Schrein-Feste in der Provinz großen Zulauf, die Fruchtbarkeitstänze um mannshohe Holzphalli oder um klaffende Vaginastilisierungen aufführen. Homosexualität war unter Mönchen und Samurai verbreitet. Eine Unterweisung von Knaben in der Mannwerdung durch den älteren Krieger war nicht geringer geschätzt als im antiken Sparta. Wahr ist aber auch, daß Sex und sexuelle Gewalt als natürliches Vorrecht der Männer und als Bringschuld der Frauen verstanden wurden. Wo kein gesellschaftlicher Spielraum für Widerstand ist und Objektbeziehungen normal sind, verlieren sexuelle Drohungen und Verwünschungen möglicherweise ihren Sinn. Die Verhöhnung von weiblichen Geschlechtsmerkmalen ist nicht etwa unbekannt, aber sie werden kaum als Beleidigungen verwandt. Sonderbar scheint, daß es etwa zu dem Befehl »Verpiß dich!« kein Gegenstück gibt. »Scheiße!« *(kuso)*, heftiger »verbrannte Scheiße!« *(yakekuso)*, entspricht hingegen exakt unserem Ausruf. Es findet sich die japanische Variante von »keinen Furz wert sein«, aber die angloamerikanische Obsession in bezug auf Körperfunktionen, die sich mit hysterischem Gelächter an der Übersetzung von *kamikaze*, »göttliche Winde«, entladen kann, ist in Japan unbekannt und unverständlich. Tiervergleiche spielen kaum eine Rolle, weil Japans Bauern jahrtausendelang wenig Haustiere und kein Zuchtvieh hielten. Um so reicher ist der Fluchwortschatz der traditionellen Vegetarier auf dem Feld der Gemüse. Jemanden einen Kürbis, Rettich oder eine Kartoffel zu schimpfen ist nicht lustig. Dagegen könnte man ohne Furcht einen hinterhältigen

Kollegen als Schlange oder Ratte verwünschen. Das mag daran liegen, daß das japanische *nezumi* sowohl eine Maus wie eine fette Ratte bezeichnet. Beide waren in Zeiten der Reiswährung ein Symbol für Wohlstand. So weit, so gut.

Und völlig falsch. So behauptet es Peter Constantine in seinem Buch *Japanese Street Slang* (1992). Der Amerikaner beweist auf 180 Seiten, daß das Verständnis von Ausländern für gebräuchliche Schimpfworte von schamvollen Lexika und wohlmeinenden Japanern der Eliten verfälscht und sogar verhindert wird. Der Schlüssel zu dem Mißverständnis, das Japanische sei zart besaitet und zu hoch zivilisiert, um ausfallend zu werden, liegt nach Constantine zudem in dem ausgeprägten, exklusiven Wir-Kult, den japanische Gruppen pflegen. Ganz gleich, ob es Prostituierte, Gangster, Yuppies, Studenten sind: *ingo*, verborgene Sprache, bezeichnet einen Straßenslang, der schon an der nächsten Ecke nicht mehr gilt und sich nicht wie das *torendii* (trendy) der Teenager an westlichen Sprachen orientiert. Tatsächlich bleibt der Autor, dem der Stolz über den gehobenen Schatz anzumerken ist, nichts schuldig. Als Beispiel mag der Dialog zwischen zwei Drogendealern dienen, nachdem ein Kunde mit Blüten bezahlt hat: »Ano baka yarô! Yaku to hikikae ni nisegane tsukamaseyagatte!« (»This fuckin' asshole gave us fake cash for the dope!«) – »Shimpai suruna yo! Kono nisesatsu tsukaeru ze!« (»Don't worry, we can use these fake bills!«) Wahlweise bietet Constantine auch die gefährlichere Slangvariante eines Showdowns mit dem Kunden: (»Man! This is paper! Don't fuckin' fuck with us!«)

Die beruhigend völkerverbindenden Funde des Autors in Japans Straßenmilieus, die selbstverständlich sämtliche Variationen weiblicher Masturbation und Verunglimpfungen des Penis *(gobô)*, von dünnen Wurzeln, gedrungenen Pilzen bis zu dicken Kartoffeln, einschließen, bedeuten jedoch nicht, daß amerikanische Action-Heroen in dieser rüden Form japanisch synchronisiert würden. Die Untertitel, verdienstvollerweise die einzige Gewalt, die man ausländischen Filmen antut, bleiben sauber, während die enervierenden *Fuck*-Kaskaden der Darsteller den meisten Besuchern nicht unangenehmer in den Ohren klingen als eben »Let's Sex!« Peter Constantine wußte dennoch, was er tat, als er das Einleitungskapitel von *Japanese Street Slang* mit einer nur halb ironischen Warnung enden ließ: »Viele der japanischen Ausdrücke, die in diesem Buch vorgestellt werden, sind extrem kraftvoll. Vermeiden Sie den Gebrauch am falschen Ort – es könnte eine Massenpanik ausbrechen.«

Der scheinbare Widerspruch zwischen den Ergebnissen des japanologischen Mainstream und von Constantines Feldforschung läßt sich in der Synthese des dialektischen Lebensgefühls auflösen. Es gibt – wie könnte es anders sein – in Japan alles, was es unter Menschen gibt, Menschliches und Unmenschliches. Aber es gilt eine strengere Zuweisung von Angemessenheit der Zeit, des Ortes, der Gelegenheit. Tausend Welten mit geheimen Verständigungskodes, die neben- und übereinander koexistieren und von staatstragenden Medien nicht zur Kenntnis genommen, also auch nicht verdammt werden. Wieder ist es die tradierte Kunst – oder, je nach Anlaß, das Verhängnis – der selektiven Wahrnehmung, die das Unübersehbare übersehen, das Unüberhörbare überhören, das Unerträgliche ertragen, das Unglaubliche glauben läßt, solange es die eigene Welt mit ihren eigenen Gesetzen nicht zu sprengen droht. So betrachtet sind Japaner nicht nur die begabteren Laiendarsteller, sondern die größeren, zäheren Individualisten.

Einstweilen bleibt es dabei, daß die folgende Szene, die sich im Jahr 1955 im Haushaltsausschuß des japanischen Unterhauses abgespielt hat, zu den erhellenden Anekdoten über Japans eigenwillige Umgangsformen und seine politische Kultur gerechnet werden muß. Ministerpräsident Yoshida Shigeru, in jener Sitzung offenbar erzürnt von einer Zwischenfrage eines sozialistischen Abgeordneten, herrschte den Mann plötzlich an: »Baka yarô!« Die Nation war tagelang elektrisiert von der Kühnheit Yoshidas, einen Mann öffentlich einen Idioten zu schimpfen. Innerhalb von zwei Tagen verabschiedete das Parlament einen Mißbilligungsantrag. Nachdem zwei Dutzend Abgeordnete unter Führung von Miki Takeo, dem späteren Premierminister, die Regierungspartei verlassen hatten, fand sich eine Mehrheit für ein Mißtrauensvotum gegen das Kabinett. Das Parlament wurde aufgelöst. Ausländische Korrespondenten schickten fassungslose Depeschen in ihre Heimatredaktionen. Der Anlaß, in ihren Ländern mit einer einfachen Entschuldigung aus der Welt zu schaffen, schien zu nichtig, um eine Regierung zu stürzen.

Vierzig Jahre später verweigerten japanische Kabinettsmitglieder nach weit schlimmeren Verstößen ihren Rücktritt. Sie hatten behauptet, daß die Kolonialherrschaft des Kaiserreichs in Korea dem Land einen Gefallen erwiesen habe, weil sie Infrastruktur und Erziehungswesen aufbaute, sie hatten geleugnet, daß es das Nanking-Massaker oder die absichtlich zurückgehaltene Kriegserklärung vor Pearl Harbor je gegeben habe. Sie hatten Japans Ansehen beschädigt, andere Nationen beleidigt. Nicht aber das japanische Volk. Denn ihre Wortwahl, sofern sie überliefert wurde, hatte keinen Anlaß zur Beanstandung gegeben. Wieder schickten Auslandskorrespondenten fassungslose Kommentare nach Hause. Und abermals liefen ihre Klagen auf dasselbe hinaus: daß Japaner, unbeeindruckt von den diplomatischen Geboten der internationalen Verständigung, sich vor heimischem Publikum immer noch wie Japaner benahmen.

SIEBTES KAPITEL

S ehr geehrter Ministerpräsident Hashimoto: Sie sind wirklich ein Furz!« Mit dieser Schlagzeile und einem unflätigen Angriff auf den damaligen japanischen Regierungschef wurde das Wochenmagazin *Shûkan bunshun* in der Ausgabe vom 9. April 1998 wieder seinem Ruf gerecht, dem Volk auf den Mund zu schauen und all das auszudrücken, was die seriöse Presse kaum zu denken wagt. Zwar war Hashimoto Ryûtarô, der Mann mit der bei den Karikaturisten geschätzten öligen Rock 'n' Roll-Tolle und einer Leidenschaft für chinesische Geliebte, Zigaretten, harte Drinks und harten Schwertkampf im Zen-Sport Kendô, längst in den Medien als der Schuldige an der Krise des Landes ausgemacht. Doch *Shûkan bunshun* vermochte es, sich in den U-Bahn-Werbeplakaten von der Konkurrenz abzuheben, die nur Diätpläne und die jüngsten Selbstmordgeschichten aus Pleiteunternehmen boten. In dem ironischen Schmähbrief des Magazins an Hashimoto, reich bebildert mit wenig schmeichelhaften Porträts, verweist der anonyme Autor im Schlußabsatz auf das Frühjahr 1993. »Zeit zu gehen, Hashimoto. Erinnerst Du Dich nicht mehr?« fragt er und wählt eine despektierliche Form der Anrede: »Damals haben wir Miyazawa Kiichi dasselbe geraten und ihn auch einen Furz genannt. Ein paar Monate später war er verschwunden und die Alleinherrschaft der LDP erst einmal zu Ende.«

Ob die Leser ausländischer Zeitungen von den Artikeln in *Shûkan bunshun* erfahren, hängt im allgemeinen von den Sprachkenntnissen des jeweiligen Korrespondenten ab. Denn die aggressiv konservative Zeitschrift, die jahrelang mit Vorliebe die liberale Tageszeitung *Asahi Jhimbun* verspottete, erscheint nur auf Japanisch und wird, aus naheliegenden Gründen, selten von den in Englisch arbeitenden Nachrichtenagenturen und Zeitungen zitiert. Ihre Artikel, ähnlich wie die sperrigen

Texte aus der Tageszeitung der Kommunistischen Partei *Aka hata* (Rote Fahne), gleichen markierten Scheinen aus einem Lösegeld. Ich war mir meiner Leseschwäche immer bewußt. Und die Alptraum-Sequenz, in der ich achtlos an einem Zeitungskiosk und Dutzenden Balkenüberschriften »Attentat auf den Kaiser – Seine Majestät im Koma!« vorüberhastete, zählte zu meinen düstersten Wahnvorstellungen. Nicht zu wissen, allenfalls nach der Wahrscheinlichkeit erahnen zu können, ob *Shûkan bunshun* den Premierminister einen Furz heißt oder einen Götterliebling, hielt mich in einem Zustand nervöser Wachheit. Meiner Assistentin Hashimoto Yumiko war nicht nur die Sichtung der einschlägigen Schmuddelblätter, der Klatsch- und Tratschshows im kommerziellen Fernsehen anvertraut, sondern ein gut Teil meiner Glaubwürdigkeit. Der Takt, der Fleiß, die Loyalität und der Spürsinn dieser Frau, die für eine eher bescheidene Monatspauschale über sechs Jahre lang rund um die Uhr über Telefon und Fax erreichbar war, läßt mich für immer in ihrer Schuld stehen. Nie habe ich meine Behinderungen in Japan weniger gespürt als während der stundenlangen Gespräche mit Hashimoto Yumiko über die neusten Gerüchte.

Shûkan bunshun, in den besten Zeiten Anfang der neunziger Jahre unter seinem damaligen Chefredakteur Hanada Kazuyoshi jede Woche gut für eine verkaufte Auflage von 800 000 Exemplaren, ist Pflichtlektüre und eine Art Gegengift in der eintönigen Presselandschaft. Das Blatt mag als Beispiel dienen für die strenge Zweiteilung der japanischen Presse, in freisinnige Regenbogenblätter mit einer Verbreitung deutlich unter einer Million und staatstragende Zeitungskonzerne mit hohem Grauwert und Millionenauflagen.

Gerade in liberalen intellektuellen Kreisen ist es üblich, sich zu der *Asahi Jhimbun* als Magenbitter das Magazin zu verabreichen, das sich die Zeitung zum Lieblingsfeind gewählt hatte. Bestens versorgt von befreundeten V-Männern in der Redaktion mit Anekdoten, abgelehnten Geschichten und peinlichen Interna aus dem mächtigen Haus, verging Mitte der neunziger Jahre kaum eine Woche ohne einen dreisten Angriff des Magazins auf die Selbstgefälligkeit der *Asahi*. Ein Gigant mit fünfzehn Millionen Exemplaren in zwei Ausgaben täglich, 2500 Reportern, Hubschrauberstaffeln und riesigen Fuhrparks schwarzer Limousinen mit Standarten und livrierten Chauffeuren. Schon bei einem Gespräch mit Chefredakteur Hanada im Frühjahr 1993 war dieser stolz darauf, daß *Shûkan bunshun* in fünf Jahren siebzig Schmähschriften gegen die Zeitung veröffentlicht hatte, die »so fein tut, aber ihre Abonnements verhökert wie die Yakuza«. Für Hanada war die *Asahi* ein Hybrid aus Verfassungsschutz und Propagandaministerium. Sein Wochenblatt war umgekehrt dem japanischen Verlegerverband nicht respektabel genug, um ihm die Aufnahme in einen der etwa fünfhundert nationalen *kisha kurabu* (Presseklubs) zu gewähren, die jedem Ministerium, jedem Verband von Rang und den prominentesten Politikern persönlich zugeordnet sind.

Die Zugangsbeschränkung für Pressekonferenzen, Hintergrundgespräche und die täglichen Hausbesuche bei der Politprominenz (sogenannte Nachtangriffe und Morgenvisiten) galt bis zum Sommer 1993 auch uneingeschränkt für die Auslandspresse. Legion waren ihre Klagen über die Diskriminierung, die vor allem für die ausländischen Nachrichtenagenturen, in Zeitkonkurrenz miteinander und den englischen Diensten der Agenturen Kyôdô und Jiji, einen unerträglichen Wettbewerbsnachteil bedeutete. Für sie war die endlich durchgesetzte Aufhebung des Numerus clausus in den Presseklubs der Börse, des Unternehmerverbands, des Außenministeriums und des mit 370 Mitgliedern damals größten Klubs im Präsidialamt ein entscheidender Sieg. Für uns andere aber, die nicht Dutzende Mitarbeiter abstellen konnten, um ihre Tage totzuschlagen als hohlwangige, übermüdete Lobbyisten in den Vorzimmern der Macht, änderte sich wenig. Wir hatten weder Zeit noch Lust, Nachrichten herumlungernd zu beschaffen wie Privatdetektive. Wer wollte schon Mitglied in einem Klub werden, der uns als Mitglieder akzeptierte? Entscheidender aber war die Frage, ob eine Mitgliedschaft von Ausländern nicht ein anachronistisches Kontrollsystem stützen würde, das schon im militaristischen Japan der dreißiger und vierziger Jahre seine Gleichschaltungsfunktion erfüllt hatte und immer noch von Korpsgeist, rigider Hierarchie und einer ausgeprägten Neigung zur Selbstzensur gezeichnet war.

Das war keineswegs immer so. Es gab Zeiten, als die Fähigkeiten eines Reporters nicht nach seinem ungehinderten Zugang zum Wohnzimmer und Getränkevorrat eines Politikers beurteilt wurden. Als Reporter noch nicht als Berater, Unterhändler, Sekretäre, Spione, Handlanger und Sprecher von Poli-

tikern auftraten, die sie an Sachkenntnis nicht selten weit übertrafen. Vielleicht ist es kein Zufall, daß die japanische Pressegeschichte 1868 mit den wüsten Pamphleten enttäuschter
Samurai begann, die auf Auslandsreisen die mirakulöse Drucktechnik studiert hatten. Es dauerte keine vier Jahre, bis das
erste Pressegesetz unter anderem gebot, der »Aufklärung der
Öffentlichkeit« mit »einfacher Sprache«, will sagen gebräuchlichen Kanji zu dienen. Der japanische Staat förderte die
Zeitungen bei strengster Zensur, jeder ruhmreich gewonnene
Krieg, erst gegen China (1895/96), dann gegen Rußland
(1904/05), verdoppelte Auflagen und Nationalstolz. Die ersten
Presseklubs wurden um die Jahrhundertwende gegründet, um
eine direkte Berichterstattung über das Parlament durchzu-
setzen. Das Militärregime aber sorgte 1938 mit der Presse-
zentralisierung, der bis 1942 fast siebenhundert Zeitungen
zum Opfer fielen, für die Hegemonie drei großer Blätter. Als
Ende April 1952 einige Dutzend Zeitungen zum ersten Mal
wieder von japanischer und amerikanischer Zensur befreit
waren, wurden auch Kriegshetze und rassistische Endsieg-Pro-
paganda amnestiert. Es gab keine Nullnummern unbelasteter
Verleger. Dieselben Blätter, die begeistert »hundert Millionen
Seelen« dem Kaiser hatten opfern wollen, erschienen auf der
Bühne der Meinungsfreiheit ohne Trauerrand. Während des
Koreakriegs machten sie wieder, wie viele Zweige der japanischen Wirtschaft, ihr erstes großes Geschäft. Im Schatten der
großen Tageszeitungen überstanden die Klubs den Krieg unbeschadet. Ihre geschmeidige Kollaboration mit der Propaganda-
maschinerie des alten Regimes war vergessen. Man brauchte
sie. Nicht nur um die Ausländer fernzuhalten, auch der dreiste
Boulevard, eine Paria-Kaste, der es an Respekt und Einsicht
in nationale Angelegenheiten fehlen ließ, blieb aus dem Elite-
zirkel ausgeschlossen.

Doch *Shûkan bunshun* und ihresgleichen, darunter die sogenannten Sportzeitungen und das Zentralorgan der Kommunistischen Partei, gewinnen aus dem Bann ihre Freiheit. Ohne
Rücksicht auf ein Mitgliedsprivileg nehmen zu müssen, greifen sie die Etablierten an und wagen sich sogar gelegentlich
an das Kaiserhaus. Die Enthüllungsgeschichten sind nicht alle
unbedingt vertrauenerweckend, aber immer amüsant, wenn
man nicht selbst zum Ziel ihrer Angriffe wird. Ein Recht auf
Gegendarstellungen ist in Japan unbekannt, öffentliche Ent-

schuldigungen sind ritualisiert und meist folgenlos; Schmerzensgelder sind niedrig, Diffamierungsprozesse langwierig und teuer. Manche Artikel der Boulevardpresse sind üble, verleumderische Schmierereien, aber wo wäre die Meinungsfreiheit ohne sie? Die Presseklubs moderieren die Meinungsfreiheit, ja, verhindern sie durch Verzicht. Denn das mühsame Geschäft der Rundumbeschattung fördert die Cliquenbildung in den Klubs, die eifersüchtig darüber wachen, daß nichts veröffentlicht wird, was nicht in Vollversammlungen abgestimmt wurde. Jedes Vorpreschen eines einzelnen führt zu Sanktionen gegen alle. Nicht allein die intime Nähe zu den Mächtigen kann die Klubmitglieder korrumpieren, sondern auch die freiwillige Enthaltsamkeit aus Angst vor Ausschluß. Ein solcher Ausschluß bringt zugleich Schande über den Arbeitgeber, der sich seinerseits, so hörte man, mit der Versetzung des Unglücklichen in eine Provinzredaktion oder direkt in die Pförtnerloge rächen kann. Während die Qualitätspresse den Scoop scheut, sei es aus Furcht vor Sanktionen oder der Rache der Konkurrenz, falls die Recherche nicht standhält, riskiert der Boulevard Kopf und Kragen. Und nicht nur die seiner Opfer.

Daß die *Asahi Jhimbun* einst ihren Reportern gestattete, den Lockheed-Skandal aufzudecken, ehrt sie. Doch sollte man sie nicht zum unerschrockenen Ruhmesblatt adeln. Der Watergate-Enthüllungen der *Washington Post* Vergleichbares wäre in Japan undenkbar. Nur im Verbund, und wenn es nach langen Konferenzen unumgänglich scheint, wagen es die großen Zeitungen, sich mit den Mächtigen in Politik und Wirtschaft anzulegen. Und selbst dann ist ihr Chor häufig nur ein Echo auf ausländische Presseberichte. Nichts ist Japans Chefredakteuren angenehmer, als sich hinter kritischen Zitaten aus der *New York Times* oder *Newsweek*, selten der europäischen Presse, verstecken zu können. Die Politiker kennen den Reflex genau und achten darauf, Unaussprechliches ihrem Wahlvolk im Billardverfahren zuzuspielen. Es wäre eine Dissertation wert zu untersuchen, welcher japanische Ministerpräsident wann in welchem Land Interviews gegeben hat, um eine Botschaft über Bande nach Hause zu schicken. Die ehemaligen Ministerpräsidenten Hosokawa und Miyazawa würden in einer solchen Untersuchung ihren Platz erhalten. Beide äußerten sich in Amerika über einen möglichen Abzug amerikanischer Truppen von Okinawa. Hosokawa schlug vor, die Truppen in Hawaii zu stationieren, eine geostrategische Dummheit. Miyazawa malte gar den Teufel an die Wand, als er prophezeite, das pazifistisch verfaßte Japan werde binnen kurzem nach einem totalen Abzug zur Atommacht aufsteigen. Beide Kommentare, politischer Sprengstoff, wurden nach meiner Kenntnis nur in den englischsprachigen Zeitungen Japans zitiert. Ohne Folgen. Die anderen handelten wie die Jury in amerikanischen Gerichtsfilmen, die gebeten wird, eine Aussage als nicht gesagt zu vergessen. So entstehen mehrere Ebenen der ausgewählten Öffentlichkeit. Sie unterscheiden zu lernen und ihnen das angemessene Gewicht innerhalb Japans zuzuschreiben, nicht nach jedem Köder zu schnappen und sich als Verstärker innenpolitischer Profilierungskampagnen mißbrauchen zu lassen, zählt zu den vornehmsten und beschwerlichsten Sorgfaltspflichten der Korrespondenten.

Keiner der Japanberichterstatter, deren Arbeit ich kenne, entledigt sich dieser Pflicht so elegant, sicher und gerecht wie Gebhard Hielscher. Der Ostasienkorrespondent der *Süddeutschen Zeitung* ist inzwischen dreißig Jahre im Land und der Pensionierung nicht fern. Andere kamen und gingen, der Doyen blieb in dem Land, in dem er ein geachteter, in den Medien oft zu japanischen wie deutschen Angelegenheiten befragter Fachmann ist, eine Art Sonderbotschafter, gewählt von seinem Gastland. Das Fernsehpublikum kennt den fließend Japanisch parlierenden Mann mit dem weißen Vollbart und schütteren Haarkranz – dessen Selbstbewußtsein und leidenschaftliches Gerechtigkeitsempfinden auch mit seiner von Geburt an verkümmerten linken Hand zu tun hat – so gut wie keinen anderen Deutschen und vertraute keinem anderen mehr. Hielscher ist kein Romantiker, er redet den Japanern nicht nach dem Mund, er zerreißt sich nicht das Maul über sie. Er lebt mit ihnen und besteht auf einem Mitspracherecht. Nach Dutzenden von Regierungen, Skandalen, Krisen ist er wie kein anderer deutscher Korrespondent gefeit gegen die Moden des Tages. Seine Verbindungen zu Ministern stammen aus Zeiten, als diese zum ersten Mal als kleine Provinzabgeordnete ins Parlament gewählt wurden. Die Abgeklärtheit wird ihm in der eigenen Zeitung nicht immer gedankt.

Von Hause aus Jurist, vom Talent ein Politiker mit enormer Gremienkondition und einer gewissen Neigung zum Missionieren, geriet Hielscher eher zufällig an den Journalismus. In einem Land, das so viel auf Form hält, geht es ihm um Inhalt. Von der Beletage der Deutschen, die Helmut Schmidt und Otto Graf Lambsdorff – in Japan jenseits ihrer Amtszeiten hoch angesehen – vorbehalten bleibt, ist es nicht weit zu Hielscher. Bei manchen Themen allerdings wird ihm sein Insiderwissen eher zur Beschwernis. Gebhard Hielscher weiß zuviel, um sich selbst notwendige Vereinfachungen, die dem Leser dienen, durchgehen zu lassen. Als befreundete Konkurrenten sind wir früh so verblieben, daß der eine den anderen als zusätzliche Pflichtlektüre empfiehlt. Aufregen kann sich Hielscher, wenn durchreisende deutsche Politiker und ihre Delegationen die Japaner mit Unkenntnis und Arroganz in Erstaunen setzen. Die Entourage von Altbundeskanzler Helmut Kohl etwa fiel gelegentlich durch derart herrische, ungastliche Protokoll- wünsche auf, daß Hielscher zornig seine Vermittlungsversuche aufgab. Ich selbst habe selten, aber zu häufig Landtagsdelega- tionen in Tôkyô und in Seoul erlebt, die sich bei Empfängen damit brüsteten, außer ihrem Regionaldialekt keine Fremd- sprachen zu beherrschen und ihre Gastgeber ohnehin nicht auseinanderhalten zu können. Die Deutschen blieben beim Cocktail dann unter sich, was die deutschen Diplomaten in schwere Verlegenheit brachte, beim nächsten Anlaß noch Zusagen gleichrangiger Japaner oder Koreaner zu erwirken. Ahnungslosigkeit über die Geschichte der Region ist allerdings verbreiteter als Unverschämtheit. Ich hörte von einer Reise deutscher Abgeordneter durch Ostasien, die überall ihre Visi- tenkarten in japanischer Katakana-Umschrift hinterließen: In Japan ein Erfolg, in Korea eine beleidigende Instinktlosigkeit. Ich habe andererseits einen namhaften deutschen Politiker bei einem Botschaftsessen in Tôkyô einmal in einer Tischrede der- art dreist über die unfähigen Koreaner schwadronieren hören, denen man mal erklären müsse, wie eine Wiedervereinigung funktioniere, daß sich selbst die japanischen Gäste peinlich berührt zeigten.

Kolonialistisch gefärbte Sprüche sind auch im Foreign Cor- respondents Club of Japan zu vernehmen, doch eher zu ent- schuldigen als Notwehr gegen den Mangel an Informationen durch das Gastland. Der Auslandspresseklub bietet seinen Mit- gliedern einen phantastischen Ausblick aus dem 20. Stockwerk des Denki Building in Yûrakuchô bis zur Tôkyô-Bucht, eine brauchbare Bibliothek, einige winzige Arbeitskojen für freie

Korrespondenten, regelmäßige Pressekonferenzen mit Politikern, Wirtschaftsführern, Künstlern mit englischer Übersetzung und eine legendäre Bar, die vor der Renovierung des Klubs in rotem räudigem Plüsch an den Charme amerikanischer Offizierskasinos erinnerte. In den Klub bat ich Interviewpartner, die, wie ich selbst, keine repräsentativen Büros zu bieten hatten und die zentrale Lage schätzten. Das bargeldlose Klubleben hat im übrigen den Vorzug unbedingter Unbestechlichkeit, bezahlt wird die Zeche durch Anschreiben der Mitglieder. Gerade nicht resozialisierbare Korrespondenten-Veteranen, die nach ihrer Pensionierung in Tôkyô hängengeblieben waren, schätzten es sehr, niemals ungestört zu sein. Heikle Gespräche lassen sich dort nicht führen. Auch deshalb bat mich ein hochrangiger Angehöriger des japanischen Außenministeriums eines Tages in ein italienisches Restaurant, um mir zu erläutern, daß ich eine Belastung der Beziehungen zwischen Tôkyô und Bonn sei. Schon der drängende Ton der Einladung unmittelbar nach einem Staatsbesuch des Kanzlers hatte klargestellt, daß eine Ablehnung nicht in Frage käme.

Nun zog der Diplomat, der in Deutschland studiert hatte und fehlerfreies Deutsch sprach, mit ernster Miene ein Bündel Papiere aus einem Umschlag: »Wissen Sie, was das ist? Nein? Es sind Artikel von Ihnen, die unsere Botschaft in Bonn regelmäßig vollständig übersetzt und auswertet.« Ich tat geschmeichelt: »Das ist eine große Ehre.« Nicht unbedingt, belehrte mich mein Gegenüber säuerlich und zeigte auf Unterstreichungen von Textstellen in vier Farben. »Diese Markierungen besagen, was fehlerhaft, anmaßend, halbwegs akzeptabel und ganz falsch ist.« Dann setzte er mir auseinander, daß ich die Haltung der Bundesregierung in der Territorialfrage der Südkurilen-Inseln völlig falsch, die Position Tôkyôs geringschätzig und das ganze Problem nur halb richtig dargestellt hätte. Der Diplomat argumentierte und führte angebliche Beweise aus den Vier-Augen-Gesprächen der Regierungschefs an. Bonn habe Verständnis für die japanische Forderung an Rußland, die Inseln zurückzugeben, sollte Kohl gesagt haben, und Bonn sei bereit zu vermitteln. »Sehen Sie, die Bundesregierung unterstützt unsere Politik, sie ist nicht neutral, wie Sie behauptet haben.« Ich fragte ihn verblüfft, ob ich einem Diplomaten den Unterschied zwischen »Unterstützung« und »Verständnis« erläutern müsse. Das Bonner Verständnis entspreche natürlich einer höflichen Ablehnung jeder Unterstützung der Maximalforderung Tôkyôs. Fruchtlos ging es noch eine Weile hin und her, dann trennten wir uns in gereizter Stimmung. Ich hörte nie mehr ernste Klagen. Dies war der einzige Versuch der Japaner, einschüchternden Einfluß zu nehmen. Es schien danach, als hätte man sich damit abgefunden, daß regelmäßige kritische Berichte wohlwollendem Schweigen vorzuziehen seien. Mit dem Diplomaten, der den Auftrag ausgeführt hatte, verbindet mich eine respektvolle Freundschaft.

Über siebzig Millionen Exemplare der 120 japanischen Zeitungen erreichen jeden Tag ihre Leser. Die national verbreiteten »großen Fünf«, zugleich Eigner oder eng verschwistert mit den fünf kommerziellen Fernsehkanälen, halten zusammen etwa die Hälfte der Gesamtauflage: *Yomiuri* und *Asahi* führen die Gruppe vor allem in den Metropolen mit weitem Abstand an vor der *Mainichi* und den beiden Wirtschaftszeitungen *Nikkei* und *Sankei*.

Über neunzig Prozent, eine Traumziffer für jedes Verlagshaus und jeden Werbekunden, gelangen im Abonnement an die Käufer. Kein anderes Land kennt ein vergleichbares Faible für Tageszeitungen unter freien Marktbedingungen. Die Sowjetunion und die DDR sollen, wenn auch mit Zwangsverschickung der Parteiorgane, der Durchdringung der japanischen Öffentlichkeit mit Zeitungen am nächsten gekommen sein. In Wahrheit sagen hohe Verkaufszahlen wenig und nicht unbedingt Gutes aus. Wer fast zehn Millionen Leser täglich zufriedenstellt, kann es niemandem wirklich recht machen. Die Angebotsstrategien der großen Zeitungen sind mit dem Schweizer Armeemesser verglichen worden. Sie dienen jeder Zielgruppe mindestens eine Sonderseite an. Die Sportfischer und die Frauen bis Fünfundzwanzig, die Männer über Fünfzig und die Schachgemeinde des *shôgi* werden alle getrennt bedient. Dabei kommen die meisten Leser nach Umfragen über Fernsehprogramm, Lokalteil und Börsenseiten kaum mehr hinaus. Daß die Großen ihre Bezugspreise traditionell gemeinsam erhöhen, spricht nicht gerade für einen harten Konkurrenzkampf. Die Legende eines Antagonismus zwischen der nationalkonservativen *Yomiuri*, der liberalen *Asahi* und der linksliberalen *Mainichi* ist weitgehend ein Mythos, den alle drei der Leser-Blatt-Bindung wegen hingebungsvoll pflegen.

»Die Massenmedien haben zum Erfolg der Demokratie im Nachkriegsjapan beigetragen. Gleichzeitig kann man den Medien vorwerfen, an dem Mangel von Fortschritt in der japanischen Gesellschaft vor und nach dem Krieg ihren Anteil zu haben. Ausländer sagen oft, man müsse nur eine einzige japanische Zeitung aufschlagen, um sie alle zu kennen. Man kann dies nicht leugnen.« Es war ein Ehemaliger der Branche, doch über jeden Verdacht der Nestbeschmutzung erhaben, der dies bedauernd in einem Buch notierte. Hosokawa Morihiro, Ministerpräsident von August 1993 bis April 1994, arbeitete in den sechziger Jahren als Reporter für die *Asahi Jhimbun*. In dem Buch erinnerte sich der heute 61 Jahre alte Adlige nicht ohne Selbstironie an einen Fronteinsatz während der Studentenunruhen an der Tôkyô-Universität. Er wurde erkannt, stundenlang festgehalten und über Lautsprecher aufgefordert, Selbstkritik zu üben – seine »Fehler als Repräsentant der Bourgeoisie« einzugestehen. Die Kulturrevolution auf dem japanischen Campus hinterließ keine bleibenden Traumata bei dem behüteten Sohn. Mehr Mut erforderte es von einem Provinzgouverneur im südjapanischen Kumamoto, angewidert aus der LDP auszutreten, eine eigene Partei zu gründen und sich den von Ausländern gegen die Meinungsgleichmacherei der Presse vorgebrachten Vorwurf zu eigen zu machen. Während seiner Amtszeit als Ministerpräsident lebte Hosokawa in enger Symbiose mit den Medien, er wurde selbst vor und nach Dienstbeginn, wie es Brauch ist, von zwei Agenturreportern beschattet. Er verachtete das System. Doch selbst der Reformer Hosokawa wagte nicht, daran zu rühren.

Bald wurde er selbst Opfer der raunenden Andeutung und der Wahrsagerei, die Japans Hauptstadtpresse »hohen Beamten« und »regierungsnahen Kreisen« zuschreibt, auf daß die Quellen nie versiegen mögen. Mit Namen gezeichnete Artikel sind Gastautoren und Korrespondenten vorbehalten. *Nemawashi* nennt sich die Feinabstimmung in einer Gruppe in Japan vor einer Entscheidung. Dieses Einsingen des Solisten mit dem Chor wird erwartet und praktiziert in Kindergärten, Aktionärsversammlungen, Fraktionssitzungen, auf Baustellen und in den Treffen der Presseklubs. Japanische Auslandskorrespondenten, die gewöhnlich in großer Zahl Staatsbesuche und Konferenzreisen ihrer Spitzenpolitiker begleiten, haben in der Vergangenheit oft spöttisches Staunen bei ihren Kollegen aus anderen Ländern hinterlassen. Es scheint noch immer eher die Regel als die Ausnahme zu sein, daß sich das japanische Kontingent nach einer Pressekonferenz in ein Séparée zurückzieht, um eine Sprachregelung des Gehörten zu beschließen. Das konnte, wie ich es nach einer G-7-Konferenz im Sommer 1992 in München erlebt habe, so weit gehen, daß mitreisende Beamte des japanischen Außenministeriums ihrer Presse politische Erfolge einredeten, die es nicht gegeben hatte. Damals ging es Tôkyô darum, seine Maximalposition im Streit mit Moskau um die Südkurilen-Inseln von den anderen sechs Partnern absegnen zu lassen. Doch die dachten nicht daran, in ihre Politische Erklärung die Forderung nach Rückgabe aller vier Inseln aufzunehmen und damit den als Bittsteller um Kredite angereisten russischen Präsidenten zu brüskieren. Statt dessen äußerten sie »Verständnis« und sagten Unterstützung für Verhandlungen im Geiste von »Recht und Gerechtigkeit« zwischen Japan und Rußland zu. Gleichwohl erfand die japanische G-7-Delegation den »Sieg von München«. Die Fehlinformation wurde den Regierungssprechern von den Lippen gelesen. Und sie zahlte sich aus, denn sie wurde von allen Medien in die Heimat weitergeleitet. In einem mutigen Leitartikel bezichtigte sich ein Reporter der *Asahi*, selbst an der Manipulation des Mißerfolgs zu einem Sieg beteiligt gewesen zu sein. Er widerlegte ehrenvoll den Eindruck, daß die Freiheit der japanischen Presse vor allem darin besteht, sie nicht zu nutzen.

Karel van Wolferen hat in seinem 1996 auf Japanisch erschienenen Essayband *An die japanischen Intellektuellen* Klage geführt über diese gezielte Desinformation und Listen geläufiger Mythen aufgestellt. Van Wolferen macht das Fehlen einer unabhängigen intellektuellen Klasse als die entscheidende Hemmnis jeder Veränderung in Japan aus. Nicht, daß es die Intellektuellen nicht gäbe. Sie sind nur öffentlich kaum zu vernehmen. Und wenn sie zu hören sind, dienen sie in Talkshows als Alibi für ein verschüttetes historisch-literarisches Bewußtsein, in Zeitungen verfertigen sie Schmuckblätter zu Jahrestagen. Die alternden Intellektuellen und Künstler leben bequem und angesehen in den Reservaten der Universitäten und in von Bibliotheken überwucherten Apartments. Jene, die passabel Englisch sprechen, werden von den Auslandskorrespondenten um die Wette konsultiert und als Zeugen der Anklage gegen japanische Mißstände berufen. Die eloquente Leihkritik dieser *sensei,* so das Titelanhängsel für Respektspersonen, hat den Nachteil, daß sie aus Freundlichkeit den Ausländern mehr nach dem Mund reden, als sie es sich je gegenüber einem japanischen Reporter gestatten würden. Die Hilfeleistungen dieser Intellektuellen, von den Ausländern nicht einmal in bar vergütet, wie es in Japan üblich ist, verdienen allen Respekt. Aber es sind Gurus der Ausländer. Kritische Feuilletons wie in Europa, die rezensieren und Debatten anstoßen, fehlen in Japan und werden offenbar nicht vermißt.

Die traditionelle Einflußlosigkeit japanischer Intellektueller, ihr Fehlen in öffentlichen Ämtern, fällt gerade im Vergleich mit dem alten China und dem zeitgenössischen Südkorea auf. Wieder muß die Repression des Tokugawa-Polizeistaats herhalten als historische Begründung. Seit jenen Tagen stünden Intellektuelle in Japan unter Subversionsverdacht. So einfach liegen die Dinge wohl kaum. Aber Kritikern wie van Wolferen kann kaum widersprochen werden, wenn sie die etablierte Presse bezichtigen, sich leichtfertig den Machteliten anzudienen. Scharfsinnige politische Analysen, es ist wahr, sind so selten wie streitbare Wahlkämpfe und sehenswerte Parlamentsdebatten. Politik spielt sich noch immer in Hinterzimmern teurer Restaurants ab. Wer es sich leisten kann, überläßt Geishas die ästhetische und lebenskluge Verhandlungsführung. Ich habe japanische Journalisten getroffen, die sich von van Wolferen nicht übertreffen lassen wollten in ihrer vernichtenden Analyse der Machtverhältnisse. Lauter Erfüllungsgehilfen, lauter Leibeigene sehen sie. Die Medien seien den Politikern zu Diensten, die Politiker den Wirtschaftsbossen, die Industrie, von den Reisbauern bis zu den Bankern, sei der Bürokratie zu Willen, von dessen Genehmigungsvollmacht sie abhängt. Die Beamtenschaft wiederum führe die Politiker an Fäden und gebe ihnen kurz vor Wahlen das Gefühl, etwas zu sagen zu haben. Und immer so weiter. Eine Kräftespirale, die alles in den immergleichen Kreisen bewegt und sie ernährt. Auf Kosten der Japaner. Und alle Japaner, auch die Angehörigen der politischen Kaste, wissen es.

Es sind Japans Medien, die den Wandel predigen und immer wieder der Gewohnheit zur Macht verhelfen. Eines der Rituale, mit denen die Reichen, also Politiker, Wirtschaftsführer, Sportstars, Unterhaltungskünstler den Neid der Besitzlosen in Grenzen zu halten suchten, sah vor, zu festgelegten Stichtagen ihr Haupt vor dem Staat und der Egalität zu beugen, Scham zu zeigen für ihr pralles Leben. Die beliebteste Büßergeste, die sich kein Fernsehsender und keine Zeitung entgehen ließ, war in jedem Frühjahr die Hitparade der einhundert bedeutendsten Einkommenssteuerzahler. Da Steuerhinterziehung auch in Japan zum Volkssport aufstieg, glich die Aufnahme in die fiskalische Bestenliste einem Verdienstorden und machte zugleich unvergleichliche Wertschätzung, etwa zwischen Brokern, Sängern und Baseball-Pitchern, auf beruhigende Weise verrechenbar. Die Auswahl war gleich auf doppelte Weise verdienstvoll, weil sie die Erfolgreichen vermenschlichte und zugleich der Wirtschaft den Puls nahm. Der Nationalen Steuerbehörde gelang es immer wieder, allgemeine Besorgnis unter den Habenichtsen hervorzurufen, wenn sie weniger potente Zahler auflisten konnte als im Vorjahr. Nur Außenseiter könnten in Japan guten unabhängigen Journalismus treiben, hatte mir Hanada Kazuyoshi, der Chefredakteur von *Shûkan bunshun*, damals erklärt. Der Erfolg und sein größtes gemeinsames Diktat des kleinsten gemeinsamen Nenners ruinierten die mächtigen Tageszeitungen. Der ökonomische Zwang, Harmonie in der Klientel zu stiften, ist bis in die Sprache der Presse hinein nachweisbar.

Immer häufiger hörte man Mitte der neunziger Jahre Klagen von Journalisten, Schriftstellern, Cartoonisten, Kabarettisten über eine stille Inquisition der Political Correctness, die ihnen den Mund verbiete. Mächtige Lobbyisten von Behindertengruppen, Atombombenopfern oder der Buraku Befreiungsliga, einem Kampfverband gegen die (in der Tat fortbestehende) Diskriminierung von Japans alter Kaste der Unberührbaren, duldeten nicht mehr den geringsten Spaß auf ihre Kosten. Sie kastrierten die Umgangssprache durch ein *linguistic cleansing*, das selbst die Begriffe blind, taub, stumm verbiete und statt dessen Seh-, Hör-, Sprechschwierigkeiten befehle. *Mekura*, blind, soll danach auch in dem harmlosen Begriff *mekurajima*, der ein dunkelblaues Tuch beschreibt, vermieden werden; blinde Liebe soll aus Schlagertexten verbannt werden. Manche japanische Ausgaben von Dostoevskijs *Idiot* enthalten in der Tat eine Entschuldigung für die unglückliche Wahl des Titels. *Kichigai*, verrückt, gilt als indiziert, auch in seinen Kombinationen, die Menschen bezeichnen, die nach Autos, Filmen oder dem Angelsport verrückt sind. Der Sprachwaschzwang soll Anfang der siebziger Jahre um sich gegriffen haben, als in Japans kommerziellen Fernsehanstalten und bei Nachrichtenagenturen Unwortlisten zu kursieren begannen. Sie enthielten angeblich Unsagbares über das Kaiserhaus, die Yakuza und eben, ständig erweitert, einen Anhang über diskriminierende Terminologie. So brauchte die Buraku Befreiungsliga nach dem Erdbeben in Kôbe im Januar 1995 nicht einmal mehr mit Prozessen zu drohen, um ein flächendeckendes Verfälschen der Nachrichten aus dem Erdbebengebiet sicherzustellen. Daß in den eingestürzten armseligen Häusern der Betreiber von Gummistiefel-Manufakturen Hunderte von Burakumin starben, traditionell in »unreine« Gewerbe wie die Schusterei, Schlachterei oder Färberei verbannt, erfuhr in Japan viele Monate lang niemand. Daß es dennoch jeder aus den Andeutungen schließen konnte, ist die Rechtfertigung vieler Journalisten für ihre Taburegel. Welches Interesse hat die Buraku Befreiungsliga, die reale Diskriminierung unter Drohungen totschweigen zu lassen, statt sie zu brandmarken? Weil sie gegen alle Erfahrung darauf hofft, daß endlich ausstirbt, was beharrlich genug totgeschwiegen wird.

Ich habe viele meiner japanischen Kollegen geschätzt, einige bewundert, keinen von ihnen je beneidet. Wer sie auf internationalen Konferenzen in den Pressezentren ihre Schichten ableisten sieht – erschöpft zwischen halbleeren Lunchboxen, übervollen Aschenbechern und den neuesten Laptops, stets vereint, nie allein, immer auf Posten, schlafend oder wachend –, muß Mitgefühl empfinden. Wer sie allerdings auf internationalen Pressekonferenzen Fragen stellen hört, die keine Fragen sind, sondern Vorträge von politischen Gemeinplätzen, kann an ihnen verzweifeln. Nicht die knappe Zeit eines amerikanischen Präsidenten, erst recht nicht professionelle Rücksicht auf Hunderte Kollegen, könnte die sorgfältig ausgewählten Reporter, denen die ersten Fragen gebühren, dazu bringen, sich kurz zu fassen. Sie schulden es ihrem Ansehen und ihrer Position im Presseklub, ihre geschwätzige Sachkenntnis bekanntzumachen. Akademiker aller Länder und Fachrichtungen können von den japanischen Teilnehmern an Kongressen ähnliches berichten. Die Rückversicherungsrituale in den japanischen Bruderschaften sind älter und reichen tiefer in die

Seele als die Verständigungstechniken der sogenannten Globalisierung.

Wie es denn angehe, daß ein Mann mit meinem seltsamen Lebenslauf von einer renommierten Zeitung engagiert werden konnte? Immer wieder haben mich japanische Kollegen danach gefragt, wenn ihnen einige Glas Wein Mut eingegeben hatten. In Japan wäre einer wie ich undenkbar, sagten sie. Ein Gelegenheitsjob als freier Autor bei *Shûkan bunshun* wäre möglich, eine Redakteursstelle bei der *Asahi* unerreichbar. Wie also hatte ich das geschafft, mit Beziehungen, mit gefälschten Zeugnissen? Ich gewöhnte mir an, mit einer Gegenfrage zu antworten. Ob sie denn das japanische Rekrutierungssystem wirklich für überlegen hielten, das Journalisten nach Beamtenprofilen auswähle und sie jahrzehntelang durch Hierarchien quäle, um ihnen als Mitfünfziger endlich Verantwortung zu übertragen? Es gab zwei Reaktionen. Die einen schenkten mir ein Lippenbekenntnis der Zustimmung, es würde wohl wirklich manches Talent verschwendet in ihrem Land, nur weil es nicht mit den bekannten Qualitätsstempeln versehen sei. »Aber Sie kennen ja das Sprichwort: Der Nagel, der hervorsteht, muß eingeschlagen werden.« Erledigt, sie hatten nie hervorgestanden, fühlten sich wohl im Glied. Die anderen aber fielen auf meine Entgegnung in nachdenkliches Schweigen.

ACHTES KAPITEL

V on Hans-Georg Gadamer soll die Einsicht stammen, daß man nur von denen lernen kann, die von einem lernen. Eltern und Lehrer, die etwas taugen, handeln danach. In Japan ist die Einsicht selbstverständlich. Aber das Abendland bleibt seinen Teil des Lernens schuldig, ohne den Mangel zu empfinden. Es zählt zu den bemerkenswerten Erfahrungen meiner Jahre in Japan, daß die durchschnittlichen Kenntnisse über das Leben in Amerika und Europa die Kenntnisse dort von Japan weit in den Schatten stellen. Der Westen hat, von Fachleuten abgesehen, nicht einmal eine Ahnung, wie ahnungslos er ist.

Die Japaner sind arbeitssüchtig, urlaubsfeindlich und neigen zur Gewalttätigkeit. Sie ernähren sich gesund und werden alt, wenn sie nicht Selbstmord begehen, weil das Leben so teuer ist und der Raum so knapp. Zu dieser erfrischenden Einschätzung gelangten englische Gymnasiasten vor einigen Jahren, als sie gefragt wurden, was ihnen zu Japan einfalle. Einem britischen Schulbuchverlag, der den pädagogischen Mehrwert im Sinne der Völkerverständigung erkannte, ist die Überlieferung des Assoziationsgraffito zu verdanken: »Japan in a nutshell: Nuts!«

In Tôkyô erfuhren die angeblich verrückten Betroffenen, die, wie es der Zufall will, an wenig anderen Importwaren so interessiert sind wie an Weltmeinungen über sich selbst, erst Jahre später davon. Sie besuchten in beachtlichen Mengen eine Ausstellung in der renommierten Buchhandlung Maruzen, welche Lehrbeispiele der Japanrezeption in fünfundachtzig Schulbüchern aus dreiundvierzig Nationen versammelt hatte. Veranstaltet wurde die Schau von der Internationalen Gesellschaft für Erziehungsinformation, die offenbar zeit ihres Bestehens seit 1957 fremdländisches Lehrgut über Japan auf Fehlurteile untersucht und mit kritischen Briefen an Verlage manches gute Wort für ihr Land eingelegt hat. Nicht ohne Erfolg. Früher mußte die Gesellschaft angeblich unablässig gegen unbedarfte Falschmeldungen einschreiten, inzwischen sorgt sie sich eher um subtile ideologische Verzerrungen. Eine Erläuterung der Auswahlkriterien für die Exponate schien, wie häufig, wenn Japaner unter sich sind, überflüssig. Die Exponate in Vitrinen und in zierlichen Schautafel-Collagen, die Karikaturen, Grafiken und Textexzerpte von 1953 bis in die neunziger Jahre enthielten, sprachen für sich selbst. So hofften die Veranstalter.

Nicht jedem Besucher erschloß sich freilich auf den ersten Blick der propagandistische, irreführende oder mindestens kuriose Gehalt aller sorgsam ausgesuchten Beweisstücke. Daß etwa über Jahrzehnte in den vereinigten Darstellungen aller Länder der heilige Berg Fuji als Erkennungssymbol herhielt, kann nur als glückliches Einfühlungsvermögen in die japanische Volksseele bewertet werden. Noch heute ist kein japanischer Reisender, der bei Kräften ist, vorstellbar, der nicht auf die zarteste Andeutung der perfekt geformten Vulkansilhouette am Horizont ein beseeltes »Fujisan!« hervorstieße und unverzüglich, bei jeder Verkehrslage und unter hohem persönlichem Risiko, die Kamera zückte.

Anders mochte es sich mit der pakistanischen Unterrichtseinheit aus dem Jahr 1956 verhalten, die nur Geishas in edlen Kimonos und Häuser aus Bambus und Papier gelten ließ, während Japans Männer sich überwiegend mit Harakiri die Zeit vertrieben oder als Rikschaläufer ihr Auskommen suchten. Der mit dem Zopf chinesischer Kulis versehene Japaner tauchte allerdings auch in einer Grafik aus Singapur aus dem Jahr 1990 auf. Sie zog eine evolutionstheoretisch kühne und geschmacklich gewagte Kurve vom winzigen japanischen Bauern (um 1870) zum riesenhaften imperialistischen Soldaten (1937–1945), um sodann mit einem possierlichen Atompilz von *ground zero* abermals emporzusteigen zu einem überlebensgroßen, leicht sadistisch grinsenden Verkäufertyp (1980 ff.). Irritieren konnte japanische Betrachter zudem ein britisches Schulbuch, das demselben anschaulichen Comic-Schema den Vorzug gab. Hier war der Soldat mit Bajonett und Gewehr noch größer, der Verkäufer, behängt mit Kameras, Transistorradios und Fernsehern, grinste noch eine Spur dümmer. Und die Erläuterung, daß das japanische Kaiserreich einmal »ein

Zwölftel der Erde besetzt hielt (1941–1943)« und überhaupt »schon immer ein geheimnisvolles Land« war, machte den Eindruck kaum vorteilhafter.

Das Ressentiment ist nicht verjährt. Selbst viele jüngere Briten sind mit dem beiläufigen Hinweis auf den »Bataan-Todesmarsch«, den Bau der Burma-Siam-Eisenbahn oder die Schlacht um Manila leichte Beute des Jingoismus. Rachegefühle und Verachtung der grausamen *Japs* sind ständig griffbereit, befeuert von der Trauer um die gequälten Kriegsgefangenen. Jeder kennt einen, der einen kannte. Weit jenseits der historischen Wahrheit, die grausam genug ist, nährten Filme wie *Die Brücke am River Kwai* und, unfreiwillig, *Merry Christmas, Mr. Lawrence* in England denselben anachronistischen Racheaffekt wie unter Amerikanern *Tora! Tora! Tora!* (nach dem japanischen Kodewort »Tiger« für den Angriff auf Pearl Harbor) und andere Schlachtengemälde. Das Zerrbild eines Untoten – des niederträchtigen, heimtückischen Kamikaze-Kriegers und Schinders christlicher junger Männer – scheint gerade bei den westlichen Siegermächten nur zwischenzeitlich außer Dienst. Jeder Jahrestag, jeder kleine Handelskonflikt kann das ändern. Das gilt auch für Australien und Holland. Die Niederlande hielten die bösen Erinnerungen an die Beendigung ihrer Herrschaft über Indonesien durch die japanischen Invasoren im Jahre 1942 so sehr wach, daß ein Besuch der niederländischen Königin noch vor wenigen Jahren in Japan fast zur peinlichen Staatsaffäre geriet. Aber noch dünner ist die Hautschicht über der Wunde in England, das sein Kolonialreich erst an die Japaner verlor und nach dem Sieg über diese für immer.

Es wunderte mich jedenfalls nicht, daß in manchen anglo-amerikanischen Japanlektionen ein geringschätziger oder warnender Unterton zu finden war. Eine amerikanische Karikatur, die ein japanisches Flugzeug einmal beim Bombenabwurf (»China 1938«) zeigt, ein anderes Mal beim Abwerfen von Autos, Radios und Kameras (»China 1978«), ließ sich mindestens tendenziös und plump nennen. Ob sie die vereinfachten Dinge über die Maßen verfälschte, ist eine andere Frage. Zumal – und das war ein entscheidender Einwand gegen die Auswahl der Gesellschaft für Erziehungsinformation – in einem Unterricht, der, anders als in Japan, nicht die ganze Wahrheit, nicht einmal die halbe Weisheit vermitteln will, sondern eine reale, schwierige, dreckige Welt einschließlich ihrer Provokationen und Vorurteile zur Diskussion stellt. Dennoch war nicht zu leugnen, daß das pädagogische Japanbild jener Kontinentaleuropäer, die nie Kriegsgegner, manche sogar Alliierte gewesen waren, zurückhaltender ausfiel. Während die tierlieben Briten sich über das blutige Delphinschlachten japanischer Fischer entsetzten, zeigten französische Lehrbücher auch einmal einen meditierenden Premierminister (Nakasone Yasuhiro) oder einen Dirigenten (Ozawa Seiji). Europa scherte sich deutlich weniger um den gescheiterten Welteroberer als um den wirtschaftlichen Herausforderer. Zeitungskarikaturen wurden zu Zeitzeugen der Anklage, nicht selten zu einfältigen Zeugen: »Moment mal, wer hat denn hier Vorfahrt?« fragt da der zerzauste Fahrer des Europa-Automobils, nachdem ihn ein zähnebleckender (grausam lächelnder?) Japaner mit seinem Auto der Breite nach überrollt hat.

Es läßt sich kaum eine zweite Nation von vergleichbarer Bedeutung vorstellen, die so besessen ist von allen Schwankungen und kleinsten Verwerfungen ihres Weltrufs. Japanische Zeitungen wurden zumal in der Endphase der Luftblasenwirtschaft nicht müde, dem Publikum die neusten Umfrageergebnisse im internationalen Schönheitswettbewerb zu liefern. Daß Japan nie gewann, nie auch nur in die engere Wahl kam, sondern sich mit Superlativen in Handelsüberschüssen und Lebenshaltungsindices trösten mußte, konnte dem Eifer des Nachfragens nichts anhaben. Unendlich geduldig wurden Meinungen gesammelt, unendlich langmütig wurde kommentiert, daß Japan wieder einmal nur ein Zehntel der Touristenzahl angelockt hatte, die von den Inseln Jahr um Jahr ausschwärmte. Die Medien präsentierten in diesen buhlerischen Umfragen ihr Land als Mannequin, das immer mit der neusten Kollektion, dem besten Make-up und allen manipulierbaren kostbaren Liebreizen ausgestattet, auf einem Laufsteg steht und feststellt, daß sich keine Hand zum Beifall rührt, weil niemand im Saal ist. Und dann, um im Bild zu bleiben, lief das Mannequin auf die Straße und zwang die nächstbesten Passanten zu sagen, ob sie denn nicht die Schönste in der ganzen Welt sei. Man mußte sich nicht wundern, daß die meisten dieser Selbstbespiegelungen zwischen den Zeilen den Unwillen der Befragten andeuteten, Japan überhaupt in einer Beliebtheitsskala zu plazieren. Für die meisten Europäer und Amerikaner schien Japan außer

Konkurrenz zu laufen. Über Japan hat man Vorurteile, man bildet sich nicht, nicht einmal ein Urteil. Es gibt wohl Respekt, vielleicht für einzelne Leistungen Neid, und inzwischen gibt es auch wieder Herablassung. Vor allem aber herrscht eine herzliche Gleichgültigkeit vor. Solange das so bleibt, sind Umfragen über Japans Popularität in der Welt so sinnvoll wie eine Umfrage zur Abschaffung der Jahreszeiten. Noch weniger taugten sie damals in Teilen Asiens und wo immer Japans Finanz- und Wirtschaftsmacht dominierte. Niemand liebt die Übermacht. Japan, der Streber, der Neue, der Musterschüler und einzige Ausländer in der obersten Spielklasse West, die jahrhundertelang wie ein englisches Internat geführt wurde, konnte stolz sein und Respekt verlangen. Nicht aber Wärme, Bewunderung, Nachahmung. Statt sich als Courtier oder Mannequin zu verrenken, mußte es sich lange bescheiden mit dem erstklassigen Ruf eines global operierenden Versandhauses. Die »japanische Krankheit« hat viele Ursachen. Mangelnde Wißbegierde und unterentwickelter Lerneifer gehören jedenfalls nicht dazu.

Hosokawa Morihiro, ein Liebhaber von Jazz und japanischem Kampfsport, in der – westlich dominierten – Weltliteratur bewandert wie in den Analekten des Konfuzius, hat einmal eine bemerkenswerte Interpretation für Japans Mangel an Weltgeltung gewagt. Das Land zahle den Preis dafür, daß die Kultur in der Modernisierungsanstrengung seit der Meiji-Restauration keinen Platz mehr hatte, schrieb er in seinem Ende 1993 in Englisch erschienenen Buch *The Time to Act Is Now*. Ein Export japanischer Kulturleistungen existiere daher kaum, mit Ausnahme von Zeichentrickfilmen und Spielsoftware (und dem ein oder anderen Buch oder Film) habe sein Land der Welt wenig Nachahmenswertes zu bieten. Hosokawa räumte ein, daß in Japan klassisch demokratische Politik »in Wahrheit nicht stattfindet«. Seine größte Sorge aber galt dem mangelnden Respekt der Welt vor einer Kulturnation, die sich unter Wert verkaufe. Aus dem ganzen Buch spricht eine eigentümliche Mischung aus Selbstkritik und Nationalstolz. Wenn das Land, schrieb Hosokawa, nicht in seiner Aufholjagd mit dem Westen innehalte und sich also auf Selbstzucht und seine großen Traditionen besinne, werde es so weit kommen, »daß die Geschichte uns als *economic animal* bewertet, verwandt der mongolischen Invasion Dschingis Khans. Selbst Napoleon, als

141

er sich anschickte, ganz Europa zu unterwerfen, ließ künstlerische Beiträge am Wegesrand zurück, was in gewissem Sinne sein Handeln rechtfertigte ... Japans wirtschaftlicher Erfolg ist beispiellos in der Weltgeschichte, aber sein fortgesetzter Import fremder Kultur kann nicht länger hingenommen werden. ... Japan muß eine Haltung ändern, in der Kultur unsere ›Achillesferse‹ darstellt, und es muß der Welt deutlich machen, daß es künftig als eine kulturelle Führungsnation voranzugehen gedenkt.«

Hosokawa entspricht dem Typus des aufgeklärten japanischen Intellektuellen, der besonders sensibel auf die innere Spannung zwischen Minderwertigkeitskomplex und Führungsanspruch reagiert. Unter Linken tritt er meist in der Maske der wortkargen Gekränktheit auf, zum Flagellantentum neigend. Unter den Rechten in der Camouflage von Arroganz und Rassismus. Rechte wie Linke teilen die Erkenntnis, daß Japan der Welt alles anpreisen und verkaufen kann, nur nicht seine Seele, die japanische Kultur. Niemand wolle so leben, geht die Klage, kaum einer so malen, musizieren, schreiben, wohnen, bauen, filmen, philosophieren, lieben. Es klingt falsch und ist doch schwer zu widerlegen. Gutgemeinte Einwände, die weltberühmte Meister wie Tanizaki, Kawabata, Mishima, Ôe, Kurosawa, Ozu, Tange benennen, fruchten nicht. Die Künstler werden entweder als Ausnahmen abgetan oder, in streng patriotischen Kreisen, als vaterlandslose Anpaßler an westliche Dekadenz exkommuniziert. Für jene lebt das Klischee des unergründlichen Archipels Nihon in Symbiose mit dem Komplex. Wer oder was im Westen Erfolg hat, ob einst Kurosawa in Cannes, Sushi in New York, Nintendo und Miyake Issey überall, muß geschmacklos sein, also unjapanisch. Allenfalls auf Museumsstücke kann man sich verständigen. Schriftmeister und Töpfer, Holzschnitzer und Haiku-Dichter, Zen-Künstler aller Art. Nur das althergebrachte Japan vor der Öffnung zum Westen genießt ungeteilte Verehrung, nur tote Kunst ist gute Kunst. Das ist polemisch verkürzt, und die Kenner empören sich dagegen und nennen ihre Lieblingsbeweise. Sie haben alle recht und müssen sich doch in esoterischen Ecken einrichten.

Der japanische Schönheitssinn erschien dem Westen mysteriös, metaphysisch, anziehend unzugänglich, seit Marco Polo sein Mißverständnis über das »Goldland«, die Insel Cipangu, in die Welt setzte. Alles war zart und raffiniert in dem Fabelland, die Lampions, Fächer, Schirme wie aus einer Puppenwelt. Die papierbespannten Türen, die Poesie der fehlenden Perspektive, von der sich die Impressionisten befreien ließen, das Farbenspiel der Figuren auf Lack und Porzellan, indigoblau und eisenrot, goldschimmernd und lindgrün. Die Hingabe an die Jahreszeiten, die Kirschblüte und die Blätterverfärbung, die radikale Zeitlichkeit in den Festen, die stets Vergänglichkeit feiern, und über allem die Welle, von Hokusai in Holz geschnitten, als zentrales Symbol. Man aß im Sommer von anderen Tellern als im Winter, wie wunderbar. Die leere Mitte und die Bewegung suggerierende Asymmetrie in der Raumaufteilung von Gärten, Blumengestecken, Speisearrangements. Die geraden Zahlen sind verdächtig und werden gemieden, vor allem die Vier, die nach Tod klingt. Die ersten drei, fünf, sieben Jahre im Leben eines Kindes werden festlich begangen, nur der sechzigste Geburtstag, eine ganze Umrundung des Tierkreiskalenders, ist wohlgelitten. Dann die Ästhetik der feinen Deformation und der Fehlerhaftigkeit, auch des stilisierten Mangels – ein armes Land erhob die Not zur künstlerischen Tugend. Und dann ist da immer die Schönheit auf den zweiten Blick, die bescheiden und unauffällig ist, die nicht überwältigt, die länger währt und weniger die Götter lästert als das Streben nach Perfektion. Es gibt Keramiker, die ihre makellosen Gefäße ritzen, um ihnen Schönheit und Charakter zu verleihen. Ihre Ware zählt zu den teuersten. »Stille / In den großen Stein / Verliert sich die Zikadenstimme«, schrieb der Haiku-Meister Bashô, der die Stille vertonte und die Flüchtigkeit und die Verbindung des Felsens, in dem die Götter wohnen, mit der Kreatur. Daß es ein Wesen des Wassers ohne Fließen und ein Wesen der Bäume ohne Welken gebe, sei eine häretische Auffassung, befand der Zen-Philosoph Dôgen im 10. Jahrhundert. Wer widerspräche?

Und wer läse nicht entzückt Tanizaki Jun'ichirôs *Lob des Schattens*, der tausend Jahre später im Halbdunkel des traditionellen Hauses leidenschaftlich gegen die Verstrahlung der Schemen und die Bloßstellung der Undurchsichtigkeit durch die Glühbirne anschrieb? Ich habe auf einer Ausstellung in Tôkyô den ersten japanischen Film gesehen: *Hunting Colour Leaves* (1899) läßt Kabuki-Schauspieler die Verfärbung der Blätter umtanzen und mit Fächern jonglieren. Andere Filme zeigen Geishas beim festlichen Mahl und Prozessionen der Vornehmen. Die Frauen tragen Sonnenschirme und an den Füßen die weißen klauenartig geschnittenen Socken, die den großen Zeh abspalten. Doch sie laufen in hölzernen *geta*, die unglaublich, vielleicht dreißig Zentimeter hoch sind, sie wiegen sich kunstvoll und staksen durch prächtige Gärten wie an Fäden. Auch die Bauern schwebten über Japans Erde. Ein ausgemergelter Mann im Lendenschurz tritt auf Stelzen ein Wasserrad, das Reisfeld zu bewässern. So sah ein hingerissenes Jahrmarktpublikum, wie sich Japan zum ersten Mal auf der Leinwand bewegte. Nichts ist von Dauer in Japans traditioneller Ästhetik, je flüchtiger das Verweilen, desto wahrhaftiger und schöner. Bashôs berühmtestes Haiku: »Furu ike ya / kawazu tobikomu / mizu no oto« – »Ein alter Teich. / Frösche, die hineinspringen. / Plätschern.« Wer das Plätschern nicht hört, dem ist nicht zu helfen. Wer meint, die Schönheit des Gedichts erschließe sich nur im Japanischen und noch mehr in der kalligraphierten Form, der hilft sich selbst. Welcher Gruppe ich mich zugehörig fühlte, war in Japan eine Frage der Laune, nicht des Wissens. Darüber zu schreiben aber fiel mir selten ein.

Für die große Menge im Westen gilt, daß das Studium der japanischen Fertigkeiten in den Künsten und Geisteswissenschaften so nahe liegt wie das Verschlingen lebender Fische. Kein Übersetzer japanischer Literatur wurde in Deutschland je mit einem Preis ausgezeichnet, weder Oscar Benl noch Jürgen Berndt, nicht einmal Siegfried Schaarschmidt, der uns die Giganten Ôe und Mishima und mehr zu lesen gab. Man bedient sich bei japanischen Subkulturen, schätzt die Küche, Mode und Haiku, die großen Filmregisseure, Computer-Animation und die Zen-Künste, vereinzelt Softporno und Easy-Listening-Pop. Ein prominenter deutscher Publizist riet mir einmal, einen Artikel zu verfassen, der erkläre, wie denn in einer Kultur, deren traditionelle »Katzenmusik« ihn einmal gemartert habe und ihn bestenfalls zum Lachen reize, ständig Beethoven und Brahms aufgeführt werden könnten. Und nicht einmal schlecht. Das würde ihn interessieren. Natürlich wurde der Artikel nie geschrieben. Allerdings auch nicht jener, der erläutert hätte, daß japanische Musiker Bach, Mozart, Brahms nicht dem Abendland zuschlagen, sondern als universelles Weltmusikerbe empfinden, Japan geistig so nahe und dort so tief empfunden wie irgendwo. Wie auch nicht. Dirigiert Ozawa Seiji etwa Bach-Kantaten schlechter als höfische Pentatonik-

Reigen? Kunstverständnis zum rassischen Auslesemerkmal zu erklären – den Blauäugigen ihren Goethe, den Mandeläugigen ihren Bashô – läge jenem Publizisten natürlich fern, jede Unterstellung wäre beleidigend. Doch ließen sich genügend japanische Intellektuelle finden, die schwüren, daß ihre Künste im Westen nie ganz verstanden, erst recht nicht beherrscht würden. Ausländer, die unabweislich in japanischen Fertigkeiten reüssieren – man denke an den Judo-Schock in den sechziger Jahren, als erst Holländer, dann andere Europäer die japanische Elite in einem Sport besiegten, dessen japanische Weihen bis in die Gesten und Kommandos ein Monopol der Überlegenheit geboten –, waren nur zu ertragen, wenn sie bei japanischen Meistern ausgebildet wurden. Das Dilemma aber, den Einfluß japanischer Kultur mit jeder Seemeile Abstand vom Archipel dramatisch sinken zu sehen, bleibt bestehen. Es schien mir in grüblerischen Gesprächen mit Intellektuellen ausweglos. Wobei sich von selbst versteht, daß die meisten Japaner, die andere Sorgen haben, mit dem Dilemma ausgezeichnet leben können. Und ich meistens auch.

Muß ich gestehen, daß mich der heilige Schrein in Ise weniger aufregte als Mifune Toshirôs wahnhaftes Gelächter in Kurosawas *Die sieben Samurai*? Soll ich zugeben, daß der Anblick des Zen-Steingartens im Ryôanji-Tempel zu Kyôto mich an den meisten Tagen im Jahr weniger animierte als Miles Davis' göttlich-straßenweise Coolness auf *Kind of Blue*? Beide sind weltberühmt, beide verlangen Versenkung. Ich stehe jedenfalls zu der Barbarei. Oh, man kann alles lesen über »Tora no ko watashi no niwa«, den »Garten der über den Fluß setzenden Tigerjungen« zu Ryôanji. Und ich habe darüber gelesen und die fünfzehn bemoosten Steine, die in ihrem weißen, in Meereswellen geharkten Kiesgrund schwimmen, lange angesehen. Sogar beinahe allein, ein Wunder vergleichbar der einsamen Besichtigung der Sixtinischen Kapelle. Ich saß in Strümpfen auf der polierten Holzbühne – »die Bretter, die asiatische Welt bedeuten«, wie Ulrich Johannes Beil über Ryôanji schrieb –, im Hintergrund zwei freundliche Schulmädchen, die als *volunteer guides* ihr Englisch erprobten und Fremden das Unerklärliche, »die blütenloseste Blüte der japanischen Kultur«, erklärten. Der Tempel, um 1450 gegründet von Hosokawa Katsumôto – aus jenem Geschlecht, das auch Hosokawa Morihiro hervorbrachte –, wird vielleicht zu Recht als Quintessenz der Zen-

Kunst gerühmt und ist nebenbei eines der schönsten Projektionsobjekte des Landes für sinnsuchende Ausländer.

Es gibt kaum etwas, von Raubtieren bis zu steil aufsteigenden Tiefseeinseln, das sich dort nicht vors Auge bringen ließe. Man mag das einhändige In-die-Hände-Klatschen des Zen üben oder Ansichtskarten erwerben. Den Alltag der Japaner aber, selbst die Momente der erschöpften Meditation zwischen zwei U-Bahn-Stationen, bestimmt Ryôanji nicht. Eine Banalität? Gewiß, aber keine überflüssige, solange das Japanbild in Deutschland in einem verhängnisvollen Maße mitentworfen wird von Zen-Gefolgschaften, Buddhismus-Schwärmern, kunstbeflissenen und lebensskeptischen Wächtern eines in der Bewegung erstarrten, wie Ikebana arrangierten Kulturbegriffs. Aber Japan ist keine Chrysantheme. Daß die Schwärmer von Wenigem so unendlich viel wissen und es unbarmherzig gut meinen, macht die Sache noch schlimmer. In ihrer Sorge um das so zarte Arrangement rauben sie Japan seine Vitalität. Nichts ist gegen, viel für Ryôanji vorzubringen: Nur ist eben schon alles gesagt, und das nicht nur einmal. Meine Neugier galt den Menschen, die Ryôanji besuchen. Was sagte ihnen der Steingarten? Einmal, lautet ein Gerücht, soll ein Gewichtheber aufgetaucht sein und die Felsen der Reihe nach hochgestemmt haben. Ein unvorstellbarer Frevel. Ich saß dort und beobachtete Menschen, die von den Tigern kamen, Junge, Alte, Ausländer, Japaner. Ich beobachtete Achselzucken und schwärmerisch glänzende Blicke, ich hörte ratlose Bemerkungen und ehrerbietige. Sie erst erweichten mir die götterbewohnten Steine. Sie erst halfen den transzendentalen Tigern auf die Sprünge.

Konnte ich wählen, war es mir in Japan immer mehr um Menschen zu tun als um Kunst und Götter. Doch war es mir nicht vergönnt, die Freundschaft eines namhaften japanischen Intellektuellen zu gewinnen. Gern würde ich mich damit brüsten können (wie ein amerikanischer Kollege in Tôkyô), mit Mishima Yukio Eisen gestemmt, Wälder durchwandert, Literatur diskutiert zu haben, seine faschistoide Wehrsportgruppe kritisiert, die Welt eines begnadeten Künstlers ein wenig bewegt zu haben. Liebend gerne würde ich plaudern können über nächtliche Hausbesuche, geteilte Meinungen und geteilte Zigaretten mit Maruyama Masao. Der putschende Dichter Mishima schied 1970 spektakulär aus dem Leben, der berühmte

Politologe und Philosoph Maruyama, der die gesellschaftlichen Debatten in Japan in den sechziger Jahren bestimmte wie Adorno und Bloch die deutschen, starb 1996. Aber es wäre vermessen anzudeuten, die Nichtbekanntschaften seien nur ein Zufall. Ich hätte beiden, dem Dichter wie dem Denker, wenig mehr als Neugier bieten können. Es muß mir genügen, einige bedeutende Männer und unbekannte bedeutende Frauen getroffen, gesprochen, vielleicht sogar mancher Respekt gewonnen zu haben. Daß mir die Liberalen – wie Katô Shûichi, Esaki »Leo« Reona, Ôe Kenzaburô, Motoshima Hitoshi – lieber waren, daß ich ihre Nähe eher suchte als jene der nationalistischen Intelligenz, leugne ich nicht. Gleichwohl begab es sich, daß einer der ersten Künstler von Rang und internationalem Renommee, dem ich begegnete, alle nationalistischen Chauvinisten, von denen ich später las, an Eloquenz und stolzem Wahn weit übertraf. Der Komponist Mayuzumi Toshirô, der im Jahre 1997 starb, hätte kaum etwas dagegen gehabt, ihn als faschistoiden Monarchisten japanischer Prägung zu beschreiben. Solange man ihn zugleich als bedeutenden Komponisten würdigte.

Er war Anfang Sechzig. Sein Englisch und seine Umgangsformen ließen nichts zu wünschen übrig. Er kam aus einer Chorprobe, die Zeit war knapp, die Erscheinung eindrucksvoll. Ein rechter Künstler, kultiviert und wortmächtig, gepflegt ergraut und weltgewandt. Man wollte ihm alle Hochachtung entgegenbringen, wäre da nicht jene Kleinigkeit gewesen, die mich gerade in den Tagen um die Kaiserkrönung auf seine Spur gebracht hatte. Mayuzumi Toshirô warf Bomben, seine Worte hinterließen Krater und Brandgeruch. Er wetterte in den Medien und hetzte in vollkommener Höflichkeit gegen alles, was Japan ein gewisses, noch zögerndes Vertrauen eingetragen hatte. Gegen die Demokratie, gegen die pazifistische Siegermacht-Verfassung, gegen das, was er für eine weichliche, unpatriotische Jugend hielt. Mayuzumi tarnte sich nicht mit Verbindlichkeit, er trug dick auf, nachsichtig lächelnd, wann immer ich meine Zweifel erkennen ließ. Ja, sagte er, er wolle vor allem und über allen den Tennô wiederhaben. Den alten, in der Meiji-Zeit nach 1868 künstlich geschaffenen Gottkaiser, der oberster Feldherr und Richter zu sein habe, entrückt und hoch schwebend über Kabinett, Parlament, Untertanen. Der jetzige Kaiser Akihito, gerade inthronisiert, galt Mayuzumi wie schon dessen Vater nach Japans Niederlage als bemitleidenswerter Kastrat, beschämter Handlanger einer geldgeilen bürgerlichen Regierung. Aber Mayuzumi redete nicht nur, er tat auch, was in seiner Macht stand. Der Komponist war Vorsitzender des Exekutivausschusses in dem notorischen »Komitee zur Verteidigung Japans«. Dort waren vaterländische Künstler, Industrielle und sonstige besorgte Bürger vereinigt, um Japan von Sittenlosigkeit und Identitätsverlust zu erretten. Es hieß, die Bruderschaft sei nicht unähnlich der italienischen Loge P2, nur wähnte sie sich im göttlichen Auftrag des wehrlosen Kaisers. An jedem 15. August, dem Jahrestag der Kapitulation Japans, konnte man das Komitee bei phantasievollen Inszenierungen ihrer Trauer im Yasukuni-Schrein beobachten. Mayuzumi spielte den Vorsänger der Gemeinde, die unter weißen Zeltdächern zu Gebet und Propaganda zusammenkam. Und er bekam kommentarlos seine Fernsehminuten in den Nachrichtensendungen wie die greisen Veteranen in zerlumpten Uniformen, die im Schrein ihrer gefallenen Kameraden gedachten, und wie auch die Protestzüge der Linken, für die Mayuzumi alles Hassenswerte in einer Person vereinigte.

Die Vorwärtsverteidigung sei ebenso soldatisch und physisch wie spirituell und metaphysisch zu verstehen, erklärte mir Mayuzumi. Wer der Angreifer war, blieb offen oder verstand sich von selbst. Wahrscheinlich alle Nichtjapaner, wir, der Rest der Welt. Ob er etwas gegen Ausländer habe, fragte ich ihn. Nein, antwortete er mit jenem nachsichtigen Lächeln, nicht jedenfalls, solange ein jeder Patriot sei und in seinem Land bleibe. Japaner in Japan, Deutsche in Deutschland. Gewiß erlebten die Ultranationalisten in den Tagen der Kaiserkrönung eine künstliche Konjunktur, sie krochen aus ihren Gesprächskreisen und Basisgruppen ins Licht, weil Nationales verhandelt wurde wie schon lange nicht mehr. Aber selten konnten sie einen ausgesprochenen Revisionisten, erklärten Verfassungsfeind und Kaisertreuen von so hoher internationaler Reputation aufbieten. Mayuzumi war nicht irgendein Nobody. Von den siebziger Jahren an hatte er auch in Europa als einer der wichtigsten japanischen Komponisten und einer der Väter der Neuen Musik gegolten. Seine Verschmelzungen von höfischem *gagaku* sowie frühjapanischer mit serieller und elektronischer Musik hatten Kritikern nicht zuletzt in Deutschland Respekt abgenötigt. Seine Oper *Kinkakuji* etwa (nach Mishimas Roman

Der Tempelbrand) wurde 1976 in Berlin mit großem Erfolg uraufgeführt. In Japan war das Werk in den folgenden anderthalb Jahrzehnten noch nicht zu sehen und zu hören gewesen: »Man traut hier den Leuten einfach nicht zu, so etwas zu verstehen.« Aber den Deutschen. Ein zwiespältiges Kompliment, wenn man den Künstler kannte.

Die Jugend Japans sei durch linke Lehrer und Gehirnwäsche linker Eltern seit Jahrzehnten unschuldigerweise verdorben, vergiftet, verrottet. Die Jungen hätten nicht Mumm noch Vaterlandsliebe im Leib. So habe auch Mishima gedacht und sei angeekelt daran gescheitert. Seither habe sich nichts geändert, sagte Mayuzumi hart, mindestens nichts zum Besseren. Er, Mayuzumi, sei von 1953 an, als er Mishima in Paris getroffen hatte, mit dem Dichter intim befreundet gewesen. Mishima habe ihm ein Libretto-Fragment hinterlassen, das er eines Tages vollendet sehen wolle. Viel zu wenige Japaner seien durch Mishimas Freitod aufgerüttelt worden.

Es muß ein herrlicher, sonnengetränkter Wintertag gewesen sein, damals. Legendäre Fotos zeigen Mishimas letzte Inszenierung. Wie er in schmucker Phantasieuniform und geckenhaft steifer Feldherrnpose zu den versammelten Soldaten hinunterschreit. Mussolini, der hüftenstemmende Diktator mit dem Hang zu historischen Augenblicken hatte es ihm vorgemacht, »Italiani, in questo momento ...«, und Mishima, der homosexuelle Dichtersamurai, machte es nach: das Stirnband, die weißen Handschuhe, der entäußerte Asket im Auftrag einer höheren Macht. Und hatte dabei bis zum Ende die Form gewahrt, ein verblendeter Egomane und ein Gentleman. Am 25. November 1970 verübte Mishima Yukio Harakiri (buchstäblich: Bauch aufschneiden). Im Regionalbüro des Kommandeurs des Östlichen Heeres im Tôkyôter Stadtteil Ichigaya stieß er sich in aussichtsloser Lage ein Kurzschwert in den Leib, schlitzte sich nach überliefertem Ritual den Bauch auf und litt unvorstellbare Qualen, bis ihn einer seiner getreuen Anhänger enthauptete, wie es sich seit jeher gehört, um die mutige Selbstentleibung zu einem gnädigen Ende zu bringen. Mishimas Aufruf an die Streitkräfte zum Putsch gegen die Regierung und die Verfassung war lachhaft. Sein Tod ersparte ihm demütigende Haft und schenkte der Rechten den Mythos. Über seine literarische Qualität sagt das, nach Meinung der meisten westlichen Kritiker, noch nichts. Die blutige Kultfigur Mishima überlebte, mal leichenstarr, mal lebhaft, nur auf den Inseln. Japans Literaten, die Neonationalisten und die neonationalistischen Literaten fleddern im Zyklus der Jahrestage den Leichnam, jeder nimmt sich seinen passenden Teil. Man will nicht unbedingt etwas miteinander zu tun haben. Also sprach der Komponist Mayuzumi, als die Probenpause zur Neige ging, und man spürte, wie angewidert er war von lauer Demokratie, Vaterlandslosigkeit, unjapanischen Umtrieben: »Wenn Mishima die heutigen Zeiten erleben müßte, er würde sich noch einmal töten.« Dann verabschiedete er sich freundlich. Ich habe Mayuzumi nie wieder getroffen.

Es ist dem großen Verlierer Mishima nachzurühmen, daß wohl niemand nach ihm so formvollendet für seine radikale Gesinnung starb. Gewiß nicht die versprengten Terroristen der »Roten Armee«, die sich im Februar 1972 nach zehntägiger Polizeibelagerung in einer Berghütte ergaben, als ihnen die Munition ausging. Dort, in den Bergen von Nagano, hundert Kilometer nordöstlich von Tôkyô, hatten sich fünf Mitglieder der Gruppe mit einer Geisel verschanzt. Zwei Polizisten und ein Pressefotograf starben bei Gefechten. In Verhören kam zu Tage, daß die Terroristen innerhalb eines halben Jahres ein Dutzend Fememorde verübt hatten. In Haft verfaßten sie Memoiren des bewaffneten Kampfes, von sich selbst gerührte Gedichte, der eine oder andere zeigte Reue. Störend an dem elenden Klub der Mörderdichter aber schien vielen Japanern schon zur Tatzeit, daß sie zum Selbstmord im Angesicht der Niederlage, dem Akt der »zur moralischen Strenge sublimierten Gewalt« (Maurice Pinguet), zu ehrlos oder zu feige waren. Ja, daß sie überhaupt nicht verantwortlich sein wollten, sondern es den Plädoyers ihrer Verteidiger überließen, Folterungen und Morde zum Naturereignis zu erklären, gerade so wie die nationale Rechte es mit Japans Kriegsschuld hält und mancher Politiker mit Korruptionsvorwürfen. Dinge geschehen wie Taifune, Menschen sterben. So ist das Leben, so der Tod. Aber damit kamen die Täter der Roten Armee nicht durch, weder bei ihren Richtern noch im Volk. Das nämlich verehrt durchaus Helden der verlorenen Sache, so sie nur glaubwürdig *makoto* haben, reinen Herzens sind. Die Samurai-Moral der Geschichte Japans verlangte, daß selbst mit dem Leben zu entgelten sei, was ein Höherstehender verschuldet habe. Es gab keinen Befehlsnotstand. Nicht Morde waren unethisch, sondern die mangelnde Bereitschaft dafür, mit dem Leben zu bezahlen. Das ist lange her, das ist unvergessen.

Wenige Tage nach der Verhaftung der Geiselnehmer erschien unter dem Titel »Gedanken über Revolutionäre« ein bezeichnender Leitartikel in der englischsprachigen Ausgabe der Zeitung *Mainichi*. In Auszügen: »Man hatte geglaubt, daß sie, nachdem ihnen die Munition ausginge, den Freitod wählen und im Kampf Mann gegen Mann mit der Bereitschaftspolizei sterben würden. Aber dieser Glaube wurde zutiefst enttäuscht … Die radikalen Fanatiker fürchten nicht, getötet zu werden; sie führen ihre antisozialen Aktivitäten in dieser Schonungsgewißheit aus… Der Vater von einem der Verhafteten erhängte sich am selben Tag. Er nahm sich das Leben in einer tragischen Geste der Entschuldigung für die Taten seines Sohnes.« So sterben wahre Männer. So starb auch, nur theatralischer, Mishima. Maurice Pinguet schreibt am Ende seiner Untersuchung über den *Freitod in Japan* voller Anteilnahme über den großen Dichter und kläglichen Rechtsputschisten: »Die Herausforderung, die der Tod unaufhörlich für den Willen darstellt, mag sich besänftigen, sich vergessen. Doch wenn sie, je nach den Umständen, wieder erwacht, erscheint der Skandal des Nichts so einschneidend, das Rätsel des Daseins so undurchdringlich, daß eine seltsam übertriebene Gebärde am besten die maßlose Souveränität des Menschen illustriert, der sich den Tod gibt.« *Voilà, vive la mort!* Lang sterbe, ewig lebe Mishima!

Rechte von Format wie Mishima und Mayuzumi sind in Japan nicht verbreiteter als anderswo. Es gibt auch die Aktivisten, die dann und wann mit einem Auto die Sperre zum Parlament durchbrechen (um unverletzt aus ihrem zu Schrott gefahrenen Wagen geborgen zu werden) oder in die Redaktionsräume der *Asahi* eindringen, um einige Stunden lang mit Revolvern und Parolen Angst zu verbreiten. Nur einer hatte während meiner Japanjahre den Anstand, seine Selbstmorddrohung zum Entsetzen seiner Geiseln in die Tat umzusetzen. Ein harter Kern macht ernst: Wohl ein Dutzend Journalisten sind feigen Attentaten zum Opfer gefallen. Die übrigen sind Maulhelden. Ihre grauen Busse mit phonstarken Lautsprechern sind die Lärmpest der Städte, ihre dröhnenden Märsche und ihre Hetzpropaganda werden von den Behörden geduldet, solange sie gewisse Tageszeiten und Bannmeilen um Krankenhäuser und Schulen beachten. Man lebt mit ihnen statt mit kläffenden Hunden, die in Japan fehlen. Aber, und das ist wichtig, noch macht Japans Rechte keine Jagd auf Ausländer mit Baseballschlägern und Brandsätzen.

Während ich das Getöse der Rechten auf den Straßen ertragen lernte wie Verkehrsstaus, brauchte es lange, meine Augen an die allgegenwärtige Swastika zu gewöhnen. Denn anders als die exotischen Runen jenes Spaßvogels, der Mitte der neunziger Jahre monatelang in voller SS-Montur durch Shibuya in Tôkyô marschierte und sich am Zorn der Ausländer weidete, sind die buddhistischen Feuerräder überall. Und es sind wahrlich nicht nur Ungebildete oder schuldgeblendete Deutsche, die bei ihrem unvermuteten Anblick zusammenfahren. Das Mißverstehen des »heilbringenden Zeichens«, das, nähme man es als stilisiertes Mühlrad, sein Wasser von rechts nach links befördert, mag nur einen Wimpernschlag andauern. Auf jedem Stadtplan in Japan weisen sie zu Tempeln, deren Dachziegel wiederum von der »Fußspur Buddhas« geziert werden. Eines Tages machten dem Frieden und den semiotischen Spielereien japanische Zeitungen ein jähes Ende, als sie in großer Aufmachung das Bild eines Plakats mit Swastika in weißem Kreis druckten. Diesmal blieb das Zusammenzucken ohne Entspannung. Nicht nur das Zeichen drehte eindeutig nach rechts, zwei Parolen lärmten in dieselbe Richtung: »Vertreibt die illegalen Ausländer aus Japan!« und »Gebt den Yoyogi-Park den Japanern zurück!« Die Unterzeichner, eine zwei Dutzend Mitglieder starke »Liga der Staatssozialisten« in Tôkyô, machten sich mit der Verbreitung des NS-Symbols keineswegs strafbar. Ihr Führer schwärmte vom Zulauf zu ihren Hetzveranstaltungen: »Ich glaube an den Nazigedanken Hitlers. Seit zwanzig Jahren habe ich versucht, ihn zu verbreiten.« Nichts an dem Geschwätz von Volkshygiene und den Fremden, die »Chaos in Japan stiften, wo Kultur und Tradition wohlbehütet waren«, wäre in Europa sonderlich aufgefallen. In Japan klang die Tirade schrill und neu. Man hörte nie mehr von den »Staatssozialisten«. Ihre Swastika-Plakate aber blieben in Erinnerung: Zum ersten Mal mußte man kein Japanisch lesen können, um die Zeichen an der Wand zu verstehen.

Rechtsextremistische Parteien haben in Japan kaum Chancen. Schon deshalb, weil die jahrzehntelang alleinregierende LDP an den Rändern ihres rechten Flügels Unterschlupf für fast jeden Demagogen bietet. Die Vorderbänkler – denn vorne im Parlament, wo man aufschauen muß zum Rednerpult und der Regierungsbank, sitzen in Japan die Hinterbänkler – haben kaum Einfluß, aber ihr Auskommen als Bindemittel jeder rechten Randerscheinung. Antisemitismus ist in Japan nicht unmöglich, aber schon aus Unkenntnis und in Ermangelung leibhaftiger Juden kein populäres Feindbild. Bücher, die *Japan und die Juden* zu erwählten Brudervölkern zusammenschreiben, sind von Ausländern für Ausländer verfaßt. Die jüdische Gemeinde in Japan hatte zu meiner Zeit kaum eintausend Mitglieder; der Polizeischutz für ihre Räume im Stadtteil Minato wirkte wie ein überzogenes Zitat internationaler Sicherheitsgepflogenheiten. Das Schicksal von »Japans Schindler« Sugihara Chiune zeugt von der öffentlichen Gleichgültigkeit: Im Sommer 1940 rettete er als japanischer Generalkonsul in Litauen gegen höhere Weisung Abertausende Juden mit Transitvisa vor dem sicheren Tod. In Schande schied er aus dem diplomatischen Dienst, 1986 starb er. Seine späte, postume Rehabilitierung im Jahre 1991, ohne ein Wort der Entschuldigung der Witwe und dem Sohn in einem Brief aufgedrängt, kam erst, als in Wilna eine Straße nach Sugihara benannt und in seinem Heimatort nahe Nagoya eine Gedenkstätte beschlossen worden war. Sugihara hatte seinem Land soviel Ehre gemacht, wie er umgekehrt viel Aufhebens um sich und seine Tat nie geduldet hatte. »Liebe für die Menschen und zur menschlichen Gerechtigkeit«, gab er als Gründe für sein Handeln an. Aus dem Stoff, aus der Banalität des Guten, sind Helden.

Es gibt wenige Artikel aus meinen Japanjahren, auf die ich stolz bin. Die nachfolgende Glosse zählt dazu. Sie hat mit japanischem Antisemitismus zu tun und mit gefährlicher Ahnungslosigkeit. Sie zu paraphrasieren, um den Fall zu schildern, der japanische Pressegeschichte machte, ist unmöglich. Denn sie entstand im Zorn, wenige Tage nach dem Erdbeben von Kôbe, unter dem Eindruck entsetzlichen Versagens der Behörden, als

Tausende Tote noch nicht geborgen waren. Als nicht einmal feststand, daß sechseinhalbtausend Menschen gestorben waren. Sie erschien unter dem Titel »Lügenwettstreit« am 25. Januar 1995 im Feuilleton der *FAZ:*

Das Erdbeben von Kôbe hat nicht stattgefunden. Über fünftausend Menschen, denen es angeblich den Tod brachte, leben und lachen über die Pannen der Katastrophenschutzübung. Japan und seine Medien haben mit fabelhaft gestellten Szenen von Brand, Verheerung und Elend alle Welt genarrt: ein Mordsspaß. Man wünschte sich, die vorstehenden Behauptungen wären nicht alle erlogen. Sie sind entsetzlich falsch, schaden aber nichts; da der japanische Staat auf die strikte Achtung der Pressefreiheit hält, überläßt er dem Publikum das ›abgewogene, auf historischen Erkenntnissen gründende Urteil über alles, was es liest‹. Mit diesen Worten jedenfalls hat am Dienstag in Tôkyô ein Sprecher des Außenministeriums einen scharfen Protest des Simon Wiesenthal Centers in Los Angeles bedacht, der sich gegen einen lügnerischen und denunziatorischen Zeitschriftartikel richtet. In der Februarnummer des Tôkyôter Magazins *Marco Polo*, Auflage etwa 200000, macht sich ein obskurer Arzt namens Nishioka Masanori in einem zehnseitigen Pamphlet mit dem Titel ›Es hat keine Nazigaskammern gegeben‹ anheischig, eine ›neue historische Wahrheit‹ zu enthüllen, daß Auschwitz eine Fiktion sei. Es habe nie Vernichtungslager gegeben, behauptet der Mann, der schon eine Weile als notorischer Leserbriefschreiber den blindwütigsten und zugleich schlichtesten Revisionismus verbreitet: Die Gaskammer in der heutigen Gedenkstätte sei nach dem Krieg entweder von Polen oder von der Sowjetunion errichtet worden, und so fort. Muß es die Menschen, die in diesen Tagen der Befreiung des Vernichtungslagers gedenken, Überlebende gar, irgendwie interessieren, daß auch Japan seine Wahnsinnigen hat und leben und schreiben läßt, die gegen die ›Auschwitzlüge‹ zetern? Ferdinand Piëch, Vorstandschef der Volkswagen AG, vom Wiesenthal Center als eines der Unternehmen angeschrieben, die in dem Magazin Werbung trieben, zeigte sich in einem Antwortfax vom 23. Januar unmißverständlich ›abgestoßen und verärgert von den unverantwortlichen Äußerungen in dem Artikel‹. VW werde bis auf weiteres auf jede Anzeige in *Marco*

Polo verzichten. Auf sehr viel weniger intellektuelle wie moralische Klarheit stieß angeblich ein israelischer Diplomat in Tôkyô, der einen verantwortlichen Redakteur des Magazins zur Rede stellte und nach Stunden nur das Eingeständnis herausbrachte: ›Wir Japaner wissen von diesen Dingen (wie Auschwitz) nicht viel.‹ Das ist zwar nur allzu wahr – die Liebe zu jeder Art Aberglaube und Weltverschwörungstheorie, je absonderlicher, desto besser, ist auf den Inseln verbreitet –, doch kann dies begreiflicherweise das offizielle Japan nicht auf sich sitzen lassen: ›Die Regierung Japans erachtet es als sehr wichtig, im Lande ein akkurates Verständnis der tragischen Geschichte des Holocaust der Juden in Europa zu vertiefen‹, trug der Sprecher am Dienstag vor. Das ist recht und brav gesagt und sollte also eines Tages auch in Bonn genügen, käme ein deutsches Magazin endlich der abgefeimten ›Atombombenlüge‹ von Hiroshima und Nagasaki auf die Spur. Als Erscheinungsdatum böten sich gleich zwei sogenannte Jahrestage Anfang August 1995 an. Das Blatt könnte zu dem Gedenken, wie jetzt *Marco Polo*, eine winzige infame Fußnote beitragen.«

Es dauerte nicht lange, und es gab Mengen von Entschuldigungen, dann die peinliche Schulung der Verlagsmitarbeiter in einschlägiger Geschichte durch amerikanische Fachkräfte. Endlich wurde *Marco Polo* eingestellt und der Chefredakteur strafversetzt. Den kannte ich schon. Sein Name war Hanada Kazuyoshi, der einst ruhmreiche Chef von *Shûkan bunshun*. Er hatte einen Scoop zuviel gewagt. Nach einer kurzen Schamfrist wurde Hanada von der liberalen Konkurrenz, dem *Asahi*-Verlag, eingekauft. Der Hamburger Japanologe Herbert Worm hat den »Marco-Polo-Zwischenfall« wissenschaftlich aufgearbeitet. Sein Text, die Anatomie einer gefährlichen japanischen Posse, verdiente einen Platz in jedem Japan-Reader. Entdeckt aber hatte den Skandal der amerikanische Journalist Mark Schreiber in Tôkyô. Er hatte die Februarnummer nicht nur gelesen und verstanden, sondern auch gehandelt. Ich, der ich allenfalls »A-u-shu-bi-tsu« hätte entziffern können, stehe in Schreibers Schuld für seine Information. Wenn auch bei weitem nicht so tief wie Japan selbst.

öge Mushakôji Kinhide ein langes Leben beschieden sein. Ein einziges Mal war es mir vergönnt, dem Mann zu begegnen, den seine Bewunderer die »Stimme von Japans schlechtem Gewissen« nannten. Mushakôji lachte nur darüber, als ich ihn Anfang der neunziger Jahre eines Nachmittags im Tôkyôter Auslandspresseklub zu einem Interview traf. Er war 62 Jahre alt, mit seinem schütteren, etwas vernachlässigten Haar und dem dunkelblauen Anzug hätte er ein Salaryman vor der Pensionierung sein können. Doch da war das von der Brille beherrschte Gelehrtengesicht. Ich erinnere mich sonderbarerweise, daß mir bei der Begrüßung zunächst seine doppelten Lidfalten auffielen. Sie gelten unter Japanern als Seltenheit wie unter Kaukasiern das glatte »mongoloide« Lid. Bei dem Professor aber schien sich der bei Frauen naheliegende Verdacht schönheitschirurgischer Nachhilfe ebenso zu verbieten wie Mutmaßungen über ausländische Vorfahren. Mushakôji Kinhide entstammte einer der vornehmsten einstigen Adelsfamilien des Landes, die über viele Generationen Hofdichter, bildende Künstler und Diplomaten von Rang hervorgebracht hatte. Eine kleine Straße in der alten Hauptstadt Kyôto ist nach dem Geschlecht der Mushanokôji »Kriegergasse« benannt. Meine Verwunderung über die genetische Laune, die Mushakôji im Gesicht stand, verlor sich in einem lohnenderen Gegenstand, als er mir die Wahl der Unterhaltungssprache überließ. Er sprach blendend Englisch und Französisch, verstand gut Deutsch und Spanisch, las Russisch und Arabisch. Unter gemurmelten Entschuldigungen für mein schlechtes Japanisch und rostiges Französisch schlug ich das Englische vor.

Der japanische Adel, was bleibt ihm übrig nach seiner Abschaffung, übt sich in Eigensinn. Libertär oder kaisertreu, man ist verpflichtet, anders zu sein. Meine Assistentin hatte den Politologen und Soziologen Mushakôji Kinhide im Beraterstab einer Ausstellung des Ôsaka Peace Center entdeckt, das wiederum mein Interesse durch eine kühne Interpretation der Geschichte angestoßen hatte. Weitgehend unbeachtet von den hauptstädtischen Medien hatte es das Center in einer Ausstellung gewagt, den Invasionskrieg des Kaiserreichs ungeschönt zu dokumentieren. Schilderungen des Massakers von Nanking in chinesischen wie in japanischen Schulbüchern lagen zum Vergleich aus. Es war ungeheuerlich, mit nichts in Tôkyô zu vergleichen, überhaupt nur denkbar in der Provinz. Mushakôji, zu jener Zeit Leiter des Instituts für Internationale Studien an der Tôkyôter Meiji-Gakuin-Universität, nannte das mangelnde Interesse eher traurig als verächtlich eine »Verschwörung des Schweigens«. Er hatte nichts anderes erwartet. Die Erfahrungen aus drei Jahrzehnten, in denen er das Schweigen immer wieder gebrochen hatte, hatten ihn Geduld gelehrt. Und obwohl die Mächtigen Japans in seinen Analysen selten gut davonkamen, genoß der sozialistisch wählende und humanistisch handelnde Katholik und bekennende Multitheist hohes Ansehen. Mushakôji hatte in Paris und in Princeton studiert, leitete 1969 das erste Institut für Internationale Beziehungen an der christlichen Sophia-Universität in Tôkyô, war schließlich von 1976 bis 1989 Konrektor der mit großen Hoffnungen gegründeten United Nations University in der Hauptstadt. Ob als Vermittler in der ökumenischen Bewegung bei den Nord-Süd-Debatten des Weltkirchenrats, als Fachmann bei den Verhandlungen um Okinawa in den sechziger Jahren, ob endlich als Vorstandsmitglied von Amnesty International Japan: Stets verstand sich Mushakôji eher als Moderator denn als Ankläger. Er selbst aber, gestand er in seinem melodischen Englisch, hielt sich »im Kern doch für konformistisch, sehr japanisch«. Seine Gegner sahen seine peniblen Gewissensprüfungen anders, aber sie versagten Mushakôji nie Respekt. Galten ihre Verneigungen eher der Familie als dem Mann? Er zögerte mit der Antwort, dann nickte er und sagte: »Die Abschaffung des Adels in den Herzen der Japaner wird noch eine Weile brauchen. Und solange das so ist, müssen wir die besonderen Erwartungen eben erfüllen, nicht wahr?« Und das heißt, sich dem Schweigen nicht zu beugen? »Das heißt es vor allem.«

Doch das Erbe der hochwohlgeborenen Mushakôji ist auch eine Last. Unter den linken Verbündeten des Professors finden sich einige, die Mushakôji Kinhides Lebenshaltung als Buße empfinden. Sein Vater, Graf Mushakôji Kintomo, von 1935 bis 1937 japanischer Botschafter im deutschen Reich, unterzeichnete mit Ribbentrop den Anti-Komintern-Pakt. Der Graf, erzählte sein Sohn mit Mitgefühl, wurde aus Familienräson Diplomat, er glaubte an Nationen, nicht Ideologien, liebte Theater und die Oper. Mushakôji Kinhide hat Kindheitserinnerungen an die Residenz in der Berliner Tiergartenstraße, an die Olympischen Sommerspiele von 1936. Der Junge sah Hitler aus der Nähe auf der Ehrentribüne beim Turmspringen. Und er erinnerte sich an den Schäferhund, den Himmler der Familie zum Abschied schenkte. Der Hund hörte auf den bizarren Namen »Harry-von-der-Möbelindustrie«. Ich fuhr zusammen, als Mushakôji den Namen akzentfrei aussprach. Aber selbst wenn der kleine japanische Botschaftersohn mit Hitlers Blondie auf dem Berghof gespielt hätte, was hätte es zu bedeuten? Mushakôji Kinhide, 1929 in Belgien geboren, in halb Europa erzogen, später in Tôkyô von Mitschülern als Gaijin gehänselt – die Großmutter war Französin –, hat seine Familie oft als Bürde und seinen Lebenslauf stets als Kampf gegen übermächtige Schatten erlebt. Wir sprachen noch lange. Das Geheimnis der doppelten Lidfalte war gelüftet, die Verschwörung des Schweigens gescheitert. Ich hätte diesen außergewöhnlichen Mann in den folgenden Jahren gerne um seine Meinung und seinen Rat gefragt. Aber alle Versuche, ein Treffen zu arrangieren, schlugen fehl. Diese folgenlose, illusionäre Nähe, flüchtig wie die Kirschblüte. Ich habe sie immer wieder mit Japanern genossen und betrauert.

Mir, dem exotischen Ausländer, dessen Anblick noch immer Tôkyôter Kleinkinder entsetzen konnte, fiel es nicht sonderlich schwer, mir den kleinen Kinhide vorzustellen samt den Kommentaren von Berliner Gören, wenn sie seiner einmal, jenseits der Abschirmung von Diplomaten, ansichtig wurden. Rassische Stereotypen sind widerstandsfähig gegen Erfahrung. Genauer: Nicht jede Erfahrung sprengt Stereotypen, viele bestätigen sie. Es wird Urteil, was Vorurteil war. Und das ist keine Schande, solange das Andere nicht geringer geachtet wird, nur weil das Eigene bevorzugt wird. Es ist ein Wunderglaube der politisch-multikulturellen Korrektheit, daß der Aufenthalt in fernen Ländern Nähe, Neugier, Sympathie zwangsläufig stifte und den Nutzen berechenbar mache. Menschen werden einander Wolfsbrüder. Leben wollen sie alle, Lebenlassen nicht mehr unbedingt. Das treuherzige Leugnen von Andersartigkeit ist nur die Toleranzmaske der Fremdenangst, zwei Seiten derselben alten Medaille. Deutsche der Nachkriegsgeneration neigen aus begreiflichen Gründen dazu, das Geschichtserbe der tausendjährigen zwölf Jahre auszuschlagen, indem sie enthusiastisch in fremde kulturelle Identitäten flüchten. Schon Europa ist fremd genug für die Flucht. Ich nehme mich selbst nicht aus. Nichts machte mich als dreizehnjährigen Sommersprachschüler in England glücklicher als Komplimente meiner Lehrer und der Unglaube einer Zimmerwirtin, die meinen Paß zu sehen begehrte, weil sie mir das Fremdsein nicht abnahm. Die Sprachcamouflage bewirkte keinen Freispruch, eher ein Untertauchen in die Internationalität für Wochen. Ich trug meinen südenglischen Akzent so stolz auf den Lippen wie meine italienischen und französischen Studienfreunde die Melodie ihrer Muttersprache dem Englischen oktroyierten. Die Vergeblichkeit der Mimikry wurde mit den Jahren unabweisbar, der Ehrgeiz, den Briten zu mimen, ließ nach. Doch erledigt war mein historio-neurotisches Verwandlungsspiel spätestens in Japan, wo ich lernte, daß ich ein Weißer war.

Frank Böckelmann hat in seinem Buch *Die Gelben, die Schwarzen, die Weißen* (1998) einen leidenschaftlichen und fintenreichen Angriff gegen eine politische Korrektheit geführt, die er für träge Unwissenheit hält. Die zehn in Deutschland lebenden Japaner, die er im Jahre 1994 interviewte, überraschten den Autor nicht allein ihrer »schneidenden Höflichkeit« wegen – er hatte zurückhaltende Gefälligkeiten erwartet –, sondern durch die seltsame Bereitschaft, Vergleiche zu ihren Ungunsten anzustellen. Der Gleichklang, mit dem alle Befragten die körperliche Schönheit der Weißen rühmten, lange Beine, große Brustkörbe, große Augen, helle Haare, große Nasen, gemahnten Böckelmann an ein Geschenk. Aber niemand sage uns, »was wir gegeben haben, um es zu verdienen (abendländisch gedacht)«. Mit derselben einheitlichen Stimme und unabhängig von ihrer teilweise viele Jahre währenden Aufenthaltsdauer in Deutschland sprachen allerdings seine Gewährsleute von unserem Ungehobeltsein, von Großspurigkeit, komisch exaltierter Körpersprache und aggressivem, rauhem, ja brutalem Gebaren, mit denen wir einander und Fremde zurechtwiesen. Die Erfahrung einzelner, weniger barbarisch wirkender Ausnahmen konnte dem Stereotyp offenbar nichts anhaben. Böckelmann hegt den Verdacht, daß die Weißen nur als »ausgestellte Wesen« existieren, selbst wenn Japaner mitten unter ihnen lebten. Zugleich sprach die Versuchsgruppe in ihrer Mehrheit von Minderwertigkeitsgefühlen wegen ihres Aussehens und von der Furcht, von indiskreten Blicken gemustert und belächelt zu werden. Die Überlegenheit der eigenen, subtilen Lebensart wird schmerzlich und zugleich tröstlich empfunden angesichts der körperlichen Unzulänglichkeit. Fragen nach den Gründen für diese eigenartige rassisch-kulturelle Dialektik aus Selbstverleugnung und Überlegenheitsgewißheit führten jedoch, wie Böckelmann enttäuscht notiert, im Kreis herum. Der Weiße ist schön und fremd. Basta. Er ist und bleibt beides um so mehr als Exot in Japan. Jede Assimilation, sogar und gerade die hingebungsvollste eines Lafcadio Hearn alias Koizumi Yakumo, der Japan mehr liebte als ein geborener Japaner und abgewiesen wurde, ist einseitige und also verlorene Liebesmüh.

Ob halbkaukasische Kinder in Japan wirklich gemieden werden, wie die Mutter eines solchen Kindes Böckelmann erklärt, kann dagegen bezweifelt werden. Meine eigene Erfahrung, so unmaßgeblich sie statistisch sein mag, widerspricht der These. Die »Halben« *(hâfu)* mögen nie ganze Japaner werden, aber gerade darum werden sie, ein hübsches, gut proportioniertes Aussehen vorausgesetzt, beneidet und bewundert. Miyazawa Rie etwa, Anfang der neunziger Jahre Japans Supermodel und eine begehrte Schauspielerin, wurde ein Star, nicht obwohl, sondern weil ihre Mutter Holländerin ist. Rie war *kawaii*, süß, wie meine Töchter es waren und verwöhnt wurden mit Aufmerksamkeit. Erst in Deutschland mußten sie sich daran gewöhnen, nicht weiter aufzufallen. Leicht fiel ihnen das nicht, sowenig es selbst mir leichtfiel, ohne die neugierigen Blicke der Japanerinnen zu leben. Beachtet zu werden, ohne Feindseligkeit, ohne wirkliche Achtung vielleicht und meist ohne Begehren, ist dennoch mehr als sozial angenehm: Es ist eine Bedingung, verstanden zu werden. Viele Gaijin erkennen erst wehmütig den Wert dieser süchtigmachenden Beachtung, wenn sie in ihren Heimatländern auf Entzug leben. Es gäbe, vermute ich, eine Menge Selbstmorde weniger, wenn den Unglücklichen mehr Blicke, buchstäblich Zuwendung geschenkt würde. Man mag die Idolisierung von *hâfu* in Japan als gesellschaftliche Abstoßung werten, man kann es ebensogut lassen. Wer will schon von jedem etwas? Es ist eine offene Frage, ob meine Töchter die Erfahrung, weder ganz Japanerin noch ganz Deutsche zu sein, eines Tages als leidvolle Identitätsspaltung oder als doppelten Gewinn erleben werden. Wann immer ich den despektierlichen Begriff *hâfu* in Japan hörte, machte ich es mir zur Gewohnheit, lächelnd zu verbessern: *daberu* (doppelt). Die meisten begriffen sofort. Natürlich, so könne man das auch sehen, gaben sie zu, und manche entschuldigten sich gar für ihre Gedankenlosigkeit.

Frank Böckelmann hat aufmerksam die große Bibliothek der gegenseitigen Fremdheitserfahrung durchgearbeitet und die etwas schwächliche empirische Beweiskraft seiner Interviews historisch abgestützt. Polemische Untertöne treten deutlich hervor. Einmal fällt er in einen gehässigen Ton in der ausführlichen Schilderung des verschmähten Konvertiten Hearn, dessen Verfehlung aus japanischer Sicht vielleicht wirklich darin bestand, Japan zu nahe getreten zu sein. Nicht einzusehen ist, warum Böckelmann Hearns Berichten nur trauen mag, »soweit seine Leidenschaft ein Erleiden ist«. Sosehr mir einleuchtet, daß ständige Relativierung eines Arguments durch »viele«, »die meisten«, »oft« und so fort, einen Text schwächen kann, so heikel wird es, wenn Grenzen zur banalen Verallgemeinerung unterschritten werden: »Japaner wissen mit Leuten aus dem Westen nicht viel anzufangen. Über die Errungenschaften der Gaijin verfügen sie schon, und auch über deren attraktive Körper (auf den Werbeflächen)... Willkommen ist die Gegenwart der Fremden eigentlich nur zur Selbstbestätigung.« Und selbst wenn er für die Mehrheit der auslandsunerfahrenen Japaner recht hätte, ich habe ungezählte Male das Gegenteil erlebt.

Die Berichte von Europäern aus China und Japan stünden seit dreißig, vierzig Jahren »unter ideologiekritischer Kuratel«, lautet Böckelmanns Verdikt. Die Reiseschriftsteller und Korrespondenten verdächtigten ihre Wahrnehmung, bevor sie wahrnähmen. Es finde sich in voluminösen China- und Japanbüchern »keine einzige Beschreibung von Gesichtern, Grimassen, Arm- und Beinbewegungen, Sprechweisen und Affekten«. Und wenn es so wäre, welchen Reim könnte man sich darauf machen? Könnte es sein, daß sich Aufmerksamkeitsraster und

Beschreibungshierarchien im Jet- und Internetzeitalter verändert haben? Oder muß man schließen, wie Böckelmann, daß unter dem Primat richtigen Verstehens Asiaten und Europäer voneinander getrennt bleiben? Denkbar wäre immerhin auch, daß die Alltagserfahrung in der Fremde, die nach Jahren nicht selten mit einer ästhetischen Entfremdung von der Heimat einhergeht, einfach nicht mehr der Rede wert ist. Hat man, wie ich bezeugen kann, erst einmal die Unschärfe des ersten Blicks überwunden, beschreibt man nicht mehr die Fremdheit von Frauen und Männern, man beschreibt Persönlichkeiten. Frank Böckelmann, der eine faszinierende Untersuchung interrassistischen Verhaltens gewagt hat und sich nur gelegentlich in Niederungen gleiten läßt, wie um intellektuell auszuruhen und Widerspruch zu reizen, sei gesagt, daß mindestens mir bei jedem Heimatbesuch die Deutschen häßlicher, ungeschlachter, präpotenter, lächerlicher in ihrer Wichtigtuerei erschienen. Inzwischen habe ich mich wieder an unseren Anblick gewöhnt. Aber Weiße an sich schön zu finden, selbst die häßlichen und noch nach Jahren der Gewöhnung, scheint nur höflichen Nichtweißen gegeben zu sein. Seien wir dankbar für den unverdienten Bonus. Wer von uns wäre selbstverliebt genug, solch artige Bewunderung zurückweisen zu können? Japan erst, das Erlebnis, mit anderen Augen betrachtet zu werden, hat mich gelehrt, wie ich aussehe. Zehntausend Kilometer von der Heimat spürte ich endlich, woher ich komme. Nicht unbedingt, wohin ich gehöre.

Und Nagasaki hat mich gelehrt, daß ich Christ bin. Ob ich es glaube, ob ich gläubig bin, oder nicht. 1989, bei meinem ersten Besuch in der südjapanischen Hafenstadt, deren steile Hügel, Straßenbahnen und Palmen an San Francisco erinnern: Nagasaki, dessen Kirchen, Märtyrerdenkmalen, Ausländerfriedhöfen etwas Mediterranes eigen ist, dessen Menschen, obwohl fern von Tôkyô und den großen globalen Geschäften, auch ohne Fremdsprachenkenntnisse weltoffener und gelassener wirken als irgendwo sonst in Japan. Daß Nagasaki neben Hiroshima zum Symbol für atomare Verheerung wurde, zählt zu den Ironien dieses Jahrhunderts. In dem rassistisch vergifteten Krieg des Kaiserreichs gegen die Vereinigten Staaten entschied eine amerikanische Bomberbesatzung irisch-katholischer Abstammung über Tod und Leben in Japans christlichem Zentrum: Am 9. August 1945 um 11.08 Uhr explodierte »Fat Man« über dem Stadtviertel Urakami. Drei Tage nach der Explosion von Hiroshima und noch ohne einen Begriff von der Katastrophe dort war Nagasaki auch an jenem Tag zweite Wahl, eine andere Stadt wurde von einer dichten Wolkendecke geschützt. Ein Moment des Aufklarens brachte das Grauen der Atombombe, die das Stadtzentrum und die Rüstungsbetriebe um Kilometer verfehlte. Der Anteil der Christen – heute fast ein Viertel der 440 000 Einwohner – unter den mehr als 74 000 Toten und 75 000 Verwundeten war exorbitant. Aber es war eben nicht nur die schicksalhafte Reihenfolge und die größere Zahl von Opfern, die Hiroshima fast allein zum Synonym für die Bombe erhoben und Nagasaki einen Nachrang zuwiesen.

Der Gegensatz ist viel älter. Hiroshima war eine feudale Residenz mit Burg und militärischem Gepränge, als Nagasaki die einzige offene Handelsstadt Japans für Ausländer war. Fast 250 Jahre lang, während der Abschließungspolitik des Tokugawa-Shôgunats (1603–1867), gab es keine Handelsware oder wissenschaftliche Erkenntnis, die nicht ihren Weg durch den Hafen Nagasakis und die Exklave auf der künstlichen Insel Dejima genommen hätte. Portugiesen, Niederländer, Chinesen tauschten Feuerwaffen, Christentum, Galileis Weltsicht gegen Gold und Seide. Nagasakis Weltoffenheit machte die Stadt fremd im eigenen Land. Sie ist eine Enklave geblieben bis heute, nur anderthalb Flugstunden von Tôkyô entfernt. Selbst in der literarischen Verarbeitung des Traumas der Atombomben unterscheidet sie sich sehr von Hiroshima. Was westliche Besucher als Großmut empfinden, wirkt in Japan befremdlich. Hiroshima ist zornig, Nagasaki betet, sagen die Leute. Hiroshima verzeiht nie die erste und letzte Atombombe des Pazifischen Krieges. Nagasaki betet um Verzeihung für jene, welche die erste und letzte Atombombe des Kalten Krieges abwarfen.

Die moralische Verurteilung Washingtons, ein unwiderstehlicher Medienreflex in Japan jedes Jahr im August, ist leicht und wohlfeil. Nichts dokumentierte im Gedenkjahr 1995 das auseinanderfallende Geschichtsverständnis von Amerika und Japan dramatischer als der Streit über eine Ausstellung im

Nationalen Luft- und Raumfahrtmuseum (Smithonian) in Washington. Als zum Jahresende 1993 Hiroshima und Nagasaki gebeten wurden, Exponate zur Verfügung zu stellen, war eine historisch ausgewogene, möglichst sachliche Darstellung des Kriegsendes im Pazifik geplant. Unter dem massiven Druck amerikanischer Veteranenverbände wurde das Konzept aufgegeben. Nagasaki, das fünfzehn Exponate zur Verfügung stellen sollte, fand plötzlich seine wichtigsten Stücke zurückgewiesen und verzichtete bald wie auch Hiroshima. Zu interpretieren, warum die Ausstellungsstücke nicht in der Erinnerung der Veteranen vorkommen sollten, fiel leicht. Das blutbefleckte Hemd eines getöteten Kindes, die zerfetzten Kleider einer Frau, eine abgeworfene Radiosonde zur Messung der Hitzeentwicklung, eine Marienstatue und ein geschmolzener Rosenkranz. Zu sehr sollte das Gedenken den gottesfürchtigen Amerikanern noch immer nicht ans Herz gehen.

Wenn es damals nach Motoshima Hitoshi gegangen wäre, hätten die Vereinigten Staaten bei der Gedenkfeier am 9. August höchst Unangenehmes zu hören bekommen. Hätten ihn Nagasakis Bürger bei den Kommunalwahlen im April 1995 zum fünften Mal zum Bürgermeister gewählt, hätten sie ihn seine 17. »Friedensdeklaration« in ebenso vielen Amtsjahren verfassen lassen, hätte er eine Entschuldigung Washingtons für den Abwurf der Atombomben verlangt. Nichts, gar nichts könne den Massenmord rechtfertigen, sagte mir der 73 Jahre alte Motoshima in einem Interview in seinem Haus in Nagasaki. Er bleibe bei seiner – höchst fahrlässigen – Gleichsetzung mit dem Holocaust, die er sich bei einer Pressekonferenz in Tôkyô Mitte März hatte durchgehen lassen. Es war im Gespräch offenkundig, wie sehr es Motoshima noch immer schmerzte, an seinem Vermächtnis zum 50. Jahrestag gehindert worden zu sein. Angriffslustig wie je fragte er mich: »Glauben Sie, Amerika hätte die Bomben auf Deutschland geworfen?« Meine Einwände – die Kapitulation des deutschen Reichs sei der Fertigstellung der Atombombe zuvorgekommen, Edward Teller, einer der »Väter« des Monstrums, habe rassische Motivationen immer bestritten, und im übrigen begebe sich Motoshima in unangenehme Argumentationsnähe zu Rechtsextremisten wie Ishihara Shintarô – alle Beschwichtigungen fruchteten nicht. Er schnitt mir endlich das Wort ab: »Unsinn, es war auch eine rassistische Entscheidung.« Anstatt Washington als

Bürgermeister anzugreifen, trat Motoshima als Kommentator des Festakts und als Interviewpartner im Fernsehen auf. Japan brauche eine Rede wie jene Richard von Weizsäckers vom 8. Mai 1985, erklärte er mir. Japan müsse sich für den Angriff auf Pearl Harbor entschuldigen, bevor es eine amerikanische Entschuldigungsgeste für die Atombomben einfordern könne. Japan solle schließlich Tausenden Koreanern, die als Zwangsarbeiter in Nagasaki Opfer der Bombe wurden, Gerechtigkeit angedeihen lassen, forderte er wie schon seit Jahren. Motoshima sprach, doch hatte er offiziell nichts mehr zu sagen. Ein viel jüngerer Herausforderer hatte die Wahlen gewonnen, weil er über Nagasakis Zukunft gesprochen hatte, nicht über die Bombe; siebzig Prozent der Bürger der Stadt seien nach dem Krieg geboren. Hiroshima zürnt, Nagasaki kann verzeihen, behauptet Motoshima, ein praktizierender Katholik. Nagasaki, korrigierte ihn sein Nachfolger, will auch vergessen.

Hätte ich Motoshima Hitoshi, den ich am 8. August 1995 zum letzten Mal besuchte, nicht schon Jahre zuvor gekannt, ich hätte ihm leicht unrecht tun können. Andere beschrieben ihn nur noch als einen eitlen Eiferer und schlechten Verlierer. Denn der Mann, der mich an einem schwülheißen Nachmittag nach langem Warten schließlich in seine Bibliothek führen ließ, wo er mit Vertrauten Hof hielt und mit Gesprächswünschen von der *New York Times* prahlte wie mit einem Orden, war offenkundig nicht mehr der alte. Enttäuscht, verbittert, ein gestürzter Bürgerkönig trat auf, in einem fleckigen T-Shirt und in lächerlichen Shorts, die er verkehrt herum trug, so daß deren Gesäßtaschen sich über seinem Bauch ausstülpten, ohne daß man ihn darauf aufmerksam gemacht hätte. Er murmelte etwas von knapper Zeit und nahm wieder auf der anderen Seite des Tisches Platz, wo er hinter Zeitungsstapeln, leeren Wasserflaschen und Lunch-Boxen fast verschwand. Sein Blick war abwechselnd lauernd und unkonzentriert. Als ich ihm höflich Vorhaltungen wegen des verhängnisvollen Vergleichs der Bombe mit dem Holocaust machte, brauste er auf. Davon verstünde ich nichts, wies er mich herrisch zurecht. Er habe immerhin schon Reden vor der Vollversammlung der Vereinten Nationen gehalten, als ich noch zur Schule gegangen sei. Ich stellte noch einige Routinefragen, dann verabschiedete ich mich. Motoshima funkelte mich böse an, als ich sagte, ich hätte keine weiteren Fragen mehr. Dann gab er mir die Hand und sagte einige Worte auf Englisch: »I'm a little nervous, I'm sorry.« Draußen in der Halle warteten schon die Kollegen von der *New York Times.* Ich konnte mich nicht zurückhalten: »Forget Motoshima«, sagte ich leise zu ihnen, »he used to be a great man.« Es war ungerecht.

Motoshima war Bürgermeister und ein großer Mann, als ich ihn im November 1990 zum ersten Mal gesprochen hatte. Er war notgedrungen ein Held unter Schmerzen seit dem 18. Januar des Jahres, als er vor dem Rathaus angeschossen und schwer verletzt worden war. Der Täter, Tajiri Kazumi, Mitglied der rechtsextremistischen Vereinigung »Gruppe des rechten Gefühls«, wurde noch am Abend desselben Tages festgenommen. Das Attentat ereignete sich am hellen Nachmittag, als Motoshima gerade in seinen Dienstwagen steigen wollte. Der Täter feuerte aus etwa anderthalb Metern Entfernung drei Schüsse ab, eine Kugel traf Motoshima im Rücken, durchdrang seine Brust und verletzte seine linke Lungenhälfte. Das Herz wurde um fünf Zentimeter verfehlt. Die Nation war entsetzt von der Tat, aber nicht wirklich überrascht. Seit dem 7. Dezember 1988 hatte es Morddrohungen und Attentatsversuche von Rechtsextremisten auf Motoshima gegeben. Mit Benzinkanistern und Messern bewaffnete Männer hatten »Interviews« verlangt, man hatte ihm innerhalb eines halben Jahres drei Briefe mit scharfen Patronen und Todesdrohungen nach Hause geschickt, die Ermordung seines Sohns angekündigt, ein Projektil aus einem Gewehr in der Decke eines Zimmers im Rathaus gefunden. Eine Woche vor dem Attentat hatte Motoshima darum gebeten, den Personenschutz aufzuheben. Ein einziger Satz war der Grund, weswegen man ihm nach dem Leben trachtete: »Ich glaube, daß der Tennô Verantwortung für den Krieg trägt.« Gesprochen in einer Versammlung des Stadtparlaments, während des endlosen Siechtums von Kaiser Hirohito. Das war es. Majestätsbeleidigung eines Sterbenden, dessen Krankheit nicht einmal beim Namen genannt werden durfte. Motoshima hatte gewagt zu sagen, daß kein Fluß ohne Regen über die Ufer tritt. Ohne Tränen, hätte er sagen und lügen müssen, um seine Haut zu retten.

Die Äußerung war Teil der Antwort auf die Anfrage eines kommunistischen Abgeordneten gewesen, der von Motoshima zu wissen begehrt hatte, ob dessen Meinung nach die Schlacht um Okinawa sowie die beiden Atombombenabwürfe zu vermeiden gewesen wären, wenn sich der Kaiser früher geschlagen gegeben hätte. Motoshima Hitoshi, bis zu seiner ersten Kandidatur 1979 LDP-Mitglied und ein als konservativ geltender Politiker, wurde zum Symbol pietätloser Veruntreuung des Kaisertums. Im Mai 1990, bei einem Besuch des neuen (noch nicht gekrönten) Tennô, soll Akihito sich nach Motoshimas Wohlergehen erkundigt haben: »Mein Körper hat sich vom Schock wieder erholt«, antwortete er, »mein Herz jedoch noch nicht.«

Als ich ihn zehn Monate nach dem Attentat traf, sprach er im Schutze dreier Leibwächter. Auch seine Familie wurde ständig überwacht. »Aber wahrscheinlich sind die Leute, die mich beschimpfen, nicht jene, die mich umbringen wollen«, sagte Motoshima. Die Märtyrerrolle behagte ihm nicht. Noch weniger aber behagte ihm die Tendenz in Japan, »die Dinge totzuschweigen: ganz gleich, ob es um die Entschädigung für Veteranen ging, oder, seit drei Jahrzehnten, um die Opfer der Minamata-Krankheit. Es gab in diesem Sinne nie eine Politik mit Vision und Prinzipien, nur ein notdürftiges, zu spätes Handeln von Fall zu Fall.« Japanisches Denken folge nicht der Denktradition Europas, es neige zur Uniformität und habe sich immer einzig über das Verhältnis zur Natur definiert. Japan vergesse leicht, was ihm nicht passe. Am Ende unseres Gesprächs fragte Motoshima noch, wie es Erich Honecker gehe. Den habe er in Nagasaki als freundlichen Mann kennengelernt. Nach dem Fall der Mauer habe er in einem Telegramm an die Deutsche Botschaft in Tôkyô darum gebeten, Honecker würdevoll zu behandeln. So sprach Motoshima, Christ seit Jugendjahren, der sich in der Kaiserlichen Armee Prügel eingehandelt hatte, als er auf die Frage, wer wichtiger sei, Christus oder der Kaiser, geantwortet hatte: »Beide.«

Aber ach, es sind immer dieselben honorigen Zeugen der Anklage unter Japans liberalen Intellektuellen und Künstlern. Sie leiden an ihrem Land, und sie geben uns die vernichtenden Urteile, die unsere Kritik rechtfertigen. Aber was nützt es? Ihre Klagen verhallen folgenlos, Bauchrednerei der Unerhörten. Auch ihre Idiosynkrasien kennt man nach einigen Treffen bis in die Formulierungen. Ôe Kenzaburô, Jahrgang

1935, gern im Ausland als »Gewissen Japans« annonciert und als »führender Schriftsteller« seines Landes mißverstanden, ist das beste Beispiel. Ein Schriftsteller von höchstem moralischem Anspruch, großer Integrität und europäisch gebildetem Scharfsinn. Aber sein Gewissen, das er sich seit Jahrzehnten aus unterdrückten Minderheiten macht, Atombombenopfern, Koreanern, Behinderten, ist sowenig zu verstaatlichen wie sein Herz, das links schlägt. Ôe ist humanistischer Rigorist in Notwehr, er führt nicht und verführt niemanden. Er steht allein und spricht für sich, sein Widerhall in der Welt verhält sich umgekehrt proportional zum Echo seiner Worte in Japan. Um den letzten nennenswerten Einfluß im eigenen Land, so scheint es, brachte Ôe die Entscheidung der schwedischen Akademie im Herbst 1994. Die japanische Ikone des Auslands wird befremdliches Ornament in Japan.

Ich bewundere diesen scheuen, nachdenklichen, bescheidenen, feinen Mann nicht erst seit jenem Oktobertag, als seine Wahl zum Literatur-Nobelpreisträger mir und der Zeitung einen Scoop bescherte. Auf Verdacht, weil sein Name in einschlägigen Akademie-Kreisen wieder einmal genannt wurde, hatte ich ihn zwei Wochen zuvor um ein Interview gebeten und zu meiner Überraschung umstandslos die Zusage erhalten. Einer Eingebung folgend, die im Rückblick entscheidend war, hatte ich nicht auf sein karges Englisch vertraut, das Ôe aus Höflichkeit anbietet und dabei stets riskiert, naiv zu wirken. Eine der besten und teuersten Deutschdolmetscherinnen Tôkyôs begleitete mich zu dem Haus des Schriftstellers. Und daß der jungen Dame Meister Eckhart so vertraut war wie Grass, Christa Wolf, Christoph Hein, bewahrte das Interview vor jener Seichtheit des Gutmenschentums, die gerade bei japanischen Gesellschaftskritikern stets droht, wenn sie uns aus Freundlichkeit von den Lippen lesen. Das Gespräch, das vier volle Spalten einer *FAZ*-Seite füllte, erschien am 14. Oktober, an dem Tag, als alle Welt mit Ôe reden wollte. Selbst die deutsche Kolonie in Tôkyô gratulierte, angeführt von artigen Komplimenten des Botschafters. Japan hatte die Nachricht aus Stockholm abends kurz nach 21 Uhr auf dieselbe Weise bekanntgemacht wie sonst Erdbeben, Politikerrücktritte und mindere Börsensensationen: mit weißleuchtenden Schriftzeichen am oberen Bildrand des laufenden Fernsehprogramms. Das Land reagierte mit verlegenem Lob. Ôe meinte, es gebe bessere, würdigere Autoren als ihn selbst. Ausgezeichnet werde freilich Asien, und das sei recht so. Und das meinten wohl auch viele Japaner.

Beim Gespräch vierzehn Tage vorher hoffte ich auf sein Glück, aber glaubte nicht daran. Sowenig wie Ôe, der Kundera, Vargas Llosa, natürlich seinen Freund Grass über sich stellte und ihnen die Auszeichnung wünschte. Ôes Frau reichte Plätzchen und Tee, und ich bemerkte zum ersten Mal die Angewohnheit Ôes, seinen Sätzen mit leichtem Schmatzen nachzuschmecken, Begriffe kauend auf Widerstandsfähigkeit zu überprüfen. Die Degustation, eine Maßnahme gegen das vorschnelle geschwätzige Statement, erfordert Geduld. Aber sie lohnt immer bei Ôe Kenzaburô. Mystizismus war sein Thema, der europäische wie der asiatische, eine Idee, die besonders sein Erzrivale Mishima Yukio über Japan auf Ostasien und bis nach Indien ausgedehnt hatte. Aus politischen und literarischen Gründen ein erbitterter Gegner Mishimas, wollte Ôe ihm das Monopol des Mystizismus streitig machen. Ob das Thema die Leser interessieren werde, sei von so nachrangiger Bedeutung wie die Frage, ob Ôe überhaupt einen Roman schreibe oder nicht. Seine Leserschaft vermindere sich ständig. Die letzten beiden Bücher hätten nur noch eine Auflage von dreißigtausend Exemplaren erreicht.

Ich war dankbar für das Stichwort Mishima. Mishima erschien in Ôes Werk wie in seinen Reden immer wieder als eine Art kaiserlich-schintoistischer Antichrist, der mit seinen Romanen und seinem Operettenputschversuch bereitwillig seine Rolle in einem europäisch verzerrten Japanbild gespielt hatte. Ôe hatte Mishimas Freitod durch Harakiri wenige Jahre zuvor öffentlich eine »Perversion« genannt und einen »Verrat an allen Asiaten« und war dafür hart kritisiert worden. Im Westen scheint man bis heute wenig geneigt, Mishima wegen seines rechtsextremistischen Abenteurertums auch den bedeutenden literarischen Rang zu bestreiten. Was er dazu sage? »Es gibt Leute, die meinen, man könne die politische Haltung von literarischen und philosophischen Leistungen trennen. Für mich war das stets untrennbar.« In einem langen Exkurs nannte Ôe die Nähe Heideggers und Célines zu faschistischen Regimes und bekannte seine Verehrung für Thomas Mann und Günter Grass. »Und ich habe es immerhin geschafft, Richard Wagner für mich zu entdecken, den ich geächtet hatte, weil Mishima ihn liebte; bis ich mich vor zwei Jahren in Wien vier Tage lang an seinen Opern berauschte. Für mich bleibt aber das unüberwindliche Problem, daß Mishima die japanische Armee zu einem Staatsstreich aufhetzte. Wie soll man ignorieren, daß ein Schriftsteller zu einem Putsch aufruft? Dazu kommt, daß in Japan der Tennôismus nach wie vor das politische und kulturelle Zentrum bildet. Man sieht das schon daran, daß hier alle Schriftsteller von Rang der ›Kunstakademie‹ angehören, deren Mitglieder vom Tennô ernannt werden. Alle akzeptieren das, ich lehne es ab und bin deshalb kein Mitglied. Übrigens hat Mishima selbst nie eine Trennung von Leben und Werk geduldet. Er sehnte sich danach, im Westen als Repräsentant Japans zu gelten, und verhielt sich danach. Ich bin zu einer gespaltenen Wahrnehmung Mishimas nicht in der Lage.«

Das Kaisertum, das nächste sichere Stichwort, ein fluchbeladenes Amen in Ôes humanistischer Kirche, deren Evangelium die Kriegserfahrung ist. Schon Ende der fünfziger Jahre, als dazu noch Mut gehörte, als andererseits auch die Medien noch Mut hatten, war Ôe in scharfer Form für die Abschaffung des Kaisertums eingetreten. Während sich der Kronprinz Akihito zu seiner Tennisliebe, der bürgerlichen Michiko, bekannte, die Bürger rührte und mit seiner Heirat der jungen japanischen Fernsehindustrie einen ersten Boom bescherte, vergriff sich der begabte Provinzler von der Insel Shikoku an der Institution. Die beiden Erzählungen *Siebzehn* und *Tod eines politischen Jugendlichen*, in denen Ôe den jungen fanatischen Attentäter des sozialistischen Parteichefs Asanuma im Oktober 1960, sein Leben und seinen Selbstmord in Haft beschrieb, brachten ihn für viele Jahre auf Todeslisten von Japans Rechtsradikalen. Willy Brandt hatte ihm bei einem Japanbesuch gesagt, er spiele in seinem Lande offenbar dieselbe Rolle wie Grass in Deutschland: den Nestbeschmutzer. Ôe scheute sich nicht, diesem Ruf gerecht zu werden.

Ohne Peinlichkeit bekannte sich Ôe Kenzaburô zu seinen Obsessionen, auch zu Jugendsünden wie seiner glühenden Bewunderung für Mao Tse-tung. Wir sprachen noch über mancherlei an jenem Nachmittag, wohl drei Stunden saßen wir beisammen. Manches mußte ich streichen, schließlich war der Literaturnobelpreis der Anlaß, nicht eine politische Debatte. Im April 1998 veröffentlichte *Die Zeit* ein Interview mit Ôe

Kenzaburô, das mir seltsam bekannt vorkam, obgleich es gewiß Wort für Wort authentisch war. Es schien mir, als hätte ich Ôe das alles schon einmal sagen hören, bevor die sogenannte Asienkrise ein stehender Begriff wurde. Er klagte über Untertanenbewußtsein der konservativen Japaner, über das Kaisersystem und ein halbes Jahrhundert LDP-Herrschaft, die eine echte Demokratie im westlichen Sinne erstickt habe. Ob die japanische Gesellschaft an ihren Wurzeln verrottet sei, lautete endlich die poetisch unverschämte Frage. »Das kann man so sagen, wenn auch nicht für ganz Japan. Die japanische Elite ist wirklich bis zu den Wurzeln verrottet. Das gilt für die Banken, große Teile der Privatwirtschaft, auf die sich die LDP stützt, und für die LDP selbst. Die gesamte Herrschaftsstruktur Japans ist verrottet. Wir müssen ein völlig neues Japan schaffen, das der Fäulnis eine neue moralische Disziplin entgegenstellt.«

So sprach Ôe Kenzaburô 1998 und 1994, und so spricht er überhaupt. Ich respektiere ihn für seine Überzeugungen. Doch die, die es vor allem angeht, hören es nicht und wissen es selbst. Die langjährigen deutschen Korrespondenten in Tôkyô, auf der Suche nach neuen Geschichten, wie es ihr Beruf nun einmal verlangt, sind nicht zu beneiden. Sollen sie eine Geruchslehre der Fäulnis entwickeln? Sollen sie die Grade von Verrottung begutachten? Wie oft können sie dem Dilemma entfliehen, indem sie schreiben, die Japaner würden weit unter Wert regiert? Einmal, ein Dutzend Mal geht das, aber irgendwann sind die Klagen dünngeschrieben, und die Verzweiflung scheint durch. Vom offiziellen Leben in Japan kann man als Journalist nicht leben.

ZEHNTES KAPITEL

Das inoffizielle Japan entschädigt für die Eintönigkeit. Doch ist es schwer zu entdecken, wenn man es nicht zu dechiffrieren weiß. Das braucht Zeit, und es bedarf der Unhöflichkeit, sich fürsorglicher Gastfreundschaft zu entziehen. Die meisten Besucher verfügen weder über das eine noch das andere.

Die Sensibleren unter den westlichen Wissenschaftlern, Künstlern, Journalisten, die der ersten Einladung nach Japan folgen, fallen bei ihrer Ankunft in Schocklähmung. Nie fühlten sie sich hilfloser in einer Industrienation, nie fühlten sie sich an Leib und Besitz weniger bedroht. Sie alle erleben dieselbe Entmündigung im fremden Zeichenreich, die lückenlos sorgende Betreuung durch die Gastgeber. Niemand streitet mit ihnen wie gewohnt über ihre Arbeit, sie werden unentwegt gelobt. Es gibt viel preis über Menschen, ob sie den Ausnahmezustand, etwa beim Zusammentreffen mit ihresgleichen in Botschaften, Hotels, Goethe-Instituten, erstaunt oder mit Entsetzen schildern. Ob sie überhaupt geständig sind. Was der eine als kulturellen Drogenrausch und Schrumpfen auf Kindesgröße genießt, fürchtet der andere als Schwerstbehinderung wie nach einem Schlaganfall. Kühn machen sich die ersten auf zu langen Erkundungsgängen durch die Städte, erschöpft lassen sich die anderen von ihren Führern zu Sehenswürdigkeiten schleppen. Und die erstaunlichsten Sehenswürdigkeiten sind nicht aus Stein und bemalter Leinwand wie in Europa, es sind Menschen und ihre flüchtigen Tableaus der Gewohnheit und ihre Requisiten. Die Touristen sehen die grell strahlenden Pachinko-Spielhallen, aus denen der tumbe Höllenlärm Tausender zwischen Stahlnägeln tanzender Kugeln tönt; sie bewundern die Kunststoffspeisen in Restaurantvitrinen, selbstöffnende Taxitüren, das elaborierte Reinigungsritual in den

heißen Quellen, Kinderspiele in Tempeln, Sushi vom Fließ-
band, die Bilderrätsel der Reklameschriften, vor allem aber eine
Menschenmenge, deren Dichte, Ordnung, Unaufdringlichkeit
ihnen geheimnisvoller scheint als alles andere. Sie sehen das
alles und erkennen nichts.

»Wie kommt es, daß sie nicht übereinander herfallen, daß
sie nicht irre werden an ihrer schieren Menge?« fragte mich
einmal ein nervöser Besucher, gerade der abendlichen Rush-
hour am Tôkyôter Hauptbahnhof entronnen. »Vielleicht indem
sie einander nicht sehen«, versuchte ich eine Antwort, »indem
sie nur diejenigen wahrnehmen, die in Körpersprache und
Kleidung Zeichen der Zugehörigkeit setzen.« Die Erklärung
befriedigte ihn nicht. Das konnte sie auch nicht, der Tourist
hat mit niemandem etwas gemeinsam, er kennt nicht die Anstandsregeln noch die Kleiderordnung der japanischen Gesellschaft. Er ortet nichts, noch erscheint er auf dem Radar. Ich
hatte mir angewöhnt, beim Laufen in engster Bedrängung
hoch über die Entgegenkommenden hinwegzusehen – und die
Menge teilte sich wundersam vor dem Fremden. Zugleich
lernte ich, einen ständischen Code zu lesen, der nicht zufällig
an die einst vorgeschriebenen Insignien der feudalen Kasten
erinnert. Wo der reibungslose gesellschaftliche Umgang vor
allem darauf angewiesen scheint, in einem einzigen Augenblick zu entscheiden, welche Sprachebene, welcher Verbeu-
gungsgrad und so fort angemessen sind, muß Verlaß sein auf
subtile Signale. Wo sich neun von zehn Bürgern bei Umfragen
zum Mittelstand rechnen und damit vorsichtshalber eine Kon-
formität signalisieren, die bei näherem Hinsehen eine bemerkenswerte Exzentrik im Privaten tarnt, machen Haartracht,
Handschuhe, Hüte, Anstecknadeln und Kleider Leute erst zu
korrekten Menschen. Gerade in der vorgeblichen Klassenlosig-
keit achtet man auf sein Äußeres, in Japan ersetzt es den Per-
sonalausweis.

Wer ist wer in Japan? Den deutlichsten Fingerzeig geben,
ich sprach davon, weiße Handschuhe und peinlich saubere
Overalls auf Handarbeiter und Dienstleister. Schwerer fällt die
Einordnung naturgemäß bei dem Heer der Angestellten in
grauen und marineblauen Anzügen, deren Krawattennadeln
oder Buttons im Revers zwar häufig ihr Unternehmen verraten,
nicht aber ihren Rang, und deren Trachten es eben ist, durch
nichts als Pflichterfüllung aufzufallen. Doch kann man niedere

Salarymen von Großunternehmen und Angestellte kleiner Firmen an billigeren Armbanduhren, nachlässiger gebügelten Hemden und zuverlässig an ihren Schuhen erkennen. Ihre Absätze sind schiefgelaufen, das Leder der Fersenstücke ist faltig und niedergetreten, weil ihre Träger zu bequem sind, sie ständig auf- und zuzuschnüren. Die Geringschätzung der Salarymen für ihr Schuhwerk hat einen bäuerlichen Zug, den sich ihre Chefs nicht einmal bei ihrer Golfausrüstung an Wochenenden leisten würden. Zeigt her eure Schuhe. Intellektuelle, also Professoren, Künstler, unangepaßte Journalisten sind häufig mit Nickelbrillen, schulterlangem wirrem Haar, Kordsakkos, originellen Kopfbedeckungen, vielfach einer Baskenmütze trefflich markiert. Musiker tragen ständig, so scheint es, ihre Instrumente mit sich herum. Uniformität der üblichen Art, von der schwarzen Kadettenkluft der Schüler über die blaue Uniform der Polizisten bis zu den betont unkleidsamen Kittelschürzen und Einheitskostümen der Bankkassiererinnen und Verkäuferinnen, macht die Einordnung leicht. Kaum je sind dagegen Soldaten in ihrer Berufskleidung auszumachen, sie fehlen in Tôkyôs Stadtbild so auffällig, wie die Polizei, meist freundlich und immer ortskundig, allgegenwärtig ist. Im pazifistisch verfaßten Japan, das ausdrücklich auf das Unterhalten einer Armee verzichtet hat, ist zivile Camouflage des Militärs ein Gebot der Staatsräson. Um so greller sind, wie überall, die vielfältigen Staffagen der Jugendkultur, welche die glückliche Übergangzeit zwischen Schulabschluß und dem Einberufungsbefehl ins bürgerliche Leben feiern. Der Eintritt in die Norm duldet keine Abweichung, wer mit Fünfundzwanzig noch nicht Kostüm, Anzug oder Blaumann trägt, bleibt in der Regel eine Randerscheinung. Es sei denn, er wird ein Fernsehstar. Oder Yakuza.

Dann wird er nicht zu übersehen sein. Denn auch die berühmtesten Aussteiger der Nation, die Angehörigen der japanischen Mafia, sind uniformiert, was ihre erkennungsdienstliche Behandlung durch die Polizei ebenso erleichtert wie Vermeidungsstrategien der Bürger. Darüber hinaus können sich die Yakuza rühmen, alle anderen gesellschaftlich relevanten Gruppen an Geschmacklosigkeit in Auftreten und Ausstattung zu übertreffen. Man trägt als Gangster mächtigen Goldschmuck zum offenen Hawaiihemd, Nadelstreifen zur weißen Krawatte, Fönfrisuren, ölige Haartollen oder wahlweise, je nach Schwere und Funktion der Jungs, glattrasierte Schädel, dazu gern dunkle Sonnenbrillen bei jedem Wetter, weiß besetzte Schuhe wie einst Capone und Co. in Chicago, einen unauffälligen Schulterhalfter und, wenn sie vom alten Schlag sind, künstlerisch hochwertige, bunte Ganzkörpertätowierungen. Manche tragen ein oder zwei Glieder weniger an ihren kleinen Fingern: Loyalitätsbeweis und kleine Aufmerksamkeit für den Boß nach schweren Versäumnissen. Yakuza-Bosse fahren verdunkelte, gepanzerte Mercedes-Limousinen, die Unterführer BMW, und ihre Herzen schlagen aus Überzeugung und Tradition rechts. Für einen Wagen der Yakuza gibt es weder Beschränkungen der Höchstgeschwindigkeit noch rote Ampeln, zumindest besteht die Polizei erfahrungsgemäß nicht darauf, sich Ärger einzuhandeln wegen solcher Kleinigkeiten. Für den Auto fahrenden Mann auf der Straße, der sich von einem rasenden Yakuza geschnitten sieht und in Wut gerät, empfiehlt sich dieselbe Zurückhaltung. Hupen, gestreckte Mittelfinger, alle Mißfallensreaktionen werden von hitzigen Yakuza sofort geahndet.

Wie die sizilianische Mafia übernimmt die Yakuza Mittlerfunktion in zivilrechtlichen Konflikten aller Art. Aber anders als die katholische »Ehrenwerte Gesellschaft« legt sie auf Blutsverwandtschaft in den Familien keinen Wert und scheut sich nicht vor dem Prostitutionsgeschäft. Glücksspiel, Motorbootrennen und Waffenhandel, Schweigegelderpressung und Schutz von Geschäften und Aktionärsversammlungen gegen Gebühr, Schuldeneintreibung und Schadensregelung bei uneinsichtigen Unfallgegnern, Streikschlichtung und Überreden von allzu seßhaften Grundbesitzern oder Mietern, Drogenhandel mit Aufputschmitteln, Speditionswesen und die Kontrolle von Häfen, schließlich Personen-, Objekt-, und überhaupt, jawohl, Staatsschutz durch Gründung nationalistischer Patriotenverbände und Auslieferung irrer Einzeltäter an die Polizei, die ausgerechnet in der kriminellen Subkultur die Ordnung gefährden: alles das verläßlich und gewöhnlich ohne Aufsehen erledigt von den Jungs fürs Grobe. Die Yakuza im Haus ersetzt den Rechtsanwalt. Um die hunderttausend stadt- und polizeibekannte Männer – zwanzigmal soviel wie die amerikanische Mafia –, in sieben Syndikaten um die Zentren Ôsaka und Tôkyô organisiert, erwirtschaften im Jahr mindestens zwanzig Milliarden Mark. Vermutlich aber ein Mehrfaches.

Gewalttätig arbeiten sie beim geringsten Teil ihrer Geschäfte, eine unmißverständliche Visitenkarte zur rechten Zeit ersetzt den Baseballschläger, Telefonterror das Messer. Wer die Yakuza meint, aber den Namen nicht auszusprechen wagt, zieht sich mit dem rechten Zeigefinger rasch einen Schmiß auf die Wange. Jeder Japaner versteht.

Ya-ku-za heißt schlicht »8–9–3« und bezeichnet das schlechteste Blatt in dem beliebten Kartenspiel *hanafuda*. (Es heißt, Autokennzeichen mit diesen drei Ziffern seien unter Normalbürgern begehrt, sie böten einen gewissen Schutz bei Parkplatzstreitigkeiten, gegen Diebstahl und Strafmandate.) Es waren tatsächlich Verlierertypen, Nichtsnutze, die sich während der Feudalzeit als fahrende Händler durchschlugen und unentschlossenen Kunden nachhalfen. Dem Gewerbe der Schausteller, die von Schreinfest zu Schreinfest ziehen mit ihren Ständen, sind sie bis heute treu geblieben. Ich habe die Herren mit ihren Hawaiihemden bei solchen *matsuri* in unserer Nachbarschaft in Gruppen sitzen sehen. Sie aßen, tranken, lärmten, beehrten nacheinander alle Kneipenzelte und zahlten keinen Yen. Ich habe sie in Seoul in Saunabezirken eines japanischen Hotels gesehen und erkannt, weil sie virtuose Tätowierungen trugen und sich lachend unter einem Schild mit Benimmregeln räkelten, auf dem stand: »Gästen mit Körpertätowierungen ist der Zutritt verboten.« In Romanen und Filmen werden sie als moralisch degenerierte herrenlose Samurai geschildert, die in Friedenszeiten nicht wußten wohin mit ihrer Waffenkunst. Sie übernahmen Polizeiarbeit, die Geschichte des gegenseitigen Parasitentums ist alt. Sie wurden von den Städtern gegen Räuber aufgeboten, sicherten mit staatlicher Duldung Handelswege voreinander, beaufsichtigten das illegale Glücksspiel. Man dichtete ihnen tragische Robin-Hood-Episoden und wertkonservative Gesinnung an, beschrieb respektvoll ihre feudalen Gruppenstrukturen mit »Schülern« und »Lehrern«, großartigen Initiationsriten und Begräbnissen unter Polizeischutz. Wo die Korruption blühte, spielte die Yakuza den Gärtner. Dabei ist es, wie man hört, geblieben. Yakuza waren den amerikanischen Besatzern gegen linke Subversive zu Diensten. Premierminister heuerten sie als Leibwächter an, hohe Beamte und Wirtschaftsführer spielten Golf mit ihnen, gaben ihnen Kredite; Politiker nahmen ihre Schmiergelder ohne Unrechtsgefühl. Alles blieb in der großen japanischen Familie, solange sich die Yakuza an die Abmachung hielt, möglichst keine harten Drogen und Feuerwaffen einzuführen und Gewaltverbrechen auf ihre Gebietskriege zu beschränken.

Die Wirtschaft versicherte sich ihrer Dienste als Ordner bei Aktionärsversammlungen, die an einem Sommermorgen zeitgleich und zum Verwechseln ähnlich im ganzen Land abgehalten werden. Die *sôkaiya*, aus der Yakuza rekrutiert, sorgten dafür, daß die gerade halbstundenlangen Zeremonien die unverbrüchliche Freundschaft zwischen Anteilseignern und Management bezeugen konnten, indem sie lästige Frager zur Vernunft, also zum Schweigen überredeten. Die Yakuza war die vierte Macht im Staat. Man stand im Telefonbuch und malte den Syndikatsnamen an die Haustür. Abtretende Bosse gaben in Pressekonferenzen Auskunft über ihre Nachfolger, zu Neujahr und anderen Festtagen statteten Yakuza ihrem Polizeirevier Höflichkeitsbesuche ab. Nachwuchs rekrutierten sie aus jugendlichen Gangs und Motorradrockern *(bôsôzoku)*, den Halbstarken wurden in mönchischen Lehrlingsverhältnissen Manieren für den erleuchteten Weg der Gangs, *yakuza-dô*, beigebracht. Überhaupt blieben sie im Licht, die polizeilichen Statistiken über das organisierte Verbrechen finden in ihrer Exaktheit hinter dem Komma nichts Vergleichbares in der Welt.

Es mag eine tiefe Sehnsucht nach bürgerlicher Anerkennung gewesen sein, welche die Yakuza in der Bubble-Ära dazu trieb, sich in die feinsten Golfklubs einzukaufen, an der Börse aufzutrumpfen und nur noch in den besten Restaurants zu speisen. Das Establishment fühlte sich gestört. Am 1. März 1992 trat ein Gesetz zur Zähmung der *bôryokudan*, »krimineller Vereinigungen«, in Kraft, das die Yakuza über Nacht regelrecht in die Illegalität trieb. Die Gangster nahmen das Gesetz, das ihre kulanten Servicespezialitäten kriminalisierte, mit Recht persönlich und waren schwer beleidigt. Sie erhielten sogar Unterstützung von einigen liberalen Strafrechtlern, die in dem Gesetz auch ein Unterdrückungswerkzeug gegen demokratische Grundrechte erkannten. Wenige Tage vor Inkrafttreten des Gesetzes kam es in Tôkyô zu einem denkwürdigen Demonstrationsmarsch eines Aktionsbündnisses von Ultralinken, Rechtsradikalen und Yakuza-Gruppen. Auf einem Spruchband, das ich mir übersetzen ließ, stand: »Auch Yakuza haben Menschenrechte. Auch Gangster haben Frau und Kind.«

Schon nach wenigen Monaten meldete die Polizei erste Erfolge. Der Ansehensverlust der Yakuza habe dazu geführt, daß die Leute einfach keine Angst mehr hätten vor dem Gangster aus der Nachbarschaft. Nach zwei Jahren gab die Polizei bekannt, das Gesetz habe zur Auflösung von 380 Gangs mit genau 2655 Mitgliedern geführt, und gut 44000 polizeibekannte Gangster seien als solche öffentlich gebrandmarkt.

Etwa zur selben Zeit setzte auch die Gangsterdämmerung im Kino ein. Das Filmgenre, dessen Stars Ende der sechziger Jahre ihre Kollegen vom Samurai-Fach dank überlegener Waffen und Glaubwürdigkeit in die Flucht geschlagen hatten, fände keine Anhänger mehr, teilten die Filmstudios eines Tages mit. In der verwirrenden Zeit des Wirtschaftswunders suchte man Halt in Filmen mit reaktionären Helden, die gefangen blieben in einem Netz aus Pflicht und Loyalität. Raubtier und Beute in Personalunion. Auch die linke Studentenschaft nahm die Filme begeistert auf. Der Kampf des Yakuza gegen die dekadente Moderne, dargestellt von fettleibigen, Zigarren rauchenden Bossen, in den späten fünfziger Jahren noch Amerikaner, später Koreaner oder Chinesen, wurde erbittert und ohne Hoffnung geführt. Gut und Böse blieben im Yakuza-Milieu. Die aufopfernde Hingabe der Jungs zum Boß (*oyabun*), der gewöhnlich greis, siech, entrückt, aber gut und bescheiden war, hat wenig gemein mit der amerikanischen schwarze Serie. Sie hatten nie eine Chance gegen die Gang des gewöhnlich jungen, gesunden, gemeinen, großkotzigen *oyabun*, der schießen ließ, wo die Ehre den Schwertkampf gebot, und spät sein gerechtes Ende fand, nachdem der bereits von Kugeln durchsiebte Lieblingsschüler des guten *oyabun* ihn mit letzter Kraft erledigt hatte. Für das Finale hatte der Maskenbildner noch einmal Rouge aufgefrischt, wie es einst in Japan vor dem Selbstmord Sitte war, um nicht durch Totenblässe schwächlich zu erscheinen. Augenblicke noch lebte die schöne Leiche. Dann sprudelte endlich noch mehr Blut aus den tätowierten Blumenranken und Geishaporträts der Heldenbrust, während sich der Sterbende, möglichst in den Armen eines weinenden jugendlichen Getreuen und im Regen, eine ausführliche Abschiedsrede entrang. Die Moral führte das letzte Wort des schon jenseitig Lächelnden: »Es mußte sein ... mach es besser als ich, Junge ... werde ein anständiger Mensch ... weine nicht um mich ... Yakuza haben keine Zu ... kun ... f ... t.«

Ein Zusammenhang zwischen der geringen »Normalkriminalität« im Nachkriegsjapan, der kaum sichtbaren Straßenkriminalität wie der Gewalt gegen Frauen, mit dem Regime der Yakuza wird leicht erwogen und kann schwerlich bewiesen werden. Bei allen Zweifeln, die angebracht scheinen gegenüber den glanzvollen offiziellen Sicherheitsstatistiken: Niemand kann das Phänomen bestreiten, das alle Modernisierungs- und Urbanisierungstheorien herausfordert und den Neid der übrigen Industriegesellschaften auf sich zieht. Soziologen, auf der Suche nach den Gründen für den Gewaltverzicht, hantieren mit Modellen wie »non-konfrontativem Verhalten in Referenzgruppen, materneller Prägung der Alltagskultur, dichter informeller Kontrolle, Gelegenheitsmangel aufgrund der hohen zeitlichen Anforderungen in Schul- und Berufsleben«. Die gegenseitige Kontrolle der Bürger in ihren überschaubaren Vierteln mit engen Gassen, die jeden Ehestreit öffentlich machen, ist als »freundlicher Autoritarismus« beschrieben worden. Gerüchte verbreiten sich schnell, man zerreißt sich das Maul wie in der feudalen Dorfgemeinschaft der *mura*, deren härteste Sanktion die Ächtung eines Mitglieds war. Der Begriff *mura hachibu*, einst eine Verbannung »zu acht Zehnteln«, die den Übeltäter nur noch bei Feuersbrünsten und Begräbnissen in der Gemeinschaft duldete, bezeichnet bis heute unter Schülern, im Kollegenkreis, aber auch in der Selbstjustiz einer Yakuza-Gang einen gebräuchlichen Bannfluch. Die Ausgestoßenen sind Luft, sie sind gesellschaftlich erledigt. Auch finden sich noch immer verständnisvolle Zeitungsberichte – es ist in der Branche üblich, Verdächtige mit Bild und vollem Namen vorzustellen – über Strafaktionen unbescholtener Bürger, die einer Sippenhaft gleichkommen. Da erzwingt etwa der Diebstahl eines jungen Mannes in Tôkyô die »freiwillige Kündigung« seiner Schwester in Nagoya und den Umzug der Eltern in einen anonymen Vorort. *Gossip*, der Tratsch des gesunden Volksempfindens, tritt als Ankläger und Richter auf. Die Strafe vollstreckt der Delinquent an sich selbst. Und wenn in Japan nun über steigende Kriminalität und Werteverlust lamentiert wird wie überall, sollte man sich über den hohen Preis im klaren sein, der im Musterland der inneren Sicherheit zu entrichten ist von Außenseitern, Ausgestoßenen, den üblichen Verdächtigen, deren Vergehen darin liegt, irgendwie anders zu sein und den großen Betriebsfrieden Japans zu stören.

Die Unruhestifter waren meine Helden der anderen japanischen Wirklichkeit. Takeda Jun zum Beispiel, HIV-infiziert, schwul, Aktivist in der größten Selbsthilfegruppe für Aids-Kranke in Japan und alles andere als radikal. Ich traf den jungen Mann, der zehn Jahre als Student und Angestellter in Hamburg verbracht hatte, der geliebten »zweiten Heimat«, vor einem Aids-Kongreß in Yokohama. Sein in fließendem Deutsch beschriebenes Lebensgefühl war zu zart, zu sehr von der Sehnsucht nach dem »Schönen« und der »Nächstenliebe« abhängig, um über Dunkelziffern, Behandlungsboykotte in Krankenhäusern, die xenophobische Ahnungslosigkeit von Ministern zu rechten, die Japan von »Aidsländern eingekreist« sah. Gegen den Rat seiner deutschen Freunde war Takeda zurückgekehrt. Sie wußten nicht zuletzt von ihm, was ihm bevorstehen würde. Offene Zurückweisung des Kranken und verächtliches Schweigen für den Homosexuellen, alles Reaktionen auf die »Schande«, anders zu sein. Er habe sich an der japanischen Tugend der Reinheit vergangen, sagte Takeda sarkastisch lächelnd. Für Sektierertum und Kampfansagen an den Staat habe er keine Zeit, das Versagen erzkonservativer Ärzte, »die sich seit den Zeiten Kaiser Meijis nur in ihren technischen Fertigkeiten weiterentwickelt haben«, sei ungeheuerlich. Aber man müsse die Einsicht der Eliten gewinnen. Um seine Familie in Südjapan zu schonen, lebte und arbeitete er unter einem falschen Namen. Die Medien berichteten von Entlassungen, gekündigten Wohnungen, gnadenloser Ausgrenzung der Infizierten durch Verleumdung. Selbst Hämophile, die nicht infiziert waren, sprachen nie offen über ihre Krankheit.

Zweitausend Bluter in Japan wurden durch verunreinigte Blutprodukte aus japanischer Herstellung, die über Jahre hinweg wider besseres Wissen nicht vom Markt genommen wurden, HIV-infiziert, über fünfhundert sind an Aids gestorben. Die Zahl der Arzneimittelgeschädigten in Japan wird auf über hunderttausend geschätzt. Klinische Tests ohne Wissen der Probanden sind verbreitet und führen gelegentlich zu »bedauerlichen Todesfällen«. Kunstfehlerprozesse sind weitgehend unbekannt, der mündige Patient ein westliches Phantom. Allenfalls verstehen sich die Medien zu respektvoller Kritik an einer bedenkenlosen Verschreibungspraxis der Ärzteschaft. Nie aber ist die Rede von der seltsamen Sitte, daß alle Patienten des Nationalen Gesundheitssystems, das private Krankenkassen nicht zuläßt, ihre Rezepte gegen Klarsichthüllen voller Liebesperlen und Pülverchen eintauschen. Sie erhalten die Medikamente ohne Schachtel oder Beipackzettel. Nicht lesen, schlucken. Nicht fragen, sondern auf den Ratschluß der Götter vertrauen. Damit muß man leben, daran kann man sterben in Japan. Wie die Opfer der Quecksilbervergiftung von Minamata, die jahrzehntelang auf ein Schuldeingeständnis des Staates warten mußten.

»Warum die Hast?« fragte ich in einem Artikel im November 1995, als die japanischen Zeitungen in großer Aufmachung und beifallheischend die Beilegung des Streits um die letzten Minamata-Kranken verkündeten. Schließlich lag die Entdeckung des mörderischsten Sündenfalls der japanischen Industrie erst neunundreißigeinhalb Jahre zurück.

Die Minamata-Prozesse begleiteten das zu Reichtum aufsteigende Land wie ein geisterhafter, vernarbter Bodyguard aus wilden Jugendjahren, dessen entstelltes Antlitz jeden abschrecken sollte, der verrückt genug war, sich mit dem japanischen Staat anzulegen. Die erste Diagnose der schrecklichen, durch Rückstände organischer Quecksilberverbindungen in Speisefischen ausgelösten Nervenkrankheit wurde 1956 gestellt, die ersten Schadensersatzprozesse gegen die Chisso Corporation 1969 angestrengt; das erste Urteil des zuständigen Bezirksgerichts, das Japans Regierung von jeder Verletzung ihrer Aufsichtspflicht freisprach, stammte aus dem Jahr 1973. Alle Regierungen wehrten sich tapfer gegen die Klagen der dreitausend endlich anerkannten Vergiftungsopfer und schöpften alle Rechtsmittel aus, während sie dezent das durch Schmerzensgeldleistungen früh ruinierte Unternehmen Chisso subventionierten. Unterdessen hatten mehrere Leiter des Umweltamts mehr oder weniger öffentlich eine »Halbherzigkeit« der staatlichen Stellen und sogar das verhängnisvolle Versäumnis eingestanden, den Fischfang in der verseuchten Bucht zu unterbinden. Man spielte auf Zeit. Es waren die Fotografien des Amerikaners W. Eugene Smith, der Anfang der siebziger Jahre für drei Jahre unter den siechen Fischern von Minamata lebte, mit denen das Städtchen in Südjapan in aller Welt als Tatort einer jammervollen Industrialisierung berüchtigt wurde. Eines der berühmtesten Bilder des Bildessays *Minamata* (1975) zeigt eine Mutter, die in einem Badebottich in ihren Armen ihre erwachsene, in Spasmen verrenkte Tochter hält. Liebevoll ruht der Blick der Frau auf dem maskenstarren Gesicht, dessen Augen ausdruckslos emporstarren. Man sieht in diesem Foto alles, die Krämpfe, die Lähmungen, die Anfälle, das ungeformte Grunzen, die Raserei, die den Menschen zuerst als verrückter »Katzentanz« aufgefallen war, am Ende das schwammartig durchlöcherte, sterbende Gehirn. Das Elend der *itai-itai*-Kranken (ein Schmerzensruf gleich »au-au«) wurde noch gesteigert durch die Furcht der Familien, sozialer Aussatz zu werden wie zur gleichen Zeit noch immer die Atombombenopfer. Die Berufsaussichten und Heiratschancen der Kinder waren ruiniert, die abergläubische Angst vor Erbschäden und das Stigma, daß ein Unglück nie auf Unschuldige fällt, waren nicht durch Gerichtsurteile aus der Welt zu schaffen.

Nur einer von insgesamt fünf Minamata-Opferverbänden führte Schadensersatzprozesse, die anderen vier verfolgten mißtrauisch die Entwicklung. Als endlich der Vergleichsvorschlag der Regierung vorlag, berieten ihn jedoch alle fünf und nahmen ihn an. Zähneknirschend, weil weder ein Schuldeingeständnis noch eine formelle Entschuldigung in der Schweigegeldregelung enthalten und die angebotenen Summen lächerlich waren. Nach vier Jahrzehnten Widerstand waren sie am Ende ihrer Kräfte. Jede Woche stürben die Opfer, ohne einen Yen gesehen zu haben, erklärten sie ihr Einlenken. Sie müßten ihren Stolz also jetzt herunterschlucken, solange das Geld noch etwas Linderung verheiße, nicht nur einen größeren Grabstein. Manchmal wollte ich an der unbegreiflichen Langmut der Japaner gegenüber ihrem Staat verzweifeln. Warum nahmen sie es fatalistisch hin, ständig bevormundet und in der Not im Stich gelassen zu werden? Ein Fernsehkommentator brachte an einem jener Wahlsonntage, an dem sich wieder einmal nichts verändert hatte, den Fatalismus behaglich auf den Begriff. »Wir sind wie aus dem Lehm der Regenzeit gemacht, der dunkel, feucht und langsam ist.«

»Ausgleich pflegen, Einordnung zum Ziel setzen. Die Menschen gehen alle ihren Eigeninteressen nach, nur wenige stehen darüber. So kommt es, daß sie Führern und Vätern nicht folgen oder mit Nachbarn uneins sind. Doch was kann nicht vollbracht werden, wenn die Oberen auf Ausgleich bedacht, die Unteren guten Willens, sich freundschaftlich auseinandersetzen und so die Vernunft wie von selbst siegt.« So betörend vernünftig liest sich seit dem Jahre 604 der Artikel eins der siebzehn Leitsätze des Kronprinzen Shôtoku, der als Lob der Harmonie *(wa)* in Ehren gehalten wird. So unerhört vernünftig scheint die erste japanische Verfassung des Prinzregenten (574–622), daß sie noch heute in den Schulen vorzüglichen Anschauungsunterricht abgibt. Es mag sein, daß sich seit einigen Jahrzehnten Bilder wie »der Fürst gleicht dem Himmel, der Gefolgsmann der Erde« (besonders dem Lehm zur Regenzeit) mit der zeitgenössischen, von den Amerikanern entworfenen Verfassung nicht mehr recht vertragen. Daß jeder an seinem Platz zu bleiben habe und »nicht über den eigenen Bereich walten« möge, hat allerdings seinen Ort in Japans Seele wie des Prinzen Erkenntnis, daß es unten an Ordnung mangele, wenn es oben an Anstand fehle.

ELFTES KAPITEL

Wenn ich an das Erdbeben von Kôbe denke, denke ich an den Unfall auf der Inogashira-Straße. Es war Spätherbst, Jahre vor dem Erdbeben, und ich fuhr mit meinem Wagen auf der vierspurigen Einfallstraße im Westen Tôkyôs stadteinwärts, als der Verkehr stockte. Auch auf den Gegenspuren war Stillstand. Nach einigen Minuten stieg ich aus, ging ein paar Schritte weiter und sah es: Ein Mädchen, vielleicht zehn Jahre alt, lag auf dem Rücken ausgestreckt auf dem Asphalt, seine Beine ragten auf unsere Überholspur. Es war nicht bewußtlos, sein rechter Arm, über dem Kopf angewinkelt, bewegte sich schleifend auf dem Asphalt hin und her, als winke es. Seine Augen waren geöffnet. Am rechten Straßenrand entdeckte ich ein Fahrrad, das Vorderrad verbogen; auf der Bordsteinkante kauerte ein Junge, er mochte zwölf oder dreizehn Jahre alt sein, und weinte unterdrückt. Hatte seine kleine Schwester auf dem Gepäckträger gestanden, als er versuchte, die Straße zu überqueren? Das Kind war verletzt, der Junge stand unter Schock. Das Publikum wartete. Auf wen, die Polizei, die Götter?

Niemand rührte sich unter den Passanten, und außer mir war kein Autofahrer ausgestiegen. Die Motoren liefen, die Wagen der ersten Reihe standen auf beiden Seiten akkurat wie bei einem Rennen, kaum zwei Meter vor dem Hindernis. Ich stand und wollte helfen, aber ich wußte nicht wie. Ein Gaijin, der kein Japanisch sprach und die Sitten nicht kannte, der nicht wußte, was vorgefallen war. Würde ich das Mädchen womöglich noch mehr erschrecken? Ich hatte während meines Zivildienstes als Sanitäter gearbeitet. Aber was, wenn es am Rückgrat verletzt war, wenn jede unbedachte Bewegung Lähmung oder Tod bedeuten konnte? So dachte ich, und ich glaube, ich muß rot angelaufen sein vor Ohnmacht und Scham.

Dann ging ich zu meinem Wagen zurück. Und als hätte ich das Kommando gegeben, begannen die Autofahrer sich auf die jeweils linke Spur einzufädeln und langsam an dem Mädchen vorbeizufahren. Ich zögerte. Dann folgte ich dem Beispiel der anderen. Als ich nach Hause kam, war mir übel. Monate später erzählte ich, immer noch beschämt, meiner Assistentin von der unterlassenen Hilfeleistung. Da lächelte sie und sagte: »Wahrscheinlich hat niemand das Mädchen und ihren Bruder gekannt. Japaner meinen, daß sie sich nicht um jeden Fremden kümmern können.« Hätte ich Feigling nicht helfen müssen? »Nein, ich glaube, Sie haben sich richtig verhalten. Sie hätten das Kind nur erschreckt und wären vielleicht in eine Unannehmlichkeit hineingezogen worden.« Was sind nicht alles »Unannehmlichkeiten« in Japan – Korruptionsvorwürfe, Unfälle, kalte Sommer, Krieg, Taifune, Verantwortung für Fremde.

Wenn ich an Kôbe denke, denke ich an eine Begebenheit am Rande des Internationalen Germanistenkongresses Anfang September 1990 in der Tôkyôter Keiô-Universität. Die Münchner Kammerspiele waren angereist, um mit dem *Faust* vornehmstes deutsches Wesen in der Fremde vorzutragen. Die Aufführung stand in Konkurrenz zu einem Kabuki-Abend, den ich ursprünglich hatte besuchen wollen. Warum ich mich am Tag der Vorstellungen eines anderen besann, weiß ich nicht mehr. Jedenfalls ging ich zu dem Organisationstisch im Foyer, an dem ein halbes Dutzend deutsch sprechender Freiwilliger geduldig auf Kundschaft wartete. Heute weiß ich, daß sie gewiß ein halbes Jahr zuvor mit den Vorbereitungen begonnen, Treffen um Treffen abgehalten und Pläne um Pläne entworfen hatten, um dem Gastgeber einen reibungslosen Ablauf des Kongresses garantieren zu können. Damals meinte ich, meinen Wunsch, die Kabuki-Karte gegen eine *Faust*-Karte zu tauschen, rasch plausibel machen zu können. »Leider ist der *Faust* ausverkauft«, bekam ich jedoch mit freundlichem Bedauern zur Antwort, »schon seit Monaten.« Nichts zu machen? »Leider nein.« In diesem Augenblick fügte es sich, daß ein Germanist aus Australien hinzutrat, sogleich an seiner Brusttasche nestelte und sagte: »Das trifft sich wunderbar, ich würde gerne das Kabuki sehen. Wir können tauschen.« Wir machten sogleich Anstalten, dies zu tun, als der Gruppenführer der Freiwilligen in scharfem Ton ausrief: »Aber das geht nicht, beide Vorstellungen sind schon lange ausverkauft.« Der Mann war aufgestanden, er wirkte erregt. Der Australier und ich schauten einander ungläubig an. Das konnte nur ein Mißverständnis sein. »Wir verstehen Sie«, versuchte ich zu erklären, »aber nun ist das Problem ja leicht zu lösen, indem wir einfach tauschen, nicht wahr?« – »Aber Sie haben sich nicht frühzeitig angemeldet«, erwiderte der Mann kopfschüttelnd, »Sie stehen nicht auf der Gästeliste. Das heißt, Sie stehen auf den falschen Gästelisten. Leider können Sie nicht tauschen.«

»Ach wirklich?« Nun war es an uns, zornig zu werden. Denn natürlich hätte der Tausch, wäre er nur ohne Zeugen vollzogen worden, niemanden gestört, er wäre nie bemerkt worden. »Hören Sie«, sagte ich in scharfem Ton, »es scheint Ihr Ehrgeiz zu sein, Probleme zu machen, statt sie zu lösen. Wir brauchen weder Ihre Hilfe noch Ihr Einverständnis, um die Karten zu tauschen. Überhaupt haben Sie eine ziemlich seltsame Idee von Gastfreundschaft.« Der Mann erblaßte, seine Lippen bebten etwas, als er sagte: »Geben Sie mir die Karten und warten Sie hier.« Mit einem knappen Wort forderte er die anderen Gruppenmitglieder auf, sich mit ihm zur Beratung zurückzuziehen. Sie standen in einem Halbkreis, während ihr Leiter die Schmach in allen Details vortrug, um Haltung bemüht angesichts der Zumutung. Die Gesichter wirkten auch nach Minuten, als er mit seinem Vortrag zu Ende war, bekümmert und ratlos. Unterdessen bildete sich eine kurze Schlange vor den Tischen, sie wurde ignoriert. Endlich sah ich, wie der Leiter zum Telefon griff, wählte und erneut, wohl einem Ranghöheren, den unangenehmen Vorfall vortrug. Wieder dauerte es Minuten. »Hai«, stieß der Leiter hervor, »wakarimashita«, dann legte er auf und kam auf mich zu. »Wir haben uns entschieden, eine Ausnahme zu machen: Sie können die *Faust*-Karte benutzen und der andere Herr Ihre Kabuki-Karte.« Sein Gesicht war von Schmerz verzerrt, meines von Sarkasmus, als wir die Sache besiegelten. Abends im *Faust* blieben halbe Sitzreihen leer, wie es bei den an Firmen verschenkten Kontingenten üblich ist. Meine Nachbarin zur Rechten schlief ein, bevor der Vorhang hochging; der zu meiner Linken kehrte nach der Pause nicht zurück. Sie bildeten die Schlußpointe für eine Ahnung, die in den folgenden Jahren hundertfache Gewißheit wurde: Der Tod der Spontaneität ist ein Meister aus Japan.

Damals ahnten wir noch nichts von Kôbe. Und ich konnte nicht vorhersehen, daß mir im Laufe der Zeit Netzhäute wachsen würden, die einen japanischeren Blick geböten. Die kafkaeske Wandlung zum Kulturmutanten, die sich unbemerkt und in Notwehr vollziehen sollte, hatte noch nicht eingesetzt. Die Metamorphose des ahnungslos aus dem Westen eingeflogenen Schmetterlings zur wissenden Seidenspinnerraupe, ein Rückzug in die Schöpfung, der naturgemäß mißlingt, kannte ich nicht einmal vom Hörensagen. Und das war gut so. Aber wäre die allmähliche Wandlung nicht geschehen, ich hätte nach dem schrecklichen Skandal von Kôbe, als der Staat und seine Beamtenschaft sich der fahrlässigen Tötung an den Erdbebenopfern mitschuldig machten, vor lauter Empörung womöglich nichts Druckreifes zustande gebracht.

Es ist gesagt worden, am Morgen des 17. Januar 1995 um 5.46 Uhr in Kôbe habe Japan seine Unschuld verloren. Ich glaube daran. Erschüttert wurde der Glaube an das Behütetsein in Mutter Staat und an den Sinn alles Machbaren, wenn nur genügend Geld und Planung aufgewendet werde. Ich bin mir nicht sicher, ob das nationale Erweckungserlebnis von Dauer war. Schon Monate danach waren die Evakuierten fast vergessen, am ersten Jahrestag war längst wieder schamlos werbend von erdbebenresistenten Hauskonstruktionen und sicheren Vorhersagen die Rede. Fest steht allein, was die Menschen von Kôbe an jenem Tag verloren haben. Mehr als 6300 starben, über fünftausend in den ersten 24 Stunden. 200 000 Häuser und Wohnungen wurden vernichtet; es entstand mehr als 140 Milliarden Mark Schaden durch zerstörte und beschädigte Gebäude, Straßen, Bahnlinien und andere Infrastruktureinrichtungen; schließlich wurde eine traditionsreiche Lebensweise in den beschaulich schäbigen Vierteln der Unterstadt verschüttet, wo Arme und Alte, Ausländer und die Ausgestoßenen der Burakumin in Holzhütten, die auf Armeslänge nebeneinanderstanden, gemeinsam lebten, arbeiteten – und zusammen starben. Es wurde eine Heimat verwüstet und verbrannt, die wild gewachsen war, großartige Stadtentwicklungspläne behinderte und deshalb nicht wieder entstehen durfte. Die Anatomie dieser Katastrophe, die jeden Tag in Tôkyô mit noch verheerenderen Folgen droht, verlangt nach Erinnerung.

Daß ich ausgerechnet am 16. Januar 1995 zu einer lange geplanten Dienstreise nach Taiwan geflogen war, will ich nicht verschweigen. Am nächsten Morgen um acht Uhr sah ich auf CNN die ersten Bilder und hörte Meldungen, die von zwanzig

Toten sprachen. In dem Gefühl, die Reise angesichts der geringen Opferzahl nicht sofort abbrechen zu müssen, wickelte ich mein Programm ab. Erst spät abends im Hotel begriff ich das Desaster und buchte mit Mühe den Rückflug. Am Abend des 18. Januar schrieb ich meine erste Geschichte. Vor dem Fernsehgerät.

Kôbe, zwei Tage danach. Noch werden Tote geborgen, beweint, gezählt. Noch schwelen Brände, zu denen Feuerwehren nie durchdrangen, man läßt sie brennen, bis es keine Nahrung mehr gibt. Noch wächst die Zahl der Opfer in einer schrecklichen Verrechnung, während die Liste der Vermißten kürzer wird. 2800 hier, 900 dort – nach Minuten stimmt das Verhältnis schon nicht mehr. Noch werden im Radio die Namen der Toten in einer endlosen Litanei verlesen, die Ausländern als pietätlose Entblößung der Trauer erscheinen mag. In Japan werden nach allen Katastrophen – ob Verbrechen, Naturereignis oder Unfall – Namen und Alter der Opfer veröffentlicht. Die Totenwache der Angehörigen und Freunde kann erst beginnen, wenn die grausige Bekanntmachung sie zusammenbringt. Diesmal geht sie ins Leere. Niemand kommt in das von der Außenwelt abgeschnittene Erdbebengebiet, kaum einer findet heraus. Schulen sind Leichenschauhäuser. Straßen, Gleise, Nachrichtenwege sind zerschnitten. Es fehlt an allem: Wasser, Nahrungsmittel, Decken, Medikamente, Strom, Gas, Telefonverbindungen, Informationen und – glaubt man den Interviews mit zutiefst verwirrten, verlassenen Menschen auf den Straßen – an Zuspruch und Führung. An Journalisten der großen Zeitungen und Fernsehanstalten fehlt es nicht. Sie schweben in Hubschraubern ein und fliegen ihr Material im Stundentakt nach Tôkyô aus. Ihre Krawatten sitzen so tadellos wie ihre Fragen an die sie begleitenden Fachleute und wie die ständig aktualisierten Statistiken, die sie unter Betroffenheitsbekundungen verlesen. Und nicht wenige von ihnen scheinen ziemlich irritiert, daß Menschen sie um Essen, Wasser oder irgendwelche Hilfe angehen. Das Beben hat ein urbanes Territorium innerhalb von zwanzig Sekunden zum Elendsgebiet erniedrigt: Japan entdeckt heute die »Dritte Welt« in sich selbst und erschrickt darüber, daß es sie stets gegeben hat. Nur verborgen hinter verspiegelten Hochhausfassaden. Erst niedergebrannt und zusammengefallen werden die alten Holzhäuser wahrgenommen, unter deren schweren Ziegeldächern so viele starben.

189

Die Bilder von jenen übernächtigten und verängstigten Büroangestellten, die in abgerissenen Mänteln und Baseballkappen am Rinnstein knien und aus Pfützen, die von einer geborstenen Wasserleitung gespeist werden, Wasser zum Kochen schöpfen, werden ein anderes Nachbeben in den Köpfen des Publikums anstoßen. Man sieht ein verwüstetes, verrenktes, verbranntes, ins Mittelalter zurückgestoßenes Land, wo sich eben noch ein Hochtechnologiestaat ausstellte wie ein Mannequin; man schaut in Tôkyô, Nagoya oder anderswo immer wieder aus dem Fenster, auf Leuchtreklamen und zu Hochhäusern hinauf, um sich zu versichern, daß nicht alles nur ein Traum gewesen ist. Denn so gefaßt, äußerlich ruhig, fast ergeben die Menschen von Kôbe bei den Film-Zusammenschnitten im Ausland auch erscheinen mögen, in der Dauerberichterstattung zu Hause sind Zorn, Enttäuschung, Entsetzen, offene Kritik an den Behörden nicht zu überhören. Es muß leider wieder und wieder unmißverständlich gesagt werden: Japaner leiden nicht weniger oder lieber als andere, auch wenn ihre Sprache und Körpersprache zu Zensurklischees im Ausland herausfordern mögen. Stille ist nicht notwendigerweise Hingabe, rauhes Flüstern kann eine Art des Schreiens sein. Daß man in Japan vor der Kamera in solchen schlimmen Lagen vor Verlegenheit und Ohnmacht lächelt, weil das zur Schau gestellte Leid den Betrachter belasten könnte, bedeutet eben nicht, daß in Kôbe frohgemuter Fatalismus herrscht. Unrasierte Männer klagen, lächelnd, aber mit hartem Blick, in überfüllten Turnhallen, daß Hilfslieferungen viele Stunden irgendwo steckenbleiben, weil sich Konvois von Flüchtenden auf den wenigen befahrbaren Straßen stauen. Unfrisierte Frauen halten Reportern leeres Kochgeschirr hin oder, empört über die eigene Hilflosigkeit, einen Korb mit rationalisierten Waren, fünf Artikel, die auszuwählen ihnen in einem Supermarkt erlaubt war. Sie schämen sich, daß sie sich nicht entscheiden konnten, und zu Orangen auch Haarspray nahmen. Die Regierung habe viel zu spät die Armee in das Krisengebiet entsandt, sagen manche, jeder mache, was er wolle und könne, auf eigene Rechnung.

Bei Temperaturen um null Grad tauen Gruppen von Obdachlosen über improvisierten Feuerstellen Reisbällchen auf; Schulmöbel dienen als Brennholz. All das verfolgen die Japaner nun Stunde um Stunde, und noch immer können es viele nicht fassen, daß es diesmal nicht ein Fischerdorf oder eine entlegene Insel getroffen hat. Und vielleicht ahnen von Stunde zu Stunde auch mehr Japaner, daß zu den ersten Opfern des Erdbebens zählt, was für unberührbar und unbesiegbar erachtet wurde: der Glaube an die Ingenieurskunst, die Naturgewalten und jeder anderen betroffenen Nation überlegen sei, und an die Umsicht der Staatsgewalt, die Hochbahnen und Schnellzugtrassen erdbebensicher bauen läßt. Die Wahrheit, in den ersten Leitartikeln mit einer Giftigkeit angesprochen, die auf ein schlechtes Gewissen schließen läßt, ist aus Schutt und Asche in Kôbe zu lesen: Japan und die Japaner, Bürger wie Behörden, Fachleute und Laien haben sich einer grandiosen kollektiven Illusion hingegeben. Nun wird bitter an die Selbstgerechtigkeit erinnert, mit der japanische Delegationen im Januar des Vorjahres die Schäden des Bebens in Los Angeles besichtigt hatten. Derlei, einstürzende Hochautobahnen etwa, könne in Japan nicht passieren, hatte auch der damalige Bauminister verbreitet. Nun ist jeder auf furchtbare Weise eines anderen belehrt worden.

Nicht nur dort hat das »exzessive Vertrauen in Technologie«, wie eine Zeitung diese sonderbare Mischung aus Ingenieurskönnen und Gesundbeterei nannte, eine verhängnisvolle Rolle gespielt. Auch das Setzen auf Erdbebenvorhersagen hat seinen Anteil. Die Messungen der seismologischen Meßstationen in Japan haben noch kein einziges Beben sich anbahnen sehen. Statt enorme Mittel in diese Stationen und ihre Behörden zu lenken, deren Tauglichkeit hinter vorgehaltener Hand immer bezweifelt wurde, ließe sich das Geld sinnvoller in Hubschrauber, Räumgerät, Feuerwehrwagen investieren, an denen überall, nicht nur in Kôbe, erschütternder Mangel herrscht. Was aber wäre, wenn Voraussagen halbwegs verläßlich gewagt werden könnten? Wer kann sich das wahrhaft mörderische Chaos vorstellen, das etwa im Großraum Tôkyô mit seinen dreißig Millionen Menschen im 50-Kilometer-Radius ausbräche, wenn innerhalb von Stunden, selbst von Tagen evakuiert werden sollte? Wer wüßte, daß es in dem Kampf ums Entkommen nicht ebenso viele Opfer gäbe wie bei einem Beben? Was das Elend in Kôbe heute zeigt, ist dies: Es gibt keine Sicherheit in einem hochgradig gefährdeten Erdbebengebiet wie dem japanischen Archipel, mindestens kann es sie nicht zu einem ökonomisch erschwinglichen Preis geben. Es gibt nur Bemühung, Hoffnung, Planung für den Notfall.

Kôbe, drei Tage danach. Am dritten Tag nach der Katastrophe zeigte sich, daß die menschliche Seele in Japan und anderswo so beschaffen ist, sich gegen das Grauen in selbstschützender Hast zu verhärten. Die Zahl der Toten war auf über 3500 gestiegen, aber die Zeitungsberichte wurden schon knapper, die Fernsehübertragungen kürzer, Unterhaltung und Sport drängten zurück zu ihren Stammplätzen nach dem Ausnahmezustand. Die Tôkyôter Feuerwehr veröffentlichte, zweifellos in dem guten Glauben zu beruhigen, gespenstische Planspiele, wonach ein Beben derselben Stärke zur selben Zeit im Morgengrauen in der Hauptstadt nicht mehr als 4800 Tote und Verletzte hinterlassen würde. Der Gouverneur von Ôsaka fühlte sich berufen, in einer dreisten Vorwärtsverteidigung die Opfer zu kritisieren. Man möge gefälligst nicht ständig um Hilfe rufen, sondern sich selbst etwas kochen; es mangele den Leuten einfach am Willen, sich selbst zu helfen. Er hatte nicht ganz unrecht mit dieser Unverschämtheit, aber auf den naheliegenden Gedanken, daß Japan samt seinen Politikern seinen Bürgern jede Eigeninitiative von Kindheit an austreibt, wäre der Mann nie gekommen. Kaiser Akihito fand immer noch kein öffentliches Wort des Trostes für das Volk, dem Kronprinzen kamen im Rahmen einer Pressekonferenz vor einer Nahostreise nur einige nichtssagende Redensarten über die Lippen.

Während Ministerpräsident Murayama in zünftiger Katastrophenschutz-Montur die Krisenregion besichtigte, wurden immer noch Tote und wundersamerweise, vereinzelt, Überlebende geborgen. Wer über Phantasie und Mitleidsfähigkeit verfügte, litt immer mehr, statt weniger an den bestürzenden Szenen des alltäglichen Entsetzens. Erschöpfte, frierende, apathische Menschen, die aus Angst vor Nachbeben im Freien kampieren; Verletzte, die von den völlig überforderten Krankenhäusern abgewiesen werden, weil »einfache« Beinbrüche niemanden mehr als Patienten qualifizierten. Es hieß, viele alte Menschen seien unter den Trümmern ihrer Häuser erstickt. Niemand suchte nach ihnen, weil niemand sie vermißte. Die Kritik an der Entschlußunfähigkeit der Behörden wird strenger; die Kommandokette von der Krisenkommune bis nach Tôkyô war vielfach unterbrochen; langatmige Beratungen, die jede Verantwortung, auch für die geringfügigste Entscheidung, in einem palavernden Konsens des Zögerns auflösten, wurden vereinzelt als Beihilfe zum Totschlag anerkannt. Ohne Folgen.

»Wir sind in Bosnien, in Afrika, mitten in Japan«, klagte ein Arzt an jenem Tag.

Kôbe, vier Tage danach. »Und die Überlebenden beneideten die Toten.« In den ersten Wochen nach den Atombombenexplosionen in Hiroshima und Nagasaki, als scheinbar unversehrt Davongekommene von der noch rätselhaften (auf amerikanische Weisung geheimgehaltenen) Strahlenkrankheit dahingerafft wurden, sollen diese grausam poetischen Worte in Umlauf gekommen sein. Sie galten nicht, trotz mehr als achthundert registrierter Nachbeben, für das große Beben in Kôbe. Die Zahl der Toten war auf 4500 gestiegen, 24000 waren verletzt, 280000 hausten in Notunterkünften. Die Geretteten wußten, anders als 1945, daß sie auch überleben würden. Rettungsmannschaften berichteten, es gäbe Grund anzunehmen, daß noch Überlebende unter den Trümmern lägen, sie drohten zu erfrieren. Murayama räumte erstmals Versäumnisse beim »Krisenmanagement« ein; in einer Regierungserklärung bekannte er, der Augenschein der Katastrophe habe ihn »sprachlos« gemacht. Als ob Sprüche die fehlende Hilfe hätten ersetzen können. Immer mehr Einzelheiten belegten das Versagen vor allem bei der Anforderung der Streitkräfte. Kompetenzchaos und Ressentiments gegen die Armee waren verantwortlich für stundenlange Verzögerungen. Hilfsangebote der Amerikaner, Material und ein Lazarettschiff binnen Stunden zu schicken, wurden abgelehnt. Verstörender noch schien, was in Kôbe in Abwandlung des Satzes der Atomopfer gelten konnte: Die Überlebenden sorgten sich um die Toten über den Tod hinaus.

In brutaler Deutlichkeit bedeutete das, daß Tausende von Leichnamen, die nicht bestattet und nicht einmal, wie es der buddhistische Ritus verlangt, in Krematorien eingeäschert werden konnten, zu einem hygienischen Problem wurden. Die Kälte hatte den Verwesungsprozeß der Körper, die in behelfsmäßigen Leichenschauhäusern, Schulen und Gemeindesälen untergebracht waren, nur für einige Tage verlangsamt. In stummem Entsetzen harrten Angehörige oft neben ihren Toten, für die es nicht einmal genügend Särge gab, oft Tag und Nacht aus. Gemeinschaftsgottesdienste linderten nur die seelische Not. Krematorien aber arbeiten mit Gas, das wegen der Brandgefahr abgestellt bleiben mußte. Doch gab es auch Wunder. Sechs Menschen wurden lebend aus Trümmern geborgen, achtzig Stunden nach dem ersten Erdstoß. Für Essen und Wasser schien inzwischen fast überall gesorgt. Aber der Übergang vom bloßen Überleben zum Weiterleben brachte andere Bedrängnisse: Stinkende Müllhalden türmten sich in den Straßen, das Fehlen von Toiletten machte sich bemerkbar.

Doch konnte man sich nicht täuschen. Die beginnende Normalität im Notstand war flüchtig, trügerisch, sie galt nicht für jeden. Die Nachbeben gingen weiter, die Brandgefahr war noch nicht ausgestanden. Die umgestürzten Segmente der Stadtautobahn, deren geborstene Stützsäulen monströs dalagen wie im Todeskampf abgewinkelte Beine gigantischer Elefanten, konnten Räumtrupps in jedem Augenblick mit den Resten der herabhängenden Fahrbahn erschlagen. Zu den wenigen vergnüglichen Ereignissen der vergangenen Tage zählte immerhin die selbstlose Obdachlosenspeisung von Hunderten durch die Yakuza der *Yamaguchi-gumi*, Japans mächtigstes Gangstersyndikat. Sein Hauptquartier lag in einem der am schlimmsten betroffenen Stadtteile Kôbes und hatte das Beben offenbar unbeschädigt überstanden. Dort wurden den Bedürftigen von Männern, die sich sonst eher auf Schutzgelderpressung und Prügelstrafen verstehen, Wasser, Nahrungsmittel und andere Mangelwaren so selbstverständlich dargereicht, als betreibe der Boß einen Wahlkampf. Es mochte wohl sein, daß die nationalistisch gesinnten Gangster weich wurden angesichts des Jammers ihrer Mitbürger. Es mochte auch sein, daß sich die Erkenntnis durchgesetzt hatte, nur überlebende Opfer des Bebens könnten eines Tages wieder einträgliche Opfer der Yakuza werden. Jedenfalls wurde eine derart beschenkte dankbare Frau in Zeitungen mit der bemerkenswerten Einschätzung zitiert, die Yakuza habe Gott sei Dank den »leeren Platz der Behörden in diesem Notfall eingenommen«. Zu den erschütterndsten Zeugnissen zählte an jenem Tag ein selbstgefertigtes Plakat, das im Vorbeigehen von einem Fernsehkameramann gezeigt wurde. Dort stand in anmutiger Kalligraphie auf einem Streifen Packpapier geschrieben, der an einen Balken eines eingestürzten Hauses geheftet war: »Unter diesen Trümmern liegt meine Mutter. Helft uns!«

Kôbe, sechs Tage danach. Nach einem Wochenende, das kalte Regenfälle und Erdrutschgefahren, Erschöpfung, Gereiztheit und Anzeichen einer Grippeepidemie brachte, lauteten die jüngsten Zahlen: 5020 Tote, 26253 Verletzte, 106 Vermißte und 302000 Menschen ohne Behausung in 1100 Notquartieren. Die japanischen Medien hatten sich auf ihre staatstragende Rolle besonnen und setzten mit aller Macht auf bewegende Geschichten, die aufrechten Sinn und alte Werte spiegeln sollten. Angetretene Schulkinder in strammer Haltung, mal weinend, mal heftig applaudierend beim Hofappell mit Gedenkminute; Interviews mit Büroangestellten, die Stunden auf Züge warteten, um am Arbeitsplatz wenigstens symbolisch ihre Pflicht zu tun; Poliere, die ihre Bauarbeiter, Minister, die ihre Beamten mit Durchhaltereden versorgen, wie sie in Japan auch ohne Krise jeden Tag vorkommen. Der Alltag wurde fest behauptet, aber der Skandal blieb. Der wahre Skandal trug inzwischen so viele Namen, daß kaum jemand ihn mehr klar benennen mochte. Es waren die Namen all jener Beamten und Politiker in Kôbe wie in Tôkyô, die seit dem vergangenen Dienstagmorgen Tag für Tag ihre Unfähigkeit bewiesen hatten, ihrer Fürsorgepflicht für die Bürger Japans nachzukommen. Es war zweitrangig zu entscheiden, ob Inkompetenz oder Behördeneifersucht, Scham oder Stolz dafür verantwortlich waren, daß sich die Regierung dem Vorwurf der fahrlässig unterlassenen Hilfeleistung aussetzte, indem sie alle Hilfsanerbieten des Auslands so lange prüfte und verschleppte, bis viele Verschüttete erstickt waren. Daß sie noch leben könnten, wenn man rasch gehandelt hätte oder sich rasch hätte helfen lassen, war ein schwerwiegender Vorwurf. Aber er ließ sich wohl begründen.

Nahm man Ministerpräsident Murayama beim Wort, der auf Angriffe der Opposition seine Zuversicht geäußert hatte, »daß die Regierung unter den gegenwärtigen Gegebenheiten ihr Bestes getan hat«, kam das einem organisatorischen Offenbarungseid gleich. 38 Nationen hatten Japan Hilfe angeboten, Menschen oder Material oder beides, Ärzteteams mit Medikamenten oder Räumgerät, 24 davon innerhalb der ersten zwei Tage nach der Katastrophe. Akzeptiert wurden nach drei Tagen (und gegen heftige Bedenken der Quarantäne wegen) einige Hundestaffeln aus der Schweiz und noch später solche aus Frankreich, einige Stapel Decken und − Samstag nacht kurz vor den angesagten Regengüssen − einige Zelte der amerikanischen Armee. Japan komme durchaus allein zurecht, hatte nach tagelangen interministeriellen Beratungen der Bescheid gelautet. Ein böser, ein bitterböser Scherz. Denn jeder, selbst der argloseste Fernsehzuschauer hatte es spätestens seit Mittwoch morgen besser gewußt. Ein ums andere Mal klagten Ärzte vor der Kamera, daß sie nicht nur übermüdet, sondern hilflos waren: Es fehle nicht nur an Dialysegeräten, Röntgenapparaten oder Insulin, sagten sie, es fehle, wie bei einer Armee beim heillosen Rückzug, am Allernötigsten wie Schmerzmitteln und Verbandsstoff. Feldlazarette wurden, niemand wußte warum, bis zum 23. Januar nicht eingerichtet. Die Krankenhäuser lagen abgeschnitten von Trümmern und Staus in den Hügeln hinter der Hafenstadt oder, wegen einer beschädigten Brücke unerreichbar, auf einer Insel. Ärzte und Schwestern improvisierten heldenmütig, aber man ließ sie allein. In Ôsaka gab es reichlich Ärzte und intakte Kliniken. Sie blieben, kaum dreißig Kilometer entfernt, des chaotischen Verkehrs wegen in ohnmächtiger Bereitschaft. Kôbe lag auf dem Mond, weil eine Bürokratie, die sich in tagelangen Krisensitzungen erschöpfte, die Stadt mit Bedenken und Verboten von der Hilfe ausschloß.

Freiwillige Helfer wurden beschieden, sie sollten ihr Begehren, ganz so, als ginge es um eine Praktikantenstelle, schriftlich einreichen. Ausländische Ärzte wurden nicht ins Land gebeten, weil nach dem unerschütterlichen Gesetz nur in Japan approbierte Mediziner ihr Handwerk ausüben können. In Zeitungen kursierten angeblich den Opfern abgelauschte Wünsche, keinesfalls von weißen Männern in weißen Kitteln ohne japanischen Benimm behandelt zu werden. Gerade ältere Damen wollten, so das Gerücht, lieber sterben, als unter fremden Händen beschämt zu genesen. Auch der Kabinettssprecher wiederholte auf kritische Nachfragen, daß Ausländer japanische Ärzte nicht etwa ersetzen, sondern höchstens als Famulus oder Krankenpfleger geduldet würden. Und daß, überhaupt, ausländische Regierungen, »wenn nötig«, rechtzeitig um ärztliche Hilfe gebeten würden. Von wegen rechtzeitig. So mußten sich also die Ärzte aus den Vereinigten Staaten, aus Großbritannien und Frankreich, die sämtlich ohne Ersuchen, auf eigene Faust – und eigentlich ganz unhöflicherweise – inzwischen in Kôbe eingetroffen waren, mit Handlangerdiensten begnügen. Es sei denn, sie verstießen aus Barmherzigkeit oder im Namen des Hippokrates gegen Japans Gesetze. Und es kam noch schlimmer.

Wenn man etwa wußte, daß ein deutscher Internist, seit Jahren in Japan approbiert und fließend der Landessprache mächtig, seit dem Beben mit gepackter Tasche und Medikamentenvorräten in seiner Praxis in Tôkyô gesessen und ebenso eindringlich wie vergeblich seine Hilfe angeboten hatte, dann graute es einem vor den japanischen Behörden. Und nicht nur vor ihnen. Noch am 21. Januar, berichtete er mir am Telefon, hatte ihn ein Kollege aus Kôbe aufgeklärt, daß sehr großer Bedarf an Ärzten und noch mehr an Medikamenten im Krisengebiet herrschte. Doch sein abermals erneuertes Anerbieten, sofort einzuspringen, wurde unter Ausreden (»Wir könnten Sie nicht angemessen unterbringen, Herr Kollege«) abgewehrt. Seither hatte er nichts mehr gehört. Der Internist vermutete einen »sonderbaren traurigen Stolz« hinter dieser Weigerung, sich standesgemäß helfen zu lassen. Er wartete weiter. Was denn, fragte ich ihn, die Voraussetzungen für eine Zulassung in Japan seien? »Nicht mehr, als was überall üblich ist, abgesehen von ein paar Vorschriften bei Hygienemaßnahmen oder Seuchenbekämpfung. Das ist alles.« Ich zitierte das Zeugnis des Arztes in einem Artikel. Ich schätzte ihn persönlich hoch, nicht nur, weil er mir half, als Japan mir auf den Magen schlug. Es war ihm nicht recht, er nahm es sehr übel, obwohl (oder gerade weil) ich ihn korrekt zitiert hatte. So gut ich verstehen konnte, daß es ihm, der schon lange im Lande war und vorhatte zu bleiben, etwas peinlich war, von Kollegen und von der deutschen Kolonie in Tôkyô darauf angesprochen zu werden, so wenig konnte ich seinen Vorwurf akzeptieren, meine Kritik an den Behörden sei polemisch und maßlos. Hatte er mir nicht den Beleg für jene Irrationalität geliefert, die ich anprangerte? Es war wohl der Ton, den der diskrete Mann nicht mochte. Es gibt so viele Grade der Metamorphose wie Ausländer in Japan.

Zwei Monate lang litten die Leute von Kôbe unter den penetranten Lauschangriffen der Hauptstadtmedien. Dann, nach dem Giftgasanschlag in der Tôkyôter U-Bahn vom 20. März, begannen sie, über ihre Vernachlässigung zu klagen. Inzwischen war klar, daß unter den Toten und Obdachlosen erschreckend viel mehr Alte, Arme, Ausländer, Arbeitslose waren, als ihr statistischer Anteil hätte erwarten lassen. Die Letzten waren die Letzten geblieben. Mitte Juni lebten noch 24 000 Menschen in Notunterkünften, die Selbstmordrate stieg. Es gab böses Blut wegen des wechselnden Losglücks bei der Vergabe von Wohnungen, dem Verteilen von Spenden und wegen mangelnder

Kulanz bei den Versicherungen. Die wenigsten waren versichert gewesen. Am ersten Jahrestag des »Großen Hanshin-Bebens«, das allerorten mit Pilgerfahrten von Reportern begangen wurde, erhob sich für einen Tag ein großes Mitgefühl mit den Menschen in den Notunterkünften. In diesen Quartieren erlebten die Opfer, denen nichts mehr geblieben war als die Kreditschulden für ihre vernichteten Häuser, wie rasch man in der öffentlichen Meinung wie in der Verwaltungspraxis vom Helden zum Sozialfall und schließlich zum Ärgernis verkommen konnte. Viele hundert Menschen flüchteten sich buchstäblich ins Bett, tief deprimiert, apathisch selbst bei Ansprache von Wohlmeinenden, suchten sie einen Verdrängungsschlaf, der das Beben und das Jahr danach als Alptraum erträglich werden ließ. Mehr als fünfzig alte Menschen starben einsam an chronischen Krankheiten oder Lebensüberdruß in ihren winzigen, abgelegenen Containerzimmern. Ihren Leidensgenossen, die den Tod manchmal erst durch den Gestank wahrnahmen, war kein Vorwurf zu machen. Auf 26 Quadratmetern Fläche zu vegetieren in einem Blechgehäuse, das weder vor Kälte noch vor Hitze schützte und bei den schweren Regenstürmen im Herbst die Bewohner mit einem andauernden höllischen Trommelfeuer fast um den Verstand brachte, ließ wenig Raum in der Seele für Mitleid anderen gegenüber. Warum tausend der Container, fern der Stadt, leer standen, war nicht schwer zu verstehen.

Kôbe *revisited:* Ich habe es mir angesehen. Natürlich wurde gebaut, mit beachtlichem Erfolg. Grundstücksspekulanten aber, die warten konnten, und solche, die mit Hilfe geübter Einschüchterungstrupps der Yakuza, traditionell dem Baugewerbe verbunden, etwas nachhalfen, dürften an jenem ersten Jahrestag des großen Bebens Dankgebete zum Himmel und allen Erdengöttern gerichtet haben. Natürlich gab es in jenen Tagen auch Kritik an den grandiosen Zukunftsplänen einer Stadt, deren Wohlfahrtsniveau schon vor dem Beben zu den niedrigsten unter Japans Großstädten gezählt hatte und die angeblich bis zum Hals in ausländischen Finanzmärkten verschuldet war. Aber eben nur in jenen Tagen, da Kôbes alte Unterklasse in den Medien mit viel Besinnlichkeit und Mitgefühl als neue Unterklasse entdeckt wurde. So gleichmacherisch die Gewalt des Bebens und die ersten Tage der Entbehrungen gewesen waren, so wählerisch und nachtragend, was die alte Wirklichkeit angeht, war der Wiederaufbau. Kôbe war vor dem 17. Januar 1995 keine Stadt von lauter Helden und Samaritern gewesen. Daß sie es für einige Tage, vielleicht Wochen gewesen war, ehrte ihre Bürger für immer. »Mina issho desu« (»Wir gehören alle zusammen«), hatten sie einander in den ersten beiden Wochen zugerufen, ein Paßwort, das ungefähr zu der Zeit verlorenging, als entfernte Bekannte aufhörten, einander in einem wunderbaren Verstoß gegen japanische Körpersprachregeln unter Freudentränen zu umarmen. Von Überlebenden eines großen Unglücks auf Dauer anthroposophische Anwandlungen zu erwarten ist impertinent. Am ersten Jahrestag, so hieß es damals, wollten manche Bürger vor den Gedenkfeiern mit Kaiserbesuch, vor den Andachten, Durchhaltereden und all den anderen Beschwörungen des Schreckens fliehen. Sie wollten in Ruhe gelassen werden, nichts sehen, nichts hören, schon gar kein Mitleid. Das Phänomen war in Hiroshima und Nagasaki um die Jahrestage herum wohlbekannt.

Es ist unmöglich, sich an Erdbeben zu gewöhnen. Man glaube dem, der es behauptet, kein einziges Wort. Es ist, als ob die Götter mit den Planeten Murmeln spielen. Nichts bringt das Selbstbewußtsein des Menschen so sicher ins Wanken, nichts treibt ihm die Hybris, sich als Herr der Schöpfung zu gerieren, so gründlich aus wie die Erfahrung der Erde als Spielball. Es muß nicht Kôbe sein. Tôkyô bietet von diesen unheimlichen Demutsinitiationen mehr, als es der Hochmütigste nötig hätte. Ich habe wohl Tausende Beben erlebt und Dutzende gespürt. Zuerst mißtraut man seinen Sinnen – Kreislaufstörungen oder doch die Lesebrille? Dann sieht man Lampen schwingen, die Zimmerpflanzen zittern und ausschlagen, man hört Fensterscheiben und Geschirr im Crescendo klirren. Ich kannte eine sehr alte Frau in Zenpukuji, meinem ersten Wohnviertel, die sich an den 1. September 1923 erinnern konnte: An *Kantô dai shinsai*, das Große Kantô-Erdbeben, das um 11.58 Uhr die Welt zuerst in Yokohama zusammenbrechen ließ, innerhalb einer Minute Tôkyô erreichte und sich mit Dutzenden von Nachbeben in nordöstlicher Richtung fortpflanzte. 44 Sekunden währte der erste Erdstoß, dessen Intensität man Jahrzehnte später mit der Stärke 7,9 auf der Richterskala rekonstruierte.

Und die alte Dame schwor, die Stöße seien vertikal verlaufen, nicht horizontal. Menschen und Häuser seien nicht hin- und hergeschüttelt, sie seien emporgeschleudert worden wie auf einem Trampolin. Die Holzkohlenherde, für das Mittagessen angefacht, waren umgestürzt, Feuer breiteten sich aus.

Am Nachmittag gegen 15 Uhr schlossen Brände jenen freien Platz im östlichen Stadtteil Honjô von drei Seiten ein, auf den sich vierzigtausend Menschen mit Sack und Pack geflüchtet, auf dem sie sich sicher gewähnt hatten. Dem grauenvollen Sturm und Sog der Feuerwalze entkamen nur wenige hundert. Als die Flammen nach über vierzig Stunden zu wüten aufhörten, waren 140000 Menschen tot; Tôkyô war zu zwei Dritteln, Yokohama zu vier Fünfteln vernichtet. In den Wirren nach dem Erdbeben kam es zu Lynchmorden an Angehörigen der koreanischen Minderheit; marodierende Volksmilizen machten Jagd auf Kommunisten, Anarchisten, die üblichen Verdächtigen, sie streuten das Gerücht, die Koreaner hätten Brunnen vergiftet. Es war eine Zeitenwende. Unterschied man vor dem 1. September 1923 die Jahre in Japan wie anderswo in die Zeit vor und nach dem Ersten Weltkrieg, kam diese dunkle Ehre fortan dem Großen Kantô-Beben zu. Ich besitze eine gerahmte metergroße Replik einer historischen Karte des Relief Information Bureau of the Tôkyô Imperial University, die am Stadtplan von Tôkyô den Verlauf des Bebens und der Brände, die wechselnden Windrichtungen und die Zahl der Getöteten über 36 Stunden nach dem ersten Erdstoß verzeichnet. Die in Rot, Orange, Gelb und Blau gehaltene, höchst dekorative Zeichensetzung der Zerstörungs- und Hitzegrade an jenem Todestag von Tôkyô gleicht einer virtuosen Regieanweisung für Massenszenen, sie hat schon viele bewundernde Blicke ahnungsloser Besucher auf sich gezogen. Die Erläuterung läßt das Schwärmen verstummen. Es ist als nüchternes Gemälde einer hoffnungslosen Schlacht erkannt, die nur Sterben und zufälliges Überleben, keinen Plan noch Feldherrn kannte. Und die, wie jeder weiß, wieder geschlagen werden wird und kaum mit geringeren Opfern. Das nächste Große Beben in Tôkyô wird so *low-tech*, tiefentektonisch banal, und so tödlich sein wie das erste. Gnade Gott den Menschen, die es trifft.

Ich habe oft bei der Landung auf dem Narita-Flughafen an das Beben gedacht, an zerschmetterte Fahrwerke und Erdspalten auf der Landebahn, wenn es in der entscheidenden Sekunde hereinbräche. Und erst recht, als ich nach dem Beben in Kôbe las, daß nur eine Verspätung um fünf Minuten – für die sich die Crew noch wortreich vor dem Aufsetzen entschuldigt hatte – einen Airbus im Anflug auf den Kansai-Airport vor der Katastrophe bewahrt hatte. Für exakt 5.46 Uhr war das Aufsetzen der Maschine berechnet worden, die Verspätung rettete die Passagiere. Am meisten Angst – und nach Meinung cooler Ingenieure am wenigsten Grund – hatte ich bei Erdbeben in Hochhäusern. Natürlich müssen die Konstruktionen schwanken wie Bambus, um nicht zu brechen. Und doch ist es eine Himmelfahrt. Jeder erlebt Erdbeben anders, jeder kann damit anfangen, was er will. Die überwältigende Erfahrung ist die Schocklähmung, ein Totstellreflex von Menschen und Maschinen, der alle Anweisungen, Deckung zu suchen unter Türrahmen und Tischen, das Gas abzudrehen und so fort, als blanken Hohn erscheinen läßt. Man tut auf entsetzte Weise weder das Falsche noch das Richtige. Niemand bewegt sich mehr, wenn das Unbelebte sich bewegt. Wenn es wieder einmal vorbei ist, stellt der eine seine Porzellanfiguren nicht mehr an den Rand des Regals, der andere verschraubt Möbel mit den Wänden, ein dritter tauscht die Vorräte in seinem Evakuierungsrucksack aus und plaziert ihn griffbereit neben der Haustür, wo er einstaubt und wohl im entscheidenden Moment vergessen wäre. Der vierte endlich zieht aus Tôkyô fort. Man weiß, daß die vielen hundert leichten und mittelstarken Beben in der Kantô-Ebene die tektonische Spannung nicht nennenswert vermindert haben. Sie gleichen Ratenzahlungen ohne Aussicht auf Tilgung. Es sind Opfergaben, die von den erzürnten Göttern ausgeschlagen werden. Meine Frau und ich haben aus Kôbe die Lehre gezogen, das Überlebensgepäck mit einer Axt und Helmen aufzurüsten. Zu viele Verschüttete konnten in Kôbe nicht befreit werden, weil Werkzeug fehlte. Und wir verabredeten uns für den Fall, daß das Beben uns über die Stadt verstreut träfe, in schweijkscher Manier zu einem Katastrophenrendezvous auf dem Friedhof von Zôshigaya um halb eins nachmittags. Und zwar für jeden Tag danach, bis wir uns fänden.

Eine Ahnung, was es bedeuten könnte, getrennt und weit von zu Hause von einem Beben getroffen zu werden, bekam ich eines Sommerabends in der Tôkyôter S-Bahn im dichtesten

Berufsverkehr. Erdstoßverkehr, der Alptraum der Alpträume. Es war wieder einmal geschehen, und es war wieder nicht das Große Beben gewesen. Mir flößte es, fern des eigenen Hauses, tiefen Respekt ein. Das Beben der Stärke 4,9 auf der Richterskala, so erfuhren wir am nächsten Tag, in der unvorstellbaren Tiefe von achtzig Kilometern unter der Tôkyô-Bucht hatte die Metropole erstarren lassen. Züge und Fahrstühle hielten automatisch, drei Landebahnen des Inlandsflughafens Haneda wurden geschlossen und auf Risse untersucht, zehn Jets zogen Warteschleifen. Hunderttausende und ich saßen in den gestoppten Zügen dreier S-Bahnlinien fest. Hunderttausende Verabredungen in der auf minutiöse Mobilität angewiesenen und von der Verläßlichkeit seiner Transportmittel verwöhnten Stadt kamen nicht zustande. Zunächst war das Beben nicht zu verspüren gewesen, es war im Stoßen und Rütteln des überfüllten Zuges abgefedert worden. Erst als die Türen an einem Bahnhof nicht zügig schlossen, gab es das erste Gezischel. Weil kaum einer ausstieg, konnte kaum einer zusteigen. Die gepreßten Massen in den Waggons und die lose Menge auf dem Bahnsteig starrten einander schweigend an. Tôkyôs Menschenfließband stand still.

Dann lösten Lautsprecherdurchsagen die Erstarrung. »Wir müssen Ihnen leider mitteilen ... vermutliche Wartezeit ... Erdbeben ... wir bemühen uns, leider doch längere Wartezeit ... bitten Ruhe zu bewahren und unbedingt den Anweisungen des Zugpersonals Folge zu leisten.« Das alles verpackt in heruntergebeteten Entschuldigungen für die Unannehmlichkeit, daß Japan Rail die Erde immer noch nicht beherrschte. Im Zug war man nun Schicksalsgemeinschaft, man gehörte bis auf weiteres zusammen. Man blieb, wo man war, träge hoffend, wie Autofahrer, die eine sichere Stauung der ungewissen Umleitung vorziehen. Wohl eine viertel Stunde lang wagte niemand einen Alleingang. Wir warteten auf Anweisungen. Unsere Individualität erschöpfte sich in unterdrückt geflüsterten Flüchen, vielen nervösen, sinnlos häufigen Blicken auf Armbanduhren und bei einigen Beneidenswerten in der fabelhaften Fähigkeit, im Stehen zu schlafen. Von Angst, vor einem Nachbeben etwa, war nichts zu spüren. In U-Bahnschächten und Fahrstühlen mochte das anders gewesen sein. Selbst das Gerücht, die U-Bahnen, zwei Etagen unter dem S-Bahngleis in demselben Bahnhof, würden wieder fahren, brachte schließlich nur eine Handvoll Dissidenten dazu, die Gruppe zu verlassen. Ich gehörte dazu.

Und ich bereute es bald. Denn natürlich stauten sich vor den U-Bahnsperren endlose, stille, drängende Schlangen von Menschen, natürlich war kein freies Taxi zu haben. Es waren andere Schicksalsgemeinschaften von Abertausenden, die erst gar nicht zu den Zügen weiter oben gelassen worden waren. Unter Deck auf der Titanic. Unter ihren mißbilligenden Blicken reihte ich mich ein. Es war unangenehm, als sei ich, ohnehin schon Ausländer, ein Deserteur, als trüge ich fremde Farben, die Farbe der Gruppe aus dem S-Bahnzug, und kennte nicht die Parole und die Rangordnung des Unterdecks. Jeder immer an seinem Platz, niemand gegen den Strom – wie anders soll ein übervölkertes, beengtes Gemeinwesen in der Krise sich verständigen. Ich stand und schwieg und wurde langsam, sehr langsam, einer von ihnen. Meine Blicke, die andere Nachzügler trafen, waren nicht freundlicher als jene, die mich durchbohrt hatten. Es blieb die Genugtuung, mich nicht widerstandslos meinem Schicksal hingegeben zu haben. Es war ein einsamer Erfolg vereinzelter Initiative.

Für den Alltag mochte das taugen. Für das Große Beben aber nahm ich mir an jenem Abend vor, wenn es mich schon erwischen sollte, wenigstens nicht allein vom Erdboden verschlungen zu werden. Wenn die Menge nicht gerade mich verstoßen würde, heißt das. Waren Fremde, selbst der Haiku-Meister Bashô bei seinen weiten Wanderungen, in der Zeit des Shôgunats nicht stets verdächtig gewesen, in den Dörfern für die Mächtigen zu spionieren? Es ist darauf hingewiesen worden, daß in den fünf Grundprinzipien der konfuzianischen Ethik, seit zweieinhalbtausend Jahren den Menschen Ostasiens in Fleisch und Blut, die Beziehungen geregelt sind zwischen Fürst und Untertan, Vater und Sohn, Mann und Frau, zwischen Geschwistern und endlich auch noch zwischen Freunden. Von irgendeiner Verpflichtung gegenüber Fremden, gar zur Nächstenliebe, ist nicht die Rede. Wo kämen die Japaner hin, wenn jeder Dahergelaufene in ihr Land käme und gemeinsam mit ihnen sterben, sogar überleben wollte? Im Frühjahr 1998 lebten noch immer 23000 Familien in Kôbe in Notunterkünften.

Wenn ich an Kôbe denke, denke ich an Japans verlorene Unschuld und an meinen verlorenen Glauben an Japan.

ZWÖLFTES KAPITEL

Verantwortung in Japan – gibt es das? Als Norbert R. Adami 1992 diese polemische Frage einem Aufsatz über die synkretistische Natur der religiösen Welt Japans voranstellte, konnte er nicht ermessen, daß die Schicksalsfrage im Unglücksjahr 1995 auf furchtbare Weise beantwortet werden würde. Das Beben von Kôbe, der Terroranschlag des Kults Aum Shinrikyô, die laue Parlamentsentschließung zum Jahrestag des Kriegsendes, eine Fülle von Korruptionsskandalen: Nie schien die Verweigerung von Verantwortungsbewußtsein verhängnisvoller als in jenem Jahr. Angestoßen freilich wurde Adamis Überlegung von den immer lauter werdenden politischen Forderungen, Japan (wie auch Deutschland) müsse nach dem Zusammenbruch des Kommunismus seine Auszeit als außenpolitischer Totalverweigerer unter amerikanischer Kuratel beenden und mehr internationale Verantwortung übernehmen. Ich hatte den Japanologen, dessen sarkastischer Ruhrpott-Humor mir gefiel, in Tôkyô als wissenschaftlichen Mitarbeiter des Deutschen Instituts für Japanstudien kennengelernt. Im Mittelpunkt seiner Untersuchung stand die japanische Geistigkeit der Gegenwart, geprägt von den Traditionslinien des Konfuzianismus, Buddhismus, Taoismus und vor allem des Schintoismus.

Die Grundauffassung des Schintoismus geht nach Adami dahin, daß das gesamte Universum ein Kontinuum darstelle, dessen Sein erwächst aus einer alles durchdringenden Wirkkraft, welche sich in den *kami* genannten Wesenheiten und in deren Wirken manifestiert und in der die *kami* wiederum in einer harmonischen Einheit zusammenfließen. Es gibt keine Jenseitsvorstellungen im Schintoismus. Er stellt weniger ein Glaubenssystem als eine Sammlung volksreligiöser Praktiken und Anschauungen dar; was ihn vortrefflich eignete, durch

Aufladung mit mythologischem Material zur Staatsideologie aufzusteigen. »Alles Glück dieser Welt wird im Diesseits gesucht durch Erfüllung des Einzellebens in der Gesellschaft«, schrieb Josef Kreiner, der große Völkerkundler und Japanologe aus Wien, von 1988 bis 1996 Gründungsdirektor des Tôkyôter Deutschen Instituts für Japanstudien, »wobei Arbeit wie Vergnügen, Körper und Geist, Mensch und Natur niemals als Antipoden gesehen, sondern als Kontinuum gefühlt werden.« Daraus folgt, daß es keine Orientierung an abstrakten Normen gibt, sondern allein die Wirklichkeit der Welt. »Da der Mensch an der *kami*-Natur teilhat, ist er grundsätzlich gut«, erklärt Kreiner, »und benötigt auch keinen Moralkodex, um zu wissen, wie er sich gut, das heißt sittlich zu verhalten habe. Weil sich die Dinge dieser Welt stets im Fluß befinden – sie ›leben‹ ja –, gibt es keine absolut gültige Ethik … Eine solche, enorm dynamische Lebenshaltung widerspricht vollkommen der europäischen Auffassung vom kontemplativen ›Geist des Ostens‹, die ein Verstehen des modernen Japan so außerordentlich hemmt.«

Tatsächlich. Aber wo bleibt das Böse? Es hat einen Glauben an die Existenz böser Gottheiten im Schintoismus nie gegeben. Jedes Wesen trägt zwei Seelen in sich, den »wilden erlauchten Geist« und den »sanften erlauchten Geist«. Beides ist, zur rechten Zeit ausgelebt, gut; Schuld in unserem christlichen Sinne kann nicht entstehen, wo falsches Timing allenfalls Scham hervorruft. Nicht Schuld, Sühne, Wiedergutmachung gehören in den Zusammenhang sozialen Fehlverhaltens, sondern die »Versöhnung als Wiederherstellung des Idealzustandes der Reinheit und Harmonie«. Adami kommt zu dem Schluß, daß einem abstrakten Konzept von Verantwortung in Japan so jeder Boden entzogen sei. Die Kehrseite der Erfolgsethik bedeute im internationalen und interkulturellen Verkehr, daß dieselben Begriffe nicht dasselbe meinen. Und seine Vermutung, daß der Schintoismus zu einem gut Teil »das Japanische« an Japan und seiner religionstoleranten, von Aberglauben und Sektenanfälligkeit durchdrungenen Tradition ausmache, überzeugt mich weitgehend. Für meine eigene Person erlaube ich mir allerdings, den Kinderglauben an einen Schutzengel zu bewahren.

Dieses Wesen bewahrte mich am Dienstag, den 17. Januar 1995 davor, zufällig in Kôbe zu sein. Es bewahrte mich, fürsorglich bis zur Beschädigung meines Rufs, am Montag, den 20. März 1995 vor dem viel wahrscheinlicheren Zufall, morgens zwischen 7.45 und 8.15 Uhr eine jener fünf U-Bahnlinien zu benutzen, die im Regierungsbezirk Kasumigaseki zusammentreffen. Zur selben Stunde befanden sich meine Familie und ich auf dem Weg zum Tôkyôter Flughafen. Als wir am Nachmittag auf einer kleinen malaiischen Insel zu einem Kururlaub eintrafen, waren wir ahnungslos. Erst zwei Tage später erreichte mich meine Assistentin telefonisch. Ich kann mich bis heute nicht recht entscheiden, ob es ein Glück oder ein Fehler war, erst mit einer knappen Woche Verzögerung die Fährte der mörderischen Terroristen von Aum Shinrikyô (»Erhabene Wahrheit«) aufzunehmen. Innerhalb weniger Monate schrieb ich mehr als ein Dutzend langer Artikel über den Kult. Seine Führungskader wurden mir so vertraut wie das Kabinett. Doch war es nicht zu ändern. Auch der Beginn der zweiten »Jahrzehnt-Story« innerhalb von zwei Monaten hatte mich außer Landes gesehen. Der Spott meiner Kollegen, in Tôkyô wie in Frankfurt, ließ nicht auf sich warten. Wann immer ich fortan Japan verließ, standen formidable Krisen ins Haus. Vor allem zu Wochenbeginn. Die Prophezeiung erfüllte sich nicht. Den Ruf freilich, das Unglück durch Abwesenheit anzuziehen, wurde ich nicht mehr los.

»Tôkyô, 20. März 1995. Über fast vierhundert Meilen verzweigt sich das U-Bahn-System unter der riesigen Metropole, ein Irrgarten von Beton und Stahl. In die Dunkelheit getriebene Tunnel wie in einem gigantischen Ameisenhaufen. Es ist das am meisten genutzte U-Bahn-Netz der Welt, von neun Millionen Passagieren an jedem Tag. Es ist auch der ideale Ort für Massenmord.« So lauten, in Übersetzung, die ersten Sätze des Prologs von David E. Kaplan und Andrew Marshall in ihrem Buch *The Cult at the End of the World* (1996). Und ausnahmsweise übertreibt der marktschreierische Text auf dem Umschlag kaum: »Dies ist die Geschichte des ultimativen Kults: Eine Armee von New-Age-Eiferern, verdrahtet, ›hightech‹, mit Designerdrogen und Milliarden Dollar ausgestattet, eingeschworen auf die Führung durch einen blinden bärtigen Wahnsinnigen, ausgerüstet mit Nervengas und biologischen Waffen. Um das Armageddon im Jahr 1997 vorzubereiten, ordnete seine Heiligkeit, der Meister Asahara Shôkô, die Vernichtung der japanischen Gesellschaft an – der Nervengas-

Angriff auf die Tôkyôter Untergrundbahn war der Anfang. Aber Weltherrschaft war das höchste Traumziel. Aums Geschichte erstreckt sich von den engen Städten des postindustriellen Japan über Bergverstecke, wo einst Samurai kämpften, bis nach Übersee – nach Manhattan und Silicon Valley, Bonn, Zaire und die australische Einöde, und dann nach Rußland, wo der Kult eine mächtige Gefolgschaft anzieht. Der Aufstieg von Aum liest sich wie Science-fiction, aber es ist alles erschreckend wahr.« Sieht man von der letzten Behauptung ab – nicht alle Recherchen und Schlüsse von Kaplan und Marshall blieben unwidersprochen, nicht alle hielten Überprüfungen stand –, deckt sich der Befund der Autoren ziemlich genau mit dem Terrorismus-Report 1995 des amerikanischen State Department: »Einer der abschreckendsten Terrorakte dieses Jahres war der Gasanschlag auf die U-Bahnen in Tôkyô durch Aum Shinrikyô; er zeigt an, daß Terrorismus mit Mitteln zur Massenvernichtung jetzt eine Realität ist ... eine neue und unheilvolle Dimension von Terrorismus.«

Das Giftgas, eine Lösung mit einem Drittel Anteil Sarin, angeblich eine Entwicklung Nazideutschlands, befand sich in verschweißten Plastikbeuteln. Sarin ist geruchlos, farblos, tödlich, innerhalb von Sekunden zerstört das Gas jedes Nervensystem im Umkreis von zehn Metern. Die fünf Attentäter, zwischen 27 und 48 Jahre alt, sämtlich Absolventen der besten Universitäten Japans, hatten geübt, wie man die Säcke mit angeschärften Schirmspitzen kurz vor dem Halt durchsticht, sie vertrauten darauf, in der Panik zu entkommen. Einer ist Herzchirurg, in Amerika ausgebildet; ein anderer, als hochbegabt geltend, hat sein Physikstudium abgebrochen; zwei haben ihr Studium der angewandten Physik abgeschlossen und in der Forschung gearbeitet; der letzte ist Elektroingenieur, ein Schlüsselmitglied des Aum-»Ministeriums für Wissenschaft und Technologie«. Die militärische Operation verläuft wie geplant. Um genau acht Uhr durchstechen die fünf die Säcke mit dem Giftgas beim Halt der Züge in Kasumigaseki und tauchen in der Menge unter. Elf Menschen, darunter Bahnbeamte, die versuchten, die Beutel in Zeitungspapier zu wickeln und zu entfernen, sterben; viertausend erleiden zum Teil schwerste Verletzungen. Die Fernsehszenen – Hunderte weinender, um Atem ringender, fassungslos auf den Bürgersteigen vor den Ministerien und dem Polizeipräsidium hingelagerter Menschen, hilflose Sanitäter, die immer wieder die langen Treppen in die Unterwelt hinabeilen, um Bewußtlose zu bergen, Feuerwehrleute mit Atemschutzmasken, die Neugierige und Presseleute zurückdrängen – waren Szenen von einem Kriegsschauplatz. Ein Kabinettsminister nannte den Anschlag Stunden danach einen Krieg. Viel später fanden sich Aufzeichnungen des Aum-Kultes, die bestätigten: Einen Guerillakrieg gegen den Staat, nichts Geringeres, wollte Asahara führen.

Niemand, nicht der zynischste Klatschreporter, verfiel auf die Idee, die Zahl der von Sarin Verletzten mit den Toten von Kôbe zu verrechnen. »Nur« elf Tote? Der Einschlag einer nordkoreanischen Scud-Rakete hätte kein größeres Entsetzen und keine größere Angst stiften können. Japan war angegriffen worden und getroffen an seiner verwundbarsten Stelle. Und bald schlug die Stunde der Geisterbeschwörer und Wahrsager. Ein gespenstisches Wort machte die Runde in den Zeitungen: *sekimatsu*, die zerstörerische Zeitenwende, sei nah, der Zusammenbruch der Weltordnung unaufhaltsam. Die Nation werde von höheren Schicksalsmächten gerichtet für Dekadenz, Verschwendungssucht, spirituelle Auszehrung. Das Beben von Kôbe sei nur der Anfang gewesen, das Zeigen der Folterwerkzeuge gewissermaßen. Der Massenmord in der U-Bahn sei die zweite von vielen Prüfungen, die dem verfluchten Inselreich bevorstünden. Die Renaissance des *sekimatsu*-Geistes, der schon Ende des 19. Jahrhunderts wie anderswo auch in panischer oder melancholischer Färbung in Japan Endzeitstimmung säte, hätte man belächeln können. Doch war sie eher bestürzend, weil nicht etwa fanatische Okkultisten oder Nostradamus-Jünger allein, sondern sonst vernünftige, aufgeklärte Menschen dem Wahn zu erliegen drohten, eine Naturkatastrophe oder einen Terrorakt als Gottesurteil anzunehmen und sich auf Schlimmeres gefaßt zu machen. Ich erinnere mich an die ängstlichen, lauernden Blicke, mit denen Pendler einander plötzlich das Mißtrauen aussprachen. Es waren Höllenfahrten. Niemand schlief mehr in den Zügen, man beobachtete die anderen angespannt, verteidigungs- und fluchtbereit wie Karatekämpfer. Ich machte keine Ausnahme. Das Gerücht, ausländische Verschwörer, genannt wurden Russen und Koreaner, hätten den Angriff befohlen, hielt sich über Wochen. Aber die meisten Japaner trauten jedem alles zu.

Zwei Tage nach dem Giftgasanschlag marschierten dreitausend Bereitschaftspolizisten mit Gasmasken und voller Kampfmontur in das Hauptquartier des Kults in Kamikuishiki am Fuße des Fujisan und in zwei Dutzend weitere Aum-Stützpunkte im ganzen Land. Von einem Überraschungscoup konnte nicht die Rede sein: Die Teams der Fernsehanstalten filmten jede Phase des Aufmarsches aus der Troßperspektive; Kultangehörige filmten die anrückenden Truppen. Die Durchsuchungsvollmacht der Polizei bezog sich auf das Verschwinden eines Notars, der seine Schwester vor der Verfolgung durch den Kult zu schützen versucht hatte. Aber schon die Ausrüstung der Truppe machte deutlich, daß die in Kamikuishiki vermuteten (und gefundenen) chemischen Fabriken samt enormer Mengen hochgiftiger Substanzen das Ziel der Razzia waren. Tag für Tag, beinahe zwei Monate lang, erlebten die Fernsehzuschauer dieselbe Inszenierung. Die gegen irgendwelche Gebäude des Kults anrückenden Bereitschaftspolizisten, deren Helme mit abgespreiztem Nackenschild Samurai-Rüstungen nachempfunden sind, rannten zwar meist offene oder auf Grund des Durchsuchungsbefehls geöffnete Türen ein. Auch stießen sie nie auf Widerstand und gaben, während sie dabei waren, allerlei Material zu beschlagnahmen, recht gelangweilte Besatzungstruppen ab. Doch wenigstens im Kamera-Ausschnitt verliehen sie den rätselhaften Ermittlungen die Aura geordneter Truppenbewegung.

Ohne das Fernsehen wäre die Inszenierung überflüssig gewesen. Aber auch die Reporter, nach Wochen des Schichtdienstes an der Front und Urlaubssperre so müde wie die Polizisten, kannten ihre Pflichten. Das Publikum, das sie im Schnee und im Regen am Hang des heiligen Bergs stehen sah, wußte bald, wer welche Krawattenmuster bevorzugte, ob einer den Schirm oder die Klarsichthaut über dem Anzug wählte. Es wußte auch, ob Jôyû Fumihiro, der eloquente und gutaussehende Sprecher des Kults, den die Medien wochenlang vergötterten, schlecht geschlafen hatte oder in Gesprächslaune war. Manchmal erregten die Fernsehreporter mitleidige Heiterkeit, wenn sie an Abenden ereignisloser Tage etwa mit Sensationsmeldungen rangen wie: »Es war ein wolkenloser warmer Tag in Kamikuishiki, aber nun wird es etwas frisch hier oben. Ansonsten gibt es ziemlich wenig Neues.« Das machte nichts. Die Kriegsberichterstatter in diesem Mehrfronten-Feldzug hatten dafür gesorgt, daß Kamikuishiki, Aoyama (die Zentrale des Kults in Tôkyô) und der Presseklub der Nationalen Polizeibehörde mir so vertraut klangen wie einst in den siebziger Jahren Saigon, Da Nang oder die alte Kaiserstadt Hue. Nun war das alles kein lustiges Räuber-und-Gendarm-Spiel. Es ging, wie jeder wußte und doch manchmal vergaß, um den Verdacht von Entführungen, Gehirnwäsche, Folterung, Mordanschläge, versuchten Massenmord, womöglich, so bizarr es anmutete, sogar um die Vorbereitung eines Staatsstreichs.

Die routinierte Belagerung von Kamikuishiki lenkte von anderen Tatorten und Bühnen ab. Denn die »Erhabene Wahrheit« rüstete zum PR-Gegenangriff. Ihr Ziel, klug und von Japans Politikern in der Wirkung oft getestet, war es, die Auslandspresse zu nutzen, um die öffentliche Meinung zu Hause zu beeinflussen. Diesmal war ich in der Stadt und hatte rechtzeitig davon erfahren, daß der Kult im Auslandspresseklub seine erste Pressekonferenz geben werde. Der Konferenzraum platzte aus allen Nähten, als Jôyû Fumihiro nicht nur den Staat der »größten Unterdrückungsaktion religiöser Freiheit in der japanischen Geschichte« beschuldigte, vergleichbar der Verfolgung Christi. Nach allem, was man heute über die Verbrechen des Kults weiß, erschüttert mich die infame Kaltblütigkeit des Manipulationstalents Jôyû an jenem Nachmittag eher noch mehr. Er beteuerte auf Fragen immer wieder, Aum liege jede Art von Gewalt fern, es habe weder Freiheitsberaubung, noch Entführungen gegeben. Sarin herzustellen sei in den Anlagen in Kamikuishiki technisch nicht möglich. Selbst für den Fall einer Verhaftung des untergetauchten Führers, »Seiner Heiligkeit Asahara Shôkô«, werde sich Aum nicht zu illegalen Mitteln des Protests hinreißen lassen, sondern die Rechtsmittel ausschöpfen. Asahara sei mit ihm in Kontakt, es gehe ihm gesundheitlich nicht sonderlich gut. So sprach Jôyû Fumihiro gelassen. Es war alles Lüge. Wer aber in den Klub gekommen war, um den Auftritt eines wüsten Endzeit-Fanatikers oder sonst einer einfältigen, lächerlichen Figur zu erleben – und für wen von uns galt das nicht? –, sah sich auf beunruhigende Weise getäuscht.

Der schmale blasse Mann, Jahrgang 1962, leitete die Pressekonferenz in dem überfüllten Saal in Japanisch und Englisch mit einer Konzentration und Selbstsicherheit, die nicht einmal einer Handvoll japanischer Spitzenmanager zuzutrauen war. Jôyû, nach eigenen, zögernden Angaben Informatik-Absolvent der angesehenen Tôkyôter Waseda-Universität und für kurze Zeit als Computerfachmann Angestellter in der japanischen Raumfahrtbehörde, bevor er sich für die Karriere im engsten Führungskreis um den Guru entschied, gehörte ohne Zweifel zur akademischen Elite Japans. Was nicht hieß, daß man ihm glaubte. Auf nachgerade unheimliche Weise behielt der PR-Chef des Kults die Nerven, wich keiner harten Frage aus, nahm einmal ohne sichtbare Erregung hin, daß ein Journalist ihn einen »Lügner« schimpfte, ja erntete sogar Lacher. Es scheine ihm sonderbar, sagte er, daß sich manche Journalisten nun darüber aufregten, daß »der Meister« vor Jahren einmal bei einem Initiationsritus von seinem Blut gegeben habe, um seinen Jüngern so Dank abzustatten. Im abergläubischen Japan sei sogar das Trinken von Tierblut in irgendwelchen Tinkturen schließlich verbreitet. Und das Trinken von Badewasser des Gurus? Auch die russisch-orthodoxe Kirche gebe geweihtes Wasser an Gläubige, warum nicht Aum, entgegnete er ungerührt. Japan, die»politisch und militärisch schwache Nation« werde »den Dritten Weltkrieg nicht überstehen«. Der Kult treibe Vorsorge für ein Überleben der (Aum-)Zivilisation.

Es ist unbestreitbar, daß das verbissene Schweigen der Ermittler nach dem Sarin-Anschlag die wildesten Spekulationen ermutigte. Nie trat die Polizei Gerüchten entgegen – je nebulöser die wahre Lage, desto ungestörter ließ sich fahnden, meinte man wohl. Nur statistisch Sonderbegabte konnten nach einigen Wochen noch nachvollziehen, wer von den etwa 190 festgenommenen Aum-Anhängern wann und unter welchem Vorwurf in Haft geraten war. Und so war es wohl auch gedacht. Die japanische Presse, durch ihre exklusiven Klubs zur unterwürfigen Symbiose gezwungen, enthielt sich jedes Sarkasmus, wenn sie Festnahmen wegen »unerlaubten Betretens«, des Besitzes eines Küchenmessers, einer abgelaufenen TÜV-Plakette oder überhaupt »Behinderung der Polizeiarbeit« meldete. Schließlich herrschte Krieg, rechtsstaatliche Empfindlichkeiten, etwa die Unschuldsvermutung bis zur Verurteilung, wurden als Luxus gehandelt. Ebenso folgerichtig wie verräterisch mutete diese Bedenkenlosigkeit an, wenn der »Tag X«, der Tag der Verhaftung Asaharas, wie ein Kriegsende herbeigeschrieben wurde. Man fragte sich, woher der verbreitete

Glaube stammte, daß an jenem Tag Aum Shinrikyô kapitulieren und die von Angst und Mißtrauen vergiftete Atmosphäre gereinigt sein würde wie nach einem Taifun. Ein japanischer Kollege nannte den größten Kriminalfall seit Kriegsende anerkennend »besser als Kôbe«. Dort habe es nur Opfer, Helden und Versager gegeben, hier aber dazu noch Schurken.

Doch endlich war ein Punkt erreicht, an dem gutes dramaturgisches Empfinden nur noch die Verhaftung des Gurus zuließ. Erst als fast alle Unterführer in Gewahrsam (und zum Teil geständig) waren, erwirkte die Polizei Haftbefehle wegen Mordverdachts gegen Asahara und 41 seiner Anhänger. Am Morgen des 16. Mai, als Hundertschaften Bereitschaftspolizei mit Fahnen, Knüppeln und Kreissägen in Kamikuishiki anrückten, war es soweit. Dreihundert Reporter, die – wie üblich rechtzeitig zur Stelle – vor dem angekündigten Überraschungsangriff im strömenden Regen vor dem Gelände übernachtet hatten, erwarteten den Spießrutenlauf des Gurus. Doch dauerte es fünf Stunden von dem ersten funkensprühenden Aufsägen der Türscharniere bis zu dem großen Augenblick, da Japan nichts sah – nichts als sein schemenhaftes Halbprofil und ein hellrosa aufleuchtender Streifen seines Gewandes war zu erkennen im Fenster eines vorbeifahrenden Polizeikleinbusses. Eine Antiklimax.

Man hatte Asahara Shôkô, mit bürgerlichem Namen Matsumoto Chizuo, in einer Geheimkammer, zwei Quadratmeter groß und eineinhalb Meter hoch, inmitten von Getränken und reichlich Bargeld »meditierend« entdeckt. Der zur Fettleibigkeit neigende, maulwurfsblinde ehemalige Yogalehrer und Heilkräuterverkäufer, dessen Jünger auf über zwanzigtausend in aller Welt geschätzt wurden, gab widerstandslos auf. Der Verdacht, der Guru wäre nach dem Giftgasanschlag untergetaucht, indem er einfach zu Hause geblieben war, hatte viel für sich. Nun setzte sich eine Kolonne aus zehn Polizeifahrzeugen in Bewegung, den Guru in das 120 Kilometer entfernte Präsidium in Tôkyô zu verbringen. Warum Asahara, der am meisten gesuchte Verbrecher mit einer vergeltungsbereiten Jüngerschaft, nicht in einem Helikopter ausgeflogen wurde, blieb unklar. Wahrscheinlich wollte man die Fernsehsender, die seit der Prinzenhochzeit im Juni 1993 nicht mehr solchen personellen und technischen Aufwand getrieben hatten, nicht um ihren Triumph bringen. Tagelang waren alle

213

Wege erkundet, Zeiten genommen, Umschaltungen von Posten zu Posten geprobt worden. Die private Rundfahrt des Gurus rund um den Fujisan sollte ein Klassiker der Fernsehgeschichte werden. Einige Kommentatoren, die ihre Blindheit mit Pathos zu kurieren trachteten, flüsterten von einem »Tag der Vergeltung«. Einer strebte nach noch Höherem, als er im Angesicht der durch Nebelschwaden im Schrittempo vorübergleitenden Kolonne ergriffen sagte: »König Asahara verläßt sein Reich.«

Der Prozeß gegen den Guru wurde im April 1996 eröffnet. Zu diesem Zeitpunkt waren über hundert Aum-Anhänger schuldig gesprochen worden, die meisten wurden jedoch auf Bewährung entlassen. Neunundzwanzig der engeren Vertrauten Asaharas wurden zu hohen Haftstrafen verurteilt. Das Publikum, das die Anwälte der inhaftierten Aum-Führer anfangs mit Drohungen überzogen und in eine Art Untergrund der Geheimhaltung getrieben hatte, scheint nur noch mäßig interessiert an den Verfahren. Noch weniger können offenbar die Opfer der Giftgasanschläge auf Mitgefühl rechnen. Eine Gesellschaft von Aum-Geschädigten veröffentlichte 1998 ein Buch, dessen Titel *Obwohl wir weiterleben ...* schon viel sagt. Hier klagen Opfer des Giftgases nicht nur über die körperlichen Langzeitfolgen, vor allem starke Sehstörungen und Migräneanfälle, sondern über die ungebrochene Macht des Traumas. Viele wagen sich nicht mehr in öffentliche Verkehrsmittel, sie ertragen keine Menschenansammlungen. In Japan bedeutet das beinahe Verbannung. Manche haben ihre Arbeit verloren, weil sie nicht mehr dieselben waren wie vor dem 20. März 1995. Die Zeugnisse dieses Jammers sind noch nicht aus dem Japanischen übersetzt worden.

Weithin getrauert wurde um den auch im Ausland beliebten Mythos, Japan sei auf ewig geschützt vor den Zerfallserscheinungen, die Industrieländer erleiden. Mit Kriminalstatistiken und unausgegorenen Homogenitätstheorien waren der Mythos wie der Schock nach seiner Zerstörung nicht zu erklären. Etwas weiter half da die Einsicht, daß der nackte Materialismus und Prüfungsdrill der Wiederaufbauzeit, der künstlich ausgedehnt wurde zum wenigstens numerischen Gleichziehen mit dem Westen, viele junge Japaner abstößt. Die Entschädigung für die Mühsal einer lebenslangen, strikt nach Anciennität vorhersehbaren Karriere in einem Großunternehmen wird nicht dadurch attraktiver, daß sie durch Japans Wirtschaftskrise immer unwahrscheinlicher geworden ist. Es hat japanische Erzieher besonders schmerzlich getroffen, daß gerade hochbegabte, lebensferne Akademiker in Scharen zu dem Kult übergelaufen waren. Jôyû Fumihiro ist das beste Beispiel. Der Aum-Propagandaminister und, bis zu seiner Verhaftung, das Gesicht des Mordkults, war nicht allein seines blendenden Aussehens, seiner guten Manieren wegen zu Popstarruhm gekommen, der Autogrammwünsche verzückter Schulmädchen erfüllte. Jôyû und einige andere unter den Kadern hatten den empfindlichsten Nerv der Nation getroffen: Die bedingungslose Verehrung von Bildung und Erziehung in Japan ließ es nicht zu, den brillanten Absolventen einer sogenannten Eliteuniversität für einen gemeingefährlichen oder auch nur dummen Menschen zu halten. Jôyû rührte Japan an wie ein verlorener Lieblingssohn, er weckte bei vielen Japanern über Monate die verwirrende Sehnsucht nach Verzeihung und Heimkehr, nicht nach Strafe. Wie sollte man einen Kult mit einer noch so irren Lehre verfolgen, meinten jene, wenn unsere besten Nachwuchswissenschaftler ihm anhingen, wie konnte ganz falsch sein, was sie für richtig hielten? Ohne zu bemerken, daß es blind Universitätsurkunden als moralische Sonderausweise gelten ließ, erließ das betroffene japanische Bildungsbürgertum eine Art Teilamnestie. In Wahrheit ist Aum Shinrikyô ein Infarkt des japanischen Erziehungssystems.

Daß den promovierten Giftmischern des Kults das Leben von »Ungläubigen«, die ja in dem von Asahara für 1997 vorausgesagten Dritten Weltkrieg ohnehin sterben würden, nichts galt, war nicht so sonderbar. Mit solchen erhabenen Wahrheiten hatte man andernorts schon länger Erfahrung. Doch mindestens bis zur Verhaftung des Gurus erstarrten viele Japaner bei soviel Forschergeist, ganz gleich, zu welchem Frommen, in eigentümlicher Ehrfurcht. Auf den netten Fumihiro, selbst wenn dieser in Talkshows bekannte, seit neun Jahren im Zölibat zu leben, paßte die Beschreibung des idealen Schwiegersohns und Ehemanns, die unter statusbewußten Müttern und heiratswilligen jungen Damen als *sankô* (wörtlich: »drei Hochs«) kursierte: »hoch aufgeschossen und attraktiv; hohe Bildung; hohes Einkommen«. Ein hochrangiger Manager eines Konzerns zeigte sich von Jôyûs souveräner Leitung einer englischsprachigen Pressekonferenz noch Tage später tief beeindruckt: »Solche Japaner, die gute Wissenschaftler sind, mit Ausländern umgehen können und etwas von Krisenmanagement verstehen, sind sehr rar; wir würden dem Mann sofort einen Spitzenjob anbieten.« Ein anderer ging so weit, die japanische Raumfahrtbehörde Nasda dafür zu schelten, daß sie vor Jahren den offenkundig genialen Jôyû in die Provinz zur Überwachung irgendwelcher Satellitenantennen abgeschoben hatte. Bei der Nasa wären solche Talente besser eingesetzt worden.

Auch in Japan nahm man schließlich zur Kenntnis, daß religiöser Fanatismus inzwischen den politischen Terrorismus blutig zu beerben schien, und daß die eingebildete Immunität auf selektiver Wahrnehmung und Verdrängung gegründet hatte. Um so sonderbarer schien mir in all den endlosen Expertenrunden und Zeitungsdossiers zum Aum-Phänomen, daß niemand auf die Taten der »Roten Armee« Japans Anfang der siebziger Jahre verwies. Was fanatische Japaner Japanern antun können, hatten schon diese Kommandos mit Bombenanschlägen, Flugzeugentführungen und Dutzenden von Fememorden bewiesen. War das alles vergessen, nur weil sich die zweitgrößte Industrienation nicht mehr an die Gebrechen des Schwellenlands erinnern wollte? Und wie ging es zu, daß die Achtundsechziger-Bewegung zwar einen terroristischen Arm ausbildete, den Marsch durch die Institutionen bis ins Parlament und in die Parteien aber nie antrat, oder doch an der Undurchlässigkeit des Systems scheiterte? War Aum eine perverse Wiedergeburt der radikalen Romantik von 1968?

Ich hatte viele Fragen an den Kulturkritiker Katô Shûichi. Er attestierte seinen Landsleuten eine kollektive Bereitschaft und Fähigkeit zur Verdrängung des Unangenehmen, zu einem Heraustreten aus den Zeitläuften und zum reflexartigen Einrichten im Hier und Jetzt. Katô, 1919 in Tôkyô geboren, Doktor der Medizin, nach dem Krieg Schriftsteller, bis 1985 Professor für Literatur- und Kulturgeschichte, inzwischen Bibliotheksleiter, verstand das Erstaunen nicht, welches das Versagen der Institutionen Japans in Kôbe und bei der Aum-Fahndung im Ausland hervorgerufen hatte. Warum wollte Katô nicht von einer Krise sprechen? – »Ich glaube einfach nicht, daß wir seit Januar wirklich etwas Neues erlebt haben. Vielmehr wurden bestehende Schwächen der japanischen Gesellschaft aufgedeckt. Zuerst in Kôbe nach dem Beben, als die

Spitzen der Bürokratie und die Zentralregierung in Lethargie verharrten. Es ist kein Zufall, daß in Kôbe fast nur die Ärmsten starben, während in den Villen am Stadtrand kaum Risse auftraten. Der Erdstoß hat die Klassenstruktur in Japan freigelegt.« Auch Aum Shinrikyô galt Katô Shûichi nicht als neue Qualität: »Junge Akademiker in Japan wenden sich seit zwanzig Jahren vom Rationalismus ab und dem Mystischen zu. Teilweise mag es eine Trotzreaktion gegen den so lange in Japan dominierenden Eurozentrismus sein, eine Entdeckung entrückter ›asiatischer Werte‹. Ebensowenig überrascht das Zusammengehen von irrationalem Führerkult mit naturwissenschaftlicher Vernunft. Während des Militarismus haben die besten Ärzte, Chemiker, Ingenieure Japans an den göttlichen Kaiser geglaubt und ihm ihr ganzes Wissen geweiht. Wo ist da der Unterschied? Zumal in Japan die Kontinuität zwischen Vor- und Nachkriegszeit nie abbrach.« Keine Krise also, fragte ich ein letztes Mal? »Nein. Das Bild Japans war einseitig und verzerrt. Man hat die Schwächen übersehen und ist nun schockiert. Nicht, weil Japan schlechter wäre, sondern weil es nicht besser ist als andere.«

Irgendwann in den Jahren zwischen 2005 und 2015 wird der Tag kommen, an dem der japanische Staat den Häftling Matsumoto Chizuo vom Leben zum Tode befördert. Der Tag wird öde beginnen wie alle anderen Bußtage seit seiner Verurteilung. Von einem halben Dutzend eingeweihter Justizbeamter abgesehen, wird niemand, nicht der Todeskandidat oder seine Angehörigen, weder seine Jünger noch die nur noch vage rachsüchtige Nation, wissen können, daß dem dämonischen Religionsterroristen und Massenmörder, der sich Asahara Shôkô nannte, endgültig das Genick gebrochen wird. Erste Ahnungen könnten den Häftling, der sich durch gute Führung das Privileg der freiwilligen Zwangsarbeit erschmeichelte, erst befallen, wenn seine Eskorte nicht kommt. Er hat nun, wird es ihn vielleicht eisig durchfahren, keine Stunde mehr zu leben. Das Stillschweigen über den Hinrichtungstermin, »um den Häftling nicht zu beunruhigen«, wie Japans Justiz fürsorglich erklärt, wird plötzlich gebrochen werden, wenn der Gefängnisdirektor selbst die Todeszelle betritt, um die denkwürdige Nachricht zu überbringen. Er wird dem kahlgeschorenen, fast erblindeten, von der fetten Kost aufgedunsenen Mann zwischen Fünfzig und Sechzig Handschellen anlegen lassen und ihn zum Galgen geleiten. In einem Nebenzimmer steht eine erlesene Henkersmahlzeit bereit; eine letzte Zigarette wird angeboten, ein Blatt Papier für den Abschiedsbrief gereicht; es wird ein Gebet ermutigt von dem Sutren murmelnden Anstaltspriester. Der würzige Duft von Räucherkerzen wird zu Asaharas letzten Sinneseindrücken zählen, bevor er ins Bodenlose stürzt und, woran in Japan niemand zweifelt, direkt zur Hölle fährt.

Das zuständige Einwohnermeldeamt seiner Geburtsstadt in der südjapanischen Präfektur Kumamoto wird, wie nach Hinrichtungen üblich, unverzüglich den Namen des Haushaltsvorstands Chizuo aus dem Familienregister der Matsumoto löschen. Bis Angehörige und Anwälte verständigt sind und der Leichnam freigegeben wird, bis die Presse die süße späte Rache auskosten darf und die Medien in aller Welt in Japans Annus horribilis zurückblenden, können Tage vergehen. Wenn das Schicksal einmal gnädig zu den Eltern Matsumotos sein sollte, die sich damals im Mai beim Volk für die Schandtaten, ja das Geborensein ihres Sohnes entschuldigt und seine harte Bestrafung erbeten hatten, werden sie die haßtrunkene Nostalgie nicht mehr erleben. Der Mann, der die ganze Sippe und seine eigenen Kinder zu Aussätzigen gemacht hatte, soll nicht als Trauerfall neues Unglück stiften. Erspart würde den Eltern schließlich auch das routinierte Wehklagen liberaler Juristen, die daran erinnern werden, daß wegen der Verbrechen des Kults Aum Shinrikyô die Abschaffung der Todesstrafe in Japan wieder um Jahrzehnte aufgeschoben wurde. Niemand wird gleichwohl zu sagen wagen, Asahara Shôkô habe nicht den Tod verdient.

Wenig spricht dagegen, daß dieses Szenario, entwickelt nach dem Bericht eines ehemaligen Strafvollzugsbeamten in seinem Buch *Das Lied des Todeskandidaten* (1993), so oder so ähnlich erduldet von und erlitten von fast sechshundert Hingerichteten in Japan seit Kriegsende, Wirklichkeit werden wird. In Boulevardblättern wurden 1995 schon früh mit der lärmenden Ungeduld der Lynchmeute die Köpfe des Gurus und der anderen Mordverdächtigen gefordert. Und für die große Mehrheit der Japaner war Asahara Shôkô schon vor dem Beginn seines Prozesses ein toter Mann. Man wird sich gedulden müssen.

DREIZEHNTES KAPITEL

The best way to comment on large things is to comment on small things.« Sieben Jahre vor seinem Tod brachte Raymond Chandler eine der großen Wahrheiten über das Schreiben auf den Begriff. Der amerikanische Meister des beiläufigen Sozialkommentars, der die verwundete Moralität seines Helden Philip Marlowe erst erträglich machte, indem er ihm reichlich Prügel, Enttäuschungen, Whisky und immer zu niedrige Tagessätze verabreichte, zählte zu meinen Ratgebern in Japan. Wann immer ein Ereignis zum prächtigen Gesellschaftsgemälde zu verführen schien, versuchte ich nach Chandlers Gebot zu handeln, das Große in Kleinigkeiten zu kommentieren. Der Verführung zum hochgestimmten Ton und zum Klischee zu widerstehen gelang nicht immer. Wenn mein Gerechtigkeitssinn herausgefordert wurde, wie in Kôbe, obsiegte manchmal der Moralist über den Chronisten. Dann schrieb ich im Zorn, wenn schon nicht über *die* Japaner, so doch gegen das offizielle Japan. Wobei es zu den irritierenden Erfahrungen zählt, manches spontane Vorurteil der ersten Anschauung nach Jahren des forschenden Zweifels als zutreffend anerkennen zu müssen. Daß dem Durchreisenden ein Land transparenter scheint und zu kühneren, nicht immer falschen Betrachtungen ermutigt als den langjährigen Korrespondenten, ist ein bekanntes Phänomen. Daß in glücklichen Momenten wiederum ein Korrespondent die Dinge treffender intuitiv bezeichnen kann als ein Wissenschaftler – gerade weil der Journalist weder Erkenntnisse noch Zeit genug hat, zu wissen, wie recht er hat –, ist kein japanisches Phänomen. Die Neigung jedoch, Japanbücher um so frohgemuter zu verfassen, je kürzer man sich dem Land aussetzt, ist nach hundert Jahren fragwürdiger denn je. Der deutsche Hofarzt des Meiji-Kaisers, Erwin Baelz, der selbst fast dreißig Jahre in Japan verbrachte, klagte schon 1893, daß gerade jene Autoren besonders wagemutig seien, »die kaum lange genug auf trockenem Boden waren, um sich von der Seekrankheit zu erholen«.

Auch wer länger bleibt, ist gefährdet, die Welt an seinem Leben im rätselhaften Inselreich teilhaben zu lassen. Ich weiß, wovon ich rede. Und schon immer sind die meisten Bücher über Japan an ihren kunstgewerblich dialektischen Titeln zu erkennen. Sieburgs *Stählerne Blume* machte es vor, ungezählte geringere Autoren folgten ihm. Die Titel spielen, meist auf Drängen des Verlags, seit Jahrzehnten mit derselben Handvoll japanischer Assoziationen, die unerhörte Geheimnisse verheißen wollen. Die Sonne (bebend, sinkend), das Lächeln (maskenhaft, kalt), der Samurai (weich, rosafarben), der Spiegel (blind, »Hinter dem …«), Geisha (elektrisch, eisern), natürlich Zen (»… und die Kunst, ein Motorrad zu warten«, »… und Mikrochip«) bieten sich an, im Notfall lassen sich Kimono und Computer alliterieren. Manche Bücher sind besser als ihre Titel vermuten lassen, andere haben ihr Verfallsdatum erreicht, bevor sie auf dem Markt sind. Die haltbarsten, so meine Faustregel, beherzigen Chandlers Gebot und konzentrieren sich, wie Ian Buruma in seinem Buch über Helden und Schurken im japanischen Film, auf einen gesellschaftlichen Ausschnitt oder machen sich mindestens durch höchste Privatheit unangreifbar. Zu warnen ist unbedingt vor westlichen Büchern über *die* japanische Frau. Sie geben gewöhnlich mehr über den Autor preis als über den Gegenstand. Das Thema ist eine Falle, in der es vor Gemeinplätzen und chauvinistischen Peinlichkeiten wimmelt wie in einer Schlangengrube. Ich habe mir als Korrespondent und Ehemann einer Japanerin jeden allgemeinen Kommentar dazu verboten. Vielleicht hätte ich dabei bleiben sollen.

Der einstmals beliebte und heute zu Recht vergessene britische Autor Clive Holland, der alle an Chuzpe und fast alle an Erfolg übertraf, hat vorgemacht, wie man sich aus der Affäre zieht. Er schrieb sieben Bücher über Japan, darunter den Bestseller *My Japanese Wife* (1895), der es auf zwanzig Auflagen bringen sollte. Seine Miss Hyazinth war so authentisch wie Winnetou. Clive Holland beschrieb das Mikado-Reich ungestört von seinem Heimatort Bournemouth aus. Er setzte nie einen Fuß auf das Archipel und traf die erste Japanerin erst Jahre nach der Veröffentlichung seines letzten Buchs 1914.

Vermutlich waren sie voneinander enttäuscht. Immerhin war Hollands zarte Imagination japanischer Weiblichkeit galanter als der autobiographische Roman des Franzosen Pierre Loti, dessen *Madame Chrysanthème* (1887) nicht nur Puccinis Oper *Madame Butterfly* inspirierte, sondern der westlichen Welt eines der zählebigsten Stereotypen über Japan aufdrängte: die exotische, verführerische, hingebungsvoll kalte und maskenhafte Liebedienerin, deren Treue so schwer wiegt wie ein Schmetterling. Die Bücher über das Wesen umfassen viele Festmeter, die Filme würden den Erdball umgürten. Sie ist erotisches Weltkulturerbe, die ewig lockende Geisha, die servile Domina, ach, ihre grazile Figur macht den Weißen Lust ohne die Angst vor dem Verschlungenwerden, die schwarze Frauen verbreiten. Loti, Puccini und ihre Epigonen haben diese schöne, verworfene Puppe, die ohne christliche Moral auskommt wie die Kirschblüte ohne Duft, dem Stereotypen des Samurai als Theaterweib zugesellt und der europäischen Männerphantasie übereignet. Und das Wesen lebt zäh. Keine junge Asiatin, die nicht von entsprechenden Blicken oder Übergriffen zu berichten wüßte. Die Nationalität spielt keine Rolle. Einer Thai-Frau, Chinesin, Philippina wird derselbe fadenscheinige Kimono der Butterfly übergeworfen und lüstern vom Leib gerissen, sie stehen beim weißen Pöbel im Generalverdacht der Lustbarkeit. Der Sextourismus lebt davon. Selbst die Ehemänner von Asiatinnen geraten, wie ich bezeugen kann, in den Verdacht eines sexuellen Exotismus. Man beneidet sie und bezichtigt sie zugleich, vor Aufklärung und Emanzipation der europäischen Frauen zu fliehen. Die Paare sind zudem insgeheim verdächtig, einander nötig zu haben: sie ihn, des Geldes oder eines Visums wegen; er sie, um einem schwächlichen Chauvinismus aufzuhelfen. Das beides bisweilen zutrifft, macht die Beleidigung für alle im übrigen nicht weniger ärgerlich.

Nicht einmal der umgekehrte, viel seltenere Fall, nämlich die Ehe eines Asiaten mit einer Kaukasierin, schwächt das Stereotyp der Madame Butterfly. Er stiftet Verwirrung und Unverständnis in der Heimat der Frau und bestenfalls Respekt vor der »weißen Eroberung« in der Umgebung des Mannes. Wie man es auch wendet: Eine Liebesheirat, die sich dem glücklichen Zufall verdankt, wird dem einen wie dem anderen Paar kaum je zugetraut. Unter solchen Verdacht zu geraten, den nach meiner Erfahrung auch Verwandte und Freunde teilen

können, wenn sie ihn auch in Sorge kleiden, ist gewöhnungs-
bedürftig. Ihn übelzunehmen bringt nichts als Verlegenheit.
Wer würde nicht leugnen, wer ist schon bekennender Rassist?
Im übrigen lohnt es sich, über den Verdacht nachzudenken.
Könnte es nicht ebenso sein, daß der Butterfly-Mythos Spuren
von Wahrheit enthält, nicht nur für Ausländer und auch im
zeitgenössischen Japan? Wäre es möglich, daß westliche Männer nur der Sehnsucht japanischer Jungen folgen? Der Sehnsucht nach der Mutter Geliebten ohne die Konkurrenz des
Vaters, nach dem verantwortungslosen leichten Leben mit dem
inzestuösen Peter-Pan-Komplex. Es war Kurt Singer, der in
der strengen Rollenverteilung des japanischen Familienlebens
das »symmetrische« Verhältnis zwischen Vätern und Söhnen,
Gleiche unter entfernten Göttern gewissermaßen, zu entdecken
glaubte. Die japanische Frau adoptiere ihren Mann, meinte er,
und finde ihre tiefste Befriedigung im Nähren und Pflegen
ihrer Kinder. Soweit Singer, der Galant von hoher Bildung und
homosexueller Neigung, beobachtet in einer Zeit, als Japans
Männer zur Eroberung Asiens rüsteten. Überhaupt die Mütter.
Zur selben Zeit schuf Bertolt Brecht, der es eher mit China
hielt, seine Mutterfiguren, die sämtlich ihre Söhne überleben.
Der Frauenheld B. B. bürdete der Genossin Weigel auf, was
seine anämischen, ödipal verwirrten Männer nicht tragen konnten. Eine Butterfly Courage wäre nach seinem Geschmack gewesen.

Dieses Zwitterwesen hat es in Singers Japan nie gegeben.
Anständige Mädchen hatten keine Gelegenheit zu einem frei-
heitlichen Schmetterlingsleben vor einer Ehe, die sie der Familie des Mannes übereignete. Und so blieb es über das Kriegsende hinaus. In den vergangenen dreißig Jahren erst hat sich
das geändert. Die Generation der Frauen, die in den sechziger
Jahren geboren wurden, erlebte vielleicht als erste, daß sie in
der Schule ähnlich gefördert wurden wie die Jungen. Man lobte
ihre Intelligenz und machte ihnen Hoffnung auf Karrieren in
der aufblühenden Wirtschaft. Sie waren selbstbewußt gegenüber Lehrern und Müttern, schminkten sich, trugen Hosen,
und sie liebten es, ihre Freunde herauszufordern, indem sie
die Männersprache benutzten. Viele studierten, und zwar nicht
nur zwei Jahre an den Haushaltscolleges, und manche wagten
sich für einige Semester ins Ausland. Ihre Erwartungen waren
grenzenlos. Wann immer ich mit jungen Frauen über jene Jahre

sprach, erinnerten sie sich wehmütig und etwas belustigt ihrer Naivität. Denn nach dem Ende des Studiums stießen sie in den ersten Bewerbungsgesprächen auf eine Wand der Ablehnung. Arbeit konnten sie wohl haben, aber keine Illusionen mehr über die Grenzen ihres beruflichen Aufstiegs. Dienen sollten sie, duften und blühen als »Blumen des Büros«, sollten sich nicht prüde anstellen, wenn ihrem Chef einmal die Hand ausrutschte, und endlich einen netten Kollegen erhören und in der Ehe verschwinden, bevor sie welkten.

Die Enttäuschung angesichts ihrer Zurücksetzung, das bestätigten sie mir alle, war groß. Aber sie beschlossen, die Heirat wenigstens hinauszuzögern und das Beste aus dem Aufschub zu machen. Sie wurden Office Ladys, lebten zu Hause, wie es die Firmen nicht selten heute noch erwarten, und gewöhnten sich daran, eine Menge Spielgeld zu haben. Die Jahre vergingen. In Frauenmagazinen konnte man von der hilflosen Rache der Office Ladys lesen. Eine beschrieb einmal, wie sie den besonders sämigen grünen Tee für einen besonders verhaßten Vorgesetzten mit etwas Spucke zu veredeln pflege. »Dein Tee schmeckt wirklich unverwechselbar«, lobte sie der Mann jedes Mal und rettete ihr den Tag. Doch mit jedem Jahr wuchs der Druck, nicht als vertrockneter *christmas cake* übrigzubleiben, damals der Spottname für unverheiratete Frauen über Fünfundzwanzig. Wohlmeinende Vorgesetzte und besorgte Eltern taten sich zusammen, alleinstehende Frauen, sagten sie, seien verdammt zur Abhängigkeit einer Mätresse oder zur Bitterkeit der Jungfer. Irgendwann gaben sie ihren Widerstand auf. Sie heirateten, nicht wenige vermittelt durch Eheanbahnungsinstitute *(omiai)*, und gaben ihren Berufen den Abschied.

Das Abenteuer war zu Ende. Und sie lebten mit der Ironie, daß sie in die Lebenshaltung ihrer Mütter zurücksanken, während diese, aller Sorge um die Kinder ledig, mit Fünfundvierzig ihre erste Freiheit entdeckten. In Sprachkursen und Bildungsreisen, auf Tennisplätzen und in Ausstellungen, Konzerten, Teezeremonien begann die Kraft einer Klientel mit Zeit, Geduld und Geld zu wirken, die als *obasan pawâ* sprichwörtlich wurde. Was dieselben Frauen nicht etwa davon abhielt, ihre Töchter und Schwiegertöchter zur endgültigen Erfüllung ihrer Weiblichkeit in der Mutterschaft zu drängen.

Was immer Japans Frauen seit Kriegsende für sich erkämpft haben, es scheint alles gestundet, wenn sie Mütter werden.

Nicht die verfassungsmäßige Abschaffung der Quasi-Leibeigen-schaft im *ie*-System und die Garantie aller Bürgerrechte für Frauen, nicht das Gleichstellungsgesetz im Beruf von 1986, kein Papier und keine emanzipatorische Mode in der reich werdenden Nation haben Entscheidendes in den Familien-beziehungen geändert. Kinder gehen vor jedem und allem. Mir ist kein einziges japanisches Elternpaar bekannt, junge Leute wohlgemerkt, das die Liebe zwischen den Partnern für ähnlich pflegebedürftig erachtete wie die unausgesetzte Bindung der Kinder an die Mutter. Die Frauen teilen die Futons mit ihren Kindern Jahre über die Stillzeit hinaus. Babysitter sind, von Ausländerkolonien abgesehen, unbekannt. Aushelfenden Groß-eltern wird nach der Aufkündigung des Drei-Generationen-Haushalts in den Städten allenfalls eine Pflicht während der Arbeitszeit einer Mutter zugemutet. Der »Egoismus« eines Elternpaares, das ein einziges Wochenende allein zu verbringen wünschte, ist zu selten zu finden, als daß er es zu einem Spott-namen gebracht hätte. Ein Urlaub einer Mutter mit Kindern, aber ohne Ehemann, wäre gleichfalls ein Skandal. Fürsorgliche Freundinnen ohne Kinder schlagen die Bitte junger Mütter, einmal auszugehen wie in alten Zeiten, mit dem Hinweis ab, Mütter seien unabkömmlich. Und zwar prinzipiell. Viele kom-pensieren Entfremdung und Frustration in der Ehe später mit überschäumendem Ehrgeiz bei der Ausbildung ihrer Kinder. Die sogenannte *kyôiku mama* ist, halb verehrt, halb verlacht, eine populäre zeitgenössische Karikatur. Im Trennungsschmerz schreiende Babys wären, nachts und erst recht am Tag, ein in der ganzen Nachbarschaft zu hörender Ausweis für eine pflichtvergessene Mutter. Man hört sie kaum je. Statt dessen werden sie herumgetragen wie einst. Am Tag und nachts, auf der Straße wie im Haus kleben schlafende Säuglinge auf den Rücken ihrer Mütter und halten Ruhe.

Man konnte die mißbilligenden Blicke alter Frauen in den U-Bahnen nicht mißverstehen, die sich auf eine junge Mutter richteten, bepackt mit Einkaufstaschen, ihr Kind im Arm, während sie mühsam mit einer Hand den Kinderwagen zu-sammenfaltete. Keine Hand rührte sich zur Hilfe. »Soll sie es doch auf dem Rücken tragen, wie wir es getan haben, und wie es sich gehört«, sagten die Blicke. Es sind dieselben älte-ren Damen, die mit Genugtuung auf Kleinkinder schauen, die selbstverständlich in den Bahnen sitzen, während ihre Mütter stehen. Ihnen, den stets opferbereiten, gestreng dienenden, still leidenden Müttern hat die populäre Kultur in Schlagern, Groschenheften, nicht zuletzt in einem Filmgenre ein ewig haltbares Denkmal gesetzt. *Hahamono*, wörtlich »Mutterdinge«, halten gewöhnlich den Rührungsrekord, den einheimische Filmkritiker mit »drei Taschentüchern« bezeichnen.

Die japanischen Frauen sind überaus frauenhaft – gütig, sanft, treu, hübsch. Aber die Art und Weise, wie die Männer sie behandeln, ist bis jetzt so gewesen, daß ein generöses europäisches Herz dadurch verletzt werden könnte.« Wohlan, der Gentleman, der sich im Jahre des Heils 1904 durchaus abgestoßen fühlte von der Geringschätzung der Japaner für ihre Frauen, Basil Hall Chamberlain (1850–1935), zählt zu den berühmtesten westlichen Lehrern der Meiji-Zeit. Sein amüsantes *ABC der japanischen Kultur*, 1912 erstmals auf Deutsch erschienen, war von beträchtlichem Einfluß mindestens unter jenen Bildungsbürgern, denen die lüsterne Teehaus-Szenerie der Madame Butterfly zu frivol und oberflächlich erschien. Mit respektvoller Ironie schrieb der Brite unter dem Stichwort »Frauen (Die Lage der)« weiter: »Das Los einer Japanerin kann in das zusammengefaßt werden, was die ›drei Gehorsame‹ genannt wird – Gehorsam, solange sie unverheiratet ist, gegen den Vater; Gehorsam, wenn sie verheiratet ist, gegen den Gatten; Gehorsam, wenn sie verwitwet ist, gegen den Sohn. Wie die Dinge heute liegen, kann die größte Dame des Landes die Sklavin ihres Gatten sein ...« So lagen wohl um die Jahrhundertwende die Dinge, und Basil Hall Chamberlain befand es schon für einen »Schritt vorwärts, wenn eine Wertschätzung der Frau gelegentlich wenigstens geheuchelt wird«. Über weite Strecken zitiert der humanistisch gesonnene Autor andere Beobachter, schon aus Selbstschutz, wie er bekennt. Im Bewußtsein, auf der Schwelle vom alten zum neuen Japan zu stehen, läßt er sie, vom 16. Jahrhundert an, für sich sprechen. Ärzte zur Physiognomie (lange Körper, kurze Beine, breite Schädel et cetera), Priester zur Seele (sehr abergläubisch, kühn, heroisch, rachsüchtig, ruhmgierig, sehr fleißig und abgehärtet in Strapazen und so fort), die Zeugen sagen Unbestreitbares und allerlei Unsinn aus. »Die japanischen Frauen sehen im ganzen besser aus als die Männer und haben dabei anmutige Manieren und entzückende Stimmen«, wagte Basil Hall Chamberlain immerhin für sich zu urteilen. Es ist noch immer wahr. Und wahr ist auch, was eine europäische Zeitzeugin im Meiji-Japan beobachtete, nämlich die Erfahrung von Fremden, die längere Zeit im Lande leben und »zu ihrer eigenen Überraschung sehen, daß die Frauen ihres Landes plump, heftig, aggressiv und schwerfällig unter den kleinen, milden, scheuen und graziösen japanischen Damen erscheinen«.

Man kann dies sarkastisch kommentieren wie etliche der 21 Autorinnen in dem Buch *Nippons neue Frauen* (1990), dessen Herausgeberinnen Ruth Linhart und Fleur Wöss es sich zum Ziel setzten, die stereotype Wahrnehmung der Japanerinnen »mit der widersprüchlichen Realität der japanischen Gesellschaft zwischen Tradition und Moderne« zu konfrontieren. Es finden sich in dem Band eine Menge Polemiken gegen literarische Männerphantasien. Die Geisha, die Sonnengöttin Amaterasu, die Perlentaucherinnen werden als Serienheldinnen ausgemacht. Die Kunst der den Japanerinnen angedichteten Nettigkeit wird zerlegt in die Typologien »die Sanfte, Liebenswürdige«, »die Unterwürfige, Selbstlose«, »die Mächtige«, »die Emanzipierte«, »die Erotische«. Der Kult des Entzückens um Madame Butterfly, Ahnherrin der bevorzugten jungen Mädchen und unverheirateten Damen des Unterhaltungsgewerbes, wird historisch belebt und zerfleddert. Und es ist wahr, die Männer und jeder, der ehrlich genug ist, sich gelegentlich ertappt zu fühlen, geben viel zu spotten her. Doch bleibt nach der Lektüre der Texte eine sonderbare Ratlosigkeit, ein enervierendes Mißbehagen wie das Spielen einer stimmigen Melodie auf einem verstimmten Instrument. Man kann sich des Verdachts nicht erwehren, die Autorinnen erlägen in ihrem Solidarisierungsfuror ähnlichen abendländisch normierten Projektionen wie die von ihnen kritisierten Männer.

Dabei wird die Sache doch gerade dadurch so reizvoll und kompliziert, weil geläufige Abwehrbegriffe, die uns locker auf der Zunge liegen, wie reaktionär, chauvinistisch, sexistisch, dem japanischen Phänomen bei näherer Prüfung nicht recht beikommen. Tatsache ist, daß es in Japan bis zum heutigen Tag eine Männerwelt und eine Frauenwelt gibt, getrennt durch spezifische Sprachen und Aspirationen und, zum Verdruß des Feminismus, durchaus verteidigt von beiden Seiten. Daß

63 Millionen Japanerinnen die Mehrheit der Bevölkerung bilden, daß sie Kimonos nur noch an wenigen Festtagen tragen, später heiraten, größer und älter werden, tiefere Stimmen haben und sich früher scheiden lassen als je, besser in der Schule abschneiden und in größerer Zahl als Männer wählen gehen, mehr musizieren, reisen und Sprachen lernen als die Männer, ohne zugleich einen entsprechenden Einfluß in Politik und Wirtschaft geltend zu machen, ist nicht mehr als eine statistische Banalität der Moderne. Fast zwei Drittel der arbeitsfähigen Frauen in Japan arbeiten, aber kürzer als die Männer und deshalb für niedrigeren Lohn. Im Parlament stellen sie nicht einmal acht Prozent der Abgeordneten, nie gab es mehr als drei Ministerinnen in einem Kabinett. Gewalt in der Ehe, bisher ein rein privates Problem, wird von Mutigen in die Öffentlichkeit getragen. Viel ist geschehen, bei weitem nicht genug, und es liegt mir fern, Chancenungleichheit und Zurücksetzung zu rechtfertigen. Gleichwohl gilt es, den Fetischcharakter mancher Gleichheitsverlangen zu durchschauen. Über das Lebensgefühl der Frauen jedenfalls sagen die gerade in Japan so verehrten Statistiken nichts aus.

Wie steht es etwa mit der Gleichberechtigung von Yuko, einer entfernten Verwandten meiner Frau? Yuko kommt aus einem traditionsbewußten Haus, sie steht ihren Eltern sehr nahe. Als sie heiraten wollte, stellte ihre Familie die Bedingung, daß sie ihren Mädchennamen behielte. Der Name der Ahnen dürfe nicht verlöschen. Der Bräutigam erklärte sich nach langen Verhandlungen dazu bereit, vorausgesetzt, Yuko nehme seinen Namen so lange an, bis er das vierzigste Lebensjahr vollendet habe. Er mußte vor seinen Freunden und seiner Familie das Gesicht wahren. So geschah es. Als der Tag gekommen war, adoptierten Yukos Eltern das Paar, das inzwischen zwei Töchter hatte. Nachdem Yuko ihren Familiennamen zurückerhalten hatte, schien die Sache endlich geregelt. Bis auf eine Kleinigkeit: Yuko denkt inzwischen über die Scheidung nach.

Und was ist von Mariko zu halten, auch sie eine höhere Tochter aus sogenannter guter Familie, die beim *omiai* ein Dutzend Kandidaten wegen ungenügender Papierform ablehnte und heute die Mutter des Mannes, den sie erhörte, so haßt, daß sie die Scheidung erwägt? Nicht weil diese Frau sie quälte, sondern weil sie sich aus ihrem eigenen Elternhaus nicht lösen

will. Der Fehler war, erklärte mir Mariko, daß sie ein Einzel-
kind geheiratet habe. Die Vorstellung, daß sie dem Brauch folgen müsse und die Schwiegereltern zu sich nehmen, bereite ihr
Haß- und Angstträume. Bei Yuko wie Mariko fällt auf, daß in
ihren Überlegungen die Männer keine Rolle spielen. Sie werden nicht nur nicht gefragt: Von den Scheidungsgedanken ihrer
Frauen, die jedem offenen Streit aus dem Wege gehen, wissen
sie nichts. Als mir einmal ein jungverheirateter japanischer
Kollege anvertraute, er habe die Seine erwählt, weil sie ein
klein wenig einfältig sei, treu, immer optimistisch, immer
lächelnd und ihm vor dem abendlichen Bad Unterzeug und
Pyjama bereitlege, erzählte ich ihm von Yuko und Mariko.
»Heee!« stöhnte er.

Irmela Hijiya-Kirschnereit hat in ihrer Aufsatzsammlung
Das Ende der Exotik (1988) ein Kapitel dem »männlichen
Chauvinismus der Japanerinnen« gewidmet. Denn den gibt
es. Wohl wissend, daß sich im scheinbar Exotisch-Anderen das
eigene Wesen in »grotesker Übersteigerung« kundtut, zeigt
sich die Japanologin ein wenig erstaunt von der Vielfalt der
gängigen Analysen zur Stellung der japanischen Frau. Von der
absurden Benachteiligung bis zur souveränen Herrscherin, die
befreiter sei als ihre westlichen Geschlechtsgenossen, reichten
die Einschätzungen. Erhebungen zeigten, daß Männer im Leben einer Hausfrau und Mutter nur eine matte Nebenrolle
spielten. Sie zeigten aber auch, daß die Frauen selbst »die
Geschlechtertrennung in ihrem Alltag gutheißen und mit ihr
leben«. Hijiya-Kirschnereit, die heute das Institut für Japanstudien in Tôkyô leitet, macht japanisches »Sprach-Denken«
als wesentliches Sozialisationsinstrument aus. Dieses Denken
enthalte eine Differenzierung, die so weit reiche, »daß sich für
einen japanischen Hörer nahezu jeder sinnvolle Redeausschnitt
eindeutig einem Geschlecht zuordnen läßt«. Mädchen lernen,
sich zu erniedrigen, indem sie gegenüber Jungen eine unter-
legene Höflichkeitsstufe wählen. Sie sprechen nach oben, ganz
gleich, zu welchem Dummkopf. Nur sogenannte Karriere-
frauen könnten dagegen die Stimme erheben: »Um so ent-
täuschender ist es, wenn diese Schriftstellerinnen, Schauspielerinnen, Professorinnen und Publizistinnen an Frauenfeind-
lichkeit die Männer zuweilen in den Schatten stellen.« Selbst
japanischen Feministinnen seien die Erfolgreichen, sogenannte
fliegende Frauen, inzwischen suspekt. Man werfe ihnen ver-

antwortungsscheuen, kindischen Narzißmus vor und gebe die Frauenbewegung in den Medien der Lächerlichkeit preis, indem man ihr die Schuld für die Unzufriedenheit der Frauen zuweise.

Es muß festgestellt werden, daß in den zehn Jahren seit dem Erscheinen von *Das Ende der Exotik* der Einfluß der Frauen in der Politik Japans ebenso nachgelassen hat wie die Solidarität unter Feministinnen. Hätte wirklich, wie der Literaturkritiker Aeba Takao beobachtete, die Nachkriegszeit einen Wandel vom Patriarchat zum Matriarchat gebracht, sollte tatsächlich schon gegen Ende der sechziger Jahre das »mütterliche Prinzip« die Macht der Ideologien geschwächt haben, so wäre zu erwarten, daß heute, nach dem Ende des Systemwettbewerbs, die Welt der Empfindung den Sieg davongetragen hat. Damit hätten jene japanischen Intellektuellen recht behalten, die Ende der achtziger Jahre immer häufiger darauf verwiesen, daß der japanischen Kultur insgesamt ein weiblicher Charakter innewohne. Im Kontakt zum westlichen Ausland und dessen jüdisch-christlichen Idealbild des Menschen (Mannes) definierten sie sich selbst als »passiv, intuitiv, gefühlsbetont, konservativ und alogisch« und erklärten das kommende Jahrzehnt und gleich das kommende Jahrhundert zur Epoche der Frau. Ganz im Sinne Kurt Singers, der mit Nietzsche Japan zu den weiblichen Völkern rechnete: »Sie (die Japaner) haben wenig erfunden, empfangen mit Leidenschaft und exzellieren in der Kunst des Übernehmens, Anpassens, Abänderns. Im Wählen und Verwerfen sind sie von unbeirrbarer Geschicklichkeit. Was sie übernehmen, wird oft nach Umfang, Inhalt und Tiefe reduziert, innerhalb dieser Grenzen aber zu eigentümlicher Vollendung gebracht. Die Art, wie die Japaner in der Assimilation fremder Kulturen verfahren ... erinnert oft an die Weise, wie sich Frauen einer neuen Mode überlassen.«

Ein Singer konnte derlei noch behaupten. Ich aber habe Jahre gebraucht um zu begreifen, daß sich Japan seit der Meiji-Zeit nicht nur neu erfunden hat, sondern auch, je nach politischer Opportunität, seinen kulturellen Lebenslauf systematisch umgeschrieben hat. Die Ästhetik des Zeitgefühls hat viele Eingriffe plastischer Geschichtschirurgen überstanden, nun gibt sie als uralte Bräuche aus, was in Wahrheit der ideologischen Militarisierung, Modernisierung, der »Samuraiisierung« der Gesellschaft in der Meiji-Ära geschuldet ist. Der amerikanische Japanologe Edward Seidensticker hat die Schwierigkeit beschrieben, hinter diese mit Patina getarnten Masken zu schauen: »Das Verhältnis von Tradition und Wandel in Japan wurde immer durch die Tatsache erschwert, daß Wandel selbst eine Tradition darstellt.« Kulturzensur ist ebenso am Werk, wenn etwa das Verbot einer weiblichen Thronfolge, ein Verdikt der Meiji-Ära, als Ratschluß der Götter aus mythischer Zeit behandelt wird. Gleichfalls kann man zu den Paradoxien der Modernisierung Japans unter Meiji zählen, daß erst mit dem Bürgerlichen Gesetzbuch von 1898 eine strenge, konfuzianisch-patriarchalische Samurai-Ethik, die vormals gerade für ein Zehntel der Bevölkerung gegolten hatte, verbindlich oktroyiert wurde.

Gerade in Japan geht die Gleichung »je älter der Brauch, desto frauenfeindlicher« nicht auf. Überliefert sind die japanischen Schamaninnen der Frühzeit, Medien zwischen Göttern und Menschen, die zwischen 550 und 750 die Hälfte der japanischen Herrscher stellten. Frauenverachtende Kulturimporte, Konfuzianismus und Buddhismus, gewannen nur langsam Einfluß in einer matrilokal und matrilineal organisierten Gesellschaft. Frauen hatten Scheidungsrecht, die Amazonen der Kamakura-Zeit (1184–1333) wurden an Waffen ausgebildet. Die Hofdame Murasaki Shikibu verfaßte den ersten Roman der Weltgeschichte, die *Geschichte vom Prinzen Genji*, in »Frauenschrift« *(onnade)*, einer Vorläuferin des Hiragana. Doch Minnesang war nicht zu hören, und vom politischen Leben waren die Frauen ausgeschlossen, sieht man von der Heirats- und Geiselpolitik im ungeeinten Reich ab. Mit dem Heraufziehen der Tokugawa-Zeit (1603–1868) gerieten sie in Rechtlosigkeit und Leibeigenschaft. Auch die Dichterinnen fielen in ein lange währendes Schweigen. Nach der Öffnung des Landes wurde ihnen die Doppelrolle als gute Ehefrau und weise Mutter befohlen, zuständig für Hausharmonie und die Aufzucht von Soldaten für den neuen Imperialismus, während die in die Vergnügungsviertel verkauften Töchter den Ehemännern zu Willen waren. Freisinnige, »Blaustrümpfe«, mutige Kämpferinnen für freie Liebe erhoben von 1910 an ihre Stimmen. Das wütende Gedicht einer Frauenrechtlerin – »Im Anfang war die Sonne die Frau ... Jetzt ist die Frau der Mond ... Eine, die durch das Licht eines anderen scheint« – wurde 1911 berühmt und blieb doch ohne Widerhall. Es zählt zu den ironischen

Momenten in der japanischen Geschichte, daß 1945 rotgesichtige Barbaren den Japanerinnen jene Privilegien zurückgewannen, die ihnen tausend Jahre zuvor selbstverständlich gewesen waren. Ausgerechnet mit den furchtbaren Atomblitzen der Amerikaner wurden die Nachfahrinnen der Sonnengöttin Amaterasu aus dem Dunkel befreit.

Es soll nicht der Anschein erweckt werden, ich hätte bei meinen Fahrten durch Japan und den Spaziergängen durch Tôkyôs Straßen vornehmlich über die »Feminität der japanischen Kultur« nachgesonnen. Ich hätte jedes Mädchen im Kimono auf seine Tauglichkeit für das Butterfly-Klischee überprüft und über das ultimative menschliche Kunstwerk der Geisha gebrütet, ich hätte beim Anblick jeder jungen Mutter mit einem Säugling auf dem Rücken den zotigen Geburtsmythos Japans aus der Göttin Schoß samt dem modernen Peter-Pan-Komplex ihrer Söhne reflektiert. Natürlich ist das abwegig. Mir genügte die Rätselhaftigkeit meiner Assistentin. Sie schluchzte vor Takt und Höflichkeit, sie war atemlos vor Hingabe an die Arbeit, sie entschuldigte sich demütig bei mir für meine Fehler, sie bot nach meiner Hochzeit ihre eigene Entlassung an und die Kürzung ihrer Bezüge während der Ferien, sie verhandelte mit Steuerbehörden und Nobelpreisträgern mit derselben entwaffnenden Unterwürfigkeit, die selbst in Japan äußerst ungewöhnlich ist. Kurz: Sie war perfekt bis zu einem Maß von Selbstversklavung, das ich immer wieder zurückweisen mußte. Aber niemals gab sie ihre Distanz auf, Privates und Berufliches blieben strikt getrennt. Ich habe nie ihr Haus gesehen, nie ihren Mann getroffen.

Natürlich gibt es nicht *die* Japanerinnen. Ich sah die einen demütig gebeugt in den Büros meiner Interviewpartner Tee reichen und heiße Handtücher, ich sah die anderen in dümmlichen Talkshows gurrend, kichernd, aufreizend bis zur Nuttigkeit dümmlichen Talkmastern schmeicheln; ich sah Schulmädchen, wie sie ihre Uniformen in der U-Bahn zu Lolita-Kostümen umrüsteten; ich sah die kunstvoll gefesselten, zu rosigen Bratenformen geschnürten Nackten, Phantasiegeschöpfe und zugleich Gegenentwürfe zu den Vergewaltigungs-Verherrlichungen der Comics, denen der begnadete

Tôkyôter Fotograf Araki getrocknete Eidechsen in die Scham verabreichte, wenn es ihm paßte, und es paßte ihm oft. Und ich sah und verwunderte mich oft über die eigentümliche Gleichzeitigkeit von Anmut und plumper Vernachlässigung. Stolze Kopfhaltung, glänzendes Haar, wunderbar geformte und gepflegte Hände zierten einen Körper, der von der Hüfte abwärts mit aneinanderschlagenden Knien, einwärts gerichteten Füßen und schlurfendem Schritt jede Eleganz vermissen ließ und durchaus an Pinguine erinnerte, so als lohne für eine Sitzschönheit die Erziehung der Beine nicht. Als zitierten sie noch in Jeans den trippelnden Gang ihrer Urgroßmütter in Kimonos. Ich sah, meine ich, Japans Mädchen und Frauen, wie sie Mädchen und Frauen nach dem Geschmack der Männer und der Söhne spielten, ich schaute in ein Puppenhaus künstlicher Verkleinerung, auf Scheinminiaturen, die routiniert Unterwürfigkeit, Unterlegenheit, Hörigkeit mimten. Ich sah, wie sie Bescheidenheit und Höflichkeit so weit trieben, daß sie geruchlos, schwerelos wie Luftgeister wirkten. Und ich wurde das Gefühl nie los, eine hohe Schauspiel- und Regiekunst zu bezeugen, deren Sinnen es ist, den Männern ihre Illusion der Überlegenheit zu bestätigen um irgendeines Friedens willen. Dabei war ich überzeugt, als Mann, erst recht als Ausländer, der noch mehr Schonung und Nachsicht der Frauen auf sich zog, nicht einmal die halbe Wahrheit der Frauenwelt zu sehen.

Von dem übrigen Teil der Wahrheit konnte ich hören und lesen. Ich konnte sie einige Male zufällig und nur für Momente erspüren, wenn ich die Freundinnen meiner Frau beobachtete. Wie entspannt und ungekünstelt Gruppen von Frauen miteinander umgingen, wie ihre Gesten lebhafter wurden, wie sich die Tonlage ihrer Stimmen absenkte, wie sie lachten und ihre Zähne zeigten, statt zu kichern und dabei geziert mit der Hand den Mund zu bedecken, wie sie aßen und tranken, statt nur zu kosten und zu nippen. Bühne und Hinterbühne, das Öffentliche und das Private klaffen weiter auseinander als bei Männern. Ich habe bei einem solchen entspannten Treffen eine Frau laut und begeistert in die Hände klatschen hören, als sei die sonst übliche Beifallssimulation der jungen Japanerinnen mit abgebogenen, gespreizten Fingern, süßlich, tolpatschig, lautlos wie mit Säuglingshänden, eben auch nur eine Bühnengeste. Ich habe eine andere Suppe schlürfen hören wie ein Salaryman unter Kumpels. Nicht daß Hierarchien und Anciennität, Sympathie und Antipathie aufgehoben gewesen wären. Auch unter japanischen Frauen gibt es Spiel, Hinterlist, Ranküne. Vielleicht werden sie sogar ernster und schwerer genommen, weil sie kein Spiel ist wie zwischen den Geschlechtern.

Auch der Anpassungsdruck innerhalb der Frauendomänen kann groteske Ausmaße annehmen, so in der Furcht junger Mütter in Tôkyô vor dem Debüt im Park. Zeitungen berichten mitleidig bis satirisch von dem Lampenfieber der »Neuen« auf dem Spielplatz, die regelrechte Aufnahmeprüfungen absolvieren, Loyalitätsbeweise und Lerneifer gegenüber der »Parkältesten« aufzubieten haben. Es kann Wochen dauern, bis die Neue für wert befunden wird, eine Nebenrolle im Ensemble zu übernehmen. Der Ausstoß aus der Gruppe droht, wenn maßlos geduldige Erziehungsregeln – schon ein Klaps auf den windelweichen Hintern des Kindes kann als Mißhandlung gelten –, Kleidervorschriften, Diätvorgaben, Etikette aller Art nicht ausreichend geehrt werden, die endlose Geduld vorschreiben.

Stundenlange Gespräche unter Frauen, gerne auch am Telefon, kommen einem therapeutischen Training gleich. Von sanftmütiger Duldsamkeit ist nichts mehr zu spüren, wenn die Rede auf die Schwächen der Männer kommt. Mangelnde Mitarbeit im Haushalt wird anekdotisch feilgeboten. Die oft groteske Unselbständigkeit und Faulheit der Männer, die es ihnen unmöglich macht, ihren Koffer zu packen, ihr Bad einzulassen, ihre Hemden zu bügeln, dazu hygienische Nachlässigkeit und sexuelle Schwächen – schlecht verborgene Seitensprünge etwa –, all das kann angedeutet werden in der Gewißheit, unter Frauen recht verstanden zu werden. Das Urteil, ein verwöhntes Kind geheiratet zu haben, ist verbreitet. Weiter verbreitet jedenfalls als die Einsicht, daß Japans Mütter, die ihre Söhne verhätscheln und in Abhängigkeit halten, die Enttäuschung ihrer verheirateten Töchter züchten. Ich habe von Treffen gehört, bei denen drei von fünf jungen Frauen ankündigten, sie würden sich scheiden lassen, wenn einst die Kinder aus dem Haus seien und der Unterhalt geklärt. Die kalte Funktionalität des Entschlusses wie die Bereitschaft dieser Frauen, buchstäblich über Jahrzehnte mit einem ungeliebten, beinahe verachteten Mann zu verbringen, haben mich bestürzt. Denn das ist nicht mehr die Illusionslosigkeit der traditionellen arrangierten Ehe, die lebenstüchtiges Teamwork, nicht Liebe verlangte. Das ist enttäuschte Romantik auf falscher, nämlich sprachloser, unehrlicher Geschäftsgrundlage. Wo die Worte fehlen, wo Ausharren und Ertragen das einzige respektable Krisenmanagement sind, sterben viele Ehen jung.

Das ist die dunkle, verhärtete Seite der Schauspielerei. Sensiblen Männern in Japan flößt sie Mißtrauen ein. Ich erinnere mich an eine Leserbriefschreiberin, die einem Ratgeber der *Daily Yomiuri* ihr Problem anvertraute. Sie sei 35 Jahre alt, schrieb »Mrs. T« aus Tôkyô, und sei im Frühjahr eine arrangierte Ehe eingegangen. Kürzlich, als sie schlaflos lag, habe sie zu ihrem Entsetzen entdeckt, daß ihr Mann ein Toupet trage und ohne dasselbe sehr alt aussehe. Sie sei sehr wütend, daß er ihr das nicht vor der Heirat gesagt habe, fühle sich betrogen und erwäge die Scheidung: »Ich kann ihm nicht vergeben. Sehe ich das zu eng?« Andere Ehefrauen brauchten zum Teil Jahre, um herauszufinden, daß ihre Männer seit Jahren ein Korsett trugen, ihre Arbeit verloren oder mit einer zweiten Familie am Wochenende zusammengelebt hatten.

Ich habe auch die anderen Japanerinnen gesehen, die mit großer Intelligenz und unerschöpflicher Energie ihren Sonderweg gingen. Professorinnen, Künstlerinnen, Schriftstellerinnen und Politikerinnen wie Doi Takako, Parteivorsitzende der Sozialisten, die vor zehn Jahren dem konservativen Männerestablishment Stimmen abnahm und Respekt abnötigte. Ob es Frau Doi schmerzt, wegen ihrer Kinderlosigkeit verspottet und wegen ihrer Pachinko-Spielleidenschaft heute wie damals als Mannweib denunziert zu werden, läßt sich nicht beurteilen. Prominente Frauen wie sie gehören zur Glaubwürdigkeit des Gesellschaftsspiels. Der Rest ist das Geschwätz der Frauenzeitschriften, die nichts lieber tun, als über Popidole herzufallen, die es wagen, vom Leben alles zu verlangen, was sie haben können: Ruhm, Schönheit, Mann, Kind, Geliebte, Geld und, vor allem, Freiheit. Lob und ewige Treue erwartet dagegen jene Stars, die bei der Geburt ihres ersten Kindes ohne Verzug ihre Karriere opfern und nur noch gelegentlich glückstrunkene Interviews aus der Kulisse geben. Während die Männermagazine ihre Klientel mit vollbusigen, der Zensur wegen akkurat körperrasierten Models, Sport, Kontaktanzeigen von Telefonsexklubs und neuerdings – im Zeitalter der Effeminisierung – Kosmetiktips unterhält, packen die Frauenmagazine ihre Morallektion zwischen Kochrezepte, *Gossip* und Diät-vorschriften. Doch selbst beim Skandalgeschrei gibt es erstaun-liche Trennlinien. Als vor einigen Jahren der populäre Sumô-Ringer Takanohana, im höchsten Rang eines Yokozuna stehend, ein Topmodell heiratete, gab es erst Beifall von beiden Seiten. Als sich aber abzeichnete, daß die junge Frau vier Monate nach der Hochzeit niederkommen würde, nahm sich die Branche die beiden getrennt vor, um sie Mores zu lehren. Männermagazine kritisierten die mangelnde sexuelle Zurückhaltung Takano-hanas, die mit der Würde eines Yokozuna nicht zu vereinbaren sei; Frauenzeitschriften hielten sich an der angeblich arrogan-ten, opportunistischen Braut schadlos. Verteidigt wurde sie nur von ihrer Mutter, die eine vorzeitige Schwangerschaft heftig abstritt und die Rundungen ihrer Tochter mit Verdauungs-beschwerden erklärte.

Es gilt, was in allen Lebenslagen in Japan gilt; Anlaß und Zeitpunkt, weniger Ethik und Moral, entscheiden über die Angemessenheit radikal widersprüchlicher Bedürfnisse: Wer als Kleinkind nicht anarchisch verwöhnt und als Schulkind nicht lerneifrig und angepaßt ist, wer als Student nicht ver-rückt und lebenslustig und in Beruf und Ehe nicht ernsthaft und verläßlich ist, hat die japanischen Lebenszyklen nicht ver-standen.

Ich bekenne, zwei japanische Frauen zu lieben. Mit der einen teile ich Leben, Kinder, Wirklichkeit, mit der anderen habe ich ein geheimes, einseitiges Verhältnis. Ich bete sie an. Hara Setsuko ist ihr Name, Filmgöttin zu sein, auf immer jung und überirdisch schön, ist ihr Schicksal. Ein Mythos der delika-ten Verdunkelung zu werden, in ihrem Haus in Kamakura zu leben, schweigend und kamerascheu wie Greta Garbo, war ihre kluge Entscheidung für die angehaltene Zeit. Unsterblich-keit hatte die Schauspielerin, geboren 1920 als Aida Masae in Yokohama, längst erreicht, als sie sich 1962 nach über hundert Kinofilmen aus dem Geschäft und aus der Öffentlichkeit zu-rückzog. Die Karriere der göttlichen Hara begann 1935, zwei Jahre darauf spielte die japanische Heldin in *Die neue Erde* von Arnold Fanck und Itami Mansaku. In den Filmen des Meisterregisseurs Ozu Yasujirô zog sie mit ungewöhnlicher

Schönheit – die strahlenden Augen, die ganze Drehbuchseiten ersetzen konnten, mit doppelter Lidfalte zu groß, die Nase zu erhaben, die Lippen etwas zu schmal, um wahr zu sein – und mit idealtypisch japanischer Haltung die verwirrte Verehrung der Filmwelt und des Publikums auf sich. Mit Marlene Dietrich und der Garbo teilt sie das Medium und das tragische Geheimnis großer Stars, aber der Vamp und die Femme fatale lagen Hara Setsuko so fern wie die Geisha, Madame Butterfly, all die kalten Puppengeschöpfe. Ihre Erotik ist die der Unerfüllbarkeit. Sie spielt die unerreichbare ewige Jungfrau, die reinste Phantasie, und sie war dabei warm, mitleidig, zartfühlend, weich, selbstlos, stets lächelnd und tapfer wie eine Pflegerin. Natürlich ist so kein Mensch. Und es zeugt von ihrer großen Kunst, daß wir das Drama, die unerfüllten Sehnsüchte hinter ihrer Tapferkeit, ahnen dürfen.

Am tiefsten verehre ich Hara Setsuko in Ozus *Tôkyô monogatari (Tôkyô Story,* 1953), wo sie als Rangniederste in der Familie, Witwe des seit acht Jahren vermißten, vermutlich gefallenen zweiten Sohns, den alten Schwiegereltern bei ihrem Besuch in Tôkyô die Herzen erwärmt und sie zu schützen sucht vor der intriganten Kälte der erwachsenen Kinder. Der Sommer ist heiß, der Krieg noch nah, und das rhythmische Rauschen der Fächer in dem Elternhaus auf dem Dorf bei Hiroshima gibt in langen Schweigeminuten den Takt vor, der beim Besuch in der lärmenden Stadt aufbricht. Wie klein dort die Wohnungen sind, schon teilweise mit westlichen Möbeln verschandelt, wieviel Raum dagegen die Tatamiböden lassen, Blicke durch drei Zimmer bis auf die Straße, von der im Dorf die Nachbarn noch den Kopf hereinstecken zum Tratsch. Ozus berühmte Kamerafesteinstellung in Sitzhöhe, der sogenannte *cushion shot,* verleiht der Szenerie große Ruhe und zelebriert das volkstümliche, überschaubare Familienleben, in dem wenig gesprochen und, läßt man die Förmlichkeiten beiseite, noch weniger gesagt wird. Die Stadt und der Ehrgeiz vergiftet die Seelen, nur die von Hara Setsuko nicht. Unausgesetzt entschuldigt sich die Heilige dafür, nicht heiliger zu sein. Sie bittet ihre Schwiegereltern um Verzeihung, weil sie arm ist und diese nicht besser bewirten kann; sie bittet um Verzeihung, weil sie manchmal verzweifelt sei und einsam, sie klagt sich an, weil sie manchmal ihrem vermißten Ehemann in Gedanken untreu wird, indem sie ihn für Momente vergißt; sie beschuldigt sich beschämt, ein Mensch zu sein, und widersetzt sich tief erschüttert allen wohlmeinenden Ratschlägen der Schwiegereltern, ihren Sohn zu vergessen und wieder zu heiraten.

Wer das Glück hat, den Film in Japanisch zu sehen – wahrscheinlich mit den sparsamen englischen Untertiteln von Donald Richie –, muß hingerissen sein, von der sanften Bescheidenheit, die sich in der Wiederholung eines einzigen Wortes verewigt: »iie!«, sagt sie immer wieder, unendlich zart, wenn sie Lob und gute Wünsche abweist, »aber nein«, »nicht doch«. Und abermals »iie!«, wobei sie das »ii« in der Tonhöhe kurz absenkt und dann zum »e« in fast koketter Strenge um mindestens eine Quinte emporschnellen läßt. Ein gleichsam errötender Klang, nur Hara Setsuko vermag das. Gleichzeitig neigt sie unendlich anmutig den Kopf und schlägt die tränenschimmernden Augen nieder auf die Hände, die auf ihrem Schoß gekreuzt sind, wie es sich ziemt. Manchmal verbeugt sie sich, auf den Knien hockend oder mit seitlich abgewinkelten Beinen wie in einem Damensattel, sie verneigt sich tief nach einem »iie!«, wenn ihr ein Lob besonders unerträglich scheint. Ihre Partner schauen sie selten an, sie sprechen und schweigen nach altem Brauch vor sich hin. Aber die Kamera läßt kein Auge von Hara Setsuko, wie könnte sie auch. Sie ist wunderbar, sie ist zu gut für uns, sie ist eine Heilige.

So sieht eine japanische Göttin aus. So und nicht anders. Auf der Erde hat sie nichts verloren, man würde sie auslachen. Zu meinen Korrespondententräumen gehörte all die Jahre ein Exklusivinterview mit der vergötterten alten Dame. Alle meine Versuche scheiterten früh. Ich bin dankbar dafür. Und manchmal, wenn ich meine Videokassette mit *Tôkyô monogatori* einlege und vorspule von Dialog zu Dialog, von »ie!« zu »iie!«, stelle ich mir vor, Hara Setsuko weise schamvoll meine Liebesschwüre ab.

adame Butterfly war als Geisha eine westliche Fehlbesetzung. Ihresgleichen ist nicht zu finden unter Japans lebenslustigen Office Ladys, opferbereiten Müttern, scheidungswilligen Ehefrauen, spät befreiten Damen um die Fünfzig. Nicht einmal dem geliehenen Ideal der derben Sonnengöttin Amaterasu und der keuschen Diva Hara Setsuko kam sie nahe. Eher erinnert die Butterfly an Sean Connery alias James Bond in Japan. Dessen Tarnung in *Man lebt nur zweimal* (1966) als Eingeborener mit manipulierten Mandelaugen und der taktischen Heirat einer (danach todgeweihten) japanischen Agentin wirkt so täuschend überzeugend, wie Marilyn Monroe als Butterfly im Kimono gewirkt hätte. Bond überragt die einheimischen Fischer um doppelte Hauptteslänge und wird doch nie entdeckt schon wegen der schottischen Sprachmelodie seines Morgengrußes *ohaiyô gozaimasu.* Der Film, der fünfte der Reihe, bleibt unvergeßlich für Dialoge wie: »Ah, Bondo-san you are strong in drink!« – »So are you Tiger Tanaka!« Bond rettet Selbstironie. Die Butterfly und ihre phantastischen Nachfahren jedoch kann man getrost vergessen.

Die Wirklichkeit in Japan ist phantastisch genug. Und zu entdecken lohnt die widersprüchliche Vielfalt einer situationsethischen Sittlichkeit, die ohne Sünde und Schuld auskommt und Konventionsverletzungen um so strenger ahndet, zu verstehen lohnt eine Kultur, die Gebote und Verbote nicht vor Gott, sondern vor Menschen erwirkt. Japan ist je nach Ort, Zeit und handelnder Person schamvoll und formalistisch, anarchisch und alles andere als prüde. Oft schien mir, daß die atavistische Macht von Hunger und Durst, Lust am Spiel, am Bad und an der Wollust weniger gebändigt sei. Sinnlichkeit wird gefeiert, und bäuerliche Traditionen aus der Vormoderne überleben unbehelligt.

Oft habe ich mich amüsiert über die Zwangshandlung jeder japanischen Reisegruppe, ob im Hochgeschwindigkeitszug, im Flugzeug oder im Fernbus und unabhängig von der Tageszeit, sich gegen die Fährnisse des Ortswechsels zu allererst mit einem reichlichen Mahl zu wappnen. Der Inhalt von Lunchboxen wird heruntergeschlungen, als sei so eine Versicherung gegen Verzögerungen, Wegelagerer, Geiselnahmen, Erdbeben abzuschließen; was auch immer geschieht, mit gefülltem Bauch wäre es zu ertragen. Auch bei Sumô-Turnieren und im Kabuki-Theater wird unentwegt gegessen und beileibe nicht nur von den Enthusiasten, die das ganze Programm über viele Stunden genießen. Der Zwang zu essen gleicht einem Opfergottesdienst, er ritualisiert, vergleichbar dem chinesischen Grußwort »Hast Du heute schon gegessen?«, ein gedankenloses Gedenken an Jahrhunderte der Hungersnöte. Der letzten Not nach dem Krieg erinnern sich nur noch die Alten. Und die Alten sind es auch, die an jedem Neujahrstag in beträchtlicher Zahl am Genuß von *mochi* sterben. Die klebrige Paste aus gekochtem Reis wird in Brocken der traditionellen *zôni*-Suppe beigegeben, die Opfer, jedes Jahr mindestens ein Dutzend, ersticken qualvoll. Vereinzelt kommt es am Neujahrstag auch zu Familientragödien. Ehemänner, die in ihrem Zorn über eine nachlässig zubereitete *zôni* ihren Frauen mit dem Küchenmesser zu Leibe rücken, stellen sich allerdings gewöhnlich der Polizei und gestehen reumütig ihre Tat. Versuchter Totschlag in Verteidigung der Eßkultur stößt in weiten Kreisen der Bevölkerung auf kein geringeres Verständnis als ein Mord aus Eifersucht.

Für weit mehr als die Hälfte der Menschheit ist Reis das tägliche Brot. Aber kein Volk, so muß man meinen, zelebriert seinen Genuß mit größerem Ernst als das japanische. *Tampopo* (»Löwenzahn«), die Filmsatire von Itami Jûzô, hat dem kulinarischen Fanatismus bei der Zubereitung der Ramen – der beliebten Variante der japanischen Nudelsuppe – ein großartiges Denkmal geschaffen. Die Realsatire konnte ich gelegentlich im Fernsehen verfolgen, wenn in *Tôkyô Ramen King* Wettkoster mit verbundenen Augen die Herkunft der Bambussprossen und Nudeln zu erraten hatten. Nach harten und spannenden Ausleseverfahren wurden die letzten vier Teilnehmer blind durch die renommierten Ramen-Restaurants der Stadt geführt, die an ihren geheimen Rezepten zu identifizieren waren. Der

»König« zog die Bewunderung der Feinschmecker im Publikum auf sich.

Nicht zu überwinden ist die in Japan verbreitete Vermutung, daß der einheimische Reis allen ausländischen Sorten ebenso überlegen sei wie das einheimische Wasser für Grünen Tee und Sake. Ich denke da an eine Teeprobe in Shizuoka, wo Klagen über Chlorgeschmack und Kloakengeruch laut geworden waren. Die Teekoster probierten mit verbundenen Augen viele berühmte Quellwasser und verständigten sich endlich auf eines als Sieger: Evian aus Frankreich. In einer Konferenz kamen die Fachleute zu dem Schluß, daß das nicht sein könne, und machten sich, im Auftrag der japanischen Teeindustrie, daran, in einem zweijährigen Forschungsversuch ein besseres Naß in Japan zu finden. Die Ausländergemeinde in Tôkyô, die dem Kult um die beste Konsistenz von Tôfu und das göttlichste Aroma einer Miso-Suppe durchaus verfallen kann, ist in der entscheidenden Glaubensfrage über die dritte populäre Verwendung von Sojabohnen in verfeindete Lager gespalten: Die einen rühmen *nattô*, eine Fäden ziehende, fermentierte Sojapaste, als Königin aller vegetarischen Köstlichkeiten, sie würden alles dafür geben und schwärmen von *nattô*-Pizza und *nattô*-Omelette. Die anderen befällt eine unbezähmbare Übelkeit allein bei dem Duft von *nattô*, der dem übler Schweißfüße täuschend gleicht. Weit vor der Eiscreme von roten Bohnen, Seegurken und rohen, gesalzenen Eingeweiden von Tintenfischen geben sie *nattô* den Vorzug auf der Landesliste zu meidender Speisen.

Über japanisches Essen und den Fetischismus, der darum getrieben wird, kann ich jedenfalls aus Erfahrung berichten. Auch war ich Teilnehmer an Trinkgelagen unter Kirschbäumen und Zeuge der autistischen Versenkung in den Pachinko-Salons und der genormten Erregung des Karaoke. Was ich über die Japanern nachgerühmte Sinnlichkeit in Rotlichtvierteln weiß, kommt allerdings fast ganz aus zweiter Hand. Mutigere Freunde halfen aus, die sich in der käuflichen Liebe auskannten und dazu Liebschaften mit Landestöchtern in großer Zahl unterhielten, und jene, die den Aufnahmesessions des Fesselungskünstlers Araki beiwohnten und selbst Hand anlegten. Den Rest besorgte einschlägige Lektüre. Gemeinsam war allen Berichten eine eigentümliche Leichtigkeit. Sie schilderten Lust, frei von Liebesheuchelei wie Moraldünkel. Bewundert wird in

Japan, so scheint es, im Geschlechtlichen wie beim Golf-schwung, die vollendete Technik.

Tôkyô ist ein Dienstleistungsdorado für *kinky sex*, Sadomaso-chisten, Päderasten, Fetischisten und wer nicht noch kommen in Hunderten von Klubs auf ihre Kosten. Es gibt keine Pein-lichkeit, nur Zahlungsschwäche. Am unteren Ende der Be-dürfnisanstalten stehen Etablissements, die Freiern Schwangere zuführen und Fetischisten Körpersäfte von Frauen feilbieten. Die geläufigeren Vergewaltigungs- und Verführungsphantasien werden in nachgebauten Sets der *image clubs*, in Zugabteilen, Krankenhauszimmern, Büros bedient. Natürlich gibt es im Gewerbe japanische Regeln und Preislisten, Schichtpläne und Altersgrenzen, auch eine Selektion der Kundschaft. Ausländer zahlen Aufschläge, wenn sie nicht ohnehin ausgeschlossen sind. Beträchtliches Schmerzensgeld müssen japanische Sadisten ent-richten, um sich am Fesseln und Auspeitschen professionell hilfloser Frauen aufrichten zu dürfen. Mitte der neunziger Jahre wurden noch 120 Sado-Maso-Klubs in der Hauptstadt gezählt. Aber die Geschäfte gingen nicht mehr so gut wie einst, nach-dem die Zeitungen ihren Lesern regelmäßig schlagende Be-weise für die Vitalität des Genres geliefert hatten und, so ein Klubmanager, »die mystische Aura« des Quälens und Gequält-werdens durch Überbelichtung geschwächt hatten. Ein halbes Dutzend Fotomagazine, die in jedem 24-Stunden-Laden in der Nachbarschaft zu haben sind, fungieren als Modellagentur für freischaffende Prostituierte, darunter auch Ausländerin-nen, bevorzugt vollbusige, wasserstoffblonde Russinnen. An beinahe jedem öffentlichen Telefon kleben ihre Telefonnum-mern und Selbstanpreisungen. Jedes Kind kann sie sehen neben der Werbung des nächstgelegenen Pizzalieferanten. Im übri-gen blüht in einschlägigen Vierteln der Straßenstrich. Eine Gefährdung der Jugend kann schon deshalb ausgeschlossen werden, da es gar keine Prostitution gibt. Sie ist seit 1958 ver-boten.

Überhaupt ist viel geschehen seit der Eröffnung des ersten westlichen Tôkyôter Striplokals 1947 in Shinkuku, den Service für bedürftige Männer zu verbessern. Die Show der Besatzer, beschrieben als bescheidene Burleske in einem lebensgroßen Bilderrahmen, war eine Sensation, gerade weil sie hinter tra-ditionelle japanische Spielarten zurückfiel. Das goldene Zeit-alter der Stripperinnen wurde abgelöst von No-panties-Klubs und Restaurants, in denen Mädchen ihre Kassiererschürzchen ohne Wäsche tragen, es wurde abgenutzt in technischer Reproduzierbarkeit von Porno-Videos. Ein Drittel der 280 Kinofilme, die jährlich in Japan produziert werden und das Land hinter Amerika und Indien auf einen erstaunlichen dritten Platz der Filmemacher bringen, rechnet zum sexploitativen Genre. Auch sexuelle Ambiguität hat in Japan Tradition und widerstand viktorianischer Indoktrinierung. Von den männerexklusiven Kabuki bis zu den sämtlich weiblichen Prinzenstars der *Takarazuka*-Musicals reicht das seriöse Angebot der Vieldeutigkeit. Gleichwohl blieb das westliche Beispiel in der Meiji-Zeit nicht ohne weitreichende ästhetische und psychologische Folgen. So drängte man Japans homosexuelle Männer hundert Jahre vor Aids in eine fremdartige Obskurität, wenngleich niemals in strafrechtliche Illegalität. In der Feudalzeit hatte unter den Samurai die gleichgeschlechtliche Liebe als konfuzianische Variante der Frauenverachtung Wertschätzung genossen. Die Knabenliebe, nicht nur die reinste, bis zum Tod im Kampf unerfüllte Form, zählte zu den selbstverständlichen Unterweisungen im Bushidô, dem »Weg der Krieger«. Mann gegen Mann, Männer über Männern, solange die naturrechtlich-ständische Rangordnung, Herr über Diener, Alter über Jugend, Mann über Frau, unberührt blieb, war bisexueller Eros nicht subversiv und erst recht nicht anstößig.

Der amerikanische Japanologe Gary P. Leupp wagte in seiner Untersuchung *Male Colors – The Construction of Homosexuality in Tokugawa Japan* (1995) den Vorstoß in ein akademisches Minenfeld. Mit rufschädigenden Unterstellungen, mit dem Verdacht von »rosa Propaganda«, hatte eine homophobe Zunft in Japan offenbar zuvor die Auswertung der erstaunlich zahlreichen historischen Dokumente verhindert, »eine Liste von Knaben zugetanen Shôgunen und Regionalfürsten, die sich liest wie ein Who's who der militärischen und politischen Geschichte«. Leupp berichtet von unterdrücktem Beweismaterial – fast sechshundert literarische Bearbeitungen des homoerotischen Themas während der Tokugawa-Zeit, mindestens vierzehn Stadtviertel in Edo (bis 1868 der Name für Tôkyô), die auf schwule Teehäuser spezialisiert waren, sieben von fünfzehn Tokugawa-Shôgunen, die detailliert überlieferte Affären mit Knaben hatten. Nichts war unnatürlich, wenn die natürliche Unterordnung eingehalten wurde, ob in Klöstern oder in den Kabuki-Theatern. Wirkliche Toleranz, gleichgeschlechtliche Liebe unter Gleichaltrigen und Gleichrangigen wurde hingegen niemals ermutigt. Die sodomistischen Ermächtigungsakte waren respektabel durch ihre Einseitigkeit. *Nanshoku*, Homosexuelle, wurden besungen und gepriesen als Helden reiner sexueller Ausbeutung. Noch die biegsamste Kurtisane ließ sich ihr beunruhigendes Geheimnis, nämlich unrein und verführerisch zu sein, nicht nehmen. Die rechtlosen, leibeigenen Knaben, die sich der schwulen Machtgeilheit der gehobenen Klasse in der Tokugawa-Zeit beugten, haben das sachliche Denkmal verdient, das ein Ausländer ihnen widmete. Auch wenn es die Umstände ihm nötig erscheinen ließen zu erwähnen, daß er Frau und Kinder habe, und zwar nicht zur Tarnung. Dennoch könnte an der These eines britischen Freundes etwas sein, der es nicht für einen Zufall hält, daß die »weibliche Kultur« Japans am sensibelsten und intelligentesten von schwulen und bisexuellen Ausländern durchdrungen worden sei. Er nannte Donald Keene, Edward Seidensticker, Ivan Morris, auch Donald Richie, die er alle verehrt. Ambiguität ist der Schlüssel zum Verständnis Japans: »It's a sexual thing, gender bender Japan, isn't it?«

Die Kunst, das männliche Schwert im Felde wie in der Liebe zu führen, verlor ihr Ansehen mit der Entmachtung des Kriegerstandes und der Unterwerfung Japans unter geliehene Anstandsregeln, die Oscar Wilde ins Gefängnis brachten. Japans Homosexuelle brachten erst im Herbst 1994 ihr Coming-out mit der ersten Schwulen- und Lesbenparade durch Tôkyô zuwege. Man war schon einmal weniger schamvoll gewesen. Es war gerade heidnische japanische Schamlosigkeit gewesen, zu bestaunen in den erotischen *shunga*-Holzschnitten der Feudalzeit, welche westliche Besucher im 18. und 19. Jahrhundert wohlig entsetzt hatte. Die detaillierte Darstellung armdicker Glieder, klaffender Schöße, verwegener Stellungen mußte den Christenmenschen als das Laster und die Hölle selbst vorkommen. Dabei ging es anderswo, nämlich unter den Reiskommunen auf dem Land, wo Phallusverehrung und Fruchtbarkeitskult eine Bringschuld an der Ernte bedeuteten und empfindsame Abendländer Gott sei Dank selten Zeugen wurden, in sexuellen Dingen noch handfester zu. Auf der Südinsel Kyûshû wurde bis ins 19. Jahrhundert hinein in jedem August ein Fruchtbarkeitsfestival ausgerichtet, das es allen Frauen der

Gegend, verheiratet oder nicht, auferlegte, nicht nach Hause zurückzukehren, bevor sie nicht drei Männer beglückt hätten. Die Frau, die sich der Pflicht zur Promiskuität, der ganzheitlichen Geisterbeschwörung mit Leib und Seele nicht fügte – an einem anderen Ort hatte sie sogar eine Reismatte mit sich zu tragen, um überall und jederzeit zu Willen sein zu können –, beleidigte die Gottheit und brachte ihrem Gatten die Schande nachgewiesener Unattraktivität. Der erste Versuch, solche in ganz Japan verbreiteten Festivals zu verbieten, ist aus dem Jahre 789 überliefert, der letzte Bann gegen die phallizistischen Ausschweifungen des Bauernstandes war im Jahr 1953 erfolgreich. Doch jedermann, der heute das Glück hat, einem Sommerfestival irgendwo in der Provinz beizuwohnen, wird in den Schrein-Umzügen schwitzender, aufgestachelter, halbnackter Männer und in den Tänzen der Frauen den Rhythmus erspüren, dem der Karneval des Eros sich noch in der ausgehenden Feudalzeit hingab.

Nichts, was ich je über die sachliche und professionelle Arbeit am Mann durch Japans Stripperinnen und Huren gehört habe, übertrifft die folgende Szene, die Donald Richie erlebt und in seinem Buch *The Inland Sea* (1971) aufgezeichnet hat. Ich beneide ihn um das Erlebnis wie um die Beschreibung. Vor unseren Augen steht jene hart arbeitende Nackte in einer Tôkyôter Show, die erst mit einem Mädchen, dann mit einem Mann schon einige Kunststücke ihrer Lippen und Finger und einige stöhnende Orgasmen mit den gewagtesten Verkrümmungen gezeigt hat. Die beiden Mitspieler waren unter Verbeugungen abgegangen. Sie schwitzte etwas: »Dann holte sie unverzüglich eine Anzahl von Objekten hervor: eine Banane, eine volle Flasche Bier, eine Kordel. Ohne weitere Erläuterung, von einem kleinen Lächeln abgesehen, schälte sie die Banane, führte sie in ihre Vagina ein und biß große Stücke ab. Als die Frucht derart aufgegessen war, entledigte sie sich ihrer und häufte das Zeug geziert auf ein Papiertaschentuch. Dann verbeugte sie sich. Als nächstes führte sie die Bierflasche ein, und nach einiger Mühe schaffte sie es, den Kronkorken (ohne Zweifel zuvor gelockert) zu öffnen. Sie stellte die gefüllte Flasche auf die Seite und verbeugte sich abermals. Dann befestigte sie das eine Ende der Schnur an einem quadratischen Stück Papier und führte es ein. Nun hielt sie das lose Ende einem der Gäste hin und forderte ihn auf, daran zu ziehen. Er versuchte es, und auch einige andere nach ihm, aber sie obsiegte immer in dem Tauziehen. Sich verbeugend, entfernte sie das Papier, hockte sich hin und bat um Kleingeld, Zehn-Yen-Münzen. Nachdem sie eine Anzahl erhalten hatte, führte sie alle ein und bat die Gäste, bestimmte Beträge zu nennen. Vierzig Yen, zehn Yen – sie machte niemals einen Fehler, während sie den genannten Betrag in ihre eigene Hand beförderte und ihre mathematische Genauigkeit vorzeigte. Wie eine anständige Hausfrau ausgeliehenes Geschirr zurückbringt, bot sie an, die Münzen ihren Eigentümern zurückzuerstatten, und lächelte nur ein wenig, als die Rückzahlung von allen abgelehnt wurde. Dann machte sie eine tiefe und formelle Verbeugung, stand da und verbarg mit beiden Händen jene Reize, deren Talente wir so vollständig betrachtet hatten, lächelte ein ganz reizendes Lächeln und – der Grund, weswegen ich mich des Mädchens mit solcher Zuneigung erinnere – sagte: ›dômo shitsurei itashimashita‹, eine übliche Höflichkeitsfloskel, die übersetzt werden könnte mit ›Ich bin sehr ungezogen gewesen.‹ Alles das geschah ohne den geringsten Anflug von Ironie, denn es war keine Ironie, und es war keine notwendig.« Donald Richie erzählt, daß niemand im Publikum gelacht oder ein Lachen unterdrückt habe. Nach der Vorstellung, deren »extreme Unschuld« den Ausländer hingerissen hatte, nahmen sie schweigend ihre Mäntel und verließen das Lokal. »Man mag sich noch so sehr bemühen, es ist – wenigstens in meinem Fall – unmöglich, irgend etwas Schäbiges in Japan zu finden ... Das Mädchen, das sich mit ihrer Banane und ihrem Kleingeld befaßte, war nicht schmutzig. Sie tat ihre Arbeit und machte sie gut.«

Die berufsethische Hingabe in den niedrigsten Verrichtungen entwaffnet jede Sozialkritik. Vor bald dreißig Jahren entdeckte der französische Semiologe und Philosoph Roland Barthes etwas Ähnliches: »In dem Land, das ich Japan nenne, liegt die Sexualität im Sex und nicht anderswo; in den Vereinigten Staaten ist es umgekehrt: der Sex ist überall, nur nicht in der Sexualität.« Dieser Satz, der viel zu schön ist, um wirklich zu stimmen, findet sich in seiner Studie *Im Reich der Zeichen* (1981).

Vermutlich hätte Roland Barthes sich in seinem anerkennenden Urteil, in Japan liege die Sexualität im Sex, nicht anderswo, bestätigt gesehen, hätte er die Verbotsparagraphen für Prostitution oder der Zurschaustellung von Schamhaar und

Sexualorganen gekannt. Doch selbst der japanische Zoll, die erste Zensurbehörde für importierte Filme, Videos, Bücher, Magazine ist inzwischen lasch geworden, wenn Nacktheit »in natürlicher Weise« gezeigt wird. Noch vor einigen Jahren durfte man sich die Inspektoren der einschlägigen Abteilung als gelangweilte Voyeure vorstellen, pflichtgemäß mit scharfen Gegenständen an den Unterleibern von *Penthouse*-Pin-ups schabend und Beischlafsimulationen überwölkend. Heute versagt jede Vorstellungskraft, eine Tradition verkommt. Die politische Zensur, einschließlich des Straftatbestands der Majestätsbeleidigung, wurde nach 1945 von den amerikanischen Besatzern abgeschafft. Deren eigenes, natürlich freiheitlich-erzieherisches Zensurbedürfnis trieb in den ersten Nachkriegsjahren die exotischsten Blüten. Ein Märchen Hans Christian Andersens kam auf den Index der Sieger, weil darin ein Kriegsschiff vorkam. Japanische Zeitungen, die von Vergewaltigungen japanischer Frauen berichteten, wurden ebenso verboten wie, im heißen Kalten Krieg, 1950 das Parteiorgan der Kommunisten. Kurioser noch als die Verbote waren die Gebote der Besatzer, die Japan den Feudalismus ein für allemal auszutreiben gedachten.

Hirano Kyoko hat in ihrem 1993 erschienenen Buch *Mr. Smith Goes to Tôkyô* geschildert, wie das japanische Kino von feudalistischen Altlasten befreit werden sollte. Die Amerikaner bestanden darauf, daß Liebschaften und Eheleben ab sofort »modern«, nämlich mit der Betonung auf die soeben verfassungsmäßig garantierte Gleichwertigkeit von Frauen darzustellen seien. General MacArthur und seine Volkspädagogen verlangten Umarmungen und herzzerreißende Kußszenen, um gesunde, demokratische Familiensexualität zu propagieren. Das Publikum, das Küsse in der Öffentlichkeit, erst recht auf der Leinwand noch nie gesehen hatte, weil die Lippenberührung, nicht der Geschlechtsakt, als das Intimste zwischen Liebenden galt, soll laut Zeugenaussagen »geschluckt, geseufzt, ungläubig aufgeschrien« haben. Studenten brachen bei Vorführungen in begeisterte Hochrufe aus, ältere Besucher suchten in Zischen und lautem Gelächter Zuflucht vor der Peinlichkeit. Es gab Streiks von Schauspielerinnen, und es gab Pilgerfahrten nach Hollywood, um die Technik des Filmkusses zu erlernen. Es muß eine aufregende Zeit gewesen sein.

Der Kult, der von entsprechend veranlagten Männern um die marineblauen Schuluniformen – halb Reizkorsage, halb

Unschuldskleid – getrieben wird, zählt zum Lächerlichsten, was die sexuelle Moderne Japans hervorgebracht hat. Fetischisten, denen eine leibhaftige Lolita zu anstößig oder zu teuer war, konnten sich eine Weile lang an Automaten schadlos halten. Geboten wurde garantiert ungewaschene Unterwäsche von garantiert minderjährigen Schulmädchen zum Spottpreis von umgerechnet fünfzig Mark. Drei Tôkyôter Jungunternehmer hatten Dutzende dieser Maschinen, die auch passende Videos und Magazine im Sortiment führten, mit beträchtlichem Profit laufen lassen. Die Gewinnspannen sollen bei mehreren tausend Prozent gelegen haben; an Nachschub herrschte kein Mangel. Mädchen und Frauen verkauften Slips im Kilo, statt zu waschen, bis nach einigen Monaten Anwohner in vornehmen Gegenden und entlang von (in Japan markierten) Schulwegen bei der Polizei vorstellig wurden. Diese war willig, aber in Verlegenheit, da sich ein Straftatbestand nicht leicht finden ließ. Endlich fand sich ein Mittel gegen die schmutzige Wäsche. Die zuständige Staatsanwaltschaft erhob Anklage wegen Verstoßes gegen das Antiquitätenhandelsgesetz, wonach Händler mit gebrauchten Gegenständen eine Lizenz bei den Behörden zu beantragen haben. Darüber hinaus, berichteten die Zeitungen ohne jede Ironie, wurde eine Anklage wegen Betrugs erwogen, da die Automatenhändler nicht beweisen konnten, daß die Wäsche, wie dem Kunden vorgespiegelt, wirklich von Schulmädchen getragen worden war.

Prostitution heißt im Japanischen *baishun:* »den Frühling verkaufen«, ein ähnlich hübscher Euphemismus wie die fallende Kirschblüte für den Heldentod des Kamikaze. Gelegentlich empörte sich Japan über die Kaltschnäuzigkeit, mit der japanische Mädchen, auch solche aus sogenannten gutem Elternhaus, ebendies taten, in den mehr als zweitausend Telefon-Sexklubs fernmündliche Hilfestellung gaben oder sich zum Abendessen, Karaoke-Singen, Händchenhalten an Männer verdingten. Ich begann mich dafür zu interessieren, als sich nach einer Erhebung von 1996 jedes dritte Schulmädchen in Tôkyô auf *enjo kôsai* (etwa: »Kontakt gegen Gebühr«) eingelassen hatte. Ob es pubertäre Aufschneiderei war oder ein Geständnis, sich »aus Spaß«, »aus Langeweile« oder »um Kleider und Kosmetika kaufen zu können« als Zierde oder gar als Hure zu vermieten, war den obskuren Umfragen nicht zu entnehmen. Aber es fanden sich auch Mädchen bereit, gegen Bezahlung

248

den Medien zu erklären, warum sie für Geld fast alles taten – oder wenigstens so taten als ob.

»Ein Schulmädchen ist wie ein teurer Markenartikel mit begrenzter Haltbarkeit«, erklärte ein Mädchen, das in Telefonklubs arbeitete, den Reportern. »In ein paar Jahren schaut mich kein Mann mehr zweimal an. Warum sollte ich nicht davon profitieren, solange die Ware begehrt ist?« Die Öffentlichkeit war schockiert. Inzwischen hat die japanische Regierung einen Gesetzentwurf gegen Kinderprostitution vorgelegt. Auch Kinderpornographie und die Praxis des *enjo kôsai* sollen eingedämmt werden. Immerhin werden zum ersten Mal auf nationaler Ebene sexuelle Kontakte gegen Entgelt mit Personen unter achtzehn Jahren im In- und Ausland als Prostitution eingestuft und unter Strafe gestellt. Wer je Zeuge der Auftritte japanischer Männerreisegruppen in thailändischen Hotelfoyers war, wie sie in ihren Geldgürteln wühlen und mit obszöner Geste ihr Mädchen ausdeuten, kann gegen das Gesetz nichts einwenden. Der Entwurf stellt klar, gegen wen er sich richtet. Nicht gegen *baishun*, sondern *kaishun*: die »den Frühling kaufen«.

Mit Japans Männern tat ich mich nicht leicht. Der klassische Typ des angepaßten Angestellten, dem ich nur in Massen, also gar nicht begegnete, erregte Mitleid. Er schien mir der unterdrückte Unterdrücker zu sein, ein armer Wicht, der Selbstbestimmung ferner als seine Frau. Die Tage dieser Männer pendelten zwischen überbewertetem Beruf und vernachlässigter Familie, sie lebten ein erschöpftes, ziemlich freudloses Leben im Dienst. Anfang der neunziger Jahre, in der hitzigen Zeit des Goldrauschs und der Vollbeschäftigung, waren die Salarymen eingespannt wie Werkstücke und nicht wenige von ihnen laut Umfragen auch noch stolz darauf. Die Entlastungsangriffe für ihre verklemmten Seelen abends in den Bars bei Karaoke, Snacks und Bier, die ihnen die Zungen lösten für all die wüsten, am nächsten Büromorgen verziehenen Klagen und Anschuldigungen gegen den Chef und die Götter, verdienten den Spottbegriff *sarariiman no juku*. In der »Paukschule der Büroarbeiter«, zu der rote Laternen in engen Gassen den Weg weisen, rüsteten sie auf. Wo geduldige Bardamen und Pächterinnen, *mama-san* genannt, Whisky und Trost ausschenkten, legten sie ab, die Jacketts, die Krawatten, die Hemmungen. Wozu hatten sie sich durch Prüfungshöllen an den High Schools gequält und ihr Universitätsexamen abgelegt, wofür hatten sie alle Abteilungen ihres Unternehmens durchlaufen, hatten geheiratet, ein Kind gezeugt, zu viel geraucht, zu viel getrunken und an vielen Wochenenden geduldig »Familiendienst« verrichtet? Sie waren die Bauernopfer des Angestelltenstaats für die soziale Harmonie.

Sie waren vielleicht Abteilungsleiter, Ende Vierzig und am Ende ihrer Hoffnung. Alles hatten sie richtig gemacht und alles falsch angefangen. Man hatte sie ausgebildet, einen Feldzug für Japans Ruhm und den Wohlstand ihrer Firmen zu führen, auf die Leere zu Hause bei der Familie und beim Trinken waren sie nicht vorbereitet. Ihre Freude war ein sakedunstiges Bad mit Kumpels und Konkurrenten beim Betriebsausflug zu einer heißen Quelle, die beiden Bonuszahlungen im Jahr, der neuste Toyota, die jüngste Konsumdreifaltigkeit aus »Personalcomputer, Handy, Satelliten-Verkehrsleitsystem für das Auto«, vielleicht ein Tagtraum von der männermordenden Frau mit der Spinnentätowierung aus Tanizakis Kurzgeschichte *Die Tätowierung* oder doch nur von Claudia Schiffer. Der Lohn für ihre aufopfernde Aufbauleistung in den Büros nach dem Krieg, wo Neid und Gruppenschikanen sie zur Masse einschmolzen, war gering, jedem Facharbeiter wurde mehr Respekt entgegengebracht. Statt dessen verkörperten sie das Konformitätsdiktat des White-collar-Mainstream, und sie verschwanden in die Karikaturen der Zeitungen, in die Nachrufe auf *karôshi* (den Bürotod durch Überarbeitung), in die Wehleidigkeit. Ja, so elend sahen die Männer aus, wenn ich sie in den Tôkyôter Bars beisammensitzen sah, still oder johlend. Und wenn auch nur ein Bruchteil von dem, was man in ihren Gesichtern las, stimmte, waren sie wirklich zu bedauern. Alles übertrieben, lauter Mißverständnisse? Was, wenn sie glücklich dabei sind? Dann würde ich sie kaum weniger bemitleiden.

Der Elite dieses Typs, den Beamten, hat der Psychiater Miyamoto Masao in seinem Buch *Straightjacket Society* (1994) eine niederschmetternde Diagnose gestellt. Er war nach dreizehn Jahren in Amerika 1986 in die »Zwangsjacken-Gesellschaft« zurückgekehrt, in das staatliche Gesundheitswesen eingetreten und zunächst rasch befördert worden. Er stieg auf, bis sein

Faible für italienische Anzüge, deutsche Sportwagen, westliche Frauen, Lebensgenuß und impertinente Gedankenfreiheit eine zweite Karriere als Nestbeschmutzer und Bestsellerautor unumgänglich machte. Miyamotos Kreuzzug, nicht frei von Märtyrerallüren, begann mit einer aufsehenerregenden Artikelserie im Mai 1992, mehrere Bücher folgten, während der Beamte von wütenden Vorgesetzten immer weiter aus Tôkyô abgeschoben, schließlich ins Quarantäne-Amt im Hafen von Kôbe versetzt wurde. Schon Kapitelüberschriften wie »Willkommen zum Gruppismus« und »Die masochistische Persönlichkeit und die Psychologie der Schikane« geben Aufschluß, worauf der Mann, der das Schweigegebot brach, hinauswollte: auf die Amtsanmaßung der Bürokratie, die über das Land herrsche mit Lizenzmonopolen und gesetzgeberischer Einflüsterung für unwissende Politiker, die dafür verachtet würden, vom unwissenden Volk gewählt zu werden; und auf die autoritären Strukturen, welche diese Bruderschaft des elitären Mittelmaßes zusammenhalte. Jahre bevor das Ausmaß von Korruption und Ineffizienz in der japanischen Beamtenschaft allgemein bekannt wurde, entwarf Miyamoto ein Psychogramm der Gleichschaltung. Er forderte seine Kündigung heraus und bekam sie endlich im Februar 1995.

Ich entwickelte eine Allergie gegen die Abrichtungsrituale japanischer Männer. Sie gemahnten in ihrer Haltung mehr an nordkoreanische Kaderaufmärsche, als es einer demokratischen Industrienation anstand: das Antreten der Bauarbeiter, strammstehend im Glied, vor dem Polier, der die Tageslosung ausgab, oder die Morgenappelle auf den Schulhöfen. Niemand nimmt Anstoß an dem Tugendkanon der soldatischen Leibesertüchtigung für gesunden Opfergeist bei Schulsportturnieren, von Ausländern nur mißzuverstehen. Und jeden Morgen – die ersten Interviewtermine belehrten mich – um neun Uhr konnte man in den Büroetagen die Einschwörungsexerzitien beobachten. Wie die Herren sich um den Konferenztisch versammelten, und wie sie nach dem gemeinsamen Ablegen der Jacken ihrem Chef bei der Verkündung des Tagwerks lauschten. Später verteilten sie sich auf die engen Büros, sie saßen Ellenbogen an Ellenbogen, die Schreibtische und Schränke mit Stapeln von Papieren und Büchern zu Barrikaden aufgerüstet. In der Mittagspause traf man die Herren in den Schnell-Imbiß-Restaurants des Viertels wieder. Viele trugen jene Gummi-

Sandaletten, in die auch Hausfrauen zur Schonung der Schuhe schlüpfen, wenn sie nur kurz die Mülltüten zum Sammelplatz bringen. Die Slipper sind ein Ausweis von Häuslichkeit, sie gehören zum Wohnbüro wie die »Morgenandacht« mit Kollegen und Chef.

Es ist gesagt worden, die betrieblichen Strukturen Japans seien weicher, geschmeidiger, menschlicher. Jeder werde, wie in den Schulen, seinen Fähigkeiten gemäß eingesetzt, einer trage des anderen Last. Daß zugleich die Produktivität des durchschnittlichen Angestellten und Beamten an westlichen Maßstäben gemessen gering blieb, daß schiere Anwesenheit über den Tag hinaus und arbeitsfreudige Atmosphäre höher im Kurs standen als die Arbeitsleistung selbst, ist oft beschrieben und im Zusammenhang mit der Weltkarriere japanischer Unternehmen bestaunt worden. Was sie so gemeinsam zustande brachten, hat ihnen in aller Welt Respekt eingetragen. Wie sie es zustande bringen, gibt zu Neid keinen Anlaß. Mir sind ihre Gefühle jedenfalls fremd geblieben. Das Gefängnis des japanischen Mannes ist ausbruchssicher. Schon deshalb, weil Häftlinge und Wärter identisch sind. An Flucht kann nur der denken, der sich damit abfindet, in Freiheit ohne bürgerliche Karriere und gesellschaftlichen Halt zu leben. Daß die japanischen Männer, mit denen mich Freundschaft verbindet, freien Berufen nachgehen, kann kein Zufall sein. Die Nachfahren der Samurai, »eines der höchsten Menschentypen, die es je auf Erden gab«, wie Maurice Pinguet in seiner Lobrede auf den *Freitod in Japan* schrieb, und die Nachfahren der Händler, Handwerker und Reisbauern, eines der unsentimentalsten und bodenständigsten Menschentypen, mischen sich in dem loyalen Stoizismus des Salaryman.

Die Einschätzungen europäischer Besucher von der Arbeitsmoral der japanischen Bevölkerung klangen noch Ende des 19. Jahrhunderts herablassend. Bis in die zwanziger Jahre dieses Jahrhunderts hinein feierten Japans Reisbauern mehr als fünfzig Tage im Jahr eines jener Fruchtbarkeits-Festivals *(matsuri)*, die mit dem Buddhismus im frühen 6. Jahrhundert aufkamen; in manchen Gegenden wurde noch nach dem Ersten Weltkrieg ein Drittel des Jahres der Anrufung der Götter für reiche Ernte und gesunde Kinder gewidmet.

Es gab und gibt eben nicht nur Fron. Rätselhaft blieb mir die Unbekümmertheit und Selbstvergessenheit der japanischen

Männer beim Spielen, Trinken, Entspannen in den *sakariba*, den engen Amüsierviertein um Tempel und Bahnhöfe herum. Der Japanologe Sepp Linhart hat diese »Zone der Verflüchtigung« als Ausweg und dritten Lebensort neben Wohnung und Arbeitsplatz ausgemacht und die therapeutische Wirkung beschrieben. Und wenn man heute vernimmt, daß die exklusiveren dieser Spannungen verflüchtigenden Viertel der Krise wegen notleiden und halbleer sind, so ist das wahrlich ein Grund zur Sorge.

»Blühender Ort« wäre eine direkte Übersetzung, die immerhin ein wesentliches Merkmal des Amüsierbetriebs aus Bars, Klubs, Discos, Kinos, Pachinko-Salons, Strip-Lokalen, Bordellen oder auch einfach Einkaufszentren in sich trägt. Laut muß es hergehen, und voll muß es sein in den *sakariba*, sonst entfalten sie ihren Zauber nicht. Japans Männer suchen in den *sakariba* dreifach Spiel und Entspannung – *nomu, utsu, kau:* trinken, (Glücks-)Spiele spielen, Frauen kaufen. Die Klassen haben ihre Spiele. Pachinko, bei Arbeitern beliebter als bei Angestellten, erinnert an den monotonen Fließbandlärm einer Montagehalle, Mahjong, mit seinen schnellen Berechnungen von Risiken und Gewinnchancen, eher an die Schreibtischjobs. Trinken müssen beide Klientels, um zu entspannen, aber dunkel muß es sein, und der Nebenmann muß mithalten. Die Freiheitszone ist exterritorial, Männer von gutem Ruf bereisen die verrufenen Orte mit gedämpftem schlechtem Gewissen und der sprichwörtlichen Ausrede: »Auf Reisen gibt es keine Scham.« Der Bar-Eskapismus der Männer am Busen einer *mama-san* hat therapeutische Wirkung. *Sakariba*, obwohl ohne die Dienste von Frauen undenkbar, ist eine Melange aus Fronturlaub, täglichem Erntedankfest und Klassenausflug: eine gewöhnlich gewaltfreie Kollektivdroge des japanischen Mannes unter Männern. Und sie ist ihm zu gönnen.

Seit Japans Geschäfte schlecht gehen, ist der vollends angepaßte Angestellte in Verruf geraten. Ich erinnere mich an eine Kampagne zu seiner Befreiung, als es noch keine dringenderen Sorgen zu geben schien. Die Kampagne war allerdings etwas verwirrend, denn die Manager hatten für das Kollektiv beschlossen, daß ab sofort sich jedes Mitglied in einer formalen Situation informell und individualistisch zu geben habe, natürlich ohne die Regeln zu verletzen. Unter dem Codenamen *kin-kaji*, einer Zusammenziehung aus dem japanischen Freitag,

kinyôbi, und dem zum Verb japanisierten englischen Wort *casual*
(kajuaru), wurde den Angestellten dringend empfohlen, am
nämlichen Wochentag ihre genormten Anzüge gegen Freizeit-
kleidung zu tauschen. Die kränkelnde Wirtschaftssupermacht,
so war erkannt worden, benötige künftig nicht mehr nur opfer-
bereite Mannschaftsspieler, sondern wenigstens einmal in der
Woche kreative, eigenwillige, ja schillernde Typen. Nicht ganz
unerwartet fielen die ersten Frontberichte von Probeläufen
enttäuschend aus. Viele übertrieben mit Shorts und T-Shirts
mit dem Aufdruck »Hard-Rock-Café« oder Schlimmerem;
das mittlere und ältere Management wählte in seiner Hilflosigkeit meist die Wochenenduniform, also eine Golfausstattung.
Manche Betriebe gaben auf. Andere engagierten Modeschöp-
fer, die vor Jeans und alten Lederjacken warnten. Die Männer
sollten gefälligst spontan, kreativ, eigeninitiativ ausgefalle-
nere Krawatten wählen, mahnten sie, nicht das Chaos. Dennoch
gab es Klagen in Unternehmen mit Publikumsverkehr, die
offenkundig nicht zu besänftigen waren mit den vielerorts an-
gebrachten Warnschildern: »Liebe Kundschaft, heute ist locke-
rer Freitag. Wir bitten, den Aufzug unserer Angestellten zu
entschuldigen.«

Natürlich entschuldigte ich. In den Kaufhäusern waren inzwischen geräumige Enklaven mit »Friday wear« eingerichtet.
Bald berichtete die japanische Presse nicht ohne Stolz, daß
die Befreiungsaktion angenommen werde und nachweislich
Umsätze ankurbele wie Individualität kräftige. Wer am 1. Juni
(wenn die Bevölkerung unabhängig von klimatischen Anfech-
tungen in Sommerkleidung auftritt) und am 1. Oktober (wenn
die Wintersachen zum Einsatz kommen) am überwältigen-
den Geruch von Mottenpulver in öffentlichen Verkehrsmitteln
seinen Zeitsinn schärfen durfte, würde fortan den Freitag an
seiner Ungezwungenheit und der Schöpfungskraft allerorten
erkennen. Ich schrieb über die Einführung des lockeren Freitag. Aber ich wurde das Gefühl nicht los, daß die Sensation
draußen in der Welt wieder einmal nicht recht gewürdigt
wurde.

FÜNFZEHNTES KAPITEL

Zu beschreiben, was die Japaner umtreibt, im schrecklichen Jahr 1995 zumal, das Plagen für sieben Jahre über das Land brachte, ist mir leichter gefallen, als zu ergründen, was sie erheitert. Nicht allein, weil es mein Japanisch nicht hergab, Wortspielen, Andeutungen, Neckereien zu folgen, sondern vor allem, weil die Vermutung sich erhärten ließ, daß auch der Humor bis ins kleinste gemaßregelt wird. Das Komische scheut das Anarchische, Groteske, die Satire; der Humor hält es, besonders im Fernsehen, lieber mit Penälerstreichen, Slapstick und schadenfroher Blödelei einer Gruppe auf Kosten eines freiwilligen Narren. Dieselbe Hingabe und pflichtselige Planerfüllung, die Donald Richie angesichts der Kunstfertigkeit der Stripperin bewunderte, ließen mir Japans Spaßkultur abgeschmackt und nachgerade witzlos erscheinen. Eher bemerkte ich eine Seelenverwandtschaft mit den Deutschen. Komisch schien mir Japan, wenn es sich besonders ernst nahm.

Doch wieder muß ich mir ins Wort fallen. Mit demselben Recht, mit dem die Verkrampfung festzustellen ist, muß man sich eingestehen: Auch dieses Japan, das Land, das stets lächelt und nie über sich lacht, ist eine Erfindung des Westens. Das aus Unkenntnis oder Verliebtheit entsprungene Mißverständnis, das eine ganze Kultur in metaphysische Schutzhaft nimmt, hat die Zeitläufte freilich auch deshalb unbeschadet überstanden, weil ihm nicht wenige Japaner selbst huldigen. Unter dem Regelwerk der Rituale ist Japan nicht feierlicher, lächerlicher, kultivierter, humorloser als andere Nationen. Allenfalls hat die Erfahrung etwas für sich, daß das Lachen eines Volkes wie sein Fluchen oder seine Liebesgewohnheiten nicht immer leicht zu übersetzen sind. Wenn also im auffallend schmalen Vokabular der japanischen Verwünschungen Gotteslästerung, Fäkalien, die Verhöhnung der Eltern fehlen, mag das Anthropologen faszinieren. Daß aber Japaner über ihren Kaiser oder Premierminister keine Witze reißen, wie man sie im Westen kennt, daß Ironie in den seriösen Tageszeitungen fast ausnahmslos – gezeichnete Karikaturen sind die Ausnahme – verpönt ist und überhaupt nur im engen Freundeskreis geduldet wird, heißt nicht, daß Japan weniger zu lachen hätte. Es besagt wohl, daß politische Satire und subversive Kritik an den Mächtigen weniger entwickelt sind als die solidarische Alltagskomik der Machtlosen. Die Oberen mögen lächerliche Figuren abgeben, aber sie sind dem Volk zu fern, um sich über sie zu belustigen. Man mag es werten, wie man will. Japan spottet nicht nach oben, es lacht nach unten.

Japan überläßt seinen Humor, wie vieles andere, ungern Leuten, die ihn dem Zufall überlassen. Improvisation ist zu riskant, wo das Gesicht so viel zählt. Es gibt zum Ausgleich Situationen, in denen Scherze angebracht sind und sonst gar nichts. Dazu zählen gewiß nicht geschäftliche Verhandlungen. Ahnungslose Westler, die mit ein paar Scherzen »das Eis brechen« wollen, stoßen auf stilles Entsetzen. Dazu zählen erst recht nicht Hochzeitsfeiern und überhaupt gesellschaftlich relevante Feierstunden aller Art, deren planvolle Langeweile alles im Ansatz erstickt, was in Freude ausarten könnte. Umgekehrt gälte einer, der eine fröhliche Mahjong-Runde mit dem Bericht über ein politisches oder privates Problem belastete, als Spielverderber. Nicht zufällig gilt in der internationalen Rock- und Jazzszene Japan als besonders begehrt für Konzertmitschnitte. Verläßlich jubelt das Publikum und gibt Ruhe an den gewünschten Stellen, es kennt und beherrscht seinen Part, die etwas sterile Erfolgsgarantie »Live in Japan« ist gerade bei alternden Stars beliebt.

Für den volkstümlichen Humor hält sich Japan seit Ende des 16. Jahrhunderts Spezialisten, die Geschichtenerzähler des Rakugo. Einst überbrachten sie Nachrichten in die Provinz, boten Klatsch und Typisierungen aller menschlichen Schwächen. Im Laufe der Edo-Zeit entwickelten sich wiedererkennbare Figuren wie in der Commedia dell'arte. Es gibt den Typ des Neiders, des Gerechten, des Polizisten, des guten Handwerkers, des Angebers und so fort. Ihre Lebensschule gilt dem Liebhaber als wahrer *asobigokoro*, der Geist des japanischen Spielens. Die Kunst und das Vergnügen der Kenner liegen wie beim Kabuki und Nô in der Technik, in der Interpretation klassischen Materials. Die Verläßlichkeit und feinste Variation der Pointen ist ihr Witz. Es soll über hundertsiebzig vereinsähnliche Gruppen von Rakugo-Enthusiasten allein in Tôkyô geben. An Universitäten blühen die Klubs der Edo-Erzähler, im Fernsehen erreichte das Rakugo-Programm *Shôten*, 1966 erstmals ausgestrahlt und bis in die neunziger Jahre hinein ununterbrochen am späten Sonntagnachmittag auf Sendung, Kultstatus. Eine Gruppe von Spaßmachern setzt ihren Ehrgeiz und Aberglauben an jedem Neujahrstag in die Tradition, *hatsuwarai* zu sein: die ersten, die das neue Jahr einlachen. Die staatstragende Tradition dieser Alleinunterhalter, die bis heute ihren Vortrag auf einem Kissen kniend, nur mit einem Handtuch und einem Fächer ausgestattet, auf die Bühne bringen, erreichte 1941 im japanischen Militarismus einen traurigen Höhepunkt. In jenem Jahr fühlte sich die »Rakugo-Gesellschaft« aufgerufen, in einer Tempelzeremonie 53 Geschichten buchstäblich zu Grabe zu tragen. Sie handelten von Sex, Trinkgelagen und anderen volksnahen Dingen, die der inneren Verfassung des kriegführenden Kaiserreichs nun abträglich schienen.

Ich wiederum behalte mir vor, eine andere menschliche Ausdrucksform, der wie dem Lachen heilsame Wirkung zugeschrieben wird, in seiner typischen japanischen Ausprägung entsetzlich komisch zu finden: Karaoke, das Singen mit »leerem Orchester«. Im Gegensatz zum Rest der karaokebefallenen Welt, wo der erfolgreichste Kulturexport Japans auch mit grölenden Mißfallenskundgebungen und Anfeuerung auftritt, lacht nämlich im Herkunftsland niemand über den Exhibitionismus der Kammersänger. Anfang der achtziger Jahre als Sparmaßnahme und Ersatz für teure Live-Musiker von der Schallplattenbranche für ihre Schlagersänger installiert, stieg es 1986 zum Massenplacebo auf. Anfang der neunziger Jahre gab es mehr als 50 000 Karaoke-Kabinen, in denen jeder Japaner, vom Säugling bis zum bettlägerigen Greis, statistisch ein Dutzend Lieder im Jahr gegen Gebühr darbot. Als ich nach Japan kam, wurde Karaoke nach Sightseeing als die beliebteste Freizeitbeschäftigung genannt. In Notwehr lernte ich, daß den oftmals haarsträubenden Bemühungen der Sänger in Bars, Reisebussen, Taxis, Onsen-Hotels, Betriebskantinen, Sonderzügen und bei Gelagen unter Kirschbäumen zu entgehen, List und Ausdauer erforderte. Nur in den eigenen vier Wänden

ist man sicher vor dieser peinlichsten Form sinnlicher Zwangs-
ernährung. Wer die Plage haßt oder, was auf dasselbe hinaus-
läuft, sie so komisch findet, daß er schreien könnte, darf sich
unter geschätzten sechzig Millionen Karaoke-Anhängern in
Japan als verfolgte Minderheit fühlen.

Der Siegeszug der Freizeitgestaltung, die es verdiente, mit
dem Verdikt der Menschenrechtskonvention als »grausame und
unübliche Bestrafung« geächtet zu werden, ist in Asien und
in Amerika nicht aufzuhalten. Über Jahre der Zumutung durch
wohlmeinende asiatische Geschäftspartner entrinnen zu können, *My way* oder *New York, New York* vorzutragen, erfordert
nicht nur außergewöhnliche Wachsamkeit, sondern Mut zum
Affront. Jenen, die in Japan echte Tränen der Ergriffenheit aufs
Mikrophon vergießen, die all die schmalzigen Liebesballaden
des japanischen *Enka*-Schlagergenres von Herz, Schmerz, Sehnsucht, Opfermut, Einsamkeit genießen wie ein Bad in heißen
Quellen, denen ist die Qual, die Karaoke anderen bereitet,
nicht zu erklären. Nichts gegen Gesang. Japanische Chöre
werden in aller Welt von Kennern gepriesen. Karaoke aber,
zumal die verbreitete muttrunkene Form, dient in Japan als
Zungenlöser für die schweigende Mehrheit. Sie singt an gegen
das Stottern der Gefühle, die sie kaum kennt oder jedenfalls
nie zeigt. So legitim das ist, so wenig sollten andere damit
behelligt werden. Erst durch die Akquise der Öffentlichkeit
wird die Therapie zum unerquicklichen Enthüllungsakt. Ver-
spannung, sogenannte gefrorene Schultern, ist ein japanisches
Volksleiden. Die Lockerungsbewegung, ein heftiges, meist von
einem Knacken begleitetes Kopfnicken abwechselnd zu beiden Schultern hin, ist auf den Straßen nicht seltener zu sehen
als die Verbeugung. Es heißt, verkrampfte Karaoke-Anhän-
ger kehrten nach einer halben Stunde Singen erfrischt aus der
Mittagspause in ihr Büro zurück. Den übrigen mag es zur
Entspannung dienen, nicht dabeisein zu müssen.

Der individuellen Simulation von Gesangsstars im Karaoke entspricht die familiäre Simulation von Auslandsreisen
in Japans Themenparks. »Russian Village«, »Canadian World«,
»Parque España«, »Holland Village«, das deutsche »Glücks-
königreich« und wohl zwei Dutzend weitere Nationalparks
haben den Vorzug, durch das Fernhalten der Originalbewohner
den eigenen japanischen Frieden in der Weltausstellung en
miniature zu bewahren. Der tiefere Sinn dieser Nationalparks,

neben der in Japan stets empfohlenen Vermeidung von öffentlichem Müßiggang beim Zeitvertreib, liegt ja gerade darin, fremden Ländern das zu nehmen, was viele Japaner am meisten stört: ihre Fremdheit. Statt darauf zu warten, daß die Welt japanischer wird, wurden ausgewählte Kulturen im eigenen Land angelegt, in der Tradition der Bonsai-Züchtung auf das Wesentliche reduziert, gebändigt, von Schadstoffen gereinigt, im angenehmsten Sinne entfremdet und dem Publikum anheimgestellt. Diese Bearbeitung machte sie schon Mitte der neunziger Jahre in Zeiten des starken Yen dem realen Ausland überlegen. Tôkyô Disneyland, auf halbem Wege zwischen dem Flughafen Narita und der Stadt gelegen, war ihr aller Vater. Über sechzehn Millionen Besucher strömen jährlich in die Mäusewelt, die wiederum sauberer, netter, erfolgreicher, eben japanischer ist als die anderen Disney-Ableger. Wer keine kleinen Kinder zufriedenzustellen hat, mag über Infantilismus und Kitsch die Nase rümpfen.

Kitsch in Japan kommt ohne ein japanisches Wort dafür aus, so wie die Fische kein Wort für Wasser kennen. Das Pech japanischer Eltern, die den süßlichen Stumpfsinn und die Beutelschneiderei der Themenparks eigentlich ablehnen, ist, daß sie kaum eine Wahl haben. Es gibt keine Alternative zu kurzen, überteuerten Pauschalarrangements, solange das Wahrnehmen von mehr als zwei Wochen Urlaub als selbstsüchtig ausgelegt wird. Man mag die Sightseer's-Digest-Sammelsurien der Nationalparks als eine Mischung aus Puppenhaus, Panoptikum und Zoobetrieb verspotten und Disneys Verlogenheit anprangern. Eltern in Japan haben meine Solidarität und mein Mitgefühl. In einem übervölkerten Land ist Freizeit zu knapp und zu anstrengend, um sie auch noch selbst zu gestalten.

Auf dem Höhepunkt des Goldrauschs in Japan Ende der achtziger Jahre tröstete sich der Westen über die Irritation, von den Japanern aufgekauft zu werden, mit Schadenfreude hinweg. Man hielt sich schadlos an Fernsehbildern der immergleichen Massenszenen von Japans Stränden, Skipisten, Schwimmbädern, Themenparks, Golfkäfigen, die nahelegten, daß die neureichen Eroberer am Ende doch arm dran wären. Wer wollte schon seinen Reichtum so teilen müssen? Anlaß zu Spott gab vor allem der raumgreifende Golfsport, der in einem Archipel, das zu zwei Dritteln von Bergen bedeckt ist und dessen Klima und Böden (von Hokkaidô abgesehen) englischen Rasen verkümmern lassen, die Kompensationslust auf die Spitze trieb. Immer wieder sah man Fernsehbilder von tadellos ausgerüsteten Salaraymen, wie sie in den grün vernetzten Golfgalerien auf vier Etagen übereinander Treibschläge übten, die nur die wenigsten von ihnen sich in freier Wildbahn würden leisten können. Staunend schauten wir auf die Bedenkenlosigkeit, mit der Landschaften mit Unmengen Geld und Unkrautvernichtungsmitteln planiert wurden. Um 1990 bedeckten über zweitausend Golfplätze im Land eine Fläche von 223 000 Hektar, ein Gebiet von der Größe Tôkyôs und doch lächerlich klein für fünfzehn Millionen Golfsportler. Die Illusion verschwenderischen Raumgewinns, die Simulation Kaliforniens und Colorados an den überfüllten Skipisten der japanischen Alpen (und im ganzjährig kunstverschneiten »Skidome« bei Tôkyô), war der größte Triumph der Bubble-Ära und der kurioseste. Die zusammengeschusterten Kunstwelten trugen für den, der sehen konnte, monsterhafte Züge. Eine Grimasse der Hybris, die auch mit gelehrten Hinweisen auf die Tradition der Naturzähmung in der Gartenkunst nicht einnehmender wurde.

Japan manipulierte, Japan kopierte den Westen und blieb doch ganz bei sich. Schon die Masse machte es anders. Ich brachte es nicht fertig, mich an den Gleichmut zu gewöhnen, mit dem an Sommerwochenenden in den Nachrichten ohne weiteren Kommentar der Ertrinkungstod einiger Dutzend Landsleute vermeldet wurde. Die Bilanz der Ertrunkenen gehörte zur Feriensaison wie die Staukilometer und die Kursberechnungen der Taifune. Niemand regte sich darüber auf, als etwa in einem Jahr das Gesundheitsministerium die unglaubliche Zahl von 3268 »beim Freizeitbaden Ertrunkener« errechnete. Alkohol spielte wohl eine Rolle. Aber dennoch grenzt es an ein Kunststück, an überfüllten flachen Stränden ohne Aufsehen für immer unterzutauchen. Ich werde nie vergessen, wie ich an einem heißen Sonntag mit Familie in einem Tôkyôter Freibad tatsächlich nicht einmal mehr Raum für ein einziges Handtuch vorfand. Wie vor einem belegten Parkhaus standen wir mitten im Menschenmeer auf den von Bademeistern bewachten Betonpfaden und warteten, während sich gutgelaunte, Eis schleckende Flaneure an uns vorbeidrängten. Als nach einer Viertelstunde niemand aufgestanden, geschweige denn gegangen war, beschlossen wir, abwechselnd ins Wasser zu gehen und die Taschen zu halten, die abzusetzen unmöglich war, ohne den Weg zu blockieren. Die Becken aber waren so voll von Menschen wie die Liegeflächen, die in stiller sozialer Übereinkunft nur sitzend genutzt wurden. Und ich, brusttief im Wasser, das ich unter den Körpern um mich herum vermutete, begann zu ahnen, daß Hunderte wie wir die Flucht ins Wasser angetreten haben mußten, weil an Land kein Raum für sie war. Sie badeten im Schichtbetrieb, so wie sich einst Europas Schichtarbeiter ein Bett teilten, das nie erkaltete. *Imo arai*, Kartoffeln waschen, nannten sie es gutmütig. Und ich hatte für einen Augenblick die Vision, daß alle Badenden auf einmal aus dem Becken sprängen. Wir Vertriebenen würden unter Entschuldigungen auf den anderen stehen, sitzen, liegen, und gemeinsam würden wir auf das Wasser im Becken starren: Es würde nur mehr kniehoch sein.

Hier meine ich den ungeduldigen Zwischenruf zu vernehmen: Genug, genug von *sakariba*, Golfkäfigen, Striptease, *mama-san* und Kabarett, Küchenfetischismus und Themenparks, all den zweifelhaften Beispielen für niedrige Massenunterhaltung. Sie führen in die Oberflächlichkeit, also in die Irre. Wo bleibt der hohe Menschentyp, das sachkundige Konzertpublikum, das mit der Partitur auf den Knien den Gastorchestern aus aller Welt lauscht? Was ist mit den Galerie- und Ausstellungsbesuchern, die ihre Töpfermeister bestens und die Impressionisten besser kennen als die Europäer? Wie steht es mit den Lesern von Literatur in einer Kultur mit der höchsten Alphabetisierungsrate der Welt, wo bleiben die Millionen Haiku-Dichter? Wo sind Blumensteckkunst und Teezeremonie, die ästhetischen Ideale von *wabi* und *sabi*, die subtile Zen-Schönheit von Trauer und Einsamkeit? Warum fehlt das hochgesinnte, wahre Japan?

Meine Antwort auf die berechtigten Fragen lautet: Nach diesem Japan habe ich nie gesucht, denn die Bibliotheken des Westens sind längst randvoll von ihm. Japans Kultiviertheit ist tausendfach vermessen und durchdrungen, seine Künste sind beglaubigt, bisweilen heiliggesprochen worden, sie müssen nicht abermals bewiesen werden. Auf verräterische Weise schuldig geblieben sind die Beobachter die Beweise für Japans Vitalität, seine Lebenskunst in Widersprüchen. Das Einfältige, Rohe, Sinnliche, Kindliche, Krampfhafte, Brutale, Lustige, Tapfere, jedenfalls das Alltägliche in Japan hat es mir angetan. Nihon, das Land der aufgehenden Sonne, trägt wohl als einzige

Nation der Erde das Buch *(hon)* im Namen. Aber deshalb stimmte ich noch lange nicht angelegentlich von Buchmessen-Schwerpunkten und Nobelpreis-Verleihungen in die Klage ein, daß japanische Literatur im Westen verkannt und unterschätzt werde. Diese wird sich, wenngleich manchmal spät, durchsetzen, wenn sie anderen etwas mitzuteilen hat. Die populäre Kultur, so kurzatmig sie scheinen mag, auch die Schundliteratur verdiente nicht weniger Übersetzung und Vermittlung. Sie lehrt nicht allein, was die Besten in Japan denken, sondern was die meisten brauchen.

Denn was studiert der müde Pendler, Angestellte, Schüler, Student in der S-Bahn, wirklich Ôe, Maruyama, Konfuzius wie die Deutschen eben ihren Böll, Habermas, Kant? Wenngleich zuzugeben ist, daß eine diskrete Dienstleistung der Buchläden in Japan hinter einem neutralen Papiereinband verbirgt, was die Neigungen und intellektuellen Fähigkeiten des Lesers preisgeben könnte. Eine Sitte, so einfühlsam und praktisch für den hautnahen Massentransport wie das kaum handgroße Format der Taschenbücher und, seltsam zu sagen, die vertikale Schriftführung, die es eingeklemmten Zeitungslesern erlaubt, ihr Blatt auf ein Viertel der Breite zu falten und auf dem Streifen doch einen ganzen Artikel lesen zu können. Was lesen sie? Interessanterweise klagt meist eine des Japanischen mächtige Elite von Ausländern über Arroganz, Rassismus, kulturhoheitliche Dummheit, die das Abendland mit Blindheit schlage für einen der fruchtbarsten Büchermärkte der Welt. Ausgenommen von diesem belletristischen Grundverdacht ist jedoch eben die prachtvolle Vielfalt von Schund, der in dem geschützten Bücherbiotop Japan nicht minder, sondern womöglich besser gedeiht als anderswo. Die Manga-Hefte, deren Zeichnungen an alte Holzschnitte erinnern können, spinnen aus Science-fiction, Historienkitsch, Liebesschnulzen, Sex- und Gewaltkitsch den vermutlich authentischsten Gesellschaftsroman Japans. Manga erreichen 2,5 Milliarden Exemplare Auflage im Jahr, das entspricht einem Drittel aller japanischen Publikationen. Wer rezensiert ihre höchst unterschiedliche künstlerische Qualität?

Man sage nicht, etwa das *Handbuch des Selbstmordes*, das Mitte der neunziger Jahre nur Monate nach seinem Erscheinen in Hunderttausenden Exemplaren abgesetzt worden war, sei keine japanische Kultur. Das Buch stellte bald seine Tauglichkeit

unter Beweis, als es immer häufiger mit vielen Unterstreichungen in den Jackentaschen erfolgreicher Anwender gefunden wurde, und jene in den als besonders idyllische Kulisse
empfohlenen Waldgebieten. Die allgemeine Wertschätzung der
Japaner für das Studium jedweder Technik und das geduldige
Üben derselben garantierten blendende Umsätze. Alles läßt
sich lernen, wenn man nur tüchtig übt – Tennis, Zurückhaltung, Sprachen, Rache.

Der Aufforderung zum Verüben von Straftaten am nächsten
kamen nämlich nach Auffassung von Kritikern, die sich doch
formierten, die *Praktischen Methoden der Rache*, deren werbende
Bauchbinde »Rache üben ist sicher besser als Selbstmord begehen« auf den Bestseller des Vorjahres zielte, aber auch die
Warnung enthielt: »Dieses Buch ist eine tödliche Waffe. Nur
als letzter Ausweg zu benutzen.« Das anonyme Autorenteam
gab sich im Vorwort ihrer Hilfe zur Selbsthilfe dunkel zu erkennen als »Opfer von Schulschikanen, sexueller Belästigung
und anderer Verbrechen, die selten vom Gesetz geahndet werden«. An die Schmerzgrenze ging für manche der Ratschlag
an Jugendliche unter vierzehn, dem Alter der Straffähigkeit:
»Wenn ihr wirklich eure Eltern umbringen müßt, bringt es so
bald wie möglich hinter euch.«

23 FOTOGRAFIEN
VON NOBUYOSHI ARAKI

'89 11 24

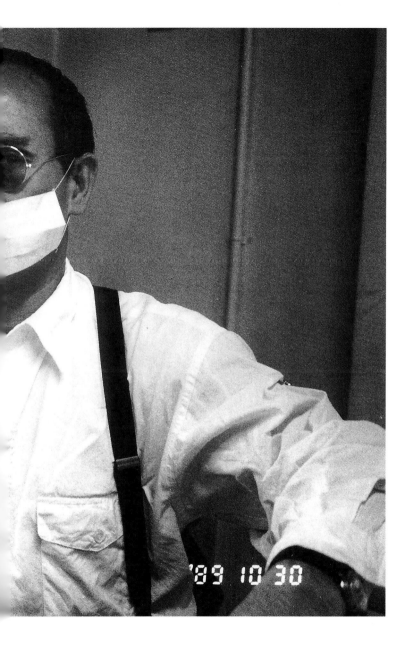

'89 10 24

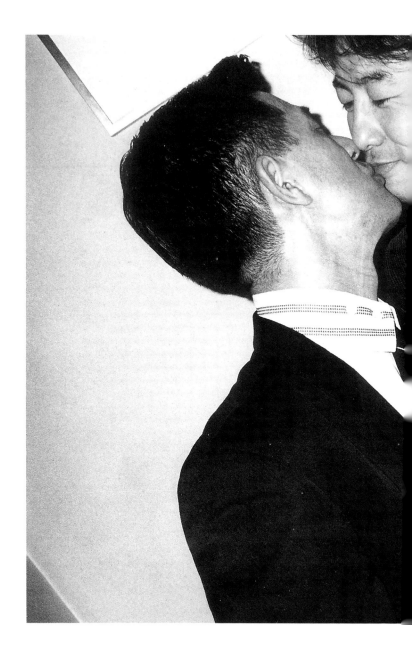

'89 10 15

'89 7 22

横断歩道
事故から守りましょう
区大規模工事連絡協議会

'89 7 19

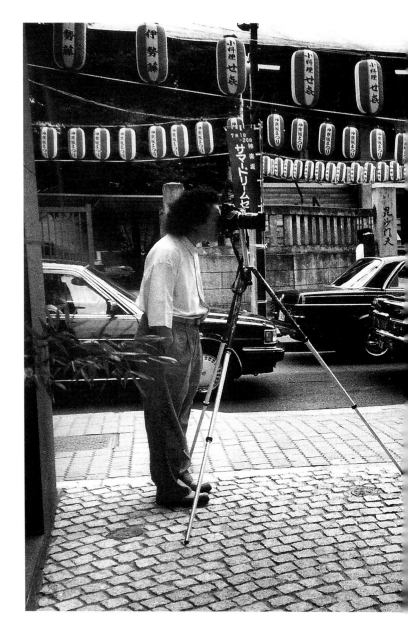

'89 7 11

'89 6 23

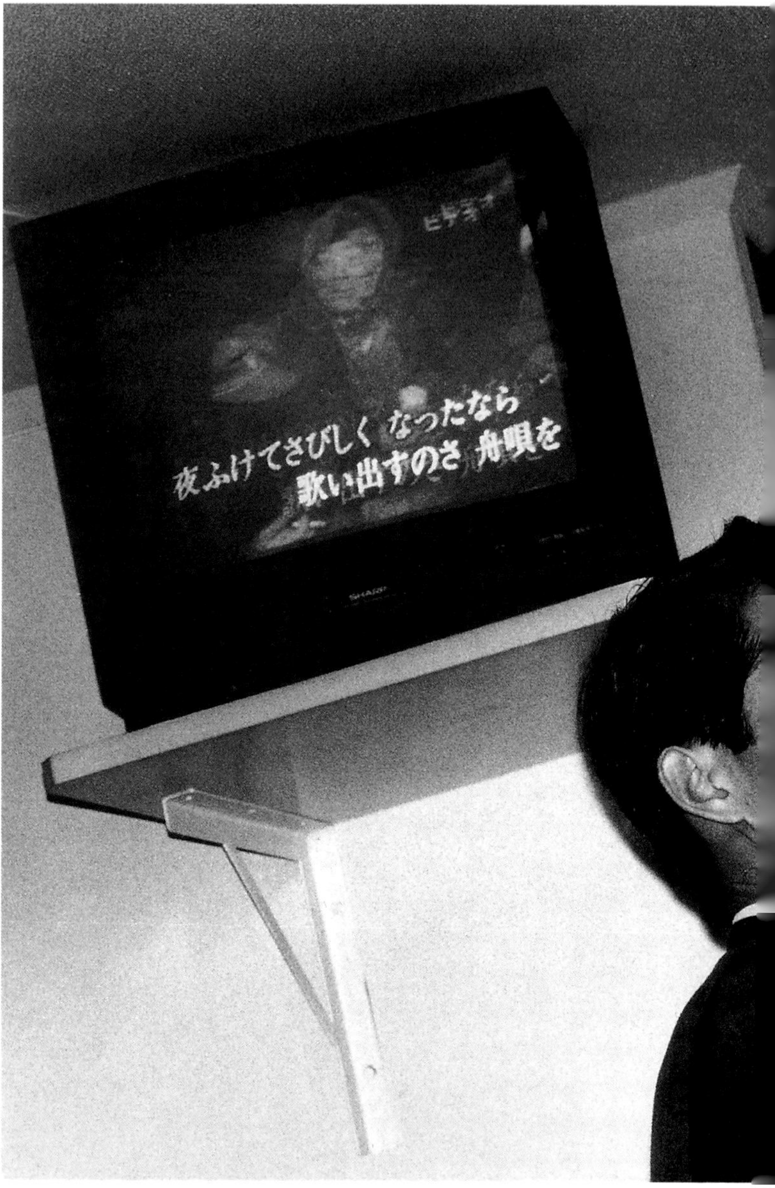
夜ふけてさびしく なったなら
歌い出すのさ 舟唄を

'89 6 10

'89 4 17

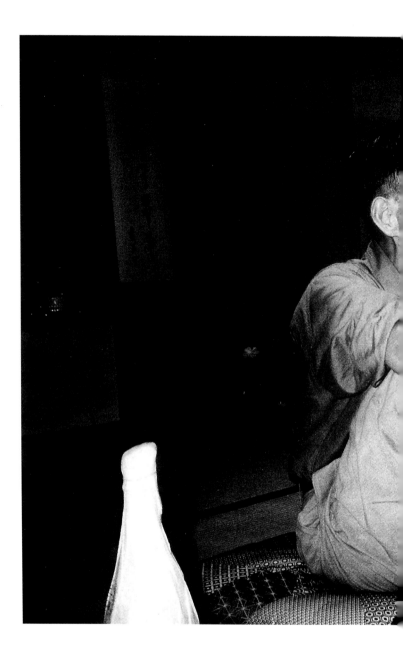

'89 2 20

J apan ist ein Paradies der Kinder genannt worden. In der Tat sind die Kleinen im allgemeinen so angenehm, um es zu einem Paradies für Erwachsene zu machen. Sie haben von der Wiege an gute Manieren...« Basil Hall Chamberlain widmete um 1890 Japans Kindern in seinem *ABC der japanischen Kultur* diese artige Eintragung – wie es seine Auswahl wollte, direkt vor »Kindliche Pietät«, der lebenslangen Verpflichtung zum ehrenden Opfer gegenüber den Eltern, und der »Kirschblüte«, die Japans Dichtern bedeute, was uns die Rose sei. Auch die Moderne hat die Kinder noch nicht vollends aus dem Paradies vertrieben. Sie halten es im Gegenteil anscheinend mit fröhlicher Überzahl besetzt, die den demographischen Realitäten spottet. Immer weniger Kinder sind auf magische Weise überall, in den Gassen und U-Bahnen der Städte, in Schwärmen ausgelassen kreischend, spielend, singend. Die Erwachsenenwelt läßt sie nicht nur liebevoll und langmütig gewähren, man gibt sich der kindlichen Guerilla mit einem wehmütigen Lächeln gefangen. Sie darf, mit mehr oder minder guten Manieren, alles und jeden mit Lust terrorisieren. *Genki* sollen sie sein, lebhaft, energisch, selig im Einklang mit der Welt, göttlich wütend und gedankenlos feiernd, besonders die Jungen, und das alles gewissermaßen auf Vorrat. Denn wie flüchtig ist der totale Sieg der Kinder, er währt kaum sechs, sieben Jahre, und wie bitter wird in der Erinnerung die Kapitulation. Nie wieder, so scheint es, fühlen sich Japaner so glücklich und frei wie in den ersten Lebensjahren. Ein Leben lang zehren sie davon. Und weil das so ist, werden die Stoßtrupps gegen ein rapide vergreisendes Land, dessen Langlebigkeitsrekord immer lebensbedrohlicher wird, verehrt wie ein Kirschbaum, der nur einmal Blüte trägt. Im Westen liegt die Verheißung in der Zukunft, Japans Utopie liegt in der Vergangenheit.

»Gut gepflegt« im umfassenden Sinne nennt die vergleichende Kindheitsforscherin Donata Elschenbroich die kleinen Japaner: »Kinder, die konzentriert und mit Ausdauer spielen können, geistesgegenwärtig sind und Vertrauen in freundliche Reaktionen der Erwachsenen ausdrücken.« In dem von der Münchener Pädagogin herausgegebenen Buch *Anleitung zur Neugier* (1996) schildert sie die sorgfältig gestaltete Kinderkultur und die eigentümliche Heiterkeit der Erwachsenen, die schon früh selbst von Japan eher abgestoßene Reisende beeindruckte. Auch dabei ist es in der Tat geblieben. Daß 94 Prozent der Jungen und Mädchen eine zwölfjährige Schulausbildung abschließen, jeder Tankwart und jede Friseuse, wie die Autorin bemerkt, zweitausend Schriftzeichen beherrscht und Japans Jugend in naturwissenschaftlichen Wettbewerben weltweit an der Spitze steht, mag Kritikern der »deutschen Bildungsmisere« als Beispiel für die Unterlegenheit im Kulturkampf dienen. Westliche Wissenskultur versus japanische Lernkultur, die eine lebenslange Fortbildung ermutigt – wenn der Systemvergleich so einfach zu bewerkstelligen wäre, wäre ich womöglich niemals freiwillig aus Japan zurückgekehrt.

Gewiß ist es wahr, daß westliche Industrieländer dazu neigen, ihre Alten zu Lasten der Kinder besserzustellen. Die wahlberechtigte Lobby wird begünstigt und mit Wohltaten bei Laune gehalten, während der Nachwuchs mit dem Risikokapital Liebe knapp gehalten wird. Was aber, wenn all die gute Pflege und ängstliche Unterweisung, mit der japanische Kinder Schritt für Schritt in das System sozialer Verpflichtung eingepaßt werden, am Ende das Wachstum hemmt und das Erwachsenwerden verhindert? Was, wenn ein Volk in seine gute Kinderstube eingesperrt wird, auf daß es abhängig bleibe von Müttern, Lehrern, Vorgesetzten, Ministern, überschaubar, verspielt, lieb und nett? Westliches Erziehungsziel, notiert die Autorin, sei die frühe Selbständigkeit. Das Kind soll frei entscheiden, frei und für sich allein. Japanische Kinder aber, in einem Kreislauf unendlicher sozialer Geburt gefangen, lernen die Angst vor dem Alleinsein: »Die Gruppe ist das bessere Selbst.«

Zu fehlen, für sich zu bleiben, ist schon Fehlverhalten. Die schiere Anwesenheit, von Müttern verlangt, von Kindergärten und Schulen belobigt, am Arbeitsplatz erwartet und von Chefs zäh vorgeführt, macht einen gut Teil der japanischen

Geborgenheit wie der Überangestrengtheit aus. Donata El-schenbroich hat nichts einzuwenden gegen die Spruchbänder mit Parolen, sogenannte »Ziele«, die Klassenzimmer zieren und Kinder mit begeisternden Leistungsvorgaben versorgen, die mit geringen Korrekturen im China der Kulturrevolution Karriere gemacht hätten: »Laßt uns Kinder sein, die gut zuhören und die sich leicht entschuldigen können!«, »Laßt uns auf den Lehrer achten und ›genki‹ sein!«, »Laßt uns unser Mittagessen ganz aufessen!« Laßt uns einfach gute japanische Kinder sein? Mir ist nicht wohl, wenn schneidende Vorkriegs-kommandos wie »Aufstehen!« und »Begrüßen!« durch Klas-senzimmer hallen, und man muß nicht gleich den Großen Zapfenstreich der Pädagogik beschwören, um eine gewisse Ge-fahr einer doktrinären Erziehung zum Untertanen zu sehen. Ich bin noch jedes Mal zusammengezuckt, wenn mir im Winter bei Temperaturen um null Grad Horden von Kindern mit freiem Oberkörper und kurzen Hosen entgegenstürmten. Ab-härtung ging dem privaten Elitekindergarten in der Nachbar-schaft über alles; oft hörte ich markige Chöre aus der geöffne-ten Spielhalle schallen, Reaktionstests mit sogenannten *flash cards*. Den Bruchteil einer Sekunde hatten die Winzlinge Zeit, um ein Hiragana-Zeichen oder eine Nationalflagge zu erken-nen. Bald konnten sie die Namen der meisten UNO-Staaten herausbrüllen wie die ihrer Spielkameraden. Soll man japani-sche Kinder darum beneiden, daß sie in zwölf Jahren mehr als doppelt soviel Lebenszeit in der Schule verbringen als deutsche Kinder?

Der Prüfungsdrill beginnt ernsthaft bei den Zehnjährigen. Sitzenbleiben darf niemand, die Auslese in Japans Meritokratie wird später durch harte Prüfungen in Mittelschule, Gym-nasium und Eingangsexamina an der Universität erledigt. Wer zurückbleibt, wechselt in weniger anspruchsvolle Schulen. In der jüngsten Zeit, da Arbeitsplätze knapp werden, schlagen sich immer mehr Jugendliche *(freeter)* mit Teilzeitjobs durch, statt Jahre an drittklassigen Hochschulen zu verschwenden. Wer allerdings auf sich und seine Kinder hält und enorme Kosten nicht scheut, bewirbt sich um den Zugang zu pädago-gischen »Produktketten« berühmter Universitäten, die – wie die Frauenuniversität Nihon joshi daigaku in Tôkyô – vom Kindergarten bis zur Promotion eine Rundumversorgung für jede Erziehungsstufe mit Prüfungen und Gütesiegel bieten.

Die Kindheit geht darüber immer früher verloren. Von dem Prüfungsdrill der japanischen Mittel- und Oberschule, so gibt auch Donata Elschenbroich zu, hat der Westen nichts zu lernen.

Doch auch den reformbedürftigen deutschen Hochschulen dürfte das japanische Bildungssystem kaum als Vorbild dienen. Esaki Leo mindestens würde davon abraten. Einen wie ihn jedoch bräuchten die Universitäten um so dringender. Ich traf den gerade ernannten Präsidenten der Tsukuba-Universität im Herbst 1992 und habe seither kaum einen Mann getroffen, der mich mehr beeindruckt hätte. Esakis akademisches Leben war ein Unfall. Genauer gesagt, ein Serienunfall, einer der größten anzunehmenden Unfälle des japanischen Bildungssystems. Nichts geriet bei Esaki, geboren 1925 in Ôsaka, wie es sich für seine Generation gehörte. Statt dessen war er Christ, brillant, einzelgängerisch, sprach fließend Englisch, wurde fern der Heimat berühmt und blieb angeblich gerne dort. Seinen Nobelpreis für Physik im Jahre 1973 trug Japan noch mit recht würdiger Fassung. Es gab Lob von Politikern, es gab Orden. Zwar lebte und arbeitete der Mann schon seit 1960 in Amerika, wo seine »Tunnel-Diode«, für die er die begehrte Auszeichnung erhielt, erst aus dem Souterrain der Labors herausfand. Aber immerhin hatte Esaki seine Entdeckung einst bei Sony gemacht und im Exil auch seinen japanischen Paß verlängert. Und schließlich hat das bildungsversessene Land nur acht Preisträger von Esakis exklusiver Art zu bieten. Fünf Naturwissenschaftler, zwei Schriftsteller und einen Premierminister der frühen sechziger Jahre (für Friedfertigkeit). Esaki Reona, der sich seit dem amerikanischen Exil gegenüber Ausländern als Leo vorstellt, hätte bis ans Ende seiner Tage eine gegen unendlich gehende Größe in Japans akademischer Unfallstatistik bleiben können. Doch im März 1992 kehrte er plötzlich zurück, gab Pressekonferenzen, ließ sich zum Präsidenten der Tsukuba-Universität wählen und, ärger noch, mischte sich kritisch in den japanischen Hochschulbetrieb ein, dessen genialischer Ausschuß er ist.

Esaki zögerte eine Weile, bis er im Gespräch das Angebot, ein Unfall zu sein, annehmen wollte. Es klang in Japan frivoler als anderswo. Er lachte, ein Sprachfehler kam dem Schüchternen zu Hilfe, der seine Brillanz für andere erträglich machte. Dann wiederholte Esaki Leo die Klage, die nicht neu war, aber aus seinem Munde neue Schärfe erfuhr. Polemisch zugespitzt lautete sie: Die japanischen Hochschulen sind Spielplätze und Erholungsheime für erschöpfte, verwöhnte Kinder, denen es um den Status der Universität bei ihren künftigen Arbeitgebern, nicht um Wissen geht. Und auch nicht gehen muß, denn ihre Professoren auf Lebenszeit, denen man keine öffentlichen (oder veröffentlichten) Leistungsnachweise zumutet, nehmen die Dinge ähnlich leicht und bringen Examina ohne weiteres Ansehen der Person unters Volk. Die mehr als zwei Millionen Studenten, so Esaki, werden schon in den Gymnasien zu sprachgeregelten Testpersonen abgerichtet, zu Multiple-choice-Maschinen gleichgeschaltet, für die Kreativität den Kurzschluß bedeuten würde. Da die japanischen Unternehmen ihren Nachwuchs selbst formen und auf loyale Firmenlinie trimmen, ist es tatsächlich gleichgültig, was und warum und wieviel einer studiert, solange er es nur an einer der angesehensten Universitäten getan hat. Soweit Esaki Leos Klage. Sie war mir wohl vertraut. In einer gerade veröffentlichten Umfrage unter Studienanfängern hatte sich auf die Frage, was die Funktion einer Hochschule sei, eine eindrucksvolle Mehrheit von 76 Prozent für die Wahlantworten entschieden: »ein Ort, wo man Freunde trifft« und »wo man tun kann, was man will«. Konnte man es ihnen verdenken, daß sie ihre vier Jahre akademischen Freigang zwischen Jugendstrafe und Arbeitslager genießen wollten?

Esaki verdachte es ihnen nur als Universitätspräsident. Er nahm nach dreißig Jahren im Ausland die Krise des japanischen Bildungssystems besonders deutlich wahr, er kannte dessen Hang zum inzestuösen, weltabgewandten, provinziellen Inselbetrieb: »Wir können der Wissenschaft der Welt nicht nur unsere Höflichkeit und Gruppenwärme andienen.« Er schwärmte von seinem romantischen amerikanischen Campus, wo die Studienanfänger neben ihren Professoren leben könnten, ihren Spaß hätten und trotzdem arbeiteten. So könnte es auch in Japan sein, wenn der Staat und die Sponsoren sie nur ließen. Es sei kaum Geld da für die 98 staatlichen Hochschulen. Auch deshalb liege der qualitative Standard in der Grundlagenforschung um Längen hinter dem Westen. Aber wie sollte Esaki talentierte Forscher und Lehrer in seine akademische Fluchtburg locken? Tsukuba zählte nicht zu den fünf angesehensten Universitäten (»deswegen leistet man sich wohl auch einen Querulanten wie mich als Präsidenten«) und würde den Sprung an die Spitze auch kaum schaffen. Denn die Rangordnung des

Prestige ist ein unumstößliches Naturgesetz. Nur ein Abschluß an der Universität von Kyôtô, besser noch der juristischen Fakultät der himmlischen Tôdai (Tôkyô daigaku), der Tôkyô-Universität, garantierte einen Zugang zu den Eliten der Ministerialbürokratie, lebenslang haltbare Ehre und ein Netzwerk einflußreichster Beziehungen der ehemaligen Absolventen. Ihr Denkstil ist traditionalistisch und intellektualistisch. Tôdai-Zöglinge stellten in neun nationalen Ministerien noch immer siebzig Prozent, im Finanzministerium neunzig Prozent der Anwärter. Kriterium für die Anstellung waren nicht Testergebnisse, sondern zutiefst menschliche Bürokratenwerte: »Solide, aufgeweckte junge Leute, die sich im Ministerium akklimatisieren werden und eine ausgewogene Perspektive mitbringen.« Daß die Tôdai, wenn es schon um Ränge ging, in einer UN-Liste der weltbesten Universitäten nur einen Mittelplatz belegte, weil sie weder international namhafte Wissenschaftler noch entsprechende Forschungsergebnisse aufzuweisen hatte, tat nichts zur Sache.

Nicht die Wissenschaft war in Japan für den Rest der Welt zuständig, sondern die Wirtschaft allein. Und wissenswert war alles, was sich rechnete. Darüber, was sich rechnete, entschieden Bürokraten und Manager, die deshalb auf den intelligenten, unaufdringlichen, umfassend ausgeruhten und unausgebildeten Universitätsabsolventen zählten, der sich biegen ließ, ohne zu brechen. Das wußte alles auch der Reformer Esaki. Er hatte in Tsukuba kleine Struktureingriffe vor, was ihm schon reichlich Gegner eintrug, aber große Entwürfe konnte auch er nicht wagen. Die Studentenzahlen sanken. Mit der Aussicht auf härtere Arbeit im Studium würden kaum mehr zu werben sein. Im Frühjahr 1998 gab Esaki Leo schließlich sein Amt auf.

Ich habe nie ganz verstanden, wie umstandslos sich die Halskrause der Narrenfreiheit, die diese kinderliebe Nation ihren Kleinen schenkt, zur Garotte der Oberschulen auswachsen kann. Doch als ein Gottesurteil ereilt sie die Kinder und würgt sie. Die »Prüfungshölle« über Jahre, 18-Stunden-Tage, streng überwacht und angetrieben von einer *kyôiku mama*, Schülerselbstmorde nach *ijime*, dem kollektiven Schikanieren von Außenseitern, die zu groß, zu dick, zu begabt, zu ungeschickt, zu eigenwillig waren, um von der »Dorfgemeinschaft« der Cliquen geduldet zu werden. Ich habe mich darüber entsetzt.

Begeistert habe ich mich, gegen starke Vorurteile, für die ergreifend heile Kinderwelt in einer kommunalen Krippe in unserem Viertel in Zôshigaya, in der unsere ältere Tochter spielerisch Rücksichtnahme auf lauter »Geschwister« lernte, die einander beim Essen bedienten, beim Ausziehen vor dem Mittagsschlaf halfen. Die Krippe war schäbig, ihr Spielplatz klein, wie es üblich ist in Tôkyô, das jedem Einwohner zweieinhalb Quadratmeter Grünfläche einräumt. Dafür aber konnte unsere Tochter bald ein Lied singen von jeder Lebenssituation, jedem Tier und jedem Ort. Alles ließ sich singend feiern und in der niedlichsten Unschuld in die Familien tragen. Kinder halfen Kindern. Winzlinge aus der »Milchklasse« ließen sich manchmal von Kindern aus der »Kleinkind-Klasse« Dinge sagen, die sie von ihren Eltern nie angenommen hätten. Meine Tochter war nie allein und fast immer glücklich. Ich bewunderte die Hingabe, den Witz und die Gelassenheit der Erzieherinnen, die, bei schlechter Bezahlung und lächerlich kurzem Urlaub wohl manchmal die besseren Mütter waren. Von ihnen lernte ich, daß es einer Liebeserklärung an die Väter gleichkommt, wenn die Kinder lachend sagen, daß sie ihren Papa nicht mögen, um sich bei den Erzieherinnen einzuschmeicheln: »Kinder, die mit ihren Vätern keinen Kontakt haben, sprechen überhaupt nicht von ihnen.« Wie einen Schatz bewahren wir das Tagebuch meiner Tochter auf, in dem Erzieher wie Mütter in einer Art Briefwechsel das Befinden der Kleinen verzeichnen. Dort wird Dramatisches überliefert, die ersten Heiratsanträge der Zweijährigen, Fluchtpläne aus der Krippe und Bestechungsversuche mit Mohrrüben. Befreundete japanische Eltern sagten uns, wir hätten großes Glück gehabt. Ich habe über die »Regenbogenkinder von Zôshigaya« geschrieben. Eine Liebeserklärung, ausnahmsweise, meinten manche Leser. Ich hatte nichts dagegen.

Zur gleichen Zeit aber mußte ich mich wie das ganze Land mit einer Welle von Selbstmorden schikanierter Schüler zu befassen. Über 56000 Fälle von *ijime*, zweieinhalbmal mehr als im Vorjahr, waren den Schulen gemeldet worden, in 2800 Fällen ermittelte die Polizei wegen Verdachts auf Erpressung, Körperverletzung, Nötigung. Wie viele unter den 166 japanischen Schülern, die sich umgebracht hatten, ohne Abschiedsbriefe zu hinterlassen, Opfer von Hänseleien wurden, ließ sich nur erahnen. Bei sechs Kindern konnte kein Zweifel bestehen:

Sie hatten in artigen Briefen und Tagebuchnotizen, die stets mit Entschuldigungen bei den Eltern für die Ungelegenheiten begannen, ihren Lebensüberdruß bezeugt und ihre Schikaneure beim Namen genannt, bevor sie sich töteten. Müde seien sie, unendlich müde und einsam, hatten Kinder geschrieben, bevor man sie fand, an Dachbalken oder Brückengeländern erhängt, zerschmettert vor Hochhäusern, zermalmt von Vorortzügen. Es kam, wie Abschiedsbriefe bezeugten, zu Nachahmetaten. Und es begann das ergriffene Rätselraten in Talkshows, Magazinen und Ministerrunden, warum die Kinder weder zu Eltern noch zu Lehrern Vertrauen gehabt hätten.

Dabei hat *ijime* in Japan Tradition. Das Schikanieren ist in Büros, Fabriken und Schulen wohlbekannt und galt der großen Mehrheit, die nur zuschaute, als so gefährlich wie eine Partie Mensch-Ärgere-Dich-Nicht. Legitime Spannungsabfuhr in einer Gesellschaft, die das Recht der Gruppe gegen den einzelnen schützt, und als Ideal empfiehlt, unter widrigsten Bedingungen klaglos durchzuhalten, sein Äußerstes zu geben, strebend sich zu quälen, wenn es dem Großen Ganzen dient. *Gambatte*, »Tu Dein Bestes!«, ist der einzige Rat im Marathonlauf wie im Erdbeben, im Verkehrsstau wie in der Schule und im Leben überhaupt. Die Ermutigungsformel wird zum Fluch, wenn ein Mensch, erst recht ein Kind am Ende seiner Kräfte ist. Trauernde Eltern gaben den Lehrern, die es in allen Stufen mit einem Klassendurchschnitt von vierzig Schülern zu tun haben, die Schuld an den Selbstmorden. Sie hätten ihre Aufsichtspflicht verletzt. Die wenigen Psychologen, die Japan sich leistet, wiesen auf den Mißstand, daß heutzutage jede Mutter alleinerziehend sei, weil den Angestelltenvätern ihre Anwesenheitspflicht im Büro auch an Abenden und Wochenenden heilig war. Von den Eltern bekämen die Kinder wahllos, was für Geld zu haben sei, und das leibhaftige Beispiel, daß Erfolg in Yen zu beziffern sei. Für eine Erziehung fehlt es an Zeit und Kraft. Den Lehrern allein bleibt es also überlassen, Japans Kindern Gemeinsinn beizubringen, auch gegen die Lebenserfahrung zu vermitteln, warum das Malträtieren von Schwächeren etwas anderes sein könnte als ein Gesellschaftsspiel.

Im Januar 1998 bezahlte eine Lehrerin mit dem Leben dafür, einen Siebtklässler wegen Zuspätkommens zur Rede gestellt zu haben. Mit den Worten »Rede kein dummes Zeug!« zog der dreizehnjährige Junge plötzlich ein Messer und stach sie nieder.

Er war ein freundlicher, durchschnittlicher, unauffälliger Schüler in einer behüteten Provinzstadt anderthalb Zugstunden von Tôkyô entfernt. Wieder ging ein Aufstöhnen durch Japan, und wieder entdeckte die Öffentlichkeit erst nach der Tragödie, daß die »neue Verrohung« so neu nicht war und mitnichten ein Einzelfall. Bereits in den achtziger Jahren hatte eine Welle von Angriffen auf Lehrer das Land aufgeschreckt. Damals war die Gewalt von sogenannten verhaltensauffälligen Schülergruppen ausgegangen, die auf Maßregelung ihres Verhaltens, ihrer Haartracht oder Kleidung offen aggressiv und »zielgerichtet« reagiert hatten. Die neue Gewalt gegen Lehrer aber sei, »wie wenn man auf eine Mine tritt«. Ohne Warnung explodierten Gefühle und Stimmungen ganz normaler Kinder. Nun berichteten Lehrer, sie würden jeden Tag mit Kraftausdrücken aus den Manga-Heftchen der Kinder belegt. »Stirb!«, »Du ekelst mich an!« und so fort, und wenn sie die Schüler, die während des Unterrichts Walkman hörten, ermahnten, würden sie mit Lehrbüchern beworfen. Nun stellte sich heraus, daß viele Schüler Messer bei sich trugen, »für den Fall, daß etwas passiert«, und immer mehr mit dem Messer dafür sorgten, daß etwas passierte, wenn sie Geld für Comics oder Videospiele brauchten. Ein Junge griff einen Polizisten an, um dessen Pistole an sich zu bringen. Ein Dreizehnjähriger aus Saitama wurde in eine Besserungsanstalt eingewiesen, nachdem er einen Mitschüler im Jähzorn erstochen hatte. Und nun traf es die Lehrer? Der Essayist Murakami Ryû kritisierte die Kindergewalt-Debatte als diffus und hysterisch. Es sei ein Witz, schnell zustechenden Schülern Selbstbeherrschung vorzuschlagen. Statt dessen möge man den Kindern endlich die Wahrheit sagen: daß nämlich das hierarchische Erziehungssystem, mit der Tôkyô-Universität an der Spitze und dem leitenden Posten im Finanzministerium als glückspendende höchste Auszeichnung, zusammengebrochen sei. Das wüßten heute schon die Grundschüler, aber niemand spreche es aus. »Die Kinder werden Tag für Tag pausenlos betrogen.«

Was wird aus Japans Kindern? Ein Fluchtweg aus der Bildungsgang-Gesellschaft führt in die virtuelle Welt der Videospiele und der Animation und, wenn es schlecht läuft, weiter in den autistischen Informationsfetischismus der *otaku*. Es sind kindliche Snobs, beziehungslos unter Menschen, intim mit ihrem Computer, die Details aus den trivialsten Bereichen der synthetischen Popkultur sammeln, um des Sammelns und des Prahlens unter ihresgleichen willen. Es können an der Oberfläche gute, fleißige Schüler sein, aber eigentlich sind sie längst untergetaucht. Alles ist diesen Teilzeitaußenseitern gleichgültig, sie verabscheuen Berührung und selbst Augenkontakt, sie lieben Technik, Simulation, nutzlose Artefakte: »Sie sind ein Untergrund, aber keine Gegner des Systems. Sie verändern, manipulieren und untergraben das System der Fertigprodukte, und zugleich sind sie die Apotheose der Konsumkultur und ideale Arbeitskräfte des gegenwärtigen japanischen Kapitalismus. Sie sind die Kinder der Medien.« So hat die *otaku*-Generation schon vor zehn Jahren Volker Grassmuck, ein japankundiger Medienkulturkritiker, beschrieben. Nicht vergessen sind einige spektakuläre Gewaltverbrechen, die mit dem »Otakismus« in Zusammenhang gebracht wurden. Ein besonders grausiger Fall ereignete sich 1997 in Kôbe, als ein Vierzehnjähriger zwei jüngere Mitschüler ermordete, einen enthauptete, wochenlang der Fahndung entkam und in krausen Bekennerbriefen Zeugnis davon ablegte, was bleibt, wenn virtuelle und reale Wirklichkeit verschwimmen.

Ist es also so weit gekommen? Versinkt das vaterlose Japan in Jugendgewalt, nehmen seine Kinder furchtbare Rache aneinander und an ihren Lehrern für Entmündigung, Prüfungsdrill, die Vertreibung aus dem Kleinkindparadies? Oder nähert sich Tôkyô nur New York oder Berlin an, wo Schüler in manchen Bezirken schon länger gelegentlich auf Waffen kontrolliert werden, ohne daß ein Krieg der Generationen ausgerufen, ohne daß ganze Schülerjahrgänge als amoralisch und kriminell abgeschrieben würden? Erleidet Japan, wie Katô Shûichi im Katastrophenjahr 1995 meinte, immer häufiger den Erkenntnisschock, noch lange nicht schlechter, aber längst nicht mehr besser zu sein als andere Industrienationen? Dafür spricht in der Tat alle Plausibilität. Japan hat, wenn es die Fassung verliert, mehr zu verlieren als andere. Seine zur Sanftmut gezwungene, unter hohem Druck kultivierte, auf engstem Raum eingerichtete Gesellschaft reagiert schon auf geringe Regelverstöße empfindlich. Die Gruppe in Japan macht nicht stärker, sie allein gibt Leben. Der vereinzelte Außenseiter wird erbarmungslos mit Ächtung bestraft. Er wird durchsichtig, er erstickt daran, daß er für die anderen Luft ist. Es gibt keinen Platz für ihn. Nicht die Verfassung, sondern das Ungesagte, nicht die Enge, sondern der Spielraum bewahrt den Frieden der japanischen gesellschaftlichen Übereinkunft. Gnade dem, der in Japan keinen Raum findet. Wehe dem, der ihn sich einfach nimmt.

Raum. Das klassische Werk des Taoismus, *Tao Te Ching*, erkannte den Nutzen:

»Wir setzen dreißig Speichen zusammen und nennen es ein Rad;

Aber es ist der Raum, dort, wo nichts ist, wovon der Nutzen des Rades abhängt.

Wir rühren Lehm, um ein Gefäß zu machen:

aber es ist der Raum, dort, wo nichts ist, wovon der Nutzen des Gefäßes abhängt.

Wir bohren Türen und Fenster, um ein Haus zu bauen;

und es ist der Raum, dort, wo nichts ist, wovon der Nutzen des Hauses abhängt.

Darum sollten wir just, wenn wir Vorteil aus dem ziehen, was ist,

den Nutzen dessen, was nicht ist, erkennen.«

SIEBZEHNTES KAPITEL

Einmal im Jahr, am Neujahrstag, gibt Tôkyô Ruhe. Die halbe Stadt verreist, die andere Hälfte atmet auf. Nie habe ich mich wohler gefühlt als in den ersten Januartagen, wenn alle Geschäfte in der Bewegung innehalten. Wo sonst eine rastlose Marktmaschinerie die Tôkyôter gerade an Sonntagen und dem guten Dutzend nationaler Feiertage in ihren Bann reißt und öffentliche Räume fast unbegehbar macht, herrscht nach den letzten hektischen Dezembertagen matte Kehrausstimmung. In sibirisch trockener Luft und unter poolblauem leuchtendem Himmel wird das Reinigen der Dinge und der Seelen zusammen erledigt. Die letzten Schulden wurden zuvor eingetrieben, die Händler machten Inventur. Überall wurde geputzt, geräumt, geflickt, vor Häusern und Geschäften brannten, illegal und gewohnheitsrechtlich geduldet, Abfälle, Pappe und Holz in Öltonnen. Selbst die Krähen, an normalen Tagen eine ekelerregende und angriffslustige Plage auf den aufgeschlitzten Müllsäcken in den Gassen, fasten, gedämpft schreiend, in den Bäumen. Die Tôkyôter gehen in sich.

Auf den Friedhöfen werden die Grabsteine mit den buddhistischen Namen der Verstorbenen – eine Umtaufe für das Jenseits, von der die Tempel leben – nicht nur, wie gewöhnlich, mit Wasser besprengt, sie werden herausgeputzt. Man sieht zerbrechliche Witwen, Greisinnen, von Arbeit und Alter auf Kindesgröße gekrümmt, die tief eingefräßten Schriftzeichen mit Bürsten reinigen. Am ersten Januar verbrennen sie Weihrauch, bringen ihrem Toten Lieblingsspeisen, Früchte und Reiswein dar, verharren gehockt im Gebet. Nie duftet sie süßer, die »große Mandarine«, wie sich Tôkyô in Verwandtschaft mit New Yorks Big Apple gerne nennt. Die Andacht der Familien an den Gräbern ist meist kurz, die Taxis warten in langen Reihen mit laufendem Motor. Die Friedhofsszenen im Winterlicht und die verlangsamte Zeit beleben die Lebenden.

Den ausgelassenen Pilgergang zum Gokokuji-Tempel in den Sylvesternächten würde ich nicht gegen das prachtvollste deutsche Feuerwerk eintauschen. Die dunklen Straßen sind voller Menschen, sie tragen Pfeile mit bunten Bändern, an denen ihre Sünden des Jahres kleben, und allerlei andere Glücksbringer des alten Jahres mit sich, um sie in den Feuern auf dem Tempelvorplatz zu verbrennen. Neues Jahr, neues Glück. Sie strömen durch die Essensgerüche der Buden-Straße auf den Tempel zu. Dann werden Trommeln geschlagen, der Sutren-Chor der Mönche schwillt an, während hundertachtmal die mächtige Tempelglocke erklingt, wie überall im Land. Mitternacht. Auf ein Zeichen drängt die Menge beängstigend nach vorn zu den Kollektenbottichen vor der Tempelhalle, Münzen prasseln unter Glückwunschgeschrei durch die Holzroste; die vorderen Reihen der Pilger, von dem Hagel getroffen, lassen sich bereitwillig zu beiden Seiten hin schieben. Das Gewühl und das Gelächter machen atemlos. Wer sich für das neue Jahr nicht mit ausreichend Glücksbringern und Wahrsagezetteln versorgt, ist fahrlässig, geizig oder ein ungläubiger Ausländer. Ich sparte nie. Wohl deshalb hatte ich das Glück, in manchen stillen Winternächten, wenn die Luft besonders trocken war, nahe unseres Hauses unvermutet die Schläge von Klanghölzern zu hören, die den langgezogenen Ruf eines Mannes ankündigten: »Hi no yôjin!«, »Hütet Euch vor Feuer!« Immer wieder, sich entfernend in den Gassen, erklangen die Hölzer und die Warnung des märchenhaften Nachtwächters. Nie verbinden sich Japans Wohlstand und Weltabgewandtheit angenehmer als in solchen zeitlosen Nächten. Nie sind die Dörfer der Hauptstadt mehr bei sich.

Tôkyô zu meinen, wenn man über Japan schreibt, den urbanen Mittelstand der »östlichen Hauptstadt« zu meinen, wenn man von Japanern spricht, scheint mindestens seit Kriegsende unter Ausländern eine unwiderstehliche Versuchung. Und sie meinen nicht das Tôkyô der Nachtwächter, sondern ein rasendes, ächzendes Getriebe. Auch ich bin zu diesem Kurzschluß verführt worden, ich beugte mich der Tyrannei der Metropolis und tat das übrige Land als bedeutungslos ab. Ich wußte wohl, daß Okinawa und Hokkaidô, dreitausend Kilometer und Welten voneinander entfernt, wenig mehr teilen als ihre späte Annektierung, den Minderheitenstolz und das Mißtrauen gegen die Zentralregierung. Ich kannte das Ressentiment zwischen dem heißblütigen Westen und dem zurückhaltenden Osten, die Symbiose der Abstoßung von Tôkyô und Ôsaka. Natürlich gibt es in Japan – abseits des aller Idiomatik bereinigten öffentlichen Fernsehens – so viele Dialekte wie lokale Gerichte, so viele Animositäten wie Reissorten. Natürlich verspotten Fischer und Bauern die Arbeiter und Salarymen wegen ihrer Besinnungslosigkeit und werden selbst verspottet wegen ihrer Rückständigkeit, und natürlich wechselt das jahreszeitliche Lebensgefühl entlang der Klimascheide der Alpen radikal zwischen der schneereichen Küste der Japansee im Norden und den Pazifikstränden im Süden. Japan wird schön, sagt man, und natürlich, wo Tôkyô weit ist. Und was kann eine der größten Städte der Welt anderes bieten als alle Metropolen, den Magnetismus von Masse und Macht, das Dröhnen des Geldumlaufs, den stöhnenden Wettbewerb der Hoffnungen, die sich desto weniger erfüllen, je mehr Zuwanderer kommen? Was ist Groß-Tôkyô mehr als ein verrücktes Mißverständnis von dreißig Millionen, die sich im Fünfzig-Kilometer-Radius verdichten und einander das vorenthalten, was sie suchen?

Ich habe keinen Ausländer und wenige Tôkyôter getroffen, die nach Reisen durch die Provinzen der Inseln sich solche Fragen nicht stellten. Die nicht wehmütig schwärmten vom wahren, entspannten, beseelten, gastfreundlichen Japan draußen, und die Hauptstadt verdammten, die krank vor Aktionismus sei und vor Eitelkeit. Mir erging es nicht anders. Doch schwand die Geruhsamkeit der Landpartie binnen einer Woche. Wollten wir nicht eigentlich aufgeregt und krank sein, wollten wir nicht wirklich untertauchen in Tôkyôs Gewirr und Verheißung? Nach Auslandsreisen, die ich stets fluchtbereit und erleichtert antrat, um in der Ferne bald erfaßt zu werden von Heimweh, spürte ich den magischen Sog Tôkyôs im Anflug auf Narita, in jenem Moment, da nach einer weiten Schleife über dem Pazifik genau über dem Strand von Chiba das Fahrwerk rumpelnd ausgefahren wurde. Noch sieben Minuten bis zur Landung im »letzten Stopp vor dem Mond« (Peter Popham), noch drei Minuten bis Utopia, noch wenige Sekunden – Narita als rührend kleinbürgerliche Blumenrabatte huscht an den Fenstern vorbei – bis zum Aufsetzen im Irrgarten ohne Ausgang. Bei der Busfahrt in die Stadt konnten, gerade in der Sommerschwüle, fremde Fieberphantasien auftauchen: »Das Bild der heimgesuchten und verwahrlosten Stadt, wüst seinem

Geiste vorschwebend, entzündete in ihm Hoffnungen, un-
faßbar, die Vernunft überschreitend und von ungeheuerlicher
Süßigkeit ... Was galt ihm noch Kunst und Tugend gegenüber
den Vorteilen des Chaos?« (Aschenbach über Venedig). Wie
hätte der todessehnsüchtige Schriftsteller, dem sein Schöpfer
zuschrieb, nie in Versuchung gewesen zu sein, Europa zu verlassen, erst in Tôkyô sein Herz pochen hören »vor Entsetzen
und rätselhaftem Verlangen«? Was wäre aus der Figur des
Aschenbach geworden, hätte es ihn statt ins »orientalische«
Venedig ins japanische »Venedig des Orients« verschlagen?

Tôkyôs von Kanälen durchschnittene urbane Wucherung hat
schon früh wenig Komplimente der ausländischen Besucher
auf sich gezogen. Selbst die, die süchtig nach der Stadt wurden, besangen den Rausch und verachteten die Droge. Kurt
Singer fühlte sich von dem »anarchischen Nebeneinander«
überfallen wie von einem Alptraum. Arthur Koestler beanstan-
dete das »greuliche Durcheinander« ohne Straßennamen und
Hausnummern. Lafcadio Hearn, der unerwidert Japan liebende
Japaner, schrieb anfangs wenig erbaut: »Größtenteils besteht
die Stadt aus einem Gewirr niedriger Holzgebäude mit Ziegeldächern ... dieser Eindruck des Zusammengepreßten und An-
einandergeschmiegten wird durch das Fehlen jeder Regel-
mäßigkeit in der Anlage noch gesteigert. Auch nicht ein Haus
gleicht dem andern, jedes ist von undefinierbarer, fernöstlicher
Merkwürdigkeit.« Rudolf Wolfgang Müller hat hundert Jahre
später in seinem Aufsatz *Ordnung und Chaos* die verwirrende
Gefühlsmelange aus Verlockung, Irritation, Angestrengtheit
beschrieben, die mich vom ersten Tag an in Tôkyô erfaßte und
nie mehr wirklich wich. Tôkyô und die anderen japanischen
Großstädte sind mehr als befremdlich, ihnen fehlt, woran wir
Städte erkennen und womit wir uns in ihnen auskennen: klar
begrenzte Häuserfronten, Fluchtlinien und Plätze, deren alt-
europäische Vergesellschaftung in Japans Tradition unbekannt
ist, ebenso wie der erhöhte Gehsteig in den städtischen Gassen, die nie für Wagen, allenfalls für Sänften und Rikschas
vorgesehen waren. Geometrie und der physikalische Raumbe-
griff der Renaissance, absolutistisches Exerzierideal, Bau-
verwaltungsordnungen haben unserem Blick suggeriert, daß
Einheitlichkeit in Schlössern, Parkanlagen, Städten schön sei.
In Japans Städten aber strebt jedes Element zu seinem natürlichen Raum. In Tôkyôs verschlungenen Gassen, die ihm den

Namen Stadt der tausend Dörfer eintrugen, erstreckt sich der private Raum hinaus in den öffentlichen und konfisziert ihn, ohne Grenzen erkennen zu lassen.

Waschmaschinen, Blumentopfarrangements, Fahrräder, von streunenden Katzen umlagert, ragen in den Weg; niemand nimmt Anstoß. Autofahrer erproben hier ihre Kunstfertigkeit und Verhandlungsgeduld; ordentliche Einbahnstraßen sind selten und wären ruinös für den Verkehr. Der beruhigt sich in Straßen, die kaum breiter sind als ein Auto und vor scharfen Biegungen zum Rangieren zwingen, ganz von selbst. Öffentliche Parkplätze liegen oft weit außerhalb der stillen Viertel, die Autos der Anwohner errichten wehrhafte Barrikaden nur wenige Hände entfernt von den Haustüren. Es lohnt, in Tôkyôs Gassen zu Fuß zu gehen. Mitten am Tag übertönen Vogelstimmen die eigenen Schritte. Das Entzücken wäre unwiderstehlich, schweifte der Blick nicht ab zum Himmel. Der aber ist zerschnitten von Bündeln von lakritzglänzenden Strom- und Telefonkabeln wie die Decke einer unvollendeten Mehrzweckhalle, nicht einmal ein Viertel der elektrischen Leitungen liegen im Boden der Hauptstadt. Der Reparatur nach Erdbeben und Taifunen wegen, heißt es. Die über Straßen und Häuser aufragenden Masten, irrlichternde Werbeschilder, die unzähligen Automaten, drei Mann breite, tags wie nachts bereite Dienstleistungszentren für Bier, Wegwerfkameras, Zeitschriften, Porno-Videos – dieser chaotische Wildwuchs unbelebter Natur verwirrt und ermüdet unsere Blicke. Sie finden nie Halt. Japanische Städte (das chinesisch gerasterte Kyôto ausgenommen) scheren sich sowenig um die Ordnung Descartes' und der abendländischen Baukunst, wie sich der Staat je um die Aufklärung und Französische Revolution scherte, sie sind asymmetrisch, multifunktional und multidimensional. Schön sind sie nicht.

Die gemütliche Unordnung wächst aus den Häusern hinaus auf die Straße und setzt sich von dort wiederum nach innen fort. Die Ästhetik der Leere im traditionellen Haus, das seine Tatami-Räume vielfältig nutzt und die Ausstattung für die jeweilige Funktion in Wandschränken den Blicken entzieht, ist überwältigend praktisch, für die meisten Tôkyôter hat sie mit der Wirklichkeit nichts zu tun. Wer als Ausländer in eines der Häuser oder in eine Wohnung durchaus gut verdienender Bürger geladen wird, ist nicht selten erstaunt von dem mäßig gepflegten Durcheinander, das ihn erwartet. Plastiktüten mit allerlei Kram sind in jeden Winkel gestopft, Magazine und Bücher, Kleidung und Kinderspielzeug und die neuesten Errungenschaften der Unterhaltungselektronik liegen herum und stehen in schiefen Stapeln in den Ecken. Westliche Möbel verstellen den Raum, bei ihrer Auswahl hat der in Japonica so sichere Geschmack die Besitzer oft im Stich gelassen. Jeder Gast fühlt sich als Eindringling in diesen Wohnnestern, die nach außen auf den Balkons mit der Wäsche und den lüftenden Futons Reinlichkeit zur Schau stellen; und das ist möglicherweise beabsichtigt. Gäste, deren Kommen einmal nicht zu vermeiden ist, sollen wissen, daß sie Ungelegenheiten machen. Sie bleiben wenn irgend möglich in Schuhen im Vorraum hinter der Haustür stehen; wer weiter eindringt, entschuldigt sich ausgiebig und hütet sich, neugierig um sich zu blicken. Hier wird behaglich improvisiert. Eigentlich hat nur die Familie – im Notfall die Nachbarschaftspolizei – jederzeit Zutritt zu den Wohnungen. Wie die Städte Japans selbst sind sie zum Wohlgefühl der Besitzer eingerichtet, nicht zum Wohlgefallen von Besuchern. Wie im japanischen Leben ist der Abstand zwischen öffentlicher und privater Haltung phantastisch weit.

Es ist diese Behaglichkeit der Heimatbezirke, nicht seine Größe, die Tôkyô ausmacht. Das eigentliche Stadtgebiet, bestehend aus 23 Bezirken *(ku)*, ist mit 617 Quadratkilometern – Hamburg verfügt über 748 – reichlich eng für knapp acht Millionen Einwohner; zwölftausend drängen sich auf einem Quadratkilometer. Fabelhaft geglückte moderne Architektur, die den Weltruhm japanischer Baumeister wie Tange und Andô begründete, findet sich unversehens neben tristen Mietskasernen, roh gezimmerten windschiefen Häuschen und großzügigen Villen. Ein Jahrhundert nach Lafcadio Hearn paßt nichts, in Gestalt, Höhe, Farbe oder Material, wirklich zum andern, es wird gebaut und abgerissen, was Budget und Vorschriften zulassen. Wer das unentwegte Bauen eigentlich bezahlt, ist nicht recht klar. Die Bodenpreise im Stadtgebiet liegen trotz ihres dramatischen Verfalls der letzten Jahre noch immer abenteuerlich hoch, wer nicht erbt, hat in Tôkyô buchstäblich keinen Grund zu bleiben. Und wer geerbt hat, wurde in den vergangenen Jahren von ruinösen Erbschaftssteuern zur Stadtentwicklung genötigt oder an den Rand des Ruins, in verlustreichen Verkauf oder in den Neubau billiger Wohnblocks getrieben, deren gekachelte Fassaden unangenehm an Pissoirs erinnern. Sehenswürdigkeiten im strengen Sinne gibt es kaum. Boden und Erinnerung, die Orte von Geschichte werden sorgsam bewahrt und bezeichnet, historische Gebäude verschwinden ohne Reue. Eine Handvoll Tempel und Schreine, vornehmlich Asakusa und Meiji, müssen versöhnen mit billigen Zitaten, geborgten *landmarks*. Der 1958 fertiggestellte Tôkyô Tower stellt ein derart exaktes Abbild des Eiffelturms dar, daß der japanische Historiker Umesao Tadao von einem »Denkmal für Japans mangelnde Originalität« sprach. Wenig japanischen Eigensinn beweist auch das Gästehaus der Regierung: Der Akasaka-Palast ist innen Versailles und außen Buckingham nachgebildet. Die Omotesandô, Tôkyôs einzige veritable Allee mit breiten Bürgersteigen und Straßencafés, ist ein Kurzzitat der Champs-Elysées. Das isolierte »heilige Nichts« des von Mauern und Wassergräben umgebenen Kaiserpalastes schließlich ist vor allem ein grandioses Verkehrshindernis. Wo einst der Kriegsherr Hirohito noch unbeobachtet Golf spielte, als schon amerikanische Baseball-Ausdrücke als Feindpropaganda verboten waren, und wo heute sein Sohn in bescheidenen Gebäuden mit Familie und Staat im Grünen lebt, ist kein Durchkommen. Auch wenn seit dreißig Jahren ein kleiner Teil des Grundes als Park begehbar ist und die Tore gelegentlich für die Huldigung durch das Volk geöffnet werden, das Zentrum Tôkyôs bleibt tabu. Ob es leer ist, wie Roland Barthes meinte, oder ob der Palast den Blick der Bürger auf den Bauch Tôkyôs richtet, wo nach japanischem Verständnis alles Gefühl und Leben sitzt, bleibt ein müßiger Streit.

Kaum eine Metropole verändert sich schneller, keine verliert ihr Gesicht so rasch und gewinnt neue Züge. Nicht wiederzuerkennen zu sein, andernorts ein seltenes Lob oder ein Fluch, ist mithin nicht nur das einzige, worauf in Tôkyô ständig Verlaß ist: Es ist das alles dominierende Überlebensprinzip in einer von Naturgewalten bedrohten Stadt. Nicht zufällig gab Tôkyô das Vorbild für den utopischen Film *Bladerunner* ab. Die vor Dauerregen dampfende Tristesse und die übervölkerte Enge der japanischen Hauptstadt (in der Regenzeit) ist nicht schlecht getroffen. Das Ambiente machte auf viele Betrachter tieferen Eindruck als das Spiel mit der Verzweiflung im humanoiden Superkapitalismus. Tôkyô ist alles zuzutrauen. Die im Wortsinn katastrophale Stadtplanung, einst durch Brände, euphemistisch die »Blumen Edos« genannt, in diesem Jahrhundert durch das Kantô-Erdbeben von 1923, dann durch die Brandbomben der Alliierten im Frühjahr 1945 besorgt, hat Gottergebenheit gestiftet, Ausdauer und Pioniergeist. Internationales Flair zeigt Groß-Tôkyô, seit 1947 eine eigene Präfektur (Tôkyô-to) mit vierzig Städten, gut hundert Inseln und fast zwölf Millionen Einwohnern auf 2160 Quadratkilometern vor allem in Wirtschaftszahlen. Nicht in seinem Antlitz. Die Zahlen der Zentralmacht sind allerdings eindrucksvoll. Die Stadt konzentriert ein Fünftel der nationalen Wirtschaftsleistung, das höchste Jahreseinkommen pro Kopf, fast ein Drittel aller Spareinlagen, vierzig Prozent aller Kreditaufkommen und so fort. Es herrscht kein Mangel an allen Adelsprädikaten und Superlativen, ebensowenig an allen Krisensymptomen und Verfallserscheinungen des zu schnell gewachsenen Global Player. Auf alles hat sich Nachahmungsehrgeiz und Planungswut gerichtet, nur nicht auf den Städtebau. Tôkyô ist unberührbar. Das Provisorium ist die einzige Permanenz, die wenigen Gebäude, die älter sind als siebzig, achtzig Jahre, gelten als kuriose Versehen. Der britische Journalist und Architekturkenner Peter Popham beschrieb in seinem Buch *The City at the End of the World* (1985) unter dem Eindruck der anschwellenden Luftblasenwirtschaft Tôkyô als »eine Stadt ohne Erinnerung oder Imagination, wie ein Idiot oder ein Tier nur im und für den Augenblick lebend«. Nicht ohne hinzuzufügen, daß »hinter der Idiotenmaske Tôkyô weiser ist als andere Städte«, und dazu eine Maschine des Transports, des Handels und der Dienstleistung, die alle anderen an Perfektion übertrifft.

Bis 1965 wuchs die Stadt. Ausgerechnet im Jahr nach den Olympischen Sommerspielen, die mit der größten Infrastrukturanstrengung der Nachkriegszeit vorbereitet wurden und der Stadt eine auf Trassen geführte schmale Autobahn bescherten, begann die Stadt zu schrumpfen. Damals zählten die Bezirke 8,6 Millionen Einwohner. Seither wachsen nur noch Tagesbevölkerung, Schulden, Müllaufkommen und die Pendlerzahlen im Nahverkehrszugnetz – 25 Millionen Menschen verlassen sich täglich auf die wundersame Sicherheit und Pünktlichkeit der Züge, was die Verkehrsstaus von sechs Millionen Autopendlern allerdings nur mäßig verkürzt. Den Bürgern, den Leuten von Tôkyô, fehlt es an so vielem, daß ein vor Jahren vorgelegter Reformplan des Tôkyô Metropolitan Government bescheiden überschrieben war: »Mit dem Ziel einer lebenswerteren Stadt«. Das Papier versprach viel Vernünftiges und übte Selbstkritik an der »bürokratischen Arteriosklerose« der Verwaltung. Die neue Bescheidenheit paßte zu den einhundertfünf Minuten Freizeit, die sich ein Bürger der Stadt an einem Arbeitstag nach Erhebungen des Rathauses gestattete, kaum mehr sind es am Wochenende. Daß in der Rangliste ihrer Hobbys das Ansehen von Videofilmen und Musikhören zu Hause vor Kinobesuchen und Konzerten rangierten, nahm nicht wunder. Angesichts eines Preisniveaus, das Tôkyô und Ôsaka viele Jahre lang als die beiden teuersten Städte der Welt auswies, blieb zumal einer Familie wenig übrig, als sich daheim zu vergnügen. Der Kursverfall des Yen und die Wirtschaftskrise in Asien mögen Tôkyô inzwischen von dem mit masochistischem Stolz behaupteten Spitzenplatz verdrängt haben. Für die Tôkyôter ist ihre Stadt nach wie vor ein teures Pflaster, auch wenn sie weitab leben vom Zentrum. Doch selbst wenn sie anderthalb Stunden einfache Wegzeit zur Arbeit in Kauf nehmen, aufs flache Land zieht es wenige. Fast vierzig Prozent aller Städte und Gemeinden Japans, die allerdings die Hälfte der bebaubaren Fläche des Landes ausmachten, galten schon vor Jahren als unterbevölkert. Das Idyll in der Provinz ist moribund.

Wohnen hat mit Gewohnheit zu tun. Aber es ist vielleicht bezeichnend, daß eher Ausländer als eingesessene Bürger behaupten, diese Stadt zu lieben. Wohnen hat mit Sicherheit zu tun. Daß öffentliche Sicherheit für beide Gruppen überragende Bedeutung hat, leuchtet jedoch unmittelbar ein. Auf keine andere Statistik ist Tôkyô stolzer: Nicht einmal ein »halber« Mord und keine zwei Raubüberfälle kommen in Tôkyô täglich zusammen, in New York hat man mit einer vielfachen Bedrohung zu rechnen. Fünfjährige fahren unbesorgt quer durch die Stadt mit der U-Bahn in ihre Kindergärten oder zu Freunden; Frauen nehmen die letzte S-Bahn und gehen am frühen Morgen allein und ohne Angst nach Hause. Keine andere Metropole kann es hier mit Tôkyô aufnehmen, kein Industrieland mit Japan. Und nur ein Narr oder ein Zyniker würde bestreiten, daß urbane Lebensqualität heute durch den Grad der Abwesenheit von Angst um Leib, Leben, Besitz definiert ist. Gewiß nimmt die Kriminalität auch in Tôkyô zu, Jugendgangs rauben hilflose Zecher im Vergnügungsviertel Shibuya aus, die Yakuza soll besser im Geschäft sein als je zuvor. Aber noch ist innere Sicherheit nicht das beherrschende Wahlkampfthema.

Lange schon kommt niemand mehr auf die Idee, Tôkyô, bis 1868 Edo genannt, als das »Venedig des Ostens«, die Stadt der Kanäle, Brücken, Flüsse, Burggräben zu besingen. Sonderlich kräftig und wohltönend war der Gesang wohl nie. Wer heute auf die Stadt schaut, kann noch sehen, daß sie sich über unzählige Hügel erstreckt. Aber er vergißt leicht, daß sie am Meer liegt. Es gibt kein natürliches Stück Küste mehr, immer mehr Land wird dem Ozean abgetrotzt. Tôkyô frißt sich ins Meer und franst aus. Die Bucht von Tôkyô wurde der Industrialisierung geopfert, statt Promenaden und Müßiggang bietet sie meilenweit nur Petrochemie, Gaskontainer, Lagerhäuser, Müllinseln. Man muß über guten Willen und eine außergewöhnliche Vorstellungskraft verfügen, um dort noch an den Canale Grande zu denken.

Edward Seidensticker hatte genug Phantasie und Liebe, um eine Stadtgeschichte Tôkyôs in zwei Bänden zu verfassen. Er duldet keinen Zweifel an der einstigen Schönheit. Seidenstickers Tôkyô war schön in einem poetischen, melancholischen Sinne, voller intellektuellem Leben, Kunst- und Gemeinschaftssinn. So sagt er und so beschwört der amerikanische Japanologe und Übersetzer die Leser und errichtet seinem Edo/Tôkyô ein großartiges soziokulturelles Monument. *Low City, High City* (1983) schildert die Umwälzungen zwischen der Meiji-Restauration 1867/68 und dem Großen Kantô-Erdbeben 1923. *Tôkyô Rising* (1990) zeichnet die Auferstehung der Stadt aus Kriegsasche bis zum Ende der achtziger Jahre nach. Welchem Tôkyô seine ganze Liebe gehört, verschweigt Seidensticker von Anfang an nicht. Er fühlt sich zu Hause in der »Unterstadt«, in Asakusa am östlichen Stadtrand, dem in Vergessenheit gesunkenen kulturellen Zentrum in der Nachbarschaft des 1923 zerstörten Vergnügungsviertels Yoshiwara, nicht in der »Oberstadt« auf den Hügeln westlich des Kaiserpalasts, das zum Machtzentrum aufstieg. Seidensticker widmete Nagai Kafû (1879–1959) das erste Buch; er und andere berühmte Schriftsteller, in deren Werken Tôkyô lebte, zieren den reichen Fußnotenapparat. Die Zitate werde um die Mitte des zweiten Buchs seltener und dünner, »weil Autoren über Tôkyô keine Nachfolger hatten«. Und weil die wiederaufgebaute Stadt keine verdiente, wie der elegische Autor nicht müde wird zu behaupten. Das Erdbeben vom 1. September 1923 war der erste Todesstoß; Yoshiwara, das die Literaten liebten, verglühte. Es entstanden die ersten Avenuen und Ringstraßen entlang der Brandschneisen. Es wurde allenthalben gebaut, auch mit Ziegelstein – 1930 wurde die Wiederaufbauzeit offiziell für beendet erklärt –, aber noch drängte sich nicht weniger Verkehr auf den Kanälen als auf den Straßen und Straßenbahnschienen. Im Jahr 1932, als die Truppen des Kaiserreichs erste Scharmützel in China provozierten, hatte Tôkyô fünf Millionen Einwohner, es war die zweitgrößte Stadt der Welt nach New York City. Mit dem Schutt der zerstörten Stadt wurden nach 1945 die Kanäle aufgefüllt. So kommt es, daß Bushaltestellen und Autobahnen, die über dem städtischen Grund der Wasserstraßen errichtet wurden und so den Schiffsverkehr in der Höhe simulieren, die alten Brückennamen tragen. Japans berühmteste Brücke Nihonbashi, seit dem frühen 17. Jahrhundert ultimativer Meilenstein, A und O jeder Reise von und nach Edo, ist heute eine schäbige Betonüberführung mit Erinnerungsplakette unter der Autobahn. Beim nächsten großen Beben in Tôkyô werden die Schutthalden lange liegenbleiben müssen, Tôkyô hat sich das Wasser abgegraben.

In der Tokugawa-Zeit bildeten die sogenannten *santô*, die »drei Hauptstädte« Edo, Ôsaka und Kyôto, in ihrem Auf und Ab eine Funktion nach dem System kommunizierender Röhren. Es führte nach den bis heute beliebten Städtetypologien derjenige ein ideales Leben, so schreibt der Hamburger Japanologe Herbert Worm, »der sein Auskommen im Konsumentenzentrum Edo fand, selbst aber gebürtig aus Ôsaka war, also mit wachem Sinn fürs Geschäft, und zudem eine der schönen Frauen Kyôtos zur Gattin hatte … Den Bürgern von Edo war die Rolle des etwas leichtfertigen, ganz im Heute lebenden Zwanzigjährigen zugedacht, die von Ôsaka dagegen spielten den ruhig kalkulierenden Dreißiger, während die Kyôtoer dem Typ des abgeklärten Vierziger entsprachen, der im Verständnis der Zeit schon reif für das Altenteil war.« Vor allem in dem Zweiergespann Edo–Ôsaka, auf das sich die Energieströme der »alternierenden Residenz« zweihundert Jahre lang richteten, erlebte Edo im 17. Jahrhundert seinen Aufstieg vom bedeutungslosen Fischernest zum Mittelpunkt des Reiches – es war mit einer Million Einwohnern (1732) neben Peking wahrscheinlich die volkreichste Großstadt der Welt. Was blieb übrig von diesem Glanz? Fast nichts. Erdbeben, Taifune, Brände sorgten in der aus Holz gebauten Stadt für eine radikale und pausenlose Erneuerung, die im Westen nicht ihresgleichen findet. Nicht Meiji-Schrein und Asakusa-Tempel, nicht der Yoyogi-Park, die Ginza, die Gräber der Shôgune und der 47 *Rônin* (»herrenlose Samurai«) im Stadtteil Shiba können heute für sich beanspruchen, den Tôkyôtern Zentrum und Identität zu stiften. Nichts ist von Dauer, sagte Buddha, seid eifrig in eurem Streben.

Ein Symbol der Urbanität Tôkyôs abzugeben, das könnte allein die Yamanote-Linie von sich zu behaupten wagen. Die grünsilbern gestreiften Züge der 1925 vollendeten Ringbahn beschreiben den Innenstadtkreis, in dem das Lebensgefühl und die Mieten höher sind, sie trennen wie ein Halsband den Kopf vom Rumpf der Stadt. Dreiundsechzig Minuten dauert eine Rundfahrt in der Yamanote-sen, in die alle wichtigen Vorort-züge und U-Bahnen münden. Das bedeutendste Orientierungs-mittel Tôkyôs bildet eine nie stillstehende Wagenburg, es dreht sich um sich selbst und dient als sozialer Kompaß. Der Amerikaner Arturo Silva arbeitet seit zehn Jahren an einem Roman, der entlang der 24 Stationen der Ringlinie spielt. *Tôkyô Whip* dürfte, wie ich Silva kenne, der Yamanote-Bahn Joycesche Züge andichten. Fragt man Tôkyôter im Ausland, oder gar in der Diaspora irgendwo in Japan, was sie am meisten vermiß-ten, kann man hören: meine Freunde und die Yamanote-sen.

Ich vermisse die Lichter Tôkyôs. Glühbirnen und Neonstäbe zeichnen ein Skelett, das unendlich viel eleganter ist als das wildwuchernde Fleisch bei Tageslicht. Die Stadt ist eine Nacht-schönheit. In der Dunkelheit, wenn der Fassadendschungel und die Kabelstränge ausgeblendet sind, trägt sie ihre Licht-zeichen wie eine phantastische Tätowierung. Mit der letzten Maschine des Tages in Haneda an der Tôkyô-Bucht einzu-schweben, das Glitzern des Meeres unter den gigantischen Scheinwerfergirlanden der Rainbow Bridge hinüber nach Yoko-hama, die Hochhäuser von Shinjuku wie Leuchttürme aus dem blinkende Lichtermeer der Stadt aufragen zu sehen, rehabili-tiert Tôkyô glänzend. So erbärmlich der Anblick der Häuser unter den Stelzen der Stadtautobahn am Tage wirken kann, so verschwenderisch erstrahlt ihr futuristischer Schmuck für den nächtlichen Autofahrer. Leicht verliert man die Orientierung, wenn man die Autobahn verläßt und von den Hauptverkehrsstraßen in unbekannte Viertel abbiegt. Kein Schild weist mehr in die Mitte, denn die zählt nicht mehr als die eigene Nachbarschaft. Es wird bezeichnet, wo man ist, nicht wohin die Straße führt. Parallelstraßen ergeben sich nur zufällig einmal, sie streben unmerklich in weiten Kurven und verwirrenden Krümmungen auseinander. Auf der Rückfahrt von einem Konzert geriet ich, kühn wie ein Taxifahrer nach einer Abkürzung suchend, eines Abends auf Abwege. Sie führten mich eine Stunde lang stadtauswärts, ohne daß ich meinen Standort auch nur ahnen konnte. Kein Stadtplan half mehr, denn die Straßen trugen keine Namen, und Tôkyô endet, außer am Meer, niemals. Es rettete mich, in einer Häuserlichtung in weiter Ferne das Sunshine-City-Hochhaus in meinem Heimatbezirk Ikebukuro zu entdecken. Ein mitleidiger Bürger und Fahrer mit einem Lieferwagen voll Gemüse, den ich nach dem Weg gefragt hatte, sah sich außerstande, es mir zu erklären. Doch hieß er mich, ihm zu folgen, er müsse selbst in die Gegend. Spät kehrte ich heim, voll der Dankbarkeit für die Hilfsbereitschaft der Tôkyôter und voll des Respekts für ihre irrlichternde Stadt. Es war eine jener Nächte, in denen der Nachtwächter den Leuten von der Brandgefahr kündete. In welcher anderen Stadt kann man in derselben Nacht ihre Zukunft sehen und ihre Vergangenheit hören?

Tôkyôs dialektische Gegenwart ist gefährdet, immer und schon immer. Die Gewißheit des nächsten großen Erdbebens hat eine abenteuerliche Vision hervorgebracht, die erstmals nach 1923 auftauchte und seither zyklisch Regierungskommissionen beschäftigt: Die Verlegung der Hauptstadt in ein weniger erdbebengefährdetes Gebiet. Zuletzt riet eine Kommission 1995 der Stadt, aus sich herauszugehen, mit 600000 Menschen auf neuntausend Hektar Land irgendwo nach Nordosten wahrscheinlich. Etwa 200 Milliarden Mark (die Japan wahrlich nicht hat) werde das Projekt wohl verschlingen, hieß es, und bis zu zwanzig Jahren Bauzeit. Konkreteres zur Dekapitalisierung konnte noch nicht gesagt werden, weil in der Provinz der Bewerber viele sind und die Bodenspekulation zweifellos sofort einsetzen würde. Doch die Empfehlung lautete unverdrossen: Tôkyô muß sich verziehen. Gewiß sind die Gründe ernst, aber die Sache scheint bei einiger Überlegung gerade einem Deutschen, der etwas Erfahrung mit Hauptstadtumzügen hat, doch nicht ernstzunehmend – außer von einigen Technokraten, die während der Luftblasenwirtschaft kilometerhohe Bürotürme in der Bucht von Tôkyô planten, und von Edward Seidensticker, dessen Tôkyô 1923 starb.

Sein letztes Wort in *Tôkyô Rising* lautet: »Als Amerika das zu Geld gekommene Land in der Welt war, schuf es die Grandeur von New York. Als die seefahrenden Länder Westeuropas das Geld hatten, fügten sie die dunklen, gedämpften Harmonien von Amsterdam, Paris und London zusammen. Tôkyô wird beispiellose Konzentrationen von Kommunikation und Information haben, aber diese fallen nicht direkt ins Auge. Es ist unwahrscheinlich, daß das, was ins Auge fallen wird, Grandeur oder Harmonie haben wird.« Daraus spricht die Lust am Untergang einer vorwestlichen, ja vormodernen Unterstadtkultur. Es ist leicht, sich anstecken zu lassen von der Kritik am blinden Fortschrittsdenken der Meiji-Zeit, die sich um die Jahrhundertwende am Geschwindigkeitsrausch der Großstadt entzündete. Rilke wie Nagai Kafû klagten über die alles verschlingende Verkehrsrevolution mit ihrem Lärm, Gestank, Gerenne und Gewese; darin waren sich Berlin, Paris, Tôkyô alle gleich. Kafûs Kartographie des Verfalls in der geistigen städtischen Landschaft, seine Verhöhnung des »naiven, komischen Zeitalters des Schwindels«, führte in die Errichtung einer ästhetischen Gegenwelt, ins Abseits. Das postmoderne Tôkyô verdient neue Stadtschreiber.

An Tagen, da ich an dieser Stadt und ihrem Staat verzweifelte, die sich geschichtslos und augenblickssüchtig gerieren, habe ich über sie gelesen und Autoren als Zeugen befragt. Öffentlich beim Schreiben, um dem möglichen Verdacht von einem einsamen Irren, der seine Idiosynkrasien an Japans Schattenseiten kühlt, zu begegnen; privat, weil ich ohne die Tröstung dieser Zeugnisse an meinem Verstand hätte zweifeln müssen. An diesen düsteren Tagen berief ich den erlesenen Negativismus Maruyama Masaos, der sein gesamtes Berufsleben in der Stadt zubrachte, ihr Wildwachstum und ihre »wertelose« Konfusion jedoch verachtete: »Was noch schlimmer war, das ›Dorf‹ hatte keine eigenen Normen und Sanktionen. Tôkyô schuf nie ein urbanes Lebensmuster, das die Persönlichkeit seiner Einwohner geregelt hätte. Es gab einmal den Begriff *Edokko* (der typische Bürger Edos), aber der Edokko war schon in der späten Meiji-Ära eine Seltenheit. Der Ausdruck ›Tôkyôko‹ setzte sich nie durch. Bis heute haben also die

Einwohner Tôkyôs es nicht vermocht, das geringste Gefühl von Verbundenheit oder Zugehörigkeit als Tôkyôter zu entwickeln, eine Situation fast unvergleichlich mit jeder traditionellen Hauptstadt der Welt.«

An vielen anderen Tagen, da ich Tôkyô liebte, kamen mir Verbündete recht wie Ashihara Yoshinobu, Baumeister und der führende Architekturkritiker Japans. Er erklärt das urbane Chaos kulturgeschichtlich mit dem Vorzug, den Japaner der häuslichen Ordnung vor der öffentlichen Raumordnung geben. Die sozioreligiöse Wechselbeziehung von *uchi* / *soto* – innen, rein / außen, schmutzig – wirkt nach Ashiharas Ausfassung nicht nur auf Gruppen, Insider und Außenseiter in Familie, Firma, Nation. Sie prägt ebenso stark das Spannungsverhältnis von privatem zu öffentlichem Raum. Er sieht eine »versteckte Ordnung« der sozialen Übereinkunft in den engen Gassen der »Amöben-Stadt«, die von sozialem Leben durchpulst wird und auf kulturelle Kontinuität angewiesen ist, um zu überleben. Die Dorfgemeinschaft umringt den einzelnen und schützt ihn vor dem Moloch, der aus allen einzelnen besteht.

Es entsteht so eine eigenartige Reibung zwischen der Technologie der ersten Welt und dem sozialen Gefüge der sogenannten Dritten. Es gab aufregende Tage, da fand ich das kosmopolitische Japan in der grandiosen vielgeschossigen Bücherwelt des Kinokuniya, in fabelhaften Schallplattengeschäften mit der reichhaltigsten Auswahl an Schwarzpressungen der Welt und mit Jazzabteilungen, groß wie anderswo Parkhäuser, in dem meilenlangen Lebensmittelmarkt des Seibu-Kaufhauses, das über zwei Kellergeschosse täglich einen Himmel des vielfältigen Genusses inszeniert, von dem eine Kleinstadt trunken und satt würde. Und es gab die glücklichen Tage, da fand ich ein bescheidenes Idyll des wahren, ländlich gelassenen Japan zwischen Balkons mit lüftenden Futons, unter einem prallen Kabelnetz der Betonmasten, neben einem gepflegten Garten von der Größe eines halben Tatami, mit kreischend spielenden Kindern und schwatzenden Nachbarsfrauen in Kittelschürzen, und manchmal hielt ich inne und konnte nicht fassen, daß ich mitten in Tôkyô war.

Das englischsprachige Monatsmagazin *Tôkyô Journal*, das mir mit Filmhinweisen, Konzertkritiken, politischen Satiren und Sozialreportagen als Stadtführer und Spiegel der Befindlichkeit in der Ausländergemeinde diente, hat einmal eine

Liste zusammengestelt mit »250 Gründen, warum wir Tôkyô immer noch lieben«. Zwar habe die Redaktion erwogen, in Zeiten, da es mit Tôkyô bergab gehe, sich kollektiv jenen 3888 Menschen anzuschließen, die Tôkyô jeden Tag an das übrige Japan verliere. Doch dann sei man zur Besinnung gekommen. Es habe nicht lange gebraucht zu begreifen, daß »Tôkyô der beste Ort im ... ja, im ganzen verdammten Universum ist«. Die Gründe, halbwegs ernst gemeint und sämtlich als real existierend verbürgt, haben mich überzeugt. Es begann mit einem Tôkyôter Gouverneur namens Aoshima, der zuvor tatsächlich als Komödiant gearbeitet hatte und im Fernsehen in Frauenkleidern aufgetreten war, dann folgten (in meiner Auswahl, die üblichen Museen oder Insider-Anspielungen auslassend): »Polizeireviere, die Schirme ausleihen; automatisch öffnende Taxitüren; blutgruppenspezifischer Kaugummi; Plastikwasserflaschen in den Gassen neben Blumentöpfen, um streunende Katzen zu verscheuchen; weniger Yakuza als in Ôsaka; ›Future-Retro‹-Mode; pornographische Literatur in Banken; Hausschuhe im Büro; alle Magazine in einem Seven-Eleven-Shop zu lesen, ohne eins zu kaufen; salzige Zahnpasta; Handwaschbecken im Spülkasten der Toiletten; das Verfassungsrecht, überall, wann auch immer und wo auch immer zu urinieren; englische Konversationskurse für Säuglinge; holographische Visitenkarten; Seegras-Pizza; das Wetter am Tag nach dem Taifun; Toiletten-Slipper; die 184 129 amtlich registrierten Religionen, die keine chemischen Kampfstoffe herstellen; Blumentöpfe auf der Straße, wo sie jeder stehlen könnte, wenn er wollte; sich wirklich groß vorkommen mit 157 Zentimetern; Zikaden; pünktliche Züge; geheizte Toilettensitze; die Kunst, in überfüllten Zügen Zeitung zu lesen.« Und schließlich, verräterischerweise erst an Nummer 246 gesetzt: »Das Phänomen, daß Verlierer bei Frauen ankommen, die sie zu Hause nicht einmal ansehen dürften.«

Fragen der inneren Geschmackssicherheit und öffentlichen Moral der Japaner werden bevorzugt von den westlichen Ausländern in Tôkyô erörtert und entschieden. Glücklicherweise völlig folgenlos. Manche Fehden innerhalb des Anstandstribunals, das der englischsprachigen Tagespresse Debattenkultur und unfreiwillige Karikaturen spendet, können sich über Wochen hinziehen. Über japanische Kindererziehung oder ihr Fehlen, die Diskriminierung von Frauen oder den Mutterkomplex der Männer, Ausländerfeindlichkeit geraten Leserbriefschreiber in immer derselben Schlachtordnung aneinander. »Kolonialisten« stehen gegen »naive Schwärmer«, Kritiker gegen Beschützer, die einander so unversöhnlich und manchmal scharfsinnig der Doppelmoral und Ahnungslosigkeit überführen, daß es eine Freude ist. Ein gewisser John D. Seaman fiel mir eines Tages auf, als er, offenbar in Notwehr nach jahrelang ertragenem Terror, einen empirischen Verhaltenskodex mit fünfzehn Geboten für Asozialität veröffentlichte, der an komischer Gereiztheit kaum zu übertreffen war. In Auswahl: »Rempeln Sie beim Gehen Entgegenkommende an. Denken sie an die Regel: Kein Blut, kein Foul. Bedienen Sie Ihre Fahrradklingel wie verrückt, während Sie einen vollen Bürgersteig entlangrasen, es ist Sache des Fußgängers, Ihnen Platz zu machen. Wenn Sie auf den Boden spucken, treten Sie erst in Ihre Hervorbringung, bevor sie gehen. Wenn Sie einen Kaugummi ausspucken, überlassen sie es Ihrem Hintermann hineinzutreten. Lassen Sie Ihren Automotor laufen, während Sie Erledigungen machen oder ein Nickerchen. Dies ist ein japanischer Brauch, wenn Sie kein Japaner sind, werden Sie ihn nicht verstehen.« Und zuletzt: »Denken Sie niemals an andere, denn Sie kennen sie schließlich nicht. Den Gaijin starren sie einfach an und fragen ihn nach drei kostenlosen Englischlektionen.«

Daß Ausländer kein Recht haben, über japanische Dinge zu streiten, bedeutet nicht, daß sie immer im Unrecht sind. Westliche Beschwerde über Japan ist so alt wie westliche Bewunderung, nicht selten gilt beides denselben Sitten. Über alle Epochen hinweg gilt die Faustregel: Je kürzer der Aufenthalt, desto begeisterter ist der Gast; je länger er bleibt, desto mehr neigt er zur Klage. Fast immer beklagt er dasselbe, nämlich außer sich zu geraten, Luft zu sein, totgeschwiegen zu werden mit ausgesuchter Höflichkeit.

Auch und gerade die großen Lehrer Japans gerieten nach vielen Jahren im Land zunehmend in die Defensive. Basil Hall Chamberlain zum Beispiel ließ sich in einem Brief an Lafcadio Hearn im Jahre 1891 dazu hinreißen, über den intellektuellen und moralischen Wert der Japaner zu schreiben: »Ich für meinen Teil bin durch viele Phasen der Meinungsbildung gegangen, aber das Endergebnis ist, daß sie mir in jeder Hinsicht der europäischen Rasse unterlegen erscheinen – zugleich weniger profund, weniger zärtlich, weniger phantasievoll. Vieles, was uns zunächst als Originalität in Erstaunen setzt, ist nur, sozusagen, eine relative Originalität verglichen mit Europa … All das ist sehr traurig zu schreiben und ich würde es nie öffentlich tun…«. Einige Wochen danach plagte Chamberlain offenbar das Gewissen, »so harte Dinge über die Japaner« gesagt zu haben. Wieder an Hearn gerichtet schrieb er: »Recht eigentlich bemerke ich andauernd, daß ich hin und her schwinge wie ein Pendel. Im Moment schlägt das Pendel gerade zur liebenswerten Seite aus; denn, was immer ihre Unzulänglichkeiten sein mögen, eines ist unbezweifelt über diese Menschen: Daß es ziemlich charmant ist, mit ihnen zu leben.« Welch ein Kompliment! Gefolgsleute von Edward Said haben Chamberlain, George B. Sansom und Edwin O. Reischauer, deren Werke zu den einflußreichsten Schriften der Japanrezeption zählen, des Orientalismus verdächtigt und sie in der Tat sämtlich überführt. Nichts leichter als das. So darf man eben nicht mehr schreiben, die Japaner seien, wie Reischauer meinte, recht emotionale Leute, die zur Gruppenbildung neigen; man kann es nur beobachten.

Auch Karl Florenz, einst Professor an der Kaiserlichen Universität Tôkyô und Gründervater der deutschen Japanologie, widerfuhr postum das Mißgeschick, in nachgelassenen Briefen Dinge auszusprechen, die er wohl weder in einer Vorlesung noch in einem Aufsatz je zu sagen gewagt hätte. »Hochverehrter Herr Geheimrat!« ist ein Brief, datiert in Yokohama am 24. Januar 1914, überschrieben, in dem Florenz den für seine Weiterverwendung maßgeblichen Stellen zu Hause mitteilt, daß »ich im kommenden Sommer nach 25jähriger Tätigkeit hier mit Pension in den Ruhestand trete und höchstwahrscheinlich in die Heimat zurückkehre«. Er hat seine Sorgen, aber er ist auch erleichtert: »Wenn mir eine Berufung nach Leipzig nicht zuteil wird, so werde ich wohl für einige Zeit bei stiller Arbeit in gesunder Gegend der Ruhe pflegen, denn der lange Aufenthalt im Osten ist nicht spurlos an meinen Nerven vorübergegangen. Auf alle Fälle freue ich mich, wieder in das unendlich anregendere geistige Leben Deutschlands zurück-(zu)kehren und manchen Seelengenuß nachzuholen, der mir hier versagt gewesen ist.« So hielt es, in treuer und dankbarer

Ergebenheit zeichnend, Karl Florenz mit den Japanern. Ein schlechter Japanologe war er deshalb nicht. Zum 1. August 1914 jedenfalls berief ihn das Hamburger Kolonialinstitut – Vorläufer der Universität – auf den ersten japanologischen Lehrstuhl Deutschlands.

Wenngleich gedacht nur als Hilfswissenschaft für die Sinologie und endlich durchgesetzt mit dem Argument, der militärische Überraschungssieger über Rußland von 1905 müsse genauer beobachtet werden. Wenig hat sich seither geändert. Zwar gibt es inzwischen kaum weniger Professuren für Japanwissenschaften als für die Sinologen, über vierzig sind es insgesamt. Es war sogar hierzulande die Rede von einem Gründungsboom, ein kühnes Eigenlob angesichts einiger Tausender japanischer Germanistikprofessuren. Doch China, seit der Aufklärung respektiertes Forschungsgebiet, erfährt in der deutschen Wirtschaft, Politik und Wissenschaft allein die Achtung der kulturellen Mutternation Asiens. Japan war und bleibt im Bewußtsein der Öffentlichkeit eher unterbelichtet. Wie oft muß das Land noch entdeckt werden, um in unseren Köpfen Gestalt anzunehmen – um zu existieren?

Trotzdem litt der Fachmann Florenz Qualen in Japan. Es scheint, daß Enttäuschung und Erschöpfung mit der Aufenthaltsdauer zunehmen, und ebenso wächst im Gastland das Mißtrauen gerade gegen Kenner. Auf meiner ersten Japanreise nach Nagasaki traf ich im Büro des Bürgermeisters Motoshima einen Kanadier, der seit siebzehn Jahren in Japan gelebt hatte, zehn davon in einem Zen-Kloster, danach ganz weltlich mit Frau und Kindern. Brian Burke-Gaffneys Japanisch war in Schrift und Wort perfekt, er war warmherzig und humorvoll und die allseits geschätzte Stimme der Stadt gegenüber Ausländern. Er liebte das alte, weltoffene Nagasaki der Jahrhundertwende, bevor die ins Provinzielle abgesunkene Stadt im August 1945 zu schrecklichem Ruhm kam. Burke-Gaffney hatte schon viele Ausländer kommen und gehen, manche flüchten sehen, und wußte, wovon er sprach, als er die Anpassungsarbeit eines Gaijin in drei Phasen einteilte. Fünf Jahre, sagte Burke-Gaffney, währen Elan und Wißbegier, die dann umschlagen in Zorn und Enttäuschung mit der Erkenntnis, nie als nah und ebenbürtig akzeptiert zu werden, Gefühle, die endlich einer gefaßten Resignation weichen, wenn man es überhaupt so lange ausgehalten hat.

Ich habe oft an diese Prophezeiung denken müssen. Ich dachte daran auch bei der Lektüre der Abschiedskolumne von Edward Seidensticker in der Zeitung *Yomiuri* vom Mai 1962. Der Übersetzer verließ nach fünfzehn Jahren das Land, und seine angekündigte Flucht sorgte über Wochen für Gesprächsstoff in Tôkyôs Ausländergemeinde. Aber Seidensticker fügte sich nicht in gefaßte Resignation: »Ich habe in den letzten Wochen Anzeichen dafür festgestellt, daß ich weich werden könnte, und deshalb, in dem Glauben, daß Weichheit in diesem Lande Tod bedeutet, gehe ich in ein paar Wochen nach Hause.« Seidensticker erzählt die autobiographische »Fabel von der Feldmaus, die nicht länger unvernünftig war«: Die Maus wird auf der Stelle Beute der (japanischen) Schlange. Seidensticker ringt mit seinem Ressentiment. Schließlich seien die Japaner doch wie andere Völker, sie arbeiteten hart, um ihre Kinder großzuziehen, schreibt er, aber dann fällt er sich ins Wort. Nein, donnert er, die Japaner sind nicht wie andere Völker: »Sie sind unendlich viel versippter, insulärer, engstirniger … Und man schuldet es seiner Selbstachtung, das Gefühl der Empörung über diese Insularität zu bewahren.«

Könnte Japan ein Urheberrecht auf seinen Mythos geltend machen, fände es einen Weg, von jedem Autor eine Art Schadensersatz, Steuer oder Alimente einzutreiben, der sich an den Geheimnissen des Archipels vergreift, bereichert und dann verschwindet – es kämen für den Staat beachtliche Einnahmen zusammen. Da macht es nichts, daß die meisten Texte hastig hingeworfene Robinsonaden sind, die das japanische Leben aus der Sicht des wehrhaft Gestrandeten schildern und so tun, als sei die Inselwelt erst kurz zuvor aus dem Meer aufgetaucht und werde alsbald auch dort versinken. Doch gibt es eine Menge Ausnahmen, und zwar nicht nur unter Kulturanthropologen, Historikern, Japanologen, die schon vor dem Boom genau wußten, wovon sie schrieben, nur nicht immer, für wen. Zu meinen Favoriten rechnet *Das Ausnahmeland* (1993) des amerikanischen Journalisten Jonathan Rauch, der ein knappes halbes Jahr als Stipendiat im Lande zubrachte. Er schreibt in Fragmenten, Szenen, Aphorismen, es ist das nachgereichte Drehbuch für einen ambivalenten Bewußtseinsprozeß. »Jede Festlegung wäre verlogen. Man muß einfach akzeptieren: Japan ist liberal und feudal, offen und geschlossen, frei und ›frei‹. »Japan, das Insider-Paradies, die Etablierten-Diktatur. Gott helfe dem Neuling – die Japaner tun's nicht.« So ist es, und so kann man es am besten schreiben, wenn man als Neuling wieder geht, wenn man sich dem Land nicht lange genug aussetzt, um Zweifel zu bekommen am Offensichtlichen.

Oder man kann sich seiner Sache und seiner Bedeutung zu sicher werden wie Donald Keene. Eine Aufsatzsammlung des Literaturwissenschaftlers, 1996 unter dem Titel *The Blue-eyed Tarôkaja* veröffentlicht, dokumentierte die Meisterschaft des Literaturkenners von den dreißiger Jahren bis hinein in die neunziger. Aber auch die aufreizende Arroganz und Blickverengung des in Japan wie in Amerika mit Ehren überhäuften *sensei*. Keene preist autoritäre japanische Tugenden. In dem Kapitel »Exil eines Attentäters«, das den Marineoffizier Murayama Kakushi porträtiert, der während des Putschs am 15. Mai 1932 Premierminister Inukai Tsuyoshi tötete, zeigt er viel Einfühlungsvermögen für den »moralischen Fanatismus« der Japaner. Diese poetische Form müsse auch von der japanischen Demokratie gewürdigt werden, fordert er, und vergleicht sie mit der bedrohten Schönheit der Kirschblüte. Kamikaze ins Parlament? Es laufen einem kalte Schauer über den Rücken. Lieber ist mir Seidensticker, der ging, als er fürchtete, weich zu werden, als Keene, der von Ferne lobt, was Japan hart macht.

EPILOG

Sugimoto Seiji, der Diplomat, grinste breit, als er sich gegen den Strom der Menschenmenge auf mich zuschob. Sich an einem Freitagabend um acht Uhr am Südausgang des Bahnhofs Shinjuku zu verabreden, konnten sich eigentlich nur auffällig gekleidete Fremde und sehr enge Freunde leisten. Wir waren weder das eine noch das andere. Sugimoto, ein hochrangiger Beamter des japanischen Außenministeriums, war ein strenger Kritiker meiner Arbeit gewesen, meist ein guter, manchmal ein unguter Bekannter. Gut genug jedenfalls, um sich zu erinnern, wie es mich in den ersten Monaten nach meiner Ankunft in Japan amüsiert hatte, im Namen meiner Firma als »Frank-san« adressiert zu werden. Seit seiner Versetzung nach Washington hatte ich ihn nicht mehr gesehen.

»Sie sehen fabelhaft aus, Sugimoto-san. Nett, daß Sie Zeit haben«, begrüßte ich ihn, als wir uns im Gewühl die Hand gaben. Er hatte immer ausgesehen wie ein Fotomodell, makellos wie alles an ihm, seine Anzüge, seine Manieren und sein Deutsch. Das verbindliche Lächeln war nie erloschen. Nicht einmal an jenem Tag, als er mich auf höhere Weisung einbestellt und mir eröffnet hatte, ich sei eine Belastung der deutsch-japanischen Beziehungen. Die Sache war lächerlich und verlief im Sande, es blieb kein Groll. Hoffte ich jedenfalls.

»Nett, daß Sie sich gemeldet haben. Kommen Sie, Herr Schmitt, ich bringe Sie zu der gemütlichsten Bar in Shinjuku. Da können wir reden.«

Wir liefen los, bogen in eine schmale überfüllte Gasse ein, bogen wieder und abermals ab, bald hatte ich die Orientierung verloren. Überall leuchtete dasselbe gedämpfte Rot, gelegentlich das Blau eines Fernsehschirms. Fetzen von Gesprächen und *enka* quollen aus sich öffnenden Schiebetüren, Dunstfahnen von

299

den Grills stiegen über den hüttenartigen Gebäuden auf. Ich hatte längst keine Ahnung mehr, wo ich mich befand. Und ich erinnerte mich, wie sehr ich es gerade in den ersten Jahren in Tôkyô gehaßt hatte, in totaler Abhängigkeit eines Führers durch unbekanntes Terrain zu laufen. Man blieb stehen, wo er stehenblieb, und sei es, um eine Schaufensterauslage zu betrachten. Man folgte, wenn der Blindenhund weiterlief, und sei es in die Irre. Man ging gegen seinen Stolz. Man war Kind und mußte den Wunsch unterdrücken zu fragen, wie weit es denn noch sei.

Diesmal, auf Besuch, genoß ich es, ausgeliefert zu sein. Im übrigen hatte Sugimoto am Telefon recht gehabt, ich hätte die winzige Kneipe mit der besten Skizze nicht gefunden. Die verspiegelte Theke, einige Barhocker und zwei Stehtische füllten den ganzen Raum. Daß sich außer uns noch zwanzig Gäste hineingedrängt hatten, war das Wunder und das Geheimnis jeder dieser Bonsai-Bars. Sugimoto stellte mich der *mama-san* vor. »Abebi« werde sie genannt, sagte er, ich blieb bei Frank. Abebi verstand, wie sich herausstellte, etwas von der Mischkunst des Gin&Tonic, und sie mußte nach Sugimotos Auskunft eine Menge von Männern verstehen. Wir tranken, aßen Pistazien aus der hohlen Hand und redeten uns warm. Wir sprachen über die Familien, über das fast unerschwingliche Leben in Washington und die dunklen Winter in Berlin, über die alten Zeiten der ausgehenden Bubble, als wir beide noch in der teuersten Stadt der Welt lebten und die Welt noch Japan bewunderte. Er arbeitete für Japan, ich schrieb über Japan, der Interessengegensatz war offenkundig gewesen. Das eine hatte sich erledigt, die Zeit verstrich angenehm mit Erinnerungen auch an unangenehme Treffen.

»Meine Kritik war nichts Persönliches«, sagte Sugimoto, und dann: »Nichts für ungut.« Er hielt sich etwas zugute auf seine sicheren Idiome.

»Iie!« stimmte ich zu, nicht der Rede wert, erledigt. Ich dachte an Hara Setsuko und ihre kokette Demut. Sugimoto reagierte nicht. Wir lachten und prosteten einander zu. Eine Weile standen wir schweigend im Stimmengewirr der anderen Gäste.

»Um ganz ehrlich zu sein«, begann Sugimoto und schaute mich ernst an, »ich möchte Sie etwas fragen, und ich bitte um eine ehrliche Antwort.«

Ich nickte. Und er sagte feierlich: »Glauben Sie, daß Japan am Ende ist?«

Ich hörte abrupt auf zu nicken. »Machen Sie Scherze, Sugimoto-san? – Natürlich nicht.«

»Ich frage mich in letzter Zeit immer öfter, ob Sie nicht manchmal recht hatten mit ihren Artikeln, auch wenn es mir damals unverschämt vorkam.«

Ich war verblüfft. »Aber Sugimoto-san, was ist denn mit Ihnen los? Entweder Sie meinen, was Sie sagen, dann müssen Sie nicht so bekümmert dreinschauen, nur weil Sie mir einmal recht geben. Oder Sie meinen das Gegenteil, dann verstehe ich Ihr ›nichts für ungut‹ nicht. Auf jeden Fall ist Japan natürlich nicht am Ende, und das habe ich auch nie behauptet.«

Er scherzte nicht: »Was ich meine, ist, daß ich mir sehr viel Sorgen mache um dieses Land. Ich erkenne es bei jedem Heimaturlaub weniger wieder. Wir stehen am Abgrund, Schmitt-san, das ist die Wahrheit, aber unsere Politiker und alle Eliten, wir Beamte – ja, die meisten von uns – eingeschlossen, wollen den Ernst der Lage nicht wahrhaben. Die Politik der Interessengruppen, die uns lange stabilisiert hat, ruiniert jeden Reformversuch mit denselben Verteilungskämpfen, wie damals, als unsere Unternehmen halb Amerika aufgekauft haben. Jetzt müssen sie alles zu einem Spottpreis verramschen, und die Amerikaner kaufen sich bei uns ein. Und dann geben sie uns drohende Ratschläge, wie wir die Bankenkrise angehen sollen...« – Ich wollte etwas sagen, aber er wehrte mit einer Handbewegung ab: »Nein, warten Sie: Die Amerikaner haben nicht einmal unrecht. Unser außenpolitischer Spielraum ist, das können Sie mir glauben, so klein wie schon lange nicht mehr, und das Verhältnis zu Washington ist kalt. Japans Strukturen sind Fossilien, hat Francis Fukuyama gesagt. Nach dem ›Ende der Geschichte‹ 1989/90 endete auch unsere Erfolgsgeschichte, nach der Aufholjagd mit dem Westen hatten wir keine Ziele mehr. Wir haben versagt. Wir sind am Ende.«

Inzwischen war ich mir sicher, daß er mir keine Falle stellte. »Das können Sie nicht im Ernst meinen, Sugimoto-san. Sie gehen der Schwarzmalerei der Medien auf den Leim. Das kenne ich doch noch gut, immer alle zusammen, immer zugleich: Japan ist Nummer eins, Japan ist der letzte Dreck, Japan erobert die Welt, Japan fällt zurück in die Dritte Welt. Alles oder nichts, ich habe beide Extreme hier erlebt, die Arroganz und die Depression und jeweils ihr Gegenstück im Westen, und beides war idiotisch übertrieben. Sie mögen eine verirrte Nation sein, im Augenblick, aber natürlich werden sie einen Weg aus der Krise finden. Japan ist nicht Südkorea, dies ist ein reiches Land. Sie brauchen nicht von der Weltbank und dem IWF vor dem Staatsbankrott gerettet zu werden; sie werden sich durchwursteln wie schon immer. Es ist schon kurios, daß ich Japan einmal gegen Sie in Schutz nehmen muß, Sugimoto, wenn das so weitergeht, dann ...« Lachend suchte ich nach einer Pointe.

Aber er wartete sie nicht ab. »Hören Sie, mir ist die Sache wirklich zu ernst für ironische Spielereien. Sie haben das früher auch in ihren Artikeln manchmal gemacht, sich auf Kosten meines Landes zu belustigen; ich konnte das nie leiden.« Er verstummte und leerte hastig seinen Drink. Ich schaute mich um. Unsere Tresennachbarn scherten sich nicht um ein deutsches Gespräch. Wir waren unter uns. Aber Sugimoto starrte grimmig vor sich hin. So kamen wir nicht weiter.

»Es tut mir leid, Sugimoto-san, ich wollte Sie nicht beleidigen. Aber Sie müssen verstehen, daß ich doch etwas überrascht bin von Ihrem Pessimismus und den Selbstanklagen. Hätte ich vor einigen Jahren etwas Ähnliches geschrieben, wären Sie der erste gewesen, der protestiert hätte. Und mit Recht. Kommen Sie, nehmen wir noch eine Runde, und Sie erklären mir, warum diese Krise Japans schlimmer sein soll als alle, die es schon gemeistert hat. Erklären Sie mir, warum die große Stehaufnation Nihon, die nach dem Kantô-Beben von 1923 und nach dem verlorenen Krieg wieder auf die Beine kam, ausgerechnet zu Boden gehen soll, wenn ein paar Banken pleite gehen und der Nikkei-Index unter zehntausend Punkte fällt?«

Sugimoto besann sich einen Moment, dann sagte er ruhiger: »Weil Ende 1989 der Nikkei bei fast 39 000 Punkten stand.«

»Na und? Das war der Höchststand der Bubble, heiße Luft, sonst nichts«, warf ich ein.

»Weil seit 1992 zehn Konjunkturprogramme der Regierung im Wert von 1,2 Billionen Mark aufgelegt wurden und weil sie nichts gebracht haben. Verpulvert, bye-bye Keynes ...«

Wieder unterbrach ich ihn. »Aber die Japaner haben 20 Billionen Mark Sparguthaben, das klingt nicht nach Bankrott.«

Sugimoto schüttelte unwillig den Kopf und fuhr fort: »Weil die Arbeitslosenquote im Sommer 1998 auf 4,3 Prozent gestiegen ist – und bevor Sie mich unterbrechen, Schmitt-san: nach westlichen Maßstäben real vielleicht doppelt so hoch ist, wie Sie ja immer behauptet haben –, weil zum ersten Mal über 2,8 Millionen Japaner ohne Beschäftigung sind und das Mittelschichtsbewußtsein, unser stärkster sozialer Kitt, abbröckelt. Kennen Sie den schönen neuen Satz in den Unternehmen? ›Es ist befunden worden, daß Sie ihren Arbeitsplatz zur Verfügung stellen‹ – ›yamete morau koto ni natta‹. Weil sogar Kollegen aus dem Finanzministerium in Bestechungsaffären verwickelt waren. Weil es heißt, daß ein Drittel aller Selbstmorde inzwischen auf wirtschaftliche Not zurückgehen. Und weil jeder achte Studienabgänger in diesem Jahr keinen Job gefunden hat. Meine Tochter ist auch darunter, und man sagt ihr bei der Bewerbung dreist, es lohne sich für sie gar nicht anzufangen, weil Frauen wieder wie früher mit Fünfundzwanzig reif für die Ehe und die Kündigung seien. Man rät ihr, irgendwelche Hilfsjobs daheim am Computer zu machen. Stellen Sie sich das vor, das Mädchen hat Wirtschaftswissenschaften studiert an der Keiô-Universität. Strukturwandel hin oder her, man kann doch nicht die besten jungen Leute, die Japan dringend braucht, um ihre Zukunft bringen.«

Sugimoto hielt inne. Er hatte sich in Rage geredet. Es lag mir auf der Zunge, ihn zu fragen, warum seine zweifellos guten Beziehungen zur Wirtschaft nicht ausreichten, um seiner Tochter eine Karriere zu vermitteln. Ich verzichtete darauf. Ich wollte einwenden, daß alle Industrienationen den Preis für die Globalisierung zahlen mit struktureller Arbeitslosigkeit, Shareholder-value-Politik und so fort. Japan war nur nicht mehr die Ausnahme, es hatte zu hoch gepokert und zahlte nun seine Spielschulden. Weiter nichts. Aber auch darauf verzichtete ich.

»Ich habe nicht die geringste Lust, im nächsten Jahr nach Tôkyô zurückzukehren«, sagte Sugimoto. »Und das beunruhigt mich. Es geht uns gut in Washington. Man muß sich nur ab und zu aus der japanischen Gemeinde lösen. Sie kennen das ja, Schmitt-san. Meine Frau fühlt sich unter Amerikanern viel freier, und die ganze Atmosphäre ist nicht so gedrückt und stumpf wie hier.«

»Stumpf? Aber das ist doch nicht Ihre erste Entsendung, Sugimoto-san«, wand ich ein, »ich verstehe immer noch nicht, warum Sie die Zukunft Ihres Landes gerade jetzt so düster sehen. Warum haben Sie kein Selbstvertrauen in Ihr Land, Sugimoto? Ich habe es. Allerdings, das gebe ich zu, habe ich es um so mehr, je länger ich weg bin. Wissen Sie, ich sehe die japanischen Stärken deutlicher, seit ich mich nicht mehr von ihnen im Alltag unterdrückt fühle. Ein kluger, aber ziemlich destruktiver Kollege von mir hat einmal geschrieben, mit Japan verhalte es sich wie mit dem Berg Fuji: von großer Würde und Anmut aus der Ferne, aber immer mehr entzaubert, fast häßlich beim Näherkommen. Für einen Ausländer mag da etwas dran sein. Aber für einen Japaner?«

Er lächelte matt. Aber er sagte nichts. Ich nahm es als gutes Zeichen: »Auch ich will Ihnen ein Geständnis machen«, sagte ich mit gesenkter Stimme, »ich glaube heute, daß einige meiner Artikel über Ihre Regierung weniger streng ausgefallen wären, hätte ich genauer verfolgt, was sich in der deutschen Politik und in der deutschen Gesellschaft nach der Vereinigung abspielte. Ich hatte Deutschland nie so intensiv observiert und studiert wie Japan. Das hole ich jetzt nach und vermisse manches und wundere mich über manches. Japanische Umgangsformen, die Kinderliebe, die Ländlichkeit der Gassen von Tôkyô, keine Gewalt auf den Straßen. Ich verrate Ihnen ein Geheimnis. Ich bin am Morgen des 14. Januar 1997 mit meiner Familie aus Japan ausgereist, wir flogen nach Bangkok mit dem Flug TG 641, ich erinnere mich an jedes Detail. Es war einer dieser herrlichen Wintertage, und ich dachte an Freunde, die ich zurückließ. Sie traten auf, einer nach dem anderen wie in einem Filmabspann, ›in order of appearance‹, es gab keine Stars. Und genau um zehn nach elf geschah es. Unter uns, auf der rechten Seite, lag der verschneite Fuji. Er war atemberaubend schön. Die Leute drängten zu den Fenstern und fotografierten. Und ich, ich hatte Tränen in den Augen … nur einen Moment lang. – Aber bitte behalten Sie es für sich, Sugimoto-san, ich habe einen Ruf zu verlieren.«

Sugimoto nickte lächelnd, aber er sagte nichts und betrachtete nur seinen Drink. Wir schwiegen eine ganze Weile. Es waren nur noch drei Gäste in der Bar außer uns, einer schwankte leicht, als er Abebi großspurig winkte, um zu zahlen.

Da legte mir Sugimoto die Hand auf die Schulter. »Heidegger hat in *Sein und Zeit* gesagt, Reden erzeuge ›Scheinklarkeit‹. Ein schönes Wort. Dort, wo die Welt wohlgeordnet sei, schlage das Schweigen das Gerede nieder. Das war gut gesprochen, und es kam mir immer ziemlich japanisch vor – »otoko wa damatte iru«. Und dennoch hat er unrecht. Heidegger war in seinem Innersten ein Feind der Moderne. Außerdem spricht heute nichts mehr für sich, erst recht nicht in Japan. Man muß vernünftig reden. Vielleicht hätten wir das schon vor Jahren machen sollen, Schmitt-san.« Er grinste plötzlich: »Vielleicht hätten Sie dann eingesehen, daß Bonn die Politik Tôkyôs in der Südkurilen-Frage unterstützte ... Nein, sagen Sie nichts. Sie müssen nicht protestieren. Es war nicht ganz ernst gemeint.«

»Wenn wir uns das nächste Mal in einem Onsen treffen, gebe ich wahrscheinlich alles zu, Sugimoto-san.«

Wir teilten die Rechnung. Er verabschiedete sich von der *mama-san*, ich nickte ihr zu. In der Öffnung der Schiebetür, die so niedrig war, daß sich Sugimoto leicht bücken mußte, blieb er stehen.

»Was ich Sie schon die ganze Zeit fragen wollte, Schmitt-san: Wann fahren Sie eigentlich wieder nach Hause?«

Amaterasu: Die japanische Sonnengöttin. Von ihrem mythischen Enkel Ninigi leitet das Kaiserhaus seine himmlische Herkunft und das Amt des Tennô als Hoherpriester des Shintô ab.

Bubble (Economy): Künstlicher Boom der japanischen Wirtschaft in den achtziger Jahren aufgrund leichtfertig vergebener Großkredite der Banken, die Immobilien-Sicherheiten maßlos überbewerteten. Die »Luftblase« platzte Anfang der neunziger Jahre und hinterließ abenteuerliche Mengen fauler Kredite, ein marodes Bankensystem und unstillbaren Hunger nach Steuermitteln, um es zu sanieren.

Burakumin: Mitglieder einer diskriminierten Minderheit, deren Vorfahren auf »unreine« Berufe im schintoistisch-buddhistischen Sinne verwiesen waren. Dazu zählten die Abdeckerei, Schlachterei, Färberei, Totengräberei, Lederverarbeitung und Schuhproduktion. Bei Eheschließungen und Bewerbungen spielen bis heute inoffizielle Verzeichnisse ihrer Wohnviertel (*buraku, dôwa chiku*) eine verhängnisvolle Rolle.

Bushidô: »Weg des Kriegers«. Ethischer Code der Samurai-Klasse zwischen 1192 und 1867, der dem Schwertadel unbedingte Loyalität zum Lehnsherrn, Selbstzucht und Todesverachtung bis hin zum *seppuko* (Harakiri) vorschrieb. Ende des 19. Jahrhunderts wurde er im Zuge der Modernisierung von Gesellschaft und Armee zur Staatsideologie für alle Stände erhoben, erst nach 1945 geriet er in Mißkredit.

Furîtâ (freeter): »Frei Umhertreibende«, von Gelegenheitsjobs lebende Jugendliche, die den üblichen Erziehungsweg verlassen mußten oder wollten. In Zeiten immer unsicherer Angestelltenkarrieren womöglich nicht mehr Indiz für Versagen, sondern für kluge Flexibilität.

Gaikokujin (Gaijin): »Aus-Länder«, Fremder, Nicht-Japaner. Gaijin kann geringschätzig oder in argloser Naivität verwendet werden. Kaukasier mit ihrer weißen Haut und anderen als schön empfundenen Körpermerkmalen führen die Liste japanischer Wertschätzung des rassisch »Anderen« an; Schwarze stehen am untersten Ende der Liste, gleich nach der koreanischen Minderheit. 1910, zum Zeitpunkt der Annexion Koreas, lebten 800 Koreaner in Japan, 1945 hatten Zwangsarbeit und Zwangsrekrutierung zwei Millionen Koreaner im Kaiserreich zurückgelassen. Sie verloren mit dem Friedensvertrag von San Francisco 1952 ihre japanische Staatsbürgerschaft; heute leben etwa 700 000 Koreaner der zweiten und dritten Generation im Land, die meisten als Ausländer in der Region Ôsaka/Kôbe. Koreanische Organisationen in Japan unterstützen traditionell die verfeindeten Systeme ihrer Heimat im Norden und Süden.

Giri: Pflicht, Gefühl der Verpflichtung bei erwiesenen Gefallen oder Wohltaten gegenüber jedermann, der außerhalb der eigenen Familie steht. Die vielfältigen Konten der Dankesschuld mit Lehrern, Nachbarn, Kollegen möglichst ausgeglichen zu halten macht den traditionell erzogenen und gut geratenen Mitmenschen in Japan aus.

Honne: Wahre Motive, Beweggründe, die im öffentlichen Umgang gewöhnlich hinter formellen Erklärungen und Vorwänden (*tatemae*) verborgen werden.

Ie: »Haus«, auch *uchi.* Bis 1947 gültiges, nach dem Samurai-Code geformtes zivilrechtliches Konzept, das dem Haushaltsvorstand unumschränkte Macht über Ehefrau und Kinder einräumte. Kern war ein Erbrecht, das einem Sohn (auch durch Adoption legitimiert) allen Besitz übertrug, die übrigen Kinder gingen leer aus. Die Ehefrau des Erben stand im traditionellen Drei-Generationen-Haushalt unter der Fuchtel von dessen Mutter, eine unvergessene Willkürherrschaft, die bis heute ein ganzes Genre bitterer Schwiegermutterwitze am Leben hält. Die verfassungsrechtliche Gleichstellung der Frau hat das *ie*-System erledigt, nicht aber manche üble Gewohnheit aus den Zeiten männlicher Machtvollkommenheit.

Ijime: »Quälen, peinigen«. Der an Japans Schulen, aber auch am Arbeitsplatz verbreitete Brauch, Außenseiter zu schikanieren. Das Recht der Gruppe, Andersartigkeit zu sanktionieren, gerät erst dann in die Schlagzeilen, wenn die Opfer keinen Spaß verstehen. *Ijime* wurde nach Wellen von Schülerselbstmorden Synonym für die gewalttätige Konkurrenz und Vereinsamung im japanischen Erziehungssytem.

Kanji: Chinesische Schriftzeichen. Diese Wortbild- und Wortlautschrift bildet mit ihren verschiedenen Lesarten und in Mischung mit den zwei daraus entwickelten Silbenschriften Hiragana und Katakana eines der kompliziertesten Schriftsysteme aller Kultursprachen. Als Lateinumschrift (Rômaji) ist heute das sogenannte Hepburn-System üblich. Von den über 40000 Kanji sind 1945 im Schulcurriculum vorgeschrieben und den Medien zum Gebrauch empfohlen, reichen aber je nach Thema nicht immer zu einer mühelosen Lektüre. Sie sind Schrecken und Demütigung des durchschnittlich sprachbegabten Gaijin.

Koseki: Familienstammbuch mit erweiterter Funktion eines Personalausweises. Kopien werden für den Schuleintritt, den Führerschein, die Paßausstellung, aber auch für demographische Untersuchungen der Regierung verwandt. Mit abnehmender Wirkung Symbol der *ie*-Abhängigkeit und des transparenten Bürgers in der vordemokratischen Ära.

Love-Hotel: Stundenhotel im eigentlichen Wortsinn. Aber eine durchaus unanstößige, nicht nur auf Prostitution gemünzte Bezeichnung eines Zufluchtsorts für – auch verheiratete – Liebespaare, denen es daheim an Ungestörtheit mangelt. Von den bizarrsten Phantasiewelten bis zu den schlichten Bedürfnisanstalten des Sex bieten Japans Städte jede Wahl.

Matsuri: Ausgelassene Shintô-Feste in bäuerlicher Tradition, meist zu Erntedank und zu Fruchtbarkeitsfürbitten aller Art, in Städten nicht weniger verbreitet als auf dem flachen Land. Umzüge der Schreine können sich zu ekstatischen, unfallträchtigen Zwiesprachen zwischen halbnackten jungen Männern und den Göttern entwickeln. Das gewöhnliche Stadtteilfest mit Gesängen, Tanz und Trommelmusik im Spätsommer ist dagegen ein kommerzielles und nettes Familienunternehmen.

Meiji-Zeit (Meiji-Restauration): »Aufgeklärte Herrschaft« *(Meiji)* wurde von dem sechzehnjährigen Kaiser Mutsuhito im Oktober 1868 als Regierungsmotto ausgewählt. Es bezeichnet nicht nur postum die Regentschaft des Meiji Tennô bis zu seinem Tod 1912 (so wie der heute regierende Kaiser Akihito dereinst als Heisei Tennô für den Frieden erinnert werden wird.) Die Meiji-Zeit markiert auch den Modernisierungsschub Japans durch die Aneignung westlicher Technologie, Wissenschaft und imperialistischer Ziele, zu Schlachtrufen geprägt wie »Reiche Nation, starke Armee« sowie »Zivilisieren und Aufklären«.

Nihon (Nippon): Japan, das »Land der aufgehenden Sonne«, wobei Nippon im deutschen Sprachgebrauch wegen einer chauvinistischen Konnotation eher zu meiden ist.

OL (Office Lady): Die gemeine Angestellte und frühere »Blume des Büros«, von der erwartet wurde, daß sie niedere Dienstleistungen freudig erfüllt, bis sie, wenn möglich noch blühend und nicht älter als 28 Jahre, zwecks Ehe und Mutterschaft ihren Platz räumt. Diese aussichtslose Karriere kommt in den gegenwärtigen Zeiten der Krise wieder in Mode.

Omiai: Arrangierte Heirat. Bis Kriegsende die geläufige, private Vermittlung von Verbindungen zwischen gleichrangigen Familien. Heute von Agenturen betrieben, die noch etwa ein Fünftel der japanischen Ehen, gerade in sogenannten besseren Kreisen stiften.

Onsen: Heiße Quellen, die größte Annehmlichkeit und Entschädigung des von Vulkanen, Taifunen und Erdbeben bedrohten Archipels und schönster Tatort der allen westlichen Varianten überlegenen Kulturtechnik des japanischen Bades *(ofuro)* in einem Kurgasthof *(ryokan)*. Es soll weit über 2000 gewerblich genutzte Quellen in Japan geben.

Pachinko: Eine Art senkrecht gestellter Flipper-Automat mit aus feinen Nägeln modellierten Fallbahnen für eine vom Spieler emporkatapultierte Metallkugel. Die meisten der händeweise ausgegebenen, mit infernalischem Rasseln niedergehenden Kugeln in den langen Reihen der Automaten werden ohne Gewinn geschluckt. Andere laufen durch und vermehren den Haufen im Kugelfang des Geräts, der von den Spielern in einem benachbarten Geschäft halblegal gegen Waren eingetauscht werden kann. Süchtige sind verbreitet in den gleißend hell ausgestrahlten Spielhallen, Mütter, die sommers im Spielrausch ihre Säuglinge im Auto durch Hitzschlag verlieren, erregen regelmäßig die Nation.

Sakura: Die Kirschblüte. Erstmals 712 schriftlich erwähnte flüchtige Blütenpracht, welche von Süden her die Inseln für etwa eine Woche im März/April überzieht. Sie ist auch ein Sinnbild des jung und in Schönheit sterbenden Samurai von höchster Sentimentalität – und im übrigen Anlaß für feucht-fröhliche Festgelage von Firmen und Familien unter Kirsch-bäumen.

Salarymen: In japanischer Aussprache *sararîmen.* Der einstige Samurai der Büroarbeit hat in der Wirtschaftskrise, ähnlich wie die *OL,* Ansehen, Zuversicht und vielleicht auch etwas von dem Mythos unentwegter Opferbereitschaft für Firma und Familie verloren. In den Genuß lebenslanger Anstellung und gemäß Anciennität garantierter Beförderung war nie mehr als ein Drittel der Salarymen gekommen. Es werden immer weniger, und ein ganzer riesiger Wirtschaftszweig, der ihre abendliche Entspannung nach erheblichen Überstunden sicherstellt, leidet mit ihnen Not.

Shintô (Schintoismus): »Weg der Götter«. Die japanische Ur-religion mischt Natur- und Seelenkult, Ahnenverehrung und Schöpfungsmythen. Die Sonnengöttin Amaterasu steht im Zentrum der Verehrung von Myriaden von Göttern, denen nichts Menschliches und Sinnliches fremd ist. Die Verheißung des Jenseits spielt eine bemerkenswert geringe Rolle, die Ab-wehr von Tod, Krankheit und Verwesung führt zu elaborierten Reinheitsritualen. Im 19. Jahrhundert wurde Shintô, zur ideo-logischen Restauration des Kaisertums in Dienst genommen, japanische Staatsreligion und Rechtfertigungslehre eines ag-gressiven Nationalismus. Nach der Trennung von Kirche und Staat in der von den Amerikanern erzwungenen Nachkriegs-verfassung dient der Shintô der segnenden Begleitung alles Weltlichen von der Taufe bis zum Richtfest.

Tokugawa-Zeit: Von 1603 bis 1867, begründet mit dem Shôgun und Reichseiniger Tokugawa Ieyasu, herrschte die Familie von Edo, dem späteren Tôkyô, absolut durch geschickte Bündnis-politik und ohne die formale Stellung des Kaiserhauses anzu-tasten. In dem föderalen System dienten die Regionalfürsten *(daimyô)* lediglich als Vasallen. Der Polizei- und Spitzelstaat, in dem das Christentum nach anfänglicher Duldung verfolgt wurde, verschaffte dem Inselreich durch eine Politik nationaler Abschließung *(sakoku)* eine Periode äußeren und inneren Friedens, die von 1638 bis 1873 währte. Eine für europäische Maßstäbe atemraubende Leistung, die erst durch die Ankunft der sogenannten Schwarzen Schiffe des amerikanischen Commodore Matthew Perry 1853 bedroht wurde. Die Forderung ausländischer Mächte nach Öffnung der Häfen stand am Beginn einer revolutionären Erhebung gegen das Tokugawa-Regime und führte letztlich zum Ende der Herrschaft mit dem Rücktritt des letzten Shôgun Yoshinobu im Jahre 1867.

Yamato: »Land der großen Harmonie«. Erster Zentralstaat auf den japanischen Inseln um das dritte und vierte Jahrhundert nach Christus. Der sogenannte Yamato-Geist wurde während des Ultranationalismus (1937–1945) beschworen, um die rassische Überlegenheit eines erwählten Volkes zu rechtfertigen und Todesverachtung und Opferbereitschaft für den Kaiser anzufachen.

Yasukuni-Schrein: Der 1869 errichtete Schrein in Tôkyô ist den japanischen Gefallenen aller Kriege geweiht. Er enthält militärische Memorabilien, die nicht zuletzt der Verherrlichung der jungen Selbstmord-Piloten (*kamikaze*, wörtlich »göttlicher Wind«; benannt nach einem rettenden Sturm, der einst eine mongolische Invasionsflotte zerstört haben soll) dienen. Da aber auch die »Seelen« der sieben 1948 hingerichteten Kriegsverbrecher »befriedend« ins Gedenken einbezogen sind, führen huldigende Besuche des Schreins durch Regierungsmitglieder verläßlich an jedem 15. August, dem Jahrestag der Kapitulation, zu Protesten in China und Korea.

Böckelmann, Frank: *Die Gelben, die Schwarzen, die Weißen.* Die Andere Bibliothek. Frankfurt/Main: Eichborn 1998.

Buruma, Ian: *Japan hinter dem Lächeln. Götter, Gangster, Geishas.* Übersetzt von Bernd Rullkötter. Frankfurt/Main, Berlin, Wien: Ullstein 1985.

Ders.: *Erbschaft der Schuld. Vergangenheitsbewältigung in Deutschland und Japan.* Übersetzt von Klaus Binder und Jeremy Gaines. München: Carl Hanser 1994.

Chamberlain, Basil Hall: *ABC der japanischen Kultur. Ein historisches Wörterbuch.* Mit einer Einführung von Erwin Wickert. Zürich: Manesse 1990.

Clark, Scott: *Japan. A View from the Bath.* Honolulu: University of Hawaii Press 1994.

Dower, John W.: *War Without Mercy. Race and Power in the Pacific War.* New York: Pantheon Books 1986.

Ders.: *Japan in War and Peace. Selected Essays.* New York: The New Press 1995.

Elschenbroich, Donata (Hrsg.): *Anleitung zur Neugier. Grundlagen japanischer Erziehung.* Frankfurt/Main: Suhrkamp 1996.

Hadfield, Peter: *Sixty Seconds That Will Change the World. The Coming Tôkyô Earthquake.* London: Sidgwick & Jackson 1991.

Hammitzsch, Horst (Hrsg.): *Japan-Handbuch.* Wiesbaden: Franz Steiner 1981.

Harpprecht, Klaus: *Japan. Fremder Schatten, ferner Spiegel.* Köln: Kiepenheuer & Witsch 1993.

Hijiya-Kirschnereit, Irmela: *Das Ende der Exotik. Zur japanischen Kultur und Gesellschaft.* Frankfurt/Main: Suhrkamp 1988.

Dies.: *Überwindung der Moderne? Japan am Ende des zwanzigsten Jahrhunderts.* Frankfurt/Main: Suhrkamp 1996.

Kaplan, David E./Marshall, Andrew: *The Cult at the End of the World. The Terrifying Story of the Aum Doomsday Cult, from the Subways of Tôkyô to the Nuclear Arsenals of Russia.* London: Arrow Books Ltd.; Random House U.K. 1996.

Katô Shûichi: *Geschichte der japanischen Literatur. Die Entwicklung der poetischen, epischen, dramatischen und essayistisch-philosophischen Literatur Japans von den Anfängen bis zur Gegenwart.* Aus dem Japanischen übersetzt von Horst Arnold-Kanamori, Gesine Foljanty-Jost, Hiroomi Fukuzawa und Makoto Ozaki. Bern, München, Wien: Scherz 1990.

Kawamura, Gabriele: *Yakuza. Gesellschaftliche Bedingungen organisierter Kriminalität in Japan.* Hamburger Studien zur Kriminologie. Herausgegeben von Liselotte Pongratz, Fritz Sack, Sebastian Scheerer, Klaus Sessar und Bernhard Villmow. Pfaffenweiler: Centaurus 1994.

Kipling, Rudyard: *Reisebriefe aus Japan.* Herausgegeben von Hugh Cortazzi und George Webb. Übersetzt von Gisbert Haefs. München: Paul List 1990.

Kodansha Encyclopedia of Japan. 9 vols. Tôkyô/London: Kodansha/Kodansha International 1983.

Linhart, Ruth/Wöss, Fleur (Hrsg.): *Nippons neue Frauen.* Reinbek: Rowohlt 1990.

Maruyama Masao: *Denken in Japan.* Herausgegeben und übersetzt von Wolfgang Schamoni und Wolfgang Seifert. Frankfurt/Main: Suhrkamp 1988.

Ders.: *Loyalität und Rebellion.* Herausgegeben, übersetzt und annotiert von Wolfgang Schamoni und Wolfgang Seifert. München: Iudicium 1996.

Miyamoto Masao: *Straightjacket Society. An Insider's Irrelevant View of Bureaucratic Japan.* Mit einem Vorwort von Itami Jûzô. Tôkyô: Kodansha 1994.

Pinguet, Maurice: *Der Freitod in Japan. Ein Kulturvergleich.* Übersetzt von Beate von der Osten, Ozaki Makoto und Walther Fekl. Berlin: Mathias Gatza 1991.

Pörtner, Peter/Heise, Jens: *Die Philosophie Japans. Von den Anfängen bis zur Gegenwart.* Stuttgart: Kröner 1995.

Rauch, Jonathan: *Das Ausnahmeland. Japan zwischen Seele und Markt.* Stuttgart: Klett-Cotta 1993.

Richie, Donald: *A Lateral View. Essays on Culture and Style in Contemporary Japan.* Tôkyô: Japan Times Ltd. 1991.

Ders.: *Partial Views. Essays on Contemporary Japan.* Tôkyô: Japan Times Ltd. 1995.

Ders.: *The Inland Sea.* Tôkyô: Kodansha 1971 und 1993.

Ders.: *The Honorable Visitors.* Tôkyô: Charles E. Tuttle Company 1994.

Richter, Steffi (Hrsg.): *Japan. Lesebuch III. Intelli.* Tübingen: konkursbuch Claudia Gehrke 1998.

Said, Edward W.: *Orientalism.* London: Routledge & Kegan Paul Ltd. 1987.

Seidensticker, Edward G.: *Low City, High City. Tôkyô from Edo to the Earthquake.* Tôkyô: Charles E. Tuttle Company 1984.

Ders.: *Tôkyô Rising. The City Since the Great Earthquake.* Tôkyô: Charles E. Tuttle Company 1990.

Sieburg, Friedrich: *Die stählerne Blume.* Frankfurt/Main: Frankfurter Societätsdruckerei 1939.

Singer, Kurt: *Spiegel, Schwert und Edelstein. Strukturen des japanischen Lebens.* Herausgegeben und übersetzt von Wolfgang Wilhelm. Frankfurt/Main: Suhrkamp 1991.

Tanizaki Jun'ichiro: *Lob des Schattens. Entwurf einer japanischen Ästhetik.* Übersetzt von Eduard Klopfenstein. Zürich: Manesse 1987.

Vogl, Walter: *Unter dem Kimono.* Wien: Sonderzahl 1995.

Wackwitz, Stephan: *Tôkyô. Beim Näherkommen durch die Straßen.* Frankfurt/Main: Fischer 1996.

Wolferen, Karel van: *Vom Mythos der Unbesiegbaren. Anmerkungen zur Weltmacht Japan.* Übersetzt von Mara Huber. München: Droemer Knaur 1989.

Worm, Herbert: *Studien über den jungen Ôsugi Sakae und die Meiji-Sozialisten zwischen Sozialdemokratie und Anarchismus unter besonderer Berücksichtigung der Anarchismusrezeption.* Hamburg: Gesellschaft für Natur- und Völkerkunde Ostasiens e. V. 1981.

Yoshida Kenkô: *Betrachtungen aus der Stille. Tsurezuregusa.* Übersetzt, erläutert und mit einem Nachwort versehen von Oscar Benl. Frankfurt/Main: Insel 1991.

PERSONENREGISTER

Polo, Marco 142
Popham, Peter 279, 284
Puccini, Giacomo 221

Rauch, Jonathan 296
Reischauer, Edwin O. 294
Ribbentrop, Joachim von 159
Richie, Donald 22, 97 f., 107 f., 113, 237, 244–246, 255
Rilke, Rainer Maria 290
Rosenberg, Alfred 84

Said, Edward W. 107, 294
Sansom, George B. 294
Schaarschmidt, Siegfried 144
Schelling, Friedrich Wilhelm Joseph von 80
Schiffer, Claudia 250
Schindler, Oskar 153
Schmidt, Helmut 62, 127
Schopenhauer, Arthur 80
Schreiber, Mark 155
Seaman, John D. 293
Seidensticker, Edward G. 22, 230, 244, 286, 290, 296 f.
Shigeaki Kinjô 70 f.
Shôtoku, Kronprinz 184
Siebold, Philipp Franz von 22
Sieburg, Friedrich 22, 220
Silva, Arturo 288
Singer, Kurt 18 f., 22, 222, 229, 280
Smith, W. Eugene 182
Sorge, Richard 85 f.
Spengler, Oswald 51

Stalin, Josef W. 73, 80, 85 f.
Starr, Ringo 22
Sugihara Chiune 153
Sugimoto Seiji 299–305

Tajiri Kazumi 167
Takanohana 235
Takeda Jun 181
Takeshita, Noboru 45, 52
Tange Kenzô 142, 282
Tanizaki Jun'ichirô 142 f., 250
Teller, Edward 165
Toffler, Alvin 46
Truman, Harry S. 69, 73
Tschiang Kai-shek 76

Umesao Tadao 283
Uno Sosuke 45
Urban, Otto 83

Vargas Llosa, Mario 170
Vogl, Walter 87 f.

Wagner, Richard 80, 170
Watsuji Tetsurô 17
Weigel, Helene 222
Weizsäcker, Richard von 166
Wickert, Erwin 85
Wilde, Oscar 12, 244
Wöss, Fleur 226
Wolf, Christa 169
Wolferen, Karel van 22, 46 f., 131 f.
Worm, Herbert 155, 287

Yoshida Katsuji 71
Yoshida Shigeru 118

INHALT

Japanische Namen erscheinen – wie im Lande üblich – mit vorangestelltem Familiennamen. Die Umschrift japanischer Begriffe folgt dem Hepburn-System, Längungen der Vokale werden durch ein ^ über dem Buchstaben gekennzeichnet. Vokale werden wie im Deutschen, Konsonanten wie im Englischen ausgesprochen.

Der besondere Dank des Verfassers gilt Herbert Worm (Universität Hamburg), der die Tôkyôter Jahre einem wissenschaftlichen Beirat gleich kritisch begleitete und inspirierte – und auch dieses Buch vor manchen Irrtümern und vielen Fehlschreibungen bewahrte.

TOKYO TANGO. EIN JAPANISCHES
ABENTEUER ist im Februar 1999 als einhundertein-
undsiebzigster Band der *Anderen Bibliothek* im Eichborn
Verlag, Frankfurt am Main, erschienen. Das Lektorat
lag in den Händen von Rainer Wieland.

⟨►◄

Dieses Buch wurde in der Korpus Garamond Antiqua
von Wilfried Schmidberger in Nördlingen gesetzt und bei
der Fuldaer Verlagsanstalt auf holz- und säurefreies
mattgeglättetes $100\,g/m^2$ Bücherpapier der Papierfabrik
Schleipen gedruckt. Den Einband besorgte die Buch-
binderei G. Lachenmaier in Reutlingen.
Ausstattung & Typographie von Franz Greno, Mainz.

⟨►◄

1. bis 7. Tausend, Februar 1999. Von diesem Band
der *Anderen Bibliothek* gibt es eine handgebundene Leder-
ausgabe mit den Nummern 1 bis 999; die folgenden
Exemplare der limitierten Erstausgabe werden ab 1001
numeriert. Dieses Buch trägt die Nummer:

3797

EXPO Ōsaka, 1970.
Foto © Barbara Klemm/FAZ.